Sopa de agrião (p.32)

Bruschettas com coberturas variadas (p.46-7)

Croquetes de lentilha e queijo com molho de tomate picante *(p.166)*

Ravióli de ricota e avelãs com molho de ervas (p.218)

Tabule de quinoa (p.193-4)

Suflê de alho-poró (p.264)

Pão de ló com rosas (p.300)

Pão de nozes, uvas-passas e mel (p.322)

A cozinha vegetariana para todos

Rose Elliot

A cozinha vegetariana para todos

Mais de 550 receitas de dar água na boca

Tradução:
Bruno Fiúza

Seleção, organização e revisão técnica:
Flavia G. Pantoja

ZAHAR

Título original:
Rose Elliot's New Complete Vegetarian

Tradução autorizada da edição inglesa
publicada em 2010 por Collins, uma divisão da
HarperCollins Publishers, de Londres, Inglaterra

Jorge Zahar Editor Ltda.
rua Marquês de S. Vicente 99 – 1º | 22451-041 Rio de Janeiro, RJ
tel (21) 2529-4750 | fax (21) 2529-4787
editora@zahar.com.br | www.zahar.com.br

Grafia atualizada respeitando o novo
Acordo Ortográfico da Língua Portuguesa

Preparação: Maryanne Lins | Revisão: Tamara Sender, Mônica Surrage
Indexação: Janayna Arrais | Fotos: © 2010, Kate Whitaker
Ilustrações: © 1985, Vana Haggerty e Ken Lewis
Capa: adaptada da arte de HarperCollins Publishers
Ilustrações da capa: © Linda Holt Ayriss/Getty Images

CIP-Brasil. Catalogação na fonte
Sindicato Nacional dos Editores de Livros, RJ

Elliot, Rose
E41t A cozinha vegetariana para todos: mais de 550 receitas de dar água na boca / Rose Elliot; tradução Bruno Fiúza; seleção, organização e revisão técnica Flavia G. Pantoja. – Rio de Janeiro: Zahar, 2012.

Tradução de: Rose Elliot's new complete vegetarian
ISBN 978-85-378-0887-0

1. Alimentos vegetarianos. 2. Culinária – Receitas. I. Pantoja, Flavia G. II. Título.

12-3969 CDD: 641.5636
CDU: 641.564

Notas da autora

NOTA IMPORTANTE SOBRE TEMPERATURA DOS FORNOS Fornos precisam ser preaquecidos até a temperatura especificada. Todas as temperaturas indicadas neste livro são baseadas em fornos convencionais. Se você possui um forno de convecção, siga as instruções do fabricante para ajustar a temperatura – normalmente isso exige uma redução de 20°C em relação à indicação da receita.

Manteiga O tipo de manteiga é especificado somente quando necessário. No restante dos casos, use com ou sem sal, de acordo com sua preferência.

Queijo O número de queijos vegetarianos é cada vez maior, mas há alguns tipos importantes que não o são, pois contém quimosina (um derivado animal). Quando estiver comprando queijo, confira se é vegetariano ou escolha uma alternativa vegetariana – procure usar pecorino em vez de parmesão, emmental em vez de gruyère, danablu em vez de roquefort.

Ovos Devem ser de tamanho médio, exceto quando especificado de outra forma. Uso sempre ovos orgânicos de aves não confinadas. Grávidas, idosos, pessoas debilitadas ou crianças muito pequenas devem evitar receitas contendo ovos crus.

Caldo em pó, em cubos ou concentrado Existem opções de boa qualidade disponíveis. Leia os rótulos e escolha um contendo ingredientes naturais.

Molho de soja Escolha o tipo mais natural que encontrar; fermentado naturalmente, sem aditivos como corantes ou caramelo. Procure por *shoyu* autêntico ou *tamari* sem trigo, mais fáceis de encontrar em lojas de produtos naturais.

Vinhos e vinhos fortificados Assim como queijo, vinhos normalmente não são vegetarianos nem *vegan*, portanto confira os rótulos (ou peça ajuda ao vendedor) na hora de comprar. Quando comprar xerez, escolha a variedade 'Fino', que é vegetariana, e com porto prefira a variedade 'Crusted', que recebe este nome por causa da crosta formada pelos sedimentos no fundo da garrafa.

A Vegetarian Society, a Vegan Society e a Viva! (Vegetarian International Voice for Animals) são excelentes fontes de informação sobre produtos e questões éticas.

www.roseelliot.com

Sumário

Introdução

Quando escrevi *Rose Elliot's Complete Vegetarian Cookbook*, em 1985, as culinárias vegetariana e *vegan* não eram tão populares e não estavam em posição de destaque como atualmente. Hoje em dia, entro no supermercado mais próximo da minha casa e consigo encontrar uma enorme variedade de vegetais frescos e fabulosos. Posso experimentar ingredientes do mundo todo e, se estiver cozinhando para alguém com restrições alimentares, há dezenas de alternativas entre as quais escolher. A verdade é que nunca foi tão fácil seguir uma dieta saudável, nutritiva e variada. Portanto, espero que *A cozinha vegetariana para todos: mais de 550 receitas de dar água na boca* o ajude a tirar o máximo de proveito desta maravilhosa gama de ingredientes de que podemos todos desfrutar.

Neste livro, você vai encontrar centenas de receitas vegetarianas e *vegan* deliciosas e de fácil execução. Você vai encontrar minhas receitas clássicas, que já preparei diversas vezes, e que me pedem com frequência, além de receitas novas para se deleitar. Também vai encontrar informação sobre o preparo e o cozimento de vegetais, frutas, leguminosas e castanhas, além de um símbolo para indicar as receitas que são *vegan* [v] e as receitas que podem ser congeladas [❄]. Muitas receitas oferecem variações, então, se você não gosta de determinado ingrediente, pode sempre substituí-lo por algum outro. De fato, eu sempre encorajo as pessoas a experimentarem novos pratos e se divertirem elaborando suas próprias receitas.

Assim, se você é um dos meus leitores fiéis do passado, espero que goste desta edição; se este é seu primeiro contato com as minhas receitas, é um prazer tê-lo por aqui, e espero que o livro seja um amigo prático e inspirador em sua cozinha. Seja você um velho ou novo amigo, lhe desejo muitas refeições maravilhosas e saúde e felicidade em sua vida e em sua jornada vegetariana.

ROSE

Sopas

A sopa é um dos alimentos mais reconfortantes de se preparar e tomar, possui muitas variações e é facilmente adaptável. Pode ser quente ou fria, cremosa ou rústica, grossa ou delicadamente leve. De fato, há sopas para todos os gostos e todas as estações.

Neste capítulo você vai encontrar diversas sopas de dar água na boca, desde gazpacho até sopas grossas e rústicas como a de lentilhas com alho e cominho (veja as páginas 20 e 21-2). Há dezenas de sopas de preparo rápido, além daquelas elegantes, para impressionar. Você vai encontrar também uma receita vegetariana de caldo de legumes. Preparar seu próprio caldo pode fornecer um sabor incrível, mas não há nada de errado em utilizar caldo em pó, concentrado ou em cubos. Além disso, é possível obter excelentes resultados apenas com água; normalmente eu faço esta escolha quando quero que o sabor de um vegetal específico ganhe destaque.

Muitas sopas caseiras podem ser congeladas facilmente, e você vai encontrar o símbolo de congelamento [❄] naquelas que são apropriadas para isso; só não se esqueça de considerar o tempo – muitas horas em temperatura ambiente, ou de um dia para o outro – para que a sopa descongele.

Caldo de legumes fácil V

Apesar de hoje em dia ser possível comprar caldos vegetarianos em pó de boa qualidade, que normalmente uso quando estou sem tempo, nada se compara a um bom caldo feito em casa. É fácil de fazer – 10 minutos de preparo simples, seguidos por uma hora de cozimento lento e está pronto. Pode ser perfeitamente guardado por uma semana na geladeira, ou de 3 a 6 meses no congelador. Este é um ótimo caldo básico, mas você também pode incrementá-lo acrescentando alguns dentes de alho, grãos de pimenta-do-reino e outras ervas de sua preferência, como louro ou tomilho.

RENDE CERCA DE 1,2 LITRO ❄

1 cebola, em fatias grossas
1 talo de aipo, picado grosseiramente
1 cenoura grande, picada grosseiramente
1 batata, picada grosseiramente
alguns ramos de salsinha
2,5 litros de água

Coloque os vegetais e a salsinha em uma panela grande e acrescente a água.

Aqueça até levantar fervura, então diminua o fogo, tampe a panela e deixe cozinhar por 40 minutos.

Passe por uma peneira. Espere esfriar e guarde na geladeira ou no congelador, em pequenas porções.

Dica

Esfregue os vegetais com 1-2 colheres de sopa de azeite oliva e asse-os no forno por 20-30 minutos a 200°C antes de usá-los como descrito acima, para obter um sabor acentuado.

Sopa fria de abacate

Esta bela sopa, cremosa, verde-clara, é bastante fácil de fazer. Use abacates que estejam perfeitamente maduros, mas não demais; eles estão no ponto certo quando levemente macios ao apertá-los de forma suave com a palma de sua mão. Evite fazer esta sopa com muita antecedência; é preciso apenas o tempo de esfriá-la na geladeira, e ela mantém sua cor vibrante.

6 PORÇÕES

2 abacates grandes maduros
1 col. de sopa de suco de limão
850ml de leite desnatado bem gelado
sal e pimenta-do-reino preta moída na hora
2 col. de sopa de cebolinha fresca picada, para decorar

Divida os abacates ao meio, retire as sementes e a casca e corte-os em pedaços grandes.

Coloque os pedaços em um liquidificador ou processador de alimentos juntamente com o suco de limão e o leite e bata até obter uma textura suave e cremosa.

Prove e tempere com sal e pimenta. Leve à geladeira para esfriar, juntamente com as tigelas em que pretende servir, se houver espaço.

Na hora de servir, prove mais uma vez o tempero, pois o resfriamento pode suavizar o sabor, e espalhe um pouco de cebolinhas verdes e vibrantes sobre a sopa.

Sopa de beterraba

Uma de minhas sopas favoritas de todos os tempos, de cor vermelho-rubi profundo e impressionante, que tem uma aparência de dar água na boca com uma colherada de iogurte ou coalhada seca por cima. Fica ótima quente, mas eu particularmente prefiro fazê-la com beterrabas frescas no verão e servi-la fria.

4 PORÇÕES ❄

1 cebola, picada
1 batata grande (cerca de 225g), descascada e em cubos
1 col. de sopa de azeite de oliva
450g de beterraba fresca (não use em conserva), descascada e em cubos
1,2 litro de caldo ou água
1 col. de chá de caldo de legumes em pó, em cubos ou concentrado
sal e pimenta-do-reino preta moída na hora
1 col. de sopa de suco de limão
½ col. de chá de raspas de casca de limão

PARA DECORAR

iogurte ou coalhada seca
pimenta-do-reino preta moída grosseiramente

Refogue suavemente as cebolas no azeite, em uma panela grande, com tampa, por 5 minutos, tomando o cuidado para não deixá-las dourar. Acrescente a batata, mexa, cubra e cozinhe em fogo baixo por mais 5 minutos.

Acrescente as beterrabas, o caldo ou a água, e o caldo em pó, em cubos ou concentrado, e misture.

Aqueça até levantar fervura, tampe a panela e deixe cozinhar em fogo baixo por 20 minutos, ou até que as batatas estejam macias.

Bata a sopa no liquidificador, leve-a de volta à panela e tempere com sal, pimenta, o suco de limão e apenas um toque das raspas da casca de limão. Reaqueça-a lentamente e sirva com uma colherada de iogurte ou coalhada seca polvilhada com os grãos de pimenta-do-reino preta moídos grosseiramente.

Sopa de tomate com feijão-manteiga V

Adoro usar feijões-manteiga secos nesta receita, apesar de oferecer o enlatado como alternativa, pois feijões secos são uma maravilha. Custam muito pouco, podem ser guardados na despensa até o dia em que você resolva usá-los, e então uma alquimia culinária entra em ação quando são simplesmente hidratados e cozidos, para produzir uma refeição incrivelmente satisfatória e repleta de benefícios naturais. Se você optar por cozinhar os feijões, use um pouco da água da cocção nesta sopa, com um pouco de caldo em pó para dar mais sabor.

4 PORÇÕES ❄

2 col. de sopa de azeite de oliva
2 cebolas grandes, picadas
225g de feijão-manteiga seco, demolhado, cozido até ficar macio, ou 2 latas de 400g de feijão-manteiga, drenado e lavado
850ml de água ou caldo de legumes sem sal (ver página 13)
1 folha de louro
2 latas de 400g de tomates picados

sal e pimenta-do-reino preta moída na hora
açúcar (opcional)
salsinha fresca picada, para decorar

Aqueça o azeite em uma panela grande, acrescente as cebolas e refogue em fogo baixo por cerca de 10 minutos, até que fiquem macias, mas sem dourar.

Acrescente o feijão-manteiga cozido, a água ou o caldo, o louro e os tomates. Espere levantar fervura, diminua o fogo e cozinhe por 10-15 minutos.

Prove e tempere com sal e pimenta, e um pouco de açúcar, se achar necessário.

Bata um pouco a sopa com um processador manual ou deixe-a como está. Sirva salpicada com a salsinha.

Sopa de abóbora assada com óleo de pimenta V

Esta sopa é muito fácil de preparar – é um daqueles casos de "assar e bater". A abóbora é assada no forno enquanto, sem pressa, você refoga uma cebola e um pouco de alho. Então tudo o que resta a fazer é bater tudo isso com caldo de legumes, e sua linda sopa dourada está pronta.

4-6 PORÇÕES ❄

1 abóbora-de-pescoço
2 col. de sopa de azeite de oliva, mais um pouco para pincelar
1 cebola, picada
1 dente de alho grande, amassado
cerca de 1,5 litro de caldo de legumes
sal e pimenta-do-reino preta moída na hora
4-6 col. de chá de óleo de pimenta, para servir

Preaqueça o forno a 190°C.

Corte a abóbora ao meio no sentido do comprimento. Se você quiser, pode dividir cada pedaço ao meio no sentido da largura, e depois cortar cada pedaço ao meio novamente. Na verdade, não importa o modo como você corta, e ainda não é necessário retirar as sementes nesta etapa.

Coloque os pedaços de abóbora em uma assadeira, pincele a superfície da polpa com azeite e asse por cerca de 1 hora, ou até que fiquem macias.

Enquanto a abóbora assa, aqueça o azeite em uma panela, em fogo baixo, acrescente as cebolas, tampe e cozinhe-as lentamente por cerca de 8 minutos. Acrescente o alho e cozinhe por mais 2 minutos.

Retire a polpa da abóbora com uma colher, descartando as sementes e a casca – esta deve se soltar facilmente. Amasse a polpa e os sucos do cozimento, junto com a cebola e o alho, para formar um purê.

Coloque o purê em uma panela e, mexendo sempre, acrescente caldo de legumes até obter a consistência que deseja. Tempere com sal e pimenta a gosto. Aqueça em fogo baixo, e sirva com uma fina espiral de óleo de pimenta sobre cada tigela.

VARIAÇÃO

Sopa de abóbora assada com torradas de queijo de cabra

Prepare a sopa como descrito acima.

Enquanto estiver aquecendo a sopa, prepare as torradas de queijo de cabra. Calcule metade de uma fatia grande de pão de forma por pessoa. Torre as fatias, espalhe o queijo de cabra fresco sobre cada uma até cobrir e doure sob a grelha do forno. Corte cada pedaço em quadradinhos e coloque sobre a sopa bem na hora de servir.

Sopa de cenoura e tomilho V

Esta é uma sopa leve, refrescante e com praticamente 0% de gordura. A textura é fina e suave, o que permite tomá-la de uma caneca enquanto esquenta suas mãos e come um sanduíche. Se você prefere uma sopa mais grossa, comece a receita com menos água; você sempre pode colocar um pouco mais depois. Eu gosto tanto dessa sopa que normalmente faço esta receita dobrada! Você vai precisar de um caldo em pó de alta qualidade nesta receita, tanto por causa do sabor como pelo corpo que ele proporciona.

4 PORÇÕES ❄

1 cebola, picada
2 talos de aipo, em fatias
3 cenouras, em fatias
1 batata pequena (cerca de 125g), descascada e em cubos
1 col. de chá de tomilho desidratado
1,2 litro de água
4 col. de chá de caldo de legumes em pó de alta qualidade
sal e pimenta-do-reino preta moída na hora
salsinha fresca picada (opcional), para decorar

Coloque a cebola, o aipo, as cenouras e a batata em uma panela grande, juntamente com o tomilho, a água e o caldo em pó, e aqueça até levantar fervura.

Tampe, diminua o fogo e cozinhe por 25-30 minutos, ou até que os vegetais fiquem bem macios.

Bata em um liquidificador ou processador até obter uma consistência suave e homogênea. Tempere com sal e pimenta a gosto (não será necessário muito sal, pois o caldo em pó costuma ser bastante salgado).

Sirva em canecas ou tigelas aquecidas, com um pouco de salsinha picada por cima.

VARIAÇÕES

Sopa de cenoura e coentro V

Você pode comprar versões industrializadas desta sopa, mas ela é muito fácil e econômica de ser feita em casa. Basta seguir a receita principal, mas substituir o tomilho por 1 colher de chá de sementes de coentro esmagadas. Esmague suas próprias sementes utilizando um pilão e se delicie com o doce aroma de laranja que elas exalam, ou compre-as já moídas, para economizar tempo. Acrescente um molho pequeno de folhas de coentro frescas picadas depois de bater a sopa.

Sopa de cenoura e gengibre V

Substitua o tomilho por 2-3 colheres de chá de gengibre fresco ralado, o que acrescenta calor, perfume e uma característica revigorante a esta sopa, sem deixá-la picante demais.

Sopa de cenoura e limão siciliano V

Para tornar esta sopa mais refrescante, após o cozimento acrescente 1 colher de chá de casca de limão siciliano ralada finamente mais 2 colheres de chá do suco; prove e, se quiser, coloque um pouquinho mais.

Sopa de couve-flor com amêndoas

A couve-flor rende uma sopa bonita e cremosa, de sabor delicado. Experimente-a com pão de ervas, focaccia fácil de alecrim ou pão de alho quente (ver páginas 320-1, 319-20 e 51).

4 PORÇÕES ❄

15g de manteiga
1 col. de sopa de azeite de oliva
1 cebola, picada
1 batata (cerca de 150g)
½ pé de couve-flor (cerca de 225g), separado em flores
1,2 litro de caldo claro de legumes ou água
1 col. de chá de caldo de legumes em pó
150ml de creme de leite fresco (opcional)
sal e pimenta-do-reino preta moída na hora
uma pitada ou duas de noz-moscada ralada na hora
2 col. de sopa de lascas de amêndoas, torradas (ver página 103), para decorar

Em uma panela grande, derreta a manteiga junto com o azeite. Acrescente a cebola e refogue por 5-7 minutos, com a panela tampada, até que a cebola comece a amolecer, mas sem dourar.

Acrescente a batata e a couve-flor e cozinhe por mais 2-3 minutos, mexendo de vez em quando. Tome cuidado para não deixar que dourem, pois isso afeta a delicadeza do sabor.

Coloque o caldo ou a água e acrescente o caldo em pó, aqueça até ferver e deixe cozinhar em fogo baixo por 20 minutos, até que os vegetais estejam macios.

Bata no liquidificador até ficar suave e aveludada. Misture o creme de leite, se optar por usá-lo, e tempere bem com sal e bastante pimenta-do-reino e noz-moscada. Reaqueça, sirva em tigelas aquecidas e espalhe lascas de amêndoas douradas e crocantes por cima.

Sopa de aipo com tomate

Esta é uma sopa rápida com sabor refrescante e textura crocante. Se você usar uma panela de pressão, a sopa pode estar na mesa em menos de meia hora, contando do início do preparo ao fim.

4 PORÇÕES

3 cebolas, picadas
os talos exteriores de um pé de aipo, picados
1 col. de sopa de azeite de oliva
2 dentes de alho, amassados
1 lata de 400g de tomates picados
575ml de água ou de caldo de legumes
sal, açúcar e pimenta-do-reino preta moída na hora
algumas gotas de suco de limão

Refogue a cebola e o aipo juntos no azeite, sem deixar dourar, por 5-10 minutos.

Acrescente o alho, os tomates, a água ou o caldo e cozinhe em fogo baixo por 30 minutos ou até que o aipo esteja bem macio.

Prove e tempere com sal, pimenta-do-reino, açúcar e algumas gotas de suco de limão, a gosto.

Sopa espanhola de grão-de-bico com alho e hortelã V

Para esta sopa espanhola, eu recomendo usar o grão-de-bico seco, em vez do em conserva, uma vez que o sabor depende da qualidade dos poucos ingredientes: grão-de-bico, ervas frescas, alho e azeite. O azeite é usado tanto na sopa quanto para fritar os croûtons.

4 PORÇÕES ❄

225g de grão-de-bico seco (de alta qualidade, da variedade espanhola, se possível)
2 dentes de alho, amassados
um punhado de folhas de hortelã fresca, sem os talos
um punhado pequeno de folhas de salsinha fresca, sem os talos
6 col. de sopa de azeite de oliva
sal e pimenta-do-reino preta moída na hora
2 fatias grandes de pão de forma, cortadas em cubinhos

Deixe o grão-de-bico de molho de um dia para o outro, com bastante água, então escorra, coloque em uma panela grande, cubra com bastante água e cozinhe por cerca de 1 hora e meia, ou até que fique bem macio. O tempo pode variar, portanto cozinhe-o até que consiga esmagar um grão facilmente entre os dedos.

Escorra o grão-de-bico e reserve o líquido do cozimento. Bata o grão-de-bico no liquidificador com 850ml deste líquido (acrescente água se for necessário completar), juntamente com o alho, a hortelã, a salsinha e metade do azeite, até ficar homogêneo.

Tempere com sal e pimenta-do-reino moída na hora e reaqueça lentamente. Enquanto isso, frite os cubinhos de pão no restante do azeite, até que fiquem bem dourados.

Sirva os croûtons em um potinho à parte, para que as pessoas se sirvam imediatamente antes de comer.

Sopa fria e cremosa de pepino

Em contraste com a receita seguinte, esta é uma sopa de pepino cozido. É leve, delicada e muito refrescante.

4 PORÇÕES ❄

1 pepino grande, descascado e em cubos
1 cebola pequena ou echalote, picada
850ml de caldo de legumes
2-3 ramos de hortelã fresca
2 col. de chá de farinha de araruta ou amido de milho
4 col. de sopa de creme de leite fresco
sal e pimenta-do-reino preta moída na hora
ramos de hortelã fresca, para decorar

Coloque o pepino e a cebola ou echalote picada em uma panela grande, juntamente com o caldo e os ramos de hortelã. Aqueça até ferver e cozinhe em fogo baixo por 10-15 minutos.

Bata a sopa no liquidificador ou processador até obter um purê e leve-a de volta à panela. Bata a farinha de araruta ou o amido de milho com o creme de leite e misture à sopa.

Deixe ferver novamente, mexendo sem parar, e cozinhe por mais alguns segundos, até engrossar ligeiramente. (Se estiver usando araruta não cozinhe em excesso, pois isso anula a capacidade de engrossar.) Tempere a gosto.

Deixe esfriar, então sirva em tigelas resfriadas decoradas com um ramo de hortelã.

Sopa fria búlgara de pepino com nozes

Iogurte, pepino, nozes e endro podem soar como uma mistura um pouco esquisita, mas ela funciona, eu garanto. A escolha do iogurte cabe a você; o iogurte grego, escorrido e mais grosso, resulta numa sopa mais encorpada, mas você pode utilizar iogurte natural integral ou desnatado, se desejar uma sopa mais leve.

4 PORÇÕES

1 pepino grande, descascado e cortado em pedaços grandes
1 dente de alho, amassado
425ml de iogurte natural
25g de nozes sem casca, em pedaços
sal e pimenta-do-reino preta moída na hora
2 col. de sopa de endro fresco picado, para decorar

Bata o pepino, o alho, o iogurte, as nozes, meia colher de chá de sal e o equivalente a uma volta do moedor de pimenta até obter um purê homogêneo.

Prove e acrescente mais sal e pimenta se achar necessário, transfira para uma tigela e deixe esfriar.

Sirva em tigelas resfriadas, salpicadas com o endro picado.

Sopa de feijão flageolet

Esta sopa possui um sabor extremamente delicado de feijões flageolet verdes-pálidos, e o alho-poró ajuda a acentuar o verde natural da receita. Dê preferência aos feijões secos, em vez dos enlatados, para obter o melhor resultado.

4 PORÇÕES ❄

125g de feijões flageolet, deixados de molho de um dia para o outro
1 cebola pequena, picada
1 alho-poró, em rodelas
25g de manteiga
850ml de caldo de legumes sem sal (ver página 13) ou água
4 col. de sopa de creme de leite fresco
1 col. de sopa de salsinha fresca picada, mais um pouco para decorar
sal e pimenta-do-reino preta moída na hora

Lave e escorra os feijões.

Refogue delicadamente a cebola e o alho-poró com a manteiga, em uma panela grande, tampada, por cerca de 10 minutos.

Acrescente os feijões e o caldo ou a água. Deixe cozinhar lentamente em fogo baixo por 1 hora, ou até que os feijões estejam macios.

Bata a sopa no liquidificador, juntamente com o creme de leite e a salsinha, até ficar bem homogêneo. Tempere com sal e pimenta-do-reino moída na hora.

Reaqueça lentamente, sem deixar ferver, e espalhe um pouco de salsinha picada sobre cada tigela antes de servir.

Gazpacho v

Esta versão orgulhosamente simples de gazpacho é perfeita para dias quentes e preguiçosos. Se você tiver uma lata de tomates na geladeira durante o verão, você pode prepará-lo em questão de segundos. Fica ótimo acompanhado de pão rústico ou croûtons crocantes.

6 PORÇÕES

1 cebola grande, cortada em pedaços
2 dentes de alho, amassados
2 latas de 400g de tomates picados, com o suco
4 col. de sopa de azeite de oliva
2 col. de chá de vinagre de vinho tinto
sal e pimenta-do-reino preta moída na hora

PARA SERVIR

um pedaço de pepino de cerca de 10cm, em cubos
1 pimentão verde ou vermelho pequeno, sem sementes, finamente picado
1 col. de sopa de cebolinha fresca picada
1 col. de sopa de hortelã fresca picada
croûtons (para preparar, corte 3 fatias de pão de forma em cubinhos e frite em azeite)

Bata a cebola, o alho e os tomates em um liquidificador ou processador de alimentos. Acrescente o azeite, o vinagre, um pouco de sal e pimenta e bata novamente.

Transfira para uma tigela ou jarra e resfrie.

Somente na hora de servir, acrescente o pepino, o pimentão e as ervas à sopa, distribua em tigelas individuais e espalhe os croûtons sobre cada uma.

Sopa de alho-poró

Alho-poró, batatas, caldo – esta sopa não poderia ser mais simples, mas é sempre surpreendente. Você pode batê-la, deixá-la como está ou bater somente metade dela, deixando alguns pedaços para acrescentar um pouco de textura.

4 PORÇÕES ❄

1 col. de sopa de azeite de oliva
450g de batata, descascada e em cubos
2 alhos-porós, em rodelas
850ml de água ou caldo claro de legumes
150ml de creme de leite fresco (opcional)
sal e pimenta-do-reino preta moída na hora
2 col. de sopa de salsinha fresca picada, para decorar

Aqueça o azeite em uma panela grande, acrescente as batatas e os alhos-porós e refogue em fogo baixo por 5 minutos, mexendo de vez em quando e tomando cuidado para não deixar que dourem.

Adicione a água ou o caldo, aqueça até ferver e reduza o fogo, tampe e deixe cozinhar por 20 minutos, ou até que os vegetais estejam macios.

Bata a sopa no liquidificador, deixando-a homogênea ou ainda com pedaços, de acordo com sua preferência. Acrescente o creme de leite, se optar por usá-lo, e tempere com sal e pimenta.

Reaqueça a sopa lentamente, sem deixar ferver. Despeje em tigelas aquecidas e espalhe um pouco de salsinha picada por cima.

Sopa de alho-poró e cenoura V

Esta bela sopa possui cor dourado-pálida, salpicada com pedaços do verde do alho-poró, o alaranjado das cenouras e mais verde das ervas frescas picadas. É bastante reconfortante e revigorante em um dia de inverno.

4 PORÇÕES ❄

2 cenouras grandes, em rodelas
4 alhos-porós, em rodelas
1 col. de sopa de azeite de oliva
850ml de caldo de legumes ou água
uma pitada ou duas de noz-moscada ralada na hora
sal e pimenta-do-reino preta moída na hora
4 col. de sopa de salsinha fresca picada

Em uma panela grande, refogue as cenouras e os alhos-porós em azeite por 10 minutos, sem dourar.

Acrescente o caldo ou a água e cozinhe em fogo baixo por 30-40 minutos, ou até que os vegetais estejam macios.

Bata a sopa no liquidificador, deixando alguns pedaços para dar textura. Tempere com a noz-moscada, sal e pimenta, e misture a salsinha imediatamente antes de servir.

Sopa de lentilhas clássica V

Acredito que esta sopa dourada e suave seja a mais reconfortante de todas as sopas, e não poderia ser mais fácil de preparar. Foi o primeiro alimento sólido que dei à minha filha mais nova, quando ela tinha seis meses de idade, e até hoje ela adora esta sopa – na verdade, é uma das preferidas de toda a família.

4 PORÇÕES ❄

1 cebola grande, picada
1 col. de sopa de azeite de oliva
225g de lentilha vermelha partida
1 litro de caldo de legumes ou água
1-2 col. de sopa de suco de limão
sal e pimenta-do-reino preta moída na hora

Aqueça o azeite em uma panela grande e refogue a cebola por 5 minutos, ou até que fique levemente dourada.

Acrescente as lentilhas e o caldo ou a água e aqueça até ferver, reduza o fogo e deixe cozinhar por cerca de 20 minutos, ou até que as lentilhas estejam macias e douradas.

Bata a sopa no liquidificador, acrescentando água para deixá-la mais fina, se desejar. Acrescente o suco de limão a gosto e tempere com sal e bastante pimenta. Reaqueça em fogo baixo e sirva.

VARIAÇÕES

Sopa de lentilhas com alho e cominho V

Siga as instruções de preparo, mas alguns minutos antes de servir refogue uma cebola picada em um pouco de azeite, juntamente com 2 dentes de alho amassados e 2 colheres de chá de cominho em pó. Misture à sopa antes de servir.

Sopa de lentilhas com cebolas caramelizadas V

Siga as instruções de preparo e, enquanto a sopa estiver cozinhando, frite lentamente 2 cebolas cortadas em fatias finas em uma colher de sopa de azeite, até que fiquem bem douradas e macias. Isso leva pelo menos 20 minutos. Sirva cada porção com uma pilha de cebolas caramelizadas brilhantes por cima, ou misture-as à sopa imediatamente antes de servir.

Sopa de lentilhas, tomate e manjericão V

Apesar de não ser recomendado cozinhar tomates com leguminosas, visto que a acidez pode impedi-las de ficar macias como desejado, lentilhas vermelhas partidas são uma exceção à regra, pois o tempo de cozimento é curto. O resultado é uma sopa adorável e saborosa.

4 PORÇÕES ❄

2 col. de sopa de azeite de oliva
1 cebola grande, picada
1 talo de aipo, picado
125g de lentilha vermelha partida, lavada
1 lata de 400g de tomate
850ml de caldo de legumes sem sal ou água
sal e pimenta-do-reino preta moída na hora
um pouco de suco de limão
algumas folhas de manjericão fresco rasgadas ou picadas, para decorar

Aqueça o azeite em uma panela grande, acrescente a cebola e o aipo, tampe e cozinhe lentamente, por 7-10 minutos, sem deixar dourar.

Acrescente as lentilhas, os tomates e o caldo ou a água, deixe ferver, reduza o fogo e cozinhe lentamente, com a panela tampada apenas pela metade, por 25-30 minutos, ou até que as lentilhas fiquem macias. Bata no liquidificador até obter a consistência desejada, tempere com sal, pimenta-do-reino preta moída na hora e talvez um pouco de suco de limão para realçar o sabor.

Sirva bem quente, em tigelas aquecidas, com o manjericão por cima.

Sopa de lentilhas e vegetais V

Existe alguma coisa mais satisfatória, relaxante e acalentadora do que uma sopa caseira de lentilhas e vegetais preenchendo a casa com o perfume de ervas aromáticas? Além disso, é fácil de fazer e custa pouco. É ótima do jeito que é, mas você também pode oferecer um queijo forte ralado ou em lascas para ser misturado à sopa e alguns pedaços de pão rústico para raspar a tigela.

4 PORÇÕES ❄

2 col. de sopa de azeite de oliva
1 cebola, picada
1 dente de alho grande, amassado
2 cenouras grandes, cortadas em cubinhos
2 talos de aipo, em fatias finas
2 tomates, picados
50g de cogumelo, picado

75g-125g de repolho, picado
125g de lentilha verde ou de Puy desidratada, ou uma lata de 400g
1 litro de caldo de legumes sem sal
1 bouquet garni – alguns ramos de salsinha, um ramo de tomilho e uma folha de louro, amarrados
2 col. de sopa de salsinha fresca picada
sal e pimenta-do-reino preta moída na hora

Aqueça o azeite em uma panela grande, acrescente a cebola e cozinhe, com tampa, por 5 minutos, depois misture o alho e os demais vegetais, tampe e cozinhe em fogo baixo por mais 5 minutos, mexendo ocasionalmente para evitar que grude no fundo.

Acrescente as lentilhas, o caldo e o bouquet garni e deixe ferver, tampe e cozinhe em fogo baixo por cerca de 1 hora, ou até que as lentilhas estejam macias.

Retire o bouquet garni, misture a salsinha picada e tempere com sal e pimenta.

Creme de cogumelos

Meu pai tinha um talento especial para coletar cogumelos selvagens – provavelmente graças aos anos de prática, tendo sido criado em uma fazenda em Yorkshire Dales –, e esta é a sopa que minha mãe costumava preparar com seus preciosos achados. Também fica muito boa com outras variedades de cogumelo.

4 PORÇÕES ❄

225g de cogumelo
1 cebola pequena, cortada em quatro
1 folha de louro
1 dente de alho, em fatias
alguns ramos de salsinha
575ml de caldo de legumes
50g de manteiga
40g de farinha de trigo
cerca de 575ml de leite
sal e pimenta-do-reino preta moída na hora
noz-moscada ralada na hora
uma pitada de pimenta vermelha em pó
1 col. de sopa de xerez (opcional)

Lave os cogumelos e remova os talos. Se estiver usando cogumelos selvagens, retire também a pele – contudo, isso não é necessário com cogumelos cultivados. Coloque os talos (e as peles, se as tiver removido) em uma panela média juntamente com a cebola, a folha de louro, o alho, os ramos de salsinha e o caldo e aqueça até ferver. Reduza o fogo e cozinhe por 10 minutos, para extrair os sabores. Coe o líquido em uma jarra medidora (descarte os ramos) e acrescente leite até completar 850ml.

Derreta 40g de manteiga em uma panela e misture a farinha. Quando começar a espumar, acrescente 1/4 da mistura de leite e mexa bem em fogo alto até engrossar. Repita o processo com o restante do leite, em mais três etapas.

Pique ou fatie os cogumelos, refogue-os ligeiramente no restante da manteiga e acrescente o leite engrossado.

Tempere com sal, pimenta, uma pitada de noz-moscada, uma pitada de pimenta vermelha em pó e o xerez, se optar por usá-lo. Cozinhe em fogo baixo por 3-4 minutos, para que os sabores se fundam, e sirva.

Minestrone vegetariano

Uma sopa substanciosa, que serve de prato principal, e é sempre uma ótima escolha para alimentar uma multidão.

4 PORÇÕES ❄

2 col. de sopa de azeite de oliva
3 cebolas, picadas
1 cenoura grande, em cubos
2 talos de aipo, em fatias
2 dentes de alho grandes, amassados
1 batata grande, descascada e cortada em cubos de 1cm
algumas folhas de repolho, picadas
uma lata de 400g de tomates em cubos
1 litro de caldo de legumes ou água
1 bouquet garni
225g de feijão-branco seco, cozido, ou 2 latas de 400g
50g de Padre Nosso, Ave Maria ou outro tipo de massa pequena
sal e pimenta-do-reino preta moída na hora
2 col. de sopa de folhas de manjericão fresco rasgadas, para decorar
um punhado de queijo de sabor forte ralado, como pecorino ou tipo parmesão, para servir

Aqueça o azeite em uma panela grande, acrescente a cebola, a cenoura e o aipo, tampe e cozinhe em fogo baixo por 5 minutos, depois acrescente o alho e os outros vegetais e cozinhe por mais 5 minutos.

Acrescente os tomates, o caldo ou a água e o bouquet garni. Aqueça até ferver e cozinhe por 10 minutos.

Acrescente os feijões, cozidos e escorridos, e o Padre Nosso ou a massa escolhida e cozinhe até que esta fique al dente, por cerca de 8-10 minutos.

Tempere com sal e pimenta e sirva em tigelas aquecidas, com as folhas de manjericão espalhadas sobre a sopa. Coloque o queijo em uma tigela à parte, para que as pessoas se sirvam.

Sopa de cebola à francesa

Não é necessário caldo de carne para fazer uma sopa de cebola saborosa. Esta versão vegetariana preenche a casa com o seu aroma enquanto cozinha e deixa todos satisfeitos, eu garanto.

4 PORÇÕES ❄

1 col. de sopa de azeite de oliva
450g de cebola, em fatias
1 col. de sopa de farinha de trigo
850ml de água
1 col. de sopa de caldo em pó de alta qualidade
3 col. de sopa de xerez
1 dente de alho grande, amassado
4 col. de sopa de mostarda Dijon
sal e pimenta-do-reino preta moída na hora
4 fatias de baguete
75-125g de queijo gruyère, ralado

Aqueça o azeite em uma panela grande e refogue lentamente as cebolas por 15-20 minutos, até que fiquem douradas, mexendo de vez em quando.

Acrescente a farinha e refogue por mais alguns segundos antes de acrescentar a água, o caldo em pó, o xerez, o alho, a mostarda e um pouco de sal e pimenta.

Aqueça até ferver, reduza o fogo e cozinhe, com tampa, por 30 minutos.

Um pouco antes de a sopa estar pronta, aqueça quatro tigelas de sopa refratárias e torre ligeiramente as fatias de baguete. Ligue o grill do forno na temperatura média-alta.

Confira a consistência da sopa, acrescentando um pouco de água fervente, se for necessário afiná-la, e ajuste o tempero a gosto.

Coloque uma fatia de baguete em cada tigela e despeje a sopa por cima. Cubra com o gruyère ralado e leve as tigelas ao forno, sob o grill, por alguns minutos. Sirva a sopa imediatamente, enquanto o queijo derretido ainda estiver borbulhando.

Sopa ao pistou V

Esta deliciosa sopa originária do sul da França proporciona uma refeição completa acompanhada de um pão quentinho e crocante.

4 PORÇÕES ❄

2 cebolas, picadas
100ml de azeite de oliva
2 cenouras, picadas
2 batatas, descascadas e em cubos
225g de abobrinha, em fatias
125g de vagem-francesa, em fatias
450g de tomate, sem pele e picado
225g de feijão-branco, demolhado, cozido (ver páginas 149-51) e escorrido, ou 2 latas de 400g
1,7 litro de caldo de legumes ou água mais 4 colheres de chá de caldo em pó
50g de macarrão cabelo de anjo
sal e pimenta-do-reino preta moída na hora
5 dentes de alho, amassados
1 maço de manjericão (somente as folhas)

Em uma panela grande, refogue as cebolas usando 3 colheres de sopa do azeite, por 5 minutos. Acrescente a cenoura e as batatas e cozinhe por mais 5 minutos.

Acrescente a abobrinha, a vagem, os tomates, os feijões e o caldo. Deixe ferver, tampe e cozinhe em fogo baixo por 20-30 minutos.

Acrescente o cabelo de anjo e cozinhe por 8-10 minutos, ou até que fique tenro. Tempere bem.

Enquanto a sopa estiver cozinhando, bata o óleo restante com os dentes de alho e as folhas de manjericão. Misture esse perfumado purê à sopa e sirva em tigelas aquecidas.

Sopa de ervilhas com hortelã e creme de leite

Ervilhas congeladas rendem uma sopa de cor verde-vivo e de textura bastante suave. Fica muito bonita com uma espiral de creme de leite e hortelã verde-escura picada por cima, e pode ser servida tanto quente quanto fria.

4 PORÇÕES

1 col. de sopa de azeite de oliva
15g de manteiga
1 cebola, picada
900g de ervilha congelada
1,2 litro de caldo claro de legumes ou água
alguns ramos de tomilho
sal e pimenta-do-reino preta moída na hora

PARA DECORAR

150ml de creme de leite fresco
2 col. de sopa de hortelã picada

Aqueça o azeite e a manteiga em uma panela grande, acrescente a cebola e refogue lentamente por 5-7 minutos, com tampa, até que a cebola esteja bastante macia, mas sem dourar.

Acrescente as ervilhas, o caldo ou a água e o tomilho. Aqueça até ferver, reduza o fogo e cozinhe por 15 minutos, ou até que os vegetais estejam macios.

Bata a sopa no liquidificador, e se quiser que ela fique cremosa e suave, bata por mais tempo, até deixá-la homogênea. Para que fique perfeita, você pode passar a sopa por uma peneira, pressionando o máximo que puder do purê de ervilhas, mas isto não é de forma alguma imprescindível – você conseguirá uma ótima sopa mesmo sem este esforço adicional.

Tempere a sopa e reaqueça-a em fogo baixo, então distribua em tigelas e coloque uma boa colherada de creme de leite sobre cada uma e espalhe a hortelã picada.

Sopa de batata com ervas frescas

Apesar de esta ser uma receita simples, ela sempre fica ótima, com sua textura cremosa e suave e salpicada de ervas frescas.

4 PORÇÕES ❄

1 col. de sopa de azeite de oliva
15g de manteiga
1 cebola, picada
450g de batata, descascada e em cubos
850ml de água
sal e pimenta-do-reino moída na hora
150ml de creme de leite fresco
2 col. de sopa de ervas frescas (como cebolinha, salsinha ou estragão), para decorar

Aqueça o azeite e a manteiga em uma panela grande. Acrescente a cebola e refogue lentamente, com a panela tampada, por 3-4 minutos. Acrescente as batatas, misture, tampe e cozinhe em fogo baixo por mais 5 minutos, sem deixar dourar.

Coloque a água, aqueça até ferver, reduza o fogo e cozinhe por cerca de 15 minutos, ou até que as batatas estejam macias.

Bata a sopa no liquidificador, misture o creme de leite e tempere com sal e pimenta.

Reaqueça e sirva salpicada de ervas frescas.

Sopa de abóbora

Abóboras podem ser transformadas em uma sopa deliciosa, de cor dourada, com um sabor delicado e ao mesmo tempo inconfundível. Fica incrível salpicada de salsinha fresca picada e servida acompanhada de pão de alho (ver página 51).

6 PORÇÕES ❄

1kg de abóbora (incluindo o peso da casca e das sementes)
15g de manteiga
1 col. de sopa de azeite de oliva
2 cebolas grandes, picadas
2 dentes de alho grandes, amassados
1 litro de caldo de legumes
sal e pimenta-do-reino preta moída na hora
150ml de creme de leite fresco

Retire a casca e as sementes da abóbora e corte a polpa em pedaços de mesmo tamanho.

Aqueça a manteiga e o azeite em uma panela grande, acrescente as cebolas e cozinhe, com tampa, por 5 minutos, depois acrescente o alho e cozinhe por mais 5 minutos.

Acrescente o caldo, tempere e aqueça até ferver. Reduza o fogo, tampe a panela e cozinhe até que a abóbora esteja macia (cerca de 20 minutos).

Bata até obter um maravilhoso purê dourado, acrescente o creme e, se necessário, um pouco mais de água.

Reaqueça lentamente, distribua em tigelas e sirva.

Sopa de espinafre e lentilhas V

Lentilhas verdes e espinafre são parceiros por natureza, e esta sopa é acolhedora, aquece e satisfaz.

4 PORÇÕES ❄

1 col. de sopa de azeite de oliva
1 cebola grande, picada
1 dente de alho grande, amassado
125g de lentilha verde
225g de folhas de espinafre, lavadas
1 litro de caldo de legumes sem sal ou água
sal e pimenta-do-reino preta moída na hora
2-3 col. de chá de suco de limão
croûtons ou iogurte grosso, para servir (opcional)

Aqueça o azeite em uma panela grande, acrescente a cebola e refogue por 10 minutos, com a panela tampada, até que a cebola esteja quase macia e com pontos dourados.

Misture o alho, as lentilhas e o espinafre, despeje o caldo ou a água e deixe ferver. Reduza o fogo e cozinhe, com tampa, por 45 minutos, até que as lentilhas estejam macias.

Bata a sopa no liquidificador, reaqueça-a, tempere com sal, pimenta-do-reino preta moída na hora e suco de limão.

Sirva-a pura, em tigelas fundas aquecidas, ou salpicada de croûtons dourados e crocantes, ou então com uma colherada de iogurte grego grosso.

Sopa de ervilha partida

Ervilhas partidas, que podem ser encontradas facilmente no supermercado ou em lojas de produtos naturais, oferecem uma ótima alternativa às ervilhas verdes tradicionais, e também à maioria dos feijões secos, e são bastante saborosas. Como é uma sopa de inverno, uso ervas desidratadas; é sempre bom ter manjerona e segurelha na despensa, para acrescentar sabores bastante profundos, principalmente em receitas com leguminosas.

4 PORÇÕES ❄

175g de ervilha partida desidratada
1,2 litro de água
1 cebola, picada
2 batatas, descascadas e em fatias
2 talos de aipo, picados
2 alhos-porós pequenos, em fatias
½ col. de chá de manjerona desidratada
sal e pimenta-do-reino preta moída na hora
manteiga de alho, para servir (opcional)

Coloque as ervilhas em uma panela grande com a água, todos os vegetais e a segurelha ou manjerona e deixe ferver.

Reduza o fogo e cozinhe até que as ervilhas estejam macias – cerca de 50 minutos. Esta sopa pode ser servida assim, com os vegetais em pedaços grandes, batida no liquidificador até ficar completamente homogênea, ou com apenas uma parte batida – a escolha é sua. Se for preciso, acrescente um pouco mais de água para deixar na consistência que você deseja.

Tempere com sal e pimenta, reaqueça e sirva em tigelas aquecidas, com um pedaço de manteiga de alho por cima (um pouco de manteiga amolecida misturada a um dente de alho amassado) para incrementar o sabor. Ou então você pode optar pela maneira mais gulosa e servi-la com pão de alho amanteigado (ver página 51).

Sopa fria de ervilha partida com hortelã

Eis aqui outra forma de usar ervilhas partidas secas, e não poderia ser mais original do que a receita anterior. Eu amo esta sopa porque ela mostra as leguminosas em um conjunto mais leve – bem-arrumadas e elegantes.

4 PORÇÕES ❄

2 col. de sopa de azeite de oliva
1 cebola grande, picada
1 talo de aipo, picado
8 ramos de hortelã fresca
125g de ervilha partida
1 litro de caldo de legumes sem sal
uma pitada de cravo-da-índia em pó
1 folha de louro
sal e pimenta-do-reino preta moída na hora
creme de leite fresco ou ramos de hortelã, para decorar

Aqueça o azeite em uma panela grande, acrescente a cebola e o aipo e refogue em fogo baixo, sem deixar dourar, por cerca de 10 minutos.

Enquanto isso, separe as folhas de hortelã dos talos e reserve. Coloque os talos na panela, juntamente com as ervilhas, o caldo, o cravo-da-índia em pó e a folha de louro.

Deixe ferver, cubra com a tampa pela metade e cozinhe em fogo baixo por 40 minutos, ou até que as ervilhas estejam macias.

Retire a folha de louro e os talos, acrescente as folhas de hortelã e bata no liquidificador até obter uma mistura cremosa e homogênea. Tempere com sal e pimenta.

Espere esfriar e leve a sopa à geladeira. Corrija os temperos mais uma vez antes de servir, distribua a sopa em tigelas individuais e coloque uma colherada de creme de leite por cima, ou um ramo de hortelã fresca, ou ambos.

Sopa de milho-verde

Uma sopa linda, dourado-clara, com um leve toque adocicado. Você pode batê-la no liquidificador até ficar homogênea, e até mesmo passá-la pela peneira se quiser um resultado bastante delicado e cremoso; ou bater somente metade, deixando alguns grãos de milho para manter a textura. Você vai precisar de 2-3 espigas de milho para obter esta quantidade de grãos, ou utilizar grãos congelados, que funcionam igualmente bem.

4 PORÇÕES ❄

1 cebola, picada
1 col. de sopa de azeite de oliva
15g de manteiga
225g de grãos de milho-verde, congelados ou retirados da espiga
700ml de água
150ml de creme de leite fresco
uma pitada ou duas de páprica, a gosto, mais um pouco para decorar
um pouco de suco de limão
sal e pimenta-do-reino preta moída na hora

Em uma panela grande, refogue a cebola com o azeite e a manteiga, por 10 minutos, tampada. Não deixe a cebola dourar.

Acrescente o milho e a água, deixe ferver, reduza o fogo e cozinhe desta forma por 10-15 minutos.

Bata a sopa no liquidificador até obter a textura desejada, depois misture o creme de leite, a páprica e um pouco de suco de limão, além de sal e pimenta a gosto.

Reaqueça lentamente, sem deixar ferver, e salpique um pouco de páprica sobre a sopa.

Sopa de tomate e manjericão fresco com creme

Quando preparada no verão, com tomates recém-colhidos e manjericão fresco perfumado, esta é uma das melhores sopas que existem, mas mesmo tomates em lata proporcionam um resultado muito bom, desde que você escolha uma marca de qualidade.

4-6 PORÇÕES ❄

1 col. de sopa de azeite de oliva
25g de manteiga
1 cebola, picada
350g de batata, descascada e cortada em pedaços grandes de mesmo tamanho
450g de tomate, picado
1,2 litro de caldo claro de legumes ou água
sal e pimenta-do-reino preta moída na hora
açúcar (opcional)

PARA DECORAR

150ml de creme de leite fresco
2 col. de sopa de folhas de manjericão fresco

Aqueça a manteiga e o azeite em uma panela grande e acrescente a cebola. Refogue por 5-7 minutos, com a panela tampada, até que estejam bem macias, mas sem dourar.

Acrescente as batatas, misture, tampe e cozinhe por mais 5-10 minutos. Mantenha a panela tampada mas mexa ocasionalmente, para evitar que grude no fundo.

Acrescente os tomates e o caldo ou a água. Deixe ferver, reduza o fogo e cozinhe, com tampa, por 15 minutos, ou até que as batatas estejam bem macias.

Bata no liquidificador, passe a sopa pela peneira e despeje em uma panela limpa, para eliminar a pele e as sementes do tomate.

Prove e tempere com sal, pimenta e uma pitada ou duas de açúcar, se achar necessário. Reaqueça e sirva com uma colherada generosa de creme de leite e um pouco de manjericão sobre cada tigela.

Caldo claro de vegetais V

Quanto melhor o caldo, melhor ficará esta sopa. Usar caldo preparado em casa é ótimo, se você tiver (ver página 13), caso contrário um concentrado ou pó de boa qualidade também funcionam bem.

4 PORÇÕES

2 talos de aipo, picados
2 cebolas, picadas
2 cenouras, em cubos
outros vegetais, conforme estiverem à disposição (vagem-francesa ou um pouco de repolho, por exemplo)
2 col. de sopa de azeite de oliva
1 col. de chá de extrato de levedura
1 col. de chá de extrato de tomate
1 folha de louro
850ml de caldo de legumes
sal e pimenta-do-reino preta moída na hora
2 col. de sopa de cebolinha fresca picada, para decorar

Refogue o aipo, a cebola e a cenoura no azeite por 5 minutos, sem deixar que dourem.

Acrescente a vagem cortada em pedaços menores e o repolho picado. Cozinhe em fogo baixo por mais 5 minutos, com a panela tampada, mas mexendo eventualmente.

Acrescente o extrato de levedura, o extrato de tomate, a folha de louro e o caldo, deixe ferver, reduza o fogo e cozinhe por 20-30 minutos.

Tempere com sal e pimenta-do-reino moída na hora. Espalhe a cebolinha picada sobre a sopa antes de servir.

VARIAÇÃO

Caldo claro de cogumelos V

Cogumelos proporcionam um caldo delicioso. Você pode usar qualquer variedade: selvagem, portobello, shitake ou pequenos e delicados cogumelos paris. No lugar das cenouras e dos outros vegetais, acrescente 225g de cogumelos picados ou fatiados à mistura de cebola e aipo, depois de refogados por 5 minutos. Acrescente o caldo, deixe ferver, reduza o fogo e cozinhe por 10-15 minutos, depois misture 2 colheres de sopa rasas de salsinha fresca picada antes de servir.

Sopa de vegetais de inverno

Uma sopa dourado-clara, repleta de sabor e que não poderia ser mais simples de preparar. Sirva-se de uma tigela grande e fumegante em um dia de inverno, com pedaços de pão crocante.

4 PORÇÕES ❄

1,2 litro de água
2 cenouras bastante grandes
2 cebolas
2 batatas
1 rutabaga (cerca de 225g)
1 nabo (cerca de 225g)
4 talos de aipo
15g de manteiga
sal e pimenta-do-reino preta moída na hora

Coloque a água em uma panela grande e aqueça até ferver, enquanto você prepara os vegetais. Descasque-os e corte-os em cubinhos e acrescente-os à água fervente juntamente com um pouco de sal. Reduza o fogo e cozinhe, com a panela tampada, por cerca de 30 minutos, ou até que os vegetais estejam macios.

Bata a sopa até obter a textura desejada e misture a manteiga. Tempere a gosto, reaqueça e sirva.

Vichyssoise

Esta clássica sopa fria de verão é sempre um sucesso.

6 PORÇÕES ❄

1 cebola, picada
1 col. de sopa de azeite de oliva
15g de manteiga
225g de batata, descascada e cortada em cubos
700g de alho-poró, em fatias
575ml de água
sal
575ml de leite
pimenta-do-reino preta moída na hora
150ml de creme de leite fresco
2 col. de sopa de cebolinha fresca picada, para decorar

Em uma panela grande, refogue a cebola em azeite e manteiga por cerca de 5 minutos, com tampa, sem deixar dourar.

Acrescente a batata e o alho-poró e misture até que estejam brilhosos, envolvidos pela gordura. Tampe a panela novamente, reduza o fogo e cozinhe por mais 15 minutos, mexendo eventualmente e tomando cuidado para que os ingredientes não dourem.

Acrescente a água e um pouco de sal, espere ferver, então tampe a panela, reduza o fogo e cozinhe por 20-30 minutos, ou até que os vegetais estejam macios.

Bata a sopa com um processador de mão cuidadosamente, acrescentando um pouco do leite, se desejar, para facilitar a operação. Transfira a sopa para uma tigela grande ou para uma jarra – passando-a por uma peneira, se quiser uma textura bastante aveludada – e acrescente o restante do leite. Experimente a sopa, corrija o tempero e leve à geladeira para esfriar.

Experimente o tempero mais uma vez antes de servir. Coloque uma colherada de creme de leite sobre cada tigela. Espalhe a cebolinha picada e sirva.

Sopa de agrião

Esta é a sopa preferida da minha família, e a que me pedem para preparar com maior frequência.

4-6 PORÇÕES ❄

900g de batata, descascada
3 col. de sopa de azeite
sal
2 litros de caldo claro de legumes ou água
caldo de legumes em pó ou em cubos
1 maço de agrião
pimenta-do-reino preta moída na hora

Corte as batatas em fatias o mais finas possível; isso faz com que amoleçam mais facilmente quando em contato com o azeite.

Aqueça o azeite em uma panela grande e acrescente as fatias de batata, juntamente com uma pitada de sal, que também contribui no processo de amolecimento retirando a água das batatas. Tampe a panela e cozinhe em fogo baixo por 5-15 minutos, mexendo eventualmente. Quanto mais tempo as batatas "suarem" desta forma, melhor será a sopa. Elas podem ficar com pontos levemente dourados, mas não deixe escurecer ou irá arruinar o sabor. Acrescente 1-2 colheres de sopa de água se começarem a grudar.

Acrescente ¾ do caldo ou da água e o caldo em pó ou em cubo. Deixe ferver, tampe, reduza o fogo e cozinhe por 5-15 minutos, ou até que as batatas estejam macias. O tempo vai depender de quanto as batatas suaram; se elas ficaram bastante amolecidas, esta etapa levará pouquíssimo tempo.

Separe alguns galhos de agrião para decorar (um para cada tigela) e acrescente o restante à sopa. Bata no liquidificador até obter um creme homogêneo, verde e brilhante. Acrescente o restante da água para ajustar a consistência até o ponto que desejar.

Tempere com sal e pimenta (não deve ser necessário muito sal, talvez nenhum). Reaqueça e sirva com as folhas de agrião e o equivalente a um giro do moedor de pimenta sobre cada tigela.

Entradas e aperitivos

Refeições rápidas para comer em qualquer lugar, aperitivos para devorar em instantes e pratos leves para estimular o apetite antes do prato principal – é disso que este capítulo trata.

Você vai encontrar entradas espetaculares que são perfeitas para refeições especiais ou para um jantar de fim de semana, seguidas por bruschettas e crostinis simples e deliciosos, uma variedade de sanduíches e wraps para adultos e crianças levarem para qualquer lugar. Se o tempo for curto, experimente as saborosas delícias na torrada e ciabatta super-rápida ou pizzas de pão árabe (ver páginas 52-3).

Entradas

Antipasto

Uma colorida entrada típica italiana.

6 PORÇÕES
225g de cogumelo paris
2 col. de sopa de azeite de oliva
1 pimentão vermelho pequeno
2 col. de chá de vinagre de vinho ou de sidra
sal e pimenta-do-reino preta moída na hora
1 maço de rabanetes
½ maço de cebolinha fresca
2 pés de endívia
½ pepino
6 tomates
4 ovos cozidos
1 pote de 175g de coração de alcachofra grelhado
1 pote de 175g de pimentão assado, em fatias
12 azeitonas pretas, ou da sua variedade preferida, para decorar
vinagrete (ver páginas 66-7), para servir

Lave os cogumelos e corte-os em fatias; refogue-os em 1 colher de sopa de azeite por 5 minutos e deixe esfriar.

Descarte as sementes e corte o pimentão vermelho em fatias bem finas. Coloque em um prato raso e espalhe o restante do azeite e o vinagre de vinho ou de sidra por cima. Tempere com sal e pimenta. Se possível, espere 1-2 horas para amolecer.

Lave e apare os rabanates e as cebolinhas; corte as endívias em quatro no sentido do comprimento e o pepino, os tomates e os ovos em rodelas.

Arrume todos os ingredientes de maneira atraente em pratos individuais ou em uma travessa grande, decore com as azeitonas e sirva com o vinagrete.

Berinjela frita com molho de tomate V

Esta é uma das maneiras mais práticas de preparar berinjelas, mas ao mesmo tempo uma das minhas preferidas, e acredito que é saborosa o suficiente para ser servida como entrada ou sozinha, como uma refeição leve.

6 PORÇÕES
450g de berinjela
farinha de trigo para cobrir
sal e pimenta-do-reino preta moída na hora
azeite de oliva suficiente para fritura rasa
queijo estilo parmesão ralado
gomos de limão
agrião
425ml de molho de tomate caseiro, 150ml de creme de leite fresco misturados a 1 col. de sopa de limão ou vinagre (misturar e esperar 10 minutos) e molho de ervas ou molho tártaro (ver página 67), para servir

Lave as berinjelas e retire os cabos, corte-as em fatias de 6mm de espessura e passe-as na farinha de trigo temperada com sal e pimenta.

Imediatamente antes de servir as berinjelas, aqueça o azeite em uma frigideira e frite as fatias de ambos os lados, em pequenas levas, até que o exterior esteja crocante e o interior esteja macio quando perfurado pela ponta de uma faca afiada.

Quando todos os pedaços de berinjela estiverem fritos, coloque-os em uma assadeira forrada com papel toalha e mantenha-os aquecidos em forno baixo ou sob o grill até a hora de servir.

Sirva salpicado com o parmesão ralado e decorado com os gomos de limão e o agrião. Disponha o molho separadamente.

Rolinhos de berinjela com tapenade V

Estes rolinhos são fáceis de fazer e ficam ótimos como parte de uma seleção de canapés ou tapas, ou ainda dispostos em pratos individuais com um pouco de molho de iogurte e ervas (ver página 67), como entrada.

RENDE 24 OU 48 ROLINHOS

3 berinjelas grandes
6-8 col. de sopa de azeite de oliva
1 receita de tapenade (ver página 45)
um ramo de salsinha fresca, para decorar

Aqueça o grill do forno.

Retire os cabos das berinjelas e corte-as em fatias de 6mm no sentido do comprimento (você deve obter 8-10 fatias de cada berinjela).

Pincele levemente as fatias com azeite em ambos os lados e arrume-as lado a lado em uma travessa, formando apenas uma camada; talvez seja necessário dividir essa etapa em mais de uma leva. Asse sob o grill por cerca de 5 minutos ou até a superfície ficar levemente dourada, então vire as fatias e asse também até ficarem levemente douradas e macias quando perfuradas com uma faca afiada. Deixe esfriar.

Para fazer os rolinhos, espalhe a tapenade sobre uma fatia de berinjela e então enrole-a sobre si mesma firmemente, como um pequeno rocambole. Coloque em um prato, com o lado do arremate para baixo. Repita a operação com o restante das fatias. Sirva-os inteiros ou corte cada um ao meio, o que faz com que fiquem mais fáceis de comer se você estiver servindo como canapé. Decore com ramos de salsinha.

VARIAÇÕES

Rolinhos de berinjela com hummus V

Substitua a tapenade por 250g de hummus caseiro (ver páginas 43-4) ou comprado pronto e coloque um pouco de coentro fresco picado em cada rolinho. Decore com mais coentro.

Rolinhos de berinjela com queijo e alho V

Substitua a tapenade por 250g de cream cheese *vegan* com alho e ervas. Decore com salsinha.

Peras com queijo azul e nozes

O segredo desta receita é usar peras bem doces e maduras. Eu acho mais seguro comprar peras ainda duras e deixá-las amadurecendo à temperatura ambiente por uma semana. Peras pequenas e arredondadas funcionam melhor – a variedade Comice é perfeita.

4 PORÇÕES

4 peras doces e maduras
suco de 1 limão
1 col. de sopa de azeite de oliva extravirgem
sal e pimenta-do-reino preta moída na hora
50g de nozes, sem casca, em pedaços
125g de agrião
125-175g de queijo gorgonzola ou roquefort, esfarelado

Preaqueça o grill do forno se optar por tostar as nozes. Descasque as peras e corte-as em pedaços iguais, descartando o miolo. Coloque em uma tigela juntamente com o suco de limão, o azeite, um pouco de sal e uma quantidade generosa de pimenta e misture.

Espalhe as nozes em uma assadeira e toste-as sobre o grill bem quente por alguns minutos, até que comecem a liberar o aroma maravilhoso, mas tomando cuidado para não deixá-las queimar. Ou use-as sem tostar, se preferir.

Distribua o agrião em quatro pratos. Coloque as peras sobre o agrião e espalhe um pouco de molho sobre cada prato. Espalhe o queijo sobre as peras e o agrião e salpique as nozes por cima, quebrando-as levemente com seus dedos. Se elas ainda estiverem quentes na hora de servir fica ainda melhor.

Aperitivos

Aïoli com crudités

A maionese de alho clássica da Provença, servida com uma incrível e colorida seleção dos vegetais disponíveis, rende uma entrada maravilhosa ou até mesmo uma refeição leve. Você vai precisar de um liquidificador ou de um processador de alimentos para preparar esta receita.

4-6 PORÇÕES

PARA OS CRUDITÉS

É uma seleção de vegetais crus em pedaços que caibam na boca; procure comprar 4-5 tipos de cores contrastantes, como rabanetes vermelhos e crocantes, servidos inteiros com a parte do talo verde mantido; cenouras brilhantes e alaranjadas cortadas em palitinhos; tiras de pimentão vermelho sem sementes; couve-flor; cogumelos frescos bem pequenos; cebolinhas verdes, aparadas; pedaços crocantes do bulbo do funcho; pepino suculento em cubos grandes; folhas crocantes de endívia ou talos de aipo; tomates firmes cortados em quatro ou tomates-cereja.

PARA O AÏOLI

1 ovo
2-4 dentes de alho, descascados e esmagados
¼ de col. de chá de sal
¼ de col. de chá de mostarda em pó
¼ de col. de chá de pimenta-do-reino
2 col. de chá de vinagre de vinho tinto
2 col. de chá de suco de limão
200ml de azeite de oliva extravirgem

Quebre o ovo e despeje no copo do liquidificador, acrescente o alho, o sal, a mostarda, a pimenta, o vinagre e o suco de limão.

Bata na velocidade média por cerca de 1 minuto. Aumente a velocidade para alta e vá despejando o azeite aos poucos, gota por gota, pela abertura da tampa.

Quando cerca de metade do azeite tiver sido despejada e você reparar que o som da mistura mudou, você pode passar a acrescentar o azeite um pouco mais rápido, em um filete.

Se a mistura estiver muito grossa você pode afiná-la acrescentando um pouco de água quente. Sirva o aïoli em uma tigela com os crudités ao lado.

VARIAÇÕES

Aïoli rápido e fácil

Nada supera o original, mas você pode preparar um aïoli bom e rápido comprando maionese pronta de alta qualidade e misturando alho esmagado. Comece com 1 dente de alho amassado e acrescente mais a gosto.

Aïoli light

Se você quer servir aïoli, mas hesita por causa da quantidade de calorias que ele contém, pode optar por usar uma mistura de metade maionese e metade iogurte natural.

Pasta de abacate e cream cheese V

Enquanto o guacamole clássico (ver páginas 42-3) contém apenas abacate, tomates, coentro e pimenta, esta pasta possui uma base de cream cheese – com teor de gordura médio ou baixo, o que você preferir – e um toque de alho, tabasco, suco de limão e vinagre de vinho tinto. Ambas as pastas são deliciosas. Use cream cheese *vegan* se desejar.

4-6 PORÇÕES

250g de cream cheese
1 dente de alho, amassado
sal e pimenta-do-reino preta moída na hora
molho de pimenta tabasco
1 abacate grande e maduro
1 col. de chá de suco de limão
um pouco de vinagre de vinho tinto
uma pitada de páprica, para decorar
chips de tortilha, para servir

Misture o cream cheese, o alho, um pouco de sal, pimenta e algumas gotas de tabasco.

Imediatamente antes de servir, descasque o abacate e amasse-o junto com o suco de limão. Misture com o cream cheese temperado. Ajuste o tempero e acrescente algumas gotas do vinagre.

Transfira a mistura para um prato e polvilhe um pouco de páprica para dar um belo tom avermelhado em contraste com o verde-claro. Sirva com chips de tortilha ou torrada melba crocante.

Baba ganoush V

Nesta pasta típica do Oriente Médio, o sabor intenso e sutil da berinjela complementa o sabor rico e terroso do tahine (pasta de gergelim), e a textura é substanciosa sem ser pesada. Eu adoro, principalmente a versão defumada – veja a seguir. Fica com uma aparência linda em uma tigela rasa, com sua superfície pálida decorada com uma espiral dourada de azeite. Sirva com pão árabe aquecido, uma seleção colorida de vegetais crus e azeitonas.

4 PORÇÕES ❄

- 2 berinjelas (cerca de 450g)
- 2-3 col. de sopa de azeite de oliva extravirgem
- 2 col. de sopa rasas de tahine
- 2 col. de sopa de suco de limão
- 1 dente de alho grande, amassado
- sal e pimenta-do-reino preta moída na hora

PARA DECORAR

- mais azeite de oliva, para espalhar por cima
- um punhado de sementes de gergelim torradas
- um pouco de salsinha fresca picada

Remova os cabos e corte as berinjelas ao meio. Pincele-as levemente com um pouco de azeite e coloque-as em uma assadeira.

Asse a 200°C por cerca de 25 minutos ou até que possam ser atravessadas facilmente pela ponta de uma faca afiada. Deixe esfriar.

Pique a polpa da berinjela o mais fino que puder e misture com os demais ingredientes. Se preferir, bata no liquidificador a berinjela, o restante do azeite, o tahine, o suco de limão e o alho até obter uma mistura homogênea. Tempere com sal e pimenta, e leve à geladeira para esfriar.

No momento de servir, transfira a pasta para um prato ou travessa rasa, espalhe o azeite em espiral e salpique com o gergelim e a salsinha picada.

VARIAÇÕES

Baba ganoush defumado V

Fure as berinjelas em diversos pontos e coloque-as sobre o grill do forno bastante quente ou no forno e asse até que fiquem pretas por fora e bem macias por dentro. Isso leva cerca de 25-30 minutos (lembre-se de abrir as janelas da cozinha!). Deixe esfriar um pouco, então retire a pele e descarte. Bata a polpa da berinjela no liquidificador com 2 colheres de sopa de azeite, o tahine, o suco de limão e o alho até obter um creme claro e tempere com sal e pimenta a gosto. Mantenha na geladeira até a hora de usar e sirva decorado como descrito anteriormente.

Baba ganoush com cominho e pinoles V

Para uma versão mais temperada, acrescente uma – ou mais, a seu gosto – pitada de cominho em pó à mistura, seja a defumada ou não, e espalhe alguns pinoles torrados junto com a salsinha picada.

Baba ganoush com romã V

Prepare como descrito, seja a versão defumada ou não, e espalhe sementes de romã frescas sobre a pasta (não será necessário usar a romã inteira) e a salsinha picada.

Pasta de berinjela e iogurte

Para esta versão um pouco diferente, mais leve e cremosa, em vez do tahine e do suco de limão, misture as berinjelas com 150ml de coalhada seca grossa e acrescente um punhado pequeno de ervas frescas picadas (cebolinha, hortelã, coentro ou endro). Você pode tornar essa versão ainda mais leve usando iogurte desnatado ou deixá-la um pouco mais rica acrescentando 150ml de creme de leite fresco misturados a 1 col. de sopa de limão ou vinagre (misturar e esperar 10 minutos).

Pasta de feijão-branco, azeitona preta, tomate seco e manjericão v

Esta pasta simples resume os sabores do Mediterrâneo, e é rápido prepará-la a partir de uma lata de feijões cozidos. Fica ótima acompanhada de vegetais crus em pedaços ou torradinhas, colocada sobre uma folha de alface como entrada, ou espalhada sobre cream crackers, pão árabe ou crostini.

4-6 PORÇÕES

1 dente de alho pequeno, amassado
1 lata de 400g de feijão-branco, escorrido e lavado
suco de ½ limão
3-4 tomates secos, escorridos se conservados em óleo ou reidratados em água quente por 30 minutos se desidratados
8 azeitonas pretas, sem caroço
sal e pimenta-do-reino preta moída na hora
1-2 ramos de manjericão

Coloque o alho, os feijões, o suco de limão, os tomates e as azeitonas em um processador de alimentos e bata até obter um purê grosso. Ou, se preferir, coloque os ingredientes em uma tigela funda e bata usando um processador manual. Tempere com sal e pimenta, transfira para uma tigela de servir e coloque as folhas de manjericão rasgadas por cima.

Sirva com tiras de pão árabe crocantes e uma salada de alface, tomates firmes e palitos de pepino.

Guacamole v

Este é um autêntico guacamole, apenas abacate, tomates, coentro, pimenta e temperos, e eu adoro. É ótimo para se divertir; você pode preparar os tomates, o coentro e as pimentas com antecedência, e misturar o abacate somente no último minuto, para preservar a cor. A quantidade de pimenta depende do seu gosto – comece com um pequeno pedaço e vá acrescentando aos poucos até que esteja picante o bastante.

4 PORÇÕES

4 tomates, finamente picados
½ maço de coentro, finamente picado
1-3 pimentas verdes, finamente picadas
1 abacate grande
sal e pimenta-do-reino preta moída na hora
chips de tortilha, para servir

Misture os tomates e o coentro em uma tigela. Acrescente um pouco das pimentas picadas.

Imediatamente antes de servir, retire a casca e a semente do abacate, corte a poupa em pedaços grandes e coloque na tigela. Amasse os pedaços de abacate com a mistura de tomate para fazer uma pasta cremosa mas ainda com alguns pedaços.

Prove e acrescente mais pimenta aos poucos até ficar ao seu gosto, então tempere com sal e pimenta-do-reino. Sirva em no máximo 30-60 minutos.

Pasta de feijão-branco e alho

Esta pasta fica ótima em sanduíches ou em biscoitos salgados. A mistura básica pode ser adaptada de diversas formas (veja a seguir).

4 PORÇÕES ❄

125g de feijão-branco seco, demolhado e cozido até ficar macio (ver páginas 149-51) e resfriado, ou 1 lata de 400g, escorrida e lavada
25g de manteiga, em temperatura ambiente
1 dente de alho, amassado
algumas gotas de suco de limão
sal e pimenta-do-reino preta moída na hora

Amasse os feijões com um garfo até obter uma pasta homogênea, depois acrescente aos poucos a manteiga, o alho e o suco de limão. Tempere bem com sal e pimenta.

VARIAÇÕES

Pasta de feijão-branco e ervas frescas

Substitua o alho por 2 colheres de sopa de ervas frescas picadas, como salsinha, por exemplo.

Pasta de feijão-branco e azeitonas

Prepare como a receita original e acrescente 6 azeitonas pretas sem caroço e finamente picadas ou amassadas, ou 2-3 colheres de chá de tapenade vegetariana (ver página 45).

Pasta de feijão-branco, tomate seco e manjericão

Prepare como a receita original e acrescente 6 tomates secos, escorridos e finamente picados, ou 2-3 colheres de chá de pasta de tomate seco, e duas colheres de sopa de manjericão fresco picado.

Hummus (Pasta de grão-de-bico) V

O hummus feito em casa é muito melhor do que a versão comprada pronta. Você pode fazê-lo exatamente ao seu gosto, e se você tiver os ingredientes na despensa você pode prepará-lo a qualquer hora.

4-6 PORÇÕES ❄

200g de grão-de-bico seco demolhado e cozido, ou 2 latas de 400g
2 dentes de alho, amassados
2 col. de sopa de azeite de oliva extravirgem
1-3 col. de sopa de tahine
2 col. de sopa de suco de limão
sal e pimenta-do-reino preta moída na hora

PARA DECORAR

mais azeite de oliva, para regar
1 pitada de páprica
gomos de limão
1 punhado de azeitonas pretas

Escorra o grão-de-bico e reserve a água do cozimento ou da conserva. Bata o grão-de-bico no liquidificador ou no processador com o alho, o azeite e o tahine, começando com uma colher de sopa do suco de limão e 250ml da água, acrescentando mais dos dois se necessário, até obter um purê grosso, com a consistência de creme levemente batido.

Prove e acrescente mais tahine se desejar um sabor mais intenso. Tempere com sal e pimenta.

Transfira a pasta para um prato raso grande, espalhe um pouco de azeite por cima, salpique a páprica e decore com os gomos de limão e as azeitonas pretas.

VARIAÇÃO

Hummus com pimentão vermelho

Prepare como descrito, usando 1 colher de sopa de tahine e 2-4 pimentões vermelhos assados em conserva. Bata todos os ingredientes antes de acrescentar qualquer líquido, porque o pimentão vermelho acrescenta umidade à mistura. Tempere com 1-2 pitadas de páprica e 1 gota de tabasco se quiser deixar a pasta mais picante.

Pasta de lentilha e tomate

Esta receita usa lentilhas vermelhas partidas, que cozinham mais rápido. Fica ótima em sanduíches, com um pouco de cebola crua, chutney ou fatias de tomate.

4 PORÇÕES ❄

120g de lentilha vermelha partida
200ml de água
25g de manteiga, em temperatura ambiente
1 col. de sopa de extrato de tomate
algumas gotas de suco de limão
sal e pimenta-do-reino preta moída na hora

Cozinhe as lentilhas na água por 20-30 minutos ou até que estejam macias e toda a água tenha evaporado. Deixe esfriar.

Amasse as lentilhas com a manteiga, o extrato de tomate, o suco de limão e um pouco de sal e pimenta-do-reino. Misture bem com uma colher até obter uma pasta homogênea.

VARIAÇÕES

Pasta de lentilha e cebolinha

Prepare como descrito, mas substitua o extrato de tomate por 1-2 colheres de sopa de cebolinha fresca picada.

Pasta de lentilha e salsinha

Prepare como descrito, mas substitua o extrato de tomate por 2 colheres de sopa de salsinha fresca picada. Uma ou duas cebolinhas picadas também vão bem nesta receita.

Pasta de cogumelos

Esta pasta saborosíssima serve como uma excelente entrada. Experimente acompanhada de torradas ou palitinhos.

4 PORÇÕES

15g de funghi secchi
450g de cogumelo paris fresco
1 dente de alho, descascado
2-4 col. de sopa de salsinha fresca picada
25g de manteiga ou 2 col. de sopa de azeite de oliva
sal e pimenta-do-reino preta moída na hora
um pouco de suco de limão

PARA SERVIR

um pouco de coalhada seca
1 pitada de páprica
alguns ramos de salsinha

Lave e escorra o funghi para remover qualquer sujeira. Coloque-o em uma tigela pequena, despeje água fervendo até cobrir e deixe hidratar por 1 hora. Escorra e reserve o líquido.

Coloque o funghi hidratado e o líquido em um processador, juntamente com os outros cogumelos, o alho e a salsinha e bata até que tudo fique finamente picado. Outra opção é cortar os cogumelos em pedaços grandes, colocá-los em uma tigela junto com os outros ingredientes e bater com um processador manual.

Aqueça a manteiga ou o azeite em uma panela grande e despeje a mistura de cogumelos. Mexa e deixe cozinhar, sem tampa, por 15-20 minutos, ou até que todo o líquido tenha evaporado. Retire a panela do fogo e tempere com sal, pimenta e suco de limão. Deixe esfriar. Sirva em porções individuais com uma colher de chá rasa de coalhada seca, uma pitada de páprica e um ramo de salsinha sobre cada um.

Tapenade V

Esta receita pode ser servida como parte de uma seleção de entradas ou pastas, ou como parte de um prato de tapas, talvez com algumas amêndoas salgadas e crocantes, talos de aipo, rabanetes e cebolinhas. Quanto melhores as azeitonas, melhor o sabor. Você pode comprá-las sem caroço se tiverem boa aparência, ou intactas e descaroçá-las você mesmo (entretanto, se você não tem um descaroçador de azeitonas, esta é uma tarefa árdua).

4-6 PORÇÕES

300g de azeitona verde ou preta inteiras, ou 225g sem caroço
3 col. de sopa de alcaparras, escorridas e lavadas
3 dentes de alho, amassados
3 ramos de salsinha fresca, somente as folhas
3 col. de sopa de azeite de oliva extravirgem
um pouco de suco de limão, a gosto
algumas gotas de tabasco (opcional)

Se estiver usando azeitonas inteiras, retire os caroços e depois bata-as em um processador com as alcaparras, o alho e a salsinha.

Acrescente o azeite e bata novamente até obter uma mistura grossa e bonita. Tempere com uma ou duas espremidas de suco de limão e talvez algumas gotas de tabasco para ficar mais picante, se você desejar.

Patê de vegetais picantes e avelãs com molho de iogurte

Mais uma receita fácil de fazer, este patê consiste em vegetais e avelãs crocantes temperados com curry e alho.

6 PORÇÕES
25g de manteiga
1 cebola, finamente picada
1 cenoura (cerca de 50g), finamente picada
1 talo de aipo, finamente picado
½ pimentão verde (cerca de 50g), sem sementes e picado
½ pimentão vermelho (cerca de 50g), sem sementes e picado
1 dente de alho, amassado
1 col. de sopa de curry em pó
125g de avelã, torrada (ver página 103) e picada
225g de ricota
sal e pimenta-do-reino preta moída na hora

PARA O MOLHO
um pedaço de 5cm de pepino
200ml de iogurte natural
3 col. de sopa de hortelã fresca picada

Forre uma forma de bolo inglês de 450g com uma camada de papel-manteiga cobrindo a base e os dois lados menores.

Derreta a manteiga em uma panela grande e refogue todos os vegetais por 2-3 minutos; eles devem amaciar um pouco mas permanecer ainda crocantes.

Acrescente o alho e o curry em pó e cozinhe por mais 1 minuto. Retire do fogo e misture os demais ingredientes. Tempere com sal e pimenta.

Transfira a mistura para a forma preparada – ela não ficará cheia até a boca – e alise a superfície. Cubra com papel-alumínio e leve à geladeira por algumas horas.

Enquanto isso, prepare o molho. Descasque e pique finamente o pepino e misture-o com o iogurte e a hortelã. Tempere com sal e pimenta.

Para servir, deslize um faca pelas bordas do patê para soltá-lo, desenforme-o e corte-o em fatias. Coloque uma fatia em cada prato, acompanhada de um pouco de molho.

Bruschetta V

Bruschettas são fáceis de fazer e rendem ótimos aperitivos, entradas e canapés. As bases podem ser preparadas com antecedência – elas duram uma semana embrulhadas em papel-alumínio ou em um recipiente hermético – e cobertas imediatamente antes de servir para que permaneçam crocantes. Escolha pelo menos quatro das coberturas sugeridas a seguir.

PARA AS BASES
1 baguete cortada na diagonal em fatias de 1cm de espessura
azeite de oliva para pincelar
Preaqueça o forno a 150°C.

Pincele cada lado das fatias de pão com o azeite, arrume-as em uma assadeira e asse por cerca de 20 minutos ou até que fiquem crocantes. Outra opção é torrar as fatias em uma torradeira antes de pincelá-las com o azeite.

Exceto quando estou fazendo uma ou duas para um lanche rápido, prefiro assá-las no forno porque é mais fácil e elas ficam realmente crocantes e secas. Dessa forma você também pode prepará-las com antecedência, como explicado anteriormente.

VARIAÇÕES

Bruschetta de alho v

Esfregue ambos os lados da fatia de pão com a superfície de um dente de alho cortado.

Bruschetta de ervas v

Utilize pão de alecrim (ou alguma outra erva) para preparar a bruschetta; ou se estiver usando uma baguete convencional, salpique cada um dos lados com uma boa pitada de alecrim picado ou tomilho seco. Asse como indicado.

Bruschetta grelhada v

Bruschettas ficam ótimas quando preparadas na churrasqueira: espalhe as fatias de pão sobre a grelha e deixe até ficarem crocantes e marcadas com listras pretas, então vire as fatias e repita com o outro lado. Disponha as coberturas e decorações para que as pessoas se sirvam.

Crostini v

São versões menores e mais finas da bruschetta, com coberturas mais delicadas. Compre a baguete mais fina que encontrar. Eu normalmente corto a baguete em rodelas em vez de na diagonal.

Coberturas para bruschetta e crostini

Lembre-se de que as pessoas iram comê-los com as mãos, portanto assegure-se de que as coberturas não estejam muito líquidas e que haja algo sobre a base para que os pedaços se ajustem, de forma que não caiam.

Feijão-branco escorrido amassado com alho e vinagrete e decorado com azeitonas pretas.

Tapenade v, comprada pronta ou feita em casa (ver página 45) decorada com salsinha fresca.

Pasta de grão-de-bico (hummus) v, comprada pronta ou feita em casa (ver páginas 43-4), pontas de aspargos cozidas e gergelim.

Pasta de berinjela e gergelim v ou baba ganoush (ver página 41) decorada com azeitonas pretas.

Queijo azul amassado, cubos de beterraba e ramos de endro.

Castanhas portuguesas cozidas (em lata ou embaladas a vácuo) amassadas com manteiga, alho, suco de limão, sal e pimenta-do-reino até formar uma pasta grossa, decorada com alcaparras gigantes.

Tomate finamente picado e folhas de manjericão rasgadas v misturados com azeite, alho amassado, sal e pimenta.

Cream cheese com alho e ervas e corações de alcachofras grelhados.

Pasta de grão-de-bico (hummus), comprada pronta ou feita em casa (ver páginas 43-4), rúcula, cubinhos de queijo feta, tomates semissecos e um pouco de pinoles.

Sanduíches e wraps

Salada de abacate v

Este sanduíche fica ótimo quando preparado com pão de malte ou de nozes ligeiramente tostado. Amasse um abacate médio, espremendo um pouco de suco de limão para preservar a cor, com sal e pimenta-do-reino a gosto. Espalhe sobre o pão. Acrescente as folhas de salada ou ervas frescas que você desejar – delicadas folhas de alface, coentro fresco, rúcula, cebolinha picada – e pressione as fatias de pão suavemente, mas com firmeza.

Brie com geleia de damasco

Uma boa dica é prepará-lo numa baguete depois de retirado um pouco do miolo.

Falafels em pão árabe v

Recheie um pão árabe com alface picada, acrescente alguns falafels inteiros ou em fatias (ver páginas 163-4) e qualquer outro tipo de salada do seu gosto, como pepinos fatiados, cebolinhas, tomates e alguns ramos de coentro. Tempere com uma colher de sopa de tahine diluída em água e um pouco de suco de limão até ficar homogêneo e cremoso, com pasta de iogurte ou com maionese diluída em água.

Queijo de cabra com cebola roxa

Este sanduíche é feito com queijo de cabra fresco, que é suave e cremoso como um cream cheese. Espalhe-o numa fatia do pão de sua preferência (eu gosto de pão com passas e alecrim), acrescente algumas rodelas bem finas de cebola roxa e pressione a outra fatia por cima.

Salada grega no pão árabe

Prepare uma salada grega como indicado na página 82, ou simplesmente misture rapidamente um pouco de pepino, tomate, cebola e queijo feta picados com um pouco de suco de limão, algumas azeitonas pretas, algumas gotas de azeite, e coloque tudo dentro de um pão árabe. Fica muito bom!

Vegetais do Mediterrâneo grelhados e pesto v

Faça uma seleção de vegetais como abobrinha, berinjela, cebola roxa e pimentão vermelho, corte em pedaços que caibam na boca, pincele com azeite e coloque sob o grill do forno por cerca de 10 minutos de cada lado ou até que estejam macios e ligeiramente dourados, ou então aproveite os que sobraram de outra refeição. Misture com pesto e use para rechear uma baguete sem o miolo ou enrole fazendo um wrap. Você pode acrescentar grão-de-bico, cubos de queijo feta ou hummus comprado pronto ou feito em casa (ver páginas 43-4) para aumentar o valor proteico.

Hummus, coentro e azeitonas pretas v

Você pode utilizar pão árabe para este sanduíche, ou então fatias do pão de sua preferência. O mais importante é colocar uma boa quantidade de hummus comprado pronto ou feito em casa (ver páginas 43-4) no recheio com azeitonas pretas sem caroço fatiadas e um pouco de coentro fresco picado.

Wrap mexicano

Refogue uma cebola em azeite por 10 minutos, depois amasse o conteúdo de uma lata de 400g de feijões vermelhos, um tomate picado e pimenta vermelha em pó a gosto. Espalhe em uma folha de tortillha, acrescente os complementos que quiser: abacate picado ou guacamole (ver páginas 42-3), coalhada seca, queijo ralado tradicional ou *vegan* e coentro fresco picado. Enrole bem firme, tomando cuidado para que o recheio não escorra.

Tomate, mussarela de búfala e azeitona

Pincele um panini ou uma ciabatta média com azeite, recheie com fatias de tomate e de mussarela de búfala e coloque algumas folhas de manjericão e azeitonas pretas sem caroço. Fica bom com fatias de abacate também.

Cata-ventos de salsinha

Eu adoro fazer e comer estes "cata-ventos"! Eles têm uma aparência irresistível, como fatias de um pequeno rocambole salgado, e são uma ótima opção para uma seleção de sanduíches. Um pão bem fresco não muito fino, como pão de forma em fatias grossas ou pão integral, é o ideal.

RENDE 25 CATA-VENTOS ❄

60g de manteiga, em temperatura ambiente
2 col. de sopa de salsinha fresca, finamente picada
1-2 col. de chá de água quente
5 fatias grossas de pão

Bata a manteiga, a salsinha e a água quente em uma tigela até obter uma pasta leve e cremosa.

Retire a casca das fatias de pão e abra ligeiramente cada fatia com um rolo de massa. Espalhe a mistura de manteiga verde generosamente sobre cada fatia de pão e enrole as fatias sobre elas mesmas formando um rocambole. Se possível, leve à geladeira por pelo menos 1 hora.

Na hora de servir, corte cada rolinho em cerca de cinco fatias da mesma espessura.

VARIAÇÃO

Cata-ventos de patê ou hummus

Esta receita fica ótima com patê de vegetais, que pode ser comprado pronto em bisnagas em lojas de produtos naturais. Use pão de forma branco para obter um bom contraste de cores. Outra opção é usar hummus comprado pronto ou feito em casa (ver páginas 43-4); mesma cor, sabores diferentes.

Torrada com creme de abacate V

Minha receita preferida! Adoro esta combinação de abacate cremoso e amanteigado e torrada crocante de pão integral.

2 PORÇÕES

1 abacate grande
suco de ½ limão
sal e pimenta-do-reino preta moída na hora
2-4 torradas de pão integral
1 pitada de pimenta vermelha em pó (opcional)

Retire a casca e a semente do abacate e amasse-o ou corte-o em fatias finas, espalhe o suco de limão sobre ele e tempere com sal e pimenta.

Espalhe – ou arrume as fatias – o abacate sobre as torradas, salpique um pouco da pimenta vermelha em pó (se optar por usar) e sirva-as imediatamente, enquanto ainda estão quentes e crocantes.

Torrada de tomate e queijo V

Não existe receita mais fácil do que essa, e mesmo assim resulta num aperitivo adorável, semelhante a uma pizza bem simples.

2 PORÇÕES

4 fatias de pão integral
1-2 col. de sopa de azeite de oliva
4 tomates, com ou sem pele, como você preferir
125g de queijo ralado

Torre as fatias de pão e pincele um lado (ou ambos, se preferir) com o azeite.

Corte os tomates em fatias finas, distribua-as sobre as torradas e espalhe o queijo de maneira uniforme sobre elas.

Leve as torradas ao forno bem quente por 4-5 minutos ou até que o queijo esteja bastante dourado e borbulhante e os tomates estejam aquecidos por igual e ligeiramente mais macios. Sirva imediatamente.

Pão de alho

Pão de alho quentinho é sem dúvida um sucesso e bastante fácil de fazer. Você também pode prepará-lo com antecedência até o ponto antes de levar ao forno, e até mesmo congelá-lo (antes de assar).

4-6 PORÇÕES

1 baguete ou 1 pão integral pequeno
3-4 dentes de alho
sal
125g de manteiga, em temperatura ambiente

Acenda o forno a 200°C. Faça cortes na baguete ou no pão integral ao longo de ¾ da altura – como se quisesse retirar fatias grossas, mas sem chegar até o final; o pão deve continuar unido na base. Depois disso, corte o pão inteiro em fatias bem finas.

Prepare a manteiga de alho descascando e amassando os dentes com um pouco de sal e misturando à manteiga. Espalhe esta mistura dos dois lados de cada fatia. Rearrume o pão em sua forma original, embrulhe-o em papel-alumínio e leve-o ao forno em uma assadeira. Asse por cerca de 20 minutos ou até que esteja completamente aquecido por dentro e crocante por fora. Sirva imediatamente.

VARIAÇÃO

Pão de alho rápido para uma ou duas pessoas

Prepare uma manteiga de alho feita com apenas um dente e espalhe sobre algumas fatias de pão. Asse-os sobre uma grelha, sem papel-alumínio ou qualquer outro tipo de cobertura, até que a manteiga esteja derretida e a casca do pão esteja bem crocante.

Grão-de-bico com alho em pão árabe V

Esta receita de grão-de-bico temperado com alho e estalando de quente rende um aperitivo maravilhoso; é difícil resistir à vontade de comer direto da panela! Eles ficam ótimos como recheio em um pão árabe, com o acompanhamento que você preferir – tomate em rodelas, cebola, hortelã fresca picada, uma colherada de iogurte ou de maionese ou um pouco de chutney.

4 PORÇÕES

2 latas de 400g de grão-de-bico, escorrido
um pouco de farinha de trigo com fermento, para cobrir
sal e pimenta-do-reino preta moída na hora
6 col. de sopa de azeite de oliva
2-4 dentes de alho, amassados

PARA SERVIR

4 pães árabes integrais aquecidos
qualquer um dos acompanhamentos listados acima

Espalhe o grão-de-bico em um prato grande e polvilhe com a farinha de trigo e um pouco de sal e pimenta. Vire-os delicadamente, de modo que todos fiquem cobertos pela farinha.

Aqueça o azeite em uma frigideira grande e acrescente o grão-de-bico e o alho. Frite o grão-de-bico lentamente, até que fiquem dourados e crocantes, virando-os eventualmente. Pode ser necessário fritá-los em mais de uma leva.

Faça um corte no topo de cada pão árabe, recheie-os com o grão-de-bico ainda quente, acrescente qualquer um dos acompanhamentos que desejar e sirva.

Pizza rápida de pão árabe

Esta pizza rápida tem sabor surpreendemente parecido com a "de verdade" e pode ser preparada em minutos.

2 PORÇÕES

2 pães árabes integrais
6 col. de sopa de extrato de tomate
1-2 col. de sopa de cebola finamente picada
1 col. de chá de orégano seco
1 col. de sopa de azeite de oliva
½-1 col. de chá de açúcar
sal e pimenta-do-reino preta moída na hora
4 tomates, em fatias finas
alguns cogumelos paris (opcional), em fatias finas
125g de mussarela de búfala esfarelada ou queijo cheddar ralado
um pouco de azeite de oliva, uma pitada de orégano seco e algumas azeitonas (opcional), para decorar

Abra os pães árabes e separe cada um em duas metades. Coloque-as em uma assadeira que caiba em seu forno.

Misture o extrato de tomate com a cebola e o orégano e acrescente açúcar, sal e pimenta a gosto.

Espalhe a mistura sobre cada metade de pão árabe.

Distribua as fatias de tomate por cima, de modo a cobrir completamente a superfície, e acrescente algumas fatias de cogumelos crus (se optar por usar), ou qualquer outro ingrediente de sua preferência – como milho-verde, tirinhas de pimentão vermelho, corações de alcachofra e azeitonas – e espalhe o queijo por cima.

Leve ao forno bem quente por 5-6 minutos, ou até que a superfície esteja bastante dourada e borbulhante. Sirva imediatamente.

Pizza rápida de ciabatta

Ciabatta cortada ao meio é uma base incrivelmente leve e crocante para uma pizza rápida. As de tamanho médio são ideais, e deve-se calcular uma pizza para cada quatro pessoas, visto que as ciabattas foram cortadas ao meio; outra opção é comprar as de tamanho normal e dividir em quatro pedaços. Procure comprar tomates em lata de boa qualidade – reduzidos, eles se transformam em um molho espesso delicioso e muito mais rápido de fazer do que as alternativas mais baratas. Tenha sempre algumas ciabattas no freezer e algumas latas de tomate na despensa, e você nunca mais vai ficar sem opções para uma refeição rápida e saborosa!

4 PORÇÕES

1 cebola grande, picada
2 col. de sopa de azeite de oliva
1 lata de 400g de tomates picados, com o suco
½ col. de chá de orégano seco
2 ciabattas de tamanho médio ou 1 ciabatta de tamanho normal
sal e pimenta-do-reino preta moída na hora
125g de mussarela de búfala esfarelada ou queijo cheddar ralado
um punhado de azeitonas verdes sem caroço

Salteie as cebolas em 1 colher de sopa de azeite por 5 minutos, com a panela tampada, e então acrescente os tomates e o orégano. Cozinhe em fogo baixo, desta vez sem tampa, por cerca de 10 minutos, ou até que engrosse.

Enquanto isso, corte o pão ao meio na horizontal. Coloque os pedaços em uma travessa ou assadeira e leve ao forno, virando, até que ambos os lados estejam crocantes; não deixe que comecem a dourar.

Pincele os pedaços de pão tostados com o restante do azeite e coloque-os novamente na travessa ou assadeira, com o lado cortado virado para cima.

Tempere o molho de tomate com sal e pimenta e espalhe-o igualmente sobre as metades de ciabatta. Cubra com o queijo e coloque as azeitonas por cima.

Asse no forno por 7 minutos, ou até que as bordas das pizzas estejam crocantes e o queijo esteja derretido e bastante dourado. Sirva imediatamente.

Molhos e cremes

Um molho pode ser responsável pelo toque final perfeito de um prato; pode fazer a diferença entre o comum e o excepcional e transformar seus pratos preferidos em algo realmente especial.

Neste capítulo você irá encontrar muitas receitas de molhos e cremes fáceis de preparar e que podem acompanhar uma variedade de pratos – experimente um pouco de Béarnaise azedinho com berinjelas fritas crocantes (ver páginas 57 e 37-8). Você vai encontrar muitos clássicos infalíveis – molho de tomate para pizzas e um delicioso hollandaise (ver páginas 59-60). A boa notícia é que todos possuem preparo bastante simples. Além disso, se você estiver com pressa, meu béchamel de liquidificador ultrafácil (ver páginas 57-8) transforma uma simples receita de vegetais no vapor em um prato principal, bastando apenas espalhar alguns croûtons e um pouco de queijo ralado por cima e levar para gratinar rapidamente.

Molho Béarnaise de liquidificador

Esta é uma versão rápida do clássico e rico molho francês. Primeiro você deve reduzir o vinagre em uma panela, para concentrar o sabor, depois despejar as gemas no liquidificador e acrescentar a manteiga derretida. Leva apenas alguns minutos para ficar pronto e fica sensacional com pratos como bolinhos de castanha de caju e endro (ver página 128). Uma alternativa interessante é misturar 125g de queijo fresco ao molho finalizado – isso o torna mais leve e faz com que sirva até oito pessoas.

6 PORÇÕES

125g de manteiga
2 col. de sopa de vinagre de vinho tinto
1 col. de sopa de cebola finamente picada
8 grãos de pimenta-do-reino, levemente amassados
2 gemas
1 col. de sopa de suco de limão
sal e pimenta-do-reino preta moída na hora

Derreta a manteiga em uma panela pequena.

Aqueça o vinagre, a cebola e os grãos de pimenta em outra panela pequena, até que o vinagre esteja reduzido pela metade.

Despeje as gemas e o suco de limão no liquidificador e bata até obter uma mistura cremosa, depois despeje o vinagre coado e bata novamente.

Com o liquidificador funcionando, despeje lentamente a manteiga derretida. Conforme você faz isso, a mistura vai engrossar e adquirir uma consistência incrivelmente cremosa.

Tempere com sal e pimenta e sirva ainda quente.

Se precisar mantê-lo aquecido, transfira para uma tigela e coloque sobre uma panela ou assadeira com água fervente.

Molho béchamel rápido de liquidificador

Esta é uma maneira prática de preparar molho béchamel, e o sabor é idêntico ao da versão tradicional (ver o molho de queijo na página 59).

O molho de salsinha é particularmente mais fácil ainda de preparar desta maneira, porque você não precisa nem mesmo picar a salsinha; simplesmente jogue alguns ramos no liquidificador junto com o restante dos ingredientes.

4 PORÇÕES ❄

25g manteiga
25g de farinha de trigo
275-425ml de leite
sal e pimenta-do-reino preta moída na hora

Coloque a manteiga, a farinha e o leite no liquidificador e tempere com cerca de ½ colher de chá de sal e o equivalente a um bom giro do moedor de pimenta-do-reino.

Bata na velocidade máxima por alguns segundos para desfazer a manteiga e misturar todos os ingredientes. Irão sobrar alguns grumos de manteiga, mas não há problema.

Despeje a mistura numa panela média e aqueça sobre fogo moderado. Mexa até que o molho tenha engrossado, abaixe o fogo e deixe cozinhar por 15 minutos.

O cozimento mais extenso é particularmente importante neste método para evitar o gosto de farinha crua, porque não há um cozimento inicial da farinha, como no método tradicional.

VARIAÇÕES

Molho de aipo

3-4 col. de sopa de aipo picado bem fino e ½ colher de chá de sal de aipo podem ser acrescentados ao molho depois de batido e cozido até ficar macio.

Molho de queijo

Acrescente 125g de queijo ralado depois que o molho estiver cozido.

Molho de ovo

Acrescente 3 ovos cozidos picados bem finos e ¼ de colher de chá de noz moscada ao molho base.

Molho de funcho

Acrescente 2-3 colheres de sopa de bulbo de funcho picado bem fino ao molho antes do cozimento.

Molho de ervas

Acrescente 1-2 colheres de sopa de ervas frescas picadas (as que estiverem disponíveis) bem finas imediatamente antes de servir.

Molho de limão siciliano

Acrescente ao molho básico o suco e um pouco da casca de limão siciliano ralada bem fina. Você pode intensificar a cor com uma pitada de cúrcuma.

Molho de cogumelos

Este molho fica ótimo com vegetais ou para acompanhar macarrão ou nhoque. Para prepará-lo, lave e corte em fatias bem finas 125g de cogumelos paris, refogue-os em um pouco de manteiga por 1 ou 2 minutos e acrescente-os ao molho.

Molho de mostarda

Acrescente 1 colher de sopa de mostarda francesa e um pouco de suco de limão ao molho depois que estiver cozido.

Molho de cebola

Outra variação bastante útil, boa para incrementar o sabor de um prato. Descasque e pique bem fino uma cebola e refogue-a na manteiga antes de bater com o restante dos ingredientes. Experimente temperar também com uma pitada de cravo-da-índia em pó.

Molho de salsinha

Acrescente alguns ramos de salsinha ao liquidificador junto com os outros ingredientes no início do processo.

Molho de agrião

Acrescente ½-1 maço de agrião finamente picado ao molho pronto, ou não picado no início do processo.

Molho béchamel *vegan* V

Substitua a manteiga por margarina *vegan* e utilize leite de soja.

Molho de queijo

Este molho de queijo pode ser usado tanto para complementar outros pratos antes de assar ou gratinar quanto para ser servido com vegetais e transformá-los num refeição mais completa. É válido usar um queijo de sabor bem forte, e você pode incrementar o sabor acrescentando um pouco de mostarda, pimenta vermelha em pó e pimenta-do-reino preta moída na hora. Leite de soja não adoçado rende um molho especialmente cremoso, e queijo cheddar fornece uma bela cor.

RENDE 275ml ❄

25g de manteiga
25g de farinha de trigo
1 folha de louro
275-425ml de leite ou leite de soja não adoçado
50g de queijo cheddar ralado
1 col. de chá de mostarda em pó
pimenta vermelha em pó
sal e pimenta-do-reino preta moída na hora

Em uma panela média, derreta a manteiga, acrescente a farinha e misture. Cozinhe por alguns segundos, até formar bolhas de farinha nas extremidades, acrescente a folha de louro, aumente o fogo e despeje cerca de ⅓ do leite ou leite de soja.

Mexa vigorosamente até que o molho esteja bem grosso e homogêneo, e então repita o processo mais duas vezes com o restante do leite, até obter uma consistência bastante cremosa.

Retire a panela do fogo e misture o queijo ralado, a mostarda, uma pitada bem pequena de pimenta vermelha em pó e sal e pimenta-do-reino a gosto. Não reaqueça demais o molho depois de acrescentar o queijo ou ele pode ficar grudento e talhar.

Molho hollandaise clássico

Um molho rico para ocasiões especiais que fica maravilhoso com aspargos ou alcachofras. Este é o método tradicional de preparo, batendo em uma tigela sobre uma panela de água quente. Também pode ser preparado rapidamente em um liquidificador ou processador (ver a seguir).

6 PORÇÕES

1-2 col. de chá de suco de limão
1 col. de sopa de água gelada
sal e pimenta-do-reino preta moída na hora
2 gemas
125g de manteiga, cortada em cubos

Misture 1 colher de chá do suco de limão, a água e um pouco de sal e pimenta em uma panela grande ou tigela colocada sobre uma panela de água quente (não deixe a água ferver).

Bata as gemas, acrescente ¼ da manteiga e continue batendo até que a manteiga derreta e a mistura comece a engrossar.

Acrescente o restante da manteiga em três levas, batendo bem depois de cada acréscimo. Acrescente um pouco mais de suco de limão, se desejar.

Molho hollandaise rápido de liquidificador

Este molho espetacular é fácil de preparar usando um liquidificador. Prepare-o imediatamente antes de servir.

4 PORÇÕES

125g de manteiga, cortada em cubos
1 col. de sopa de suco de limão
2 gemas
sal e pimenta-do-reino preta moída na hora

Em uma panela pequena, derreta a manteiga até começar a espumar.

Bata o suco de limão e as gemas no liquidificador até obter um mistura grossa e esbranquiçada, e então, com o liquidificador ligado, despeje a manteiga espumando e bata por mais 1 minuto. Tempere com sal e uma pitada de pimenta e sirva imediatamente.

Molho de limão e lentilhas V

Este molho suave e cremoso de lentilhas é capaz de transformar um prato de vegetais assados ou no vapor em uma refeição completa.

4 PORÇÕES ❄

125g de lentilha vermelha
575ml de água
1 cebola
1 col. de sopa de azeite de oliva
2 col. de chá de curry em pó
o suco e as raspas da casca de um limão
sal e pimenta-do-reino preta moída na hora

Cozinhe as lentilhas na água, em fogo baixo, até que fiquem macias – cerca de 20 minutos.

Enquanto isso, descasque e pique a cebola e refogue-a lentamente no azeite junto com o curry em pó por 10 minutos.

Acrescente o suco e a casca do limão aos poucos, até ficar ao seu gosto. Bata o molho no liquidificador, tempere bem com sal e pimenta e sirva.

Molho de hortelã V

Refrescante e doce ao mesmo tempo, este molho de hortelã complementa muitos pratos com lentilha ou feijões, como croquetes de lentilha.

4-6 PORÇÕES

25g de hortelã fresca picada
1 col. de sopa de açúcar
1 col. de sopa de água fervendo
4 col. de sopa de vinagre de sidra ou de vinho branco

Se você tiver um mixer manual, apenas lave as folhas de hortelã, remova os talos e bata-as com os demais ingrediente até que a hortelã esteja picada bem fina. Sirva em uma molheira.

Se você preferir fazer o molho à mão, pique as folhas de hortelã finamente e coloque-as em uma tigela. Acrescente o açúcar, a água e o vinagre e misture bem.

Molho de vinho tinto

Este molho sempre torna um prato mais especial. Você pode tanto usar um vinho barato quanto um pouco do que irá acompanhar a refeição.

6 PORÇÕES ❄

425ml de caldo de legumes
425ml de vinho tinto
1 folha de louro
1 pedaço de cebola
1 dente de alho, em fatias finas
1 pitada de tomilho seco
½ col. de chá de grãos de pimenta-do-reino preta
2 -3 ramos de salsinha
½ colher de chá de açúcar
sal e pimenta-do-reino preta moída na hora
40g de manteiga, em temperatura ambiente
20g de farinha de trigo

Em uma panela coloque o caldo, o vinho tinto, a cebola, o alho, o tomilho, os grãos de pimenta, os ramos de salsinha e o açúcar, e aqueça até ferver. Deixe cozinhar em fogo alto por 10-15 minutos, até que a quantidade de líquido esteja reduzida pela metade. Coe para uma panela limpa e tempere com sal e pimenta.

O próximo passo é preparar uma beurre manié: simplesmente misture a metade da manteiga com a farinha até formar uma pasta e acrescente-a, aos poucos, ao molho ainda quente, mexendo bem depois de cada acréscimo. Esta é uma forma fácil e à prova de erros de engrossar um molho.

Leve o molho de volta ao fogo e mexa até que comece a engrossar.

Mantenha o molho em fogo baixo por alguns minutos para cozinhar a farinha. Confira o tempero mais uma vez e, na hora de servir, acrescente o restante da manteiga ao molho e bata bem para dar uma aparência brilhante e apetitosa.

Dica

Se você quiser preparar este molho com antecedência, depois de acrescentar a beurre manié e cozinhar por alguns minutos, retire o molho do fogo e espalhe a manteiga restante para evitar formar uma película sobre a superfície. Na hora de servir, aqueça o molho lentamente e mexa para incorporar a manteiga.

Salsa V

Azedinho e refrescante, este molho dá vida a diversos pratos e pode ser preparado com muitas horas de antecedência. Acrescente pimenta a gosto – apenas um pouco, se você não for muito fã, ou generosamente, se for um apaixonado.

4-8 PORÇÕES

4 tomates, picados bem finos
1 dente de alho, amassado
4 cebolinhas frescas, picadas
2 col. de sopa de cebola roxa, picada
1 pimenta verde, sem as sementes e picada
2 col. de sopa de coentro fresco picado
1 col. de sopa de suco de limão
½ col. de chá de sal

Misture todos os ingredientes e reserve até a hora de servir. Se você puder, deixe descansar por algum tempo para realçar os sabores.

Molho de tomate V

Este molho não poderia ser mais simples de fazer e é uma das minhas bases na cozinha. Prefiro não deixar os tomates cozinharem por muito tempo, para que desta forma o molho fique com um sabor muito mais fresco. Vale a pena comprar tomates em lata de alta qualidade, pois eles têm um sabor mais intenso e rendem um molho melhor.

4-6 PORÇÕES
1 cebola
1 col. de sopa de azeite de oliva
1 dente de alho, amassado
450g de tomate, sem pele, ou 1 lata de 400g de tomates picados
1 col. de chá de orégano seco (opcional)
sal e pimenta-do-reino preta moída na hora

Descasque e pique a cebola e refogue-a ligeiramente em azeite em uma panela média, tampada, até que esteja macia, mas sem dourar – cerca de 10 minutos.

Acrescente o alho, o tomate e o orégano (se estiver usando). Cozinhe em fogo baixo, sem tampa, por 10-15 minutos ou até que engrosse. Você pode bater o molho no liquidificador ou deixá-lo com pedaços. Prove e tempere com sal e pimenta.

Dica

A receita básica pode sofrer inúmeras variações. Experimente acrescentar uma folha de louro enquanto refoga a cebola para liberar seu adorável sabor enquanto ela amolece; ou acrescente um pouco de manjericão ou tomilho picados, frescos ou secos, ou canela em pó, ao molho depois de pronto; ou misture algumas colheres de sopa de vinho tinto ao molho batido antes de reaquecê-lo. O molho também pode ser servido frio.

Chutney rápido sem cozimento

Esta é a receita de chutney mais fácil que eu conheço e tem um sabor incrível, idêntico ao da versão tradicional, que fica horas borbulhando sobre o fogo quente. Para esterilizar os potes de conserva, passe-os pelo ciclo quente da lava-louças ou lave-os, coloque-os em uma assadeira e leve-os ao forno em baixa temperatura, 140°C, por 10-15 minutos ou até que estejam secos.

RENDE 3kg
450g de tâmara sem caroço
450g de uva-passa branca
450g de maçã, sem casca
450g de cebola
450g de açúcar mascavo
575ml de vinagre (eu uso o de sidra)
1 col. de chá de sal
pimenta-do-reino preta moída na hora
uma pitada de pimenta vermelha, de pimenta-da-jamaica e de gengibre em pó

Pique os quatro primeiros ingredientes bem finos à mão ou usando um processador, então acrescente o açúcar e o vinagre e misture.

Acrescente o sal, um pouco de pimenta-do-reino e uma pitada de pimenta vermelha, de pimenta-da-jamaica e de gengibre em pó.

Deixe a mistura descansar por 24 horas, mexendo eventualmente, transfira para os potes esterilizados e tampe. Guarde em lugar fresco e seco. Dura por bastante tempo, assim como o chutney tradicional.

Molho de abacate V

Um bonito e elegante molho que combina bem com praticamente qualquer salada.

4-6 PORÇÕES

1 abacate grande maduro
suco de ½ limão
1 col. de sopa de vinagre de vinho tinto ou de sidra
1 col. de sopa de azeite de oliva extravirgem de alta qualidade
sal e pimenta-do-reino preta moída na hora
tabasco ou curry em pó (opcional)

Corte o abacate ao meio e retire o caroço e a pele. Coloque a polpa em um liquidificador junto com os demais ingredientes e bata até obter um creme verde-claro. Outra opção é colocar todos os ingredientes numa tigela funda e usar um processador manual.

Você pode incrementar o sabor com uma ou duas gotas de tabasco ou uma pitada ou duas de curry em pó.

Molho balsâmico com mel e mostarda

Este é um adorável molho agridoce, que fica particularmente bom com salada de folhas levemente amargas, apesar de na verdade ficar delicioso com praticamente qualquer coisa. Para uma versão *vegan*, utilize xarope de agave ou de bordo no lugar do mel.

RENDE CERCA DE 150ml

6 col. de sopa de azeite extravirgem
2 col. de sopa de vinagre balsâmico
1 col. de sopa de mel claro
1 col. de sopa de mostarda francesa à antiga

Bata os ingredientes em uma tigela ou coloque-os em um pote com tampa e agite bem para misturar. Esta segunda opção é mais prática porque você pode guardar o pote diretamente na geladeira.

Agite ou bata o molho novamente antes de servir.

VARIAÇÕES

Molho balsâmico com alho

Acrescente um dente de alho amassado ao molho e misture bem.

Molho balsâmico com pimenta e shoyu

Siga as instruções de preparo e acrescente 1 colher de sopa de molho de soja e 1 pimenta dedo-de-moça sem sementes e finamente picada.

Molho de mel e vinagre de sidra

Um molho doce que fica especialmente bom com salada de repolho picado.

2-4 PORÇÕES

1 col. de sopa de mel claro
1 col. de sopa de vinagre de sidra
3 col. de sopa de azeite extravirgem
¼ de col. de chá de sal
pimenta-do-reino preta moída na hora

Misture todos os ingredientes em uma tigela ou pote com tampa até obter um molho homogêneo.

VARIAÇÃO

Molho de mel e hortelã

Acrescente 1 colher de sopa de hortelã fresca picada ou 1 colher de chá de molho de hortelã concentrado (ver página 60) à receita principal.

Maionese fácil de liquidificador

Aqui, o liquidificador torna mais fácil preparar uma maionese sempre cremosa e saborosa. Você pode usar somente azeite de oliva ou metade azeite de nozes ou óleo de semente de uva e metade azeite de oliva, o que resulta em um sabor mais delicado.

RENDE CERCA DE 200ml

1 ovo
¼ de col. de chá de sal
¼ de col. de chá de mostarda em pó
o equivalente a 2-3 giros do moedor de pimenta-do-reino preta
2 col. de chá de vinagre de vinho tinto
2 col. de chá de suco de limão
100ml de azeite de oliva misturados com 100ml de azeite de nozes ou óleo de semente de uva

Quebre o ovo diretamente no copo do liquidificador e acrescente o sal, a mostarda, a pimenta, o vinagre e o suco de limão.

Bata por 1 minuto em velocidade média ou até que todos os ingredientes estejam bem misturados, então aumente a velocidade para alta e acrescente o azeite de nozes ou o óleo de semente de uva, gota a gota, pela abertura na tampa do liquidificador.

Depois que cerca de metade do óleo tiver sido acrescentada, você vai perceber uma mudança no som do motor do liquidificador, o que significa que você pode acrescentar o restante do óleo com maior rapidez, em um filete.

Se a consistência da maionese estiver um pouco grossa, você pode afiná-la acrescentando um pouco de água quente.

Maionese de limão

Você pode usar maionese caseira, tanto a tradicional quanto a de liquidificador, ou comprada pronta, de boa qualidade. Eu acho que esta variação serve especialmente bem de molho para alguns pratos, como a frittata de batatas, ervilhas e hortelã ou croquetes de lentilha (ver páginas 258 e 165-6); ela acrescenta uma nota deliciosamente refrescante e ao mesmo tempo rica que os complementam.

4 PORÇÕES

4 col. de sopa rasas de maionese
1 col. de chá de raspas de casca de limão bem finas
1-6 col. de chá de suco de limão espremido na hora
sal e pimenta-do-reino preta moída na hora

Coloque a maionese em uma tigela e misture as raspas de casca de limão raladas bem finas. Acrescente o suco de limão aos poucos provando constantemente, até obter o grau de acidez desejada. Eu gosto de usar a quantidade máxima indicada, mas isso porque sou apaixonada por limão. Tempere com sal e pimenta.

Maionese tradicional

Preparar maionese à mão é uma tarefa árdua, mas você obtém o resultado cremoso e atraente e é muito gratificante observar a mistura engrossar gradualmente enquanto você incorpora o óleo.

RENDE 200-275ml

2-3 gemas
¼ de col. de chá de sal
¼ de col. de chá de mostarda em pó
o equivalente a 2-3 giros do moedor de pimenta-do-reino preta
2 col. de chá de vinagre de vinho tinto
2 col. de chá de suco de limão
200-275ml de mistura de azeite de oliva e azeite de nozes

Coloque as gemas em uma tigela e acrescente o sal, a mostarda, a pimenta, o vinagre e o suco de limão.

Bata por 1 ou 2 minutos, até que a mistura esteja homogênea e cremosa, e então comece a acrescentar a mistura de óleo, uma gota de cada vez, batendo bem depois de cada acréscimo.

Depois que você tiver acrescentado cerca da metade do óleo, a mistura deverá começar a engrossar e ganhar a aparência de maionese, e então você pode acrescentar o óleo um pouco mais rápido e continuar a bater bastante.

Continue a incorporar o óleo até que a mistura esteja bastante grossa – se você estiver usando três gemas, provavelmente conseguirá usar os 275ml de óleo, senão 200ml serão suficientes.

Se a consistência da maionese estiver um pouco grossa, você pode afiná-la acrescentando um pouco de água fervente.

Molho de maionese e iogurte

Você pode usar tanto maionese caseira quanto comprada pronta de boa qualidade para preparar esta receita.

4 PORÇÕES

2 col. de sopa de maionese
2 col. de sopa de iogurte natural

Simplesmente misture os dois ingredientes.

Molho de tofu V

Este molho, feito com tofu, é bastante parecido com a maionese, mas consideravelmente mais nutritivo e com menor teor de gordura. Também fica bom com um pouco de ervas frescas ou cebolinha fresca picada.

RENDE CERCA DE 350ml

300g de tofu – comprado em lojas de produtos naturais
2 col. de chá de vinagre de vinho tinto
1 col. de chá de mostarda em pó
1 col. de chá de açúcar mascavo
2 col. de sopa de azeite de oliva extravirgem
sal e pimenta-do-reino preta moída na hora

Bata todos os ingredientes no liquidificador até obter uma mistura homogênea. Ou então coloque todos os ingredientes numa tigela funda e use um processador manual.

Outra opção é colocar o tofu em uma tigela e bater até ficar cremoso e então acrescentar o vinagre, a mostarda e o açúcar e bater novamente. Depois incorpore o azeite, um pouco de cada vez. Tempere com sal e pimenta.

Vinagrete V

Quando preparo este molho para temperar uma salada, eu geralmente o faço diretamente na saladeira, bato-o rapidamente e despejo a salada por cima. Mas se você quiser espalhá-lo sobre a salada, ou servir com abacates, por exemplo, é mais fácil prepará-lo batendo bem todos os ingredientes em um pote com tampa, e neste caso, você pode optar por duplicar as quantidades listadas abaixo. Guarde o pote na geladeira por até uma semana.

4-6 PORÇÕES

1 col. de sopa de vinagre de vinho (de preferência tinto)
3-4 col. de azeite de oliva extravirgem
sal e pimenta-do-reino preta moída na hora

Misture todos os ingredientes e tempere bem. Você pode acrescentar um pouco de ervas frescas picadas, um dente de alho amassado, ou até mesmo um pouco de mostarda e uma pitada de açúcar para incrementar o sabor. Você também pode optar por diferentes tipos de vinagre, como de sidra ou framboesa para um sabor frutado, vinagre balsâmico para um sabor mais rico, suculento e ligeiramente doce, ou vinagre de arroz, que é mais leve e delicado.

VARIAÇÃO

Vinagrete de nozes v

Siga as instruções de preparo, substituindo 1-2 colheres de sopa de azeite de oliva pela mesma quantidade de azeite de nozes. Acrescentar um dente de alho amassado também fica muito bom.

Molho de iogurte e ervas

Este é um molho de sabor refrescante e levemente ácido que combina com praticamente qualquer salada.

4-6 PORÇÕES

275ml de iogurte natural
1-2 col. de sopa rasas de ervas frescas finamente picadas, como salsinha, cebolinha e hortelã.
1 col. de sopa de suco de limão
sal e pimenta-do-reino preta moída na hora

Coloque o iogurte em uma tigela e misture as ervas picadas, o suco de limão e sal e pimenta a gosto.

VARIAÇÃO

Molho de iogurte e cebolinha

Siga as instruções de preparo, e acrescente 3 colheres de sopa de cebolinha picada em vez das ervas picadas.

Molho tártaro

Este molho forte pode ser feito rapidamente e é uma ótima maneira de incrementar qualquer prato, desde croquetes de lentilhas e polenta grelhada até bolinhos de queijo (ver páginas 165, 191 e 251).

2-4 PORÇÕES

4col. de sopa de maionese
1 ½ col. de alcaparras, escorridas e lavadas
1 ½ col. de sopa de pepinos pequenos em conserva, escorridos e picados
1 col. de chá de cebola bem picada
1 col. de sopa de salsinha fresca
Algumas gota de tabasco

Apenas coloque todos os ingredientes numa tigela e misture. Mantenha num recipiente fechado na geladeira até a hora de servir.

Saladas

Saladas são incrivelmente versáteis e muito fáceis de preparar. Eu adoro suas cores vibrantes, a textura de contrastes e os sabores deliciosos. Além disso, existe a vantagem de não ter que passar horas com o umbigo no fogão!

Saladas podem ser servidas em praticamente qualquer refeição, e elas desempenham diversos papéis. Algumas, como a salada de rúcula com molho balsâmico ou a salada de funcho e pepino (ver páginas 89 e 80), são ótimos acompanhamentos; outras, como a incrível ceasar vegetariana (ver página 78), fica ótima como entrada ou prato principal, dependendo do tamanho da porção. Você pode complementar qualquer salada com o que quiser, como pão fresco ou batatas.

Como cultivar brotos de feijões, grãos e lentilhas V

Cultivar brotos de feijões, grãos e lentilhas pode soar um pouco como "preparar o seu próprio iogurte", mas o trabalho vale a pena, visto que eles acrescentam um elemento crocante e interessante às saladas e são altamente nutritivos, ricos em vitaminas e minerais e contêm proteínas.

Cultivar broto é muito fácil. Tudo de que você precisa é uma jarra (uma jarra grande de café é o ideal), um pedaço de musselina para cobrir, preso por um elástico, e alguns feijões ou sementes. Funciona com a maior parte das variedades, exceto feijão-vermelho e feijões grandes, como o feijão-manteiga. Os mais indicados são grão-de-bico, lentilhas inteiras, sementes de girassol e feijões mungo e azuki. Ou então você pode comprar algumas misturas prontas de sementes e feijões, que levam o mesmo tempo para brotar.

Coloque meia xícara dos feijões ou sementes escolhidos em uma jarra, cubra com água fria e deixe de molho por 8-12 horas. Coloque o pedaço de musselina sobre a jarra. Passado o tempo, escorra a água, encha a jarra com água fresca, agite um pouco e escorra a água novamente. Tudo isso pode ser feito sem retirar o pedaço de musselina, o que evita que as sementes ou feijões caiam. Esta lavagem deve ser repetida duas vezes por dia para manter as sementes úmidas (mas elas não devem ser deixadas de molho ou irão apodrecer, em vez de brotar). Quando estou cultivando brotos, eu os deixo próximos à pia, para não esquecer de molhá-los. Eles estão prontos quando nascem pequenos caules – o que normalmente leva de 2-4 dias. Eles podem ser consumidos diretamente, como complementos de saladas e sanduíches, ou mantidos na geladeira por bastante tempo.

Salada de alfafa V

4-6 PORÇÕES

450g de repolho ralado
2 cenouras, raladas
125g de broto de alfafa
molho balsâmico (ver página 63)

Misture todos os vegetais e acrescente molho suficiente para deixá-los bastante úmidos.

Salada de brotos com cenoura e cebolinha V

Nesta salada, brotos de feijão (ver página 71) são combinados com cenouras, tomates, agrião e cebolinha. É extremamente revigorante!

4 PORÇÕES

2 punhados de brotos variados, como de mungo, grão-de-bico, azuki e girassol
350 g de cenoura, raladas grossas
4 tomates grandes, em fatias
1 maço pequeno de cebolinha, picado
120g de minifolhas para salada variadas
80g de agrião
molho vinagrete (ver página 66)
sal e pimenta-do-reino preta moída na hora

Coloque todos os ingredientes numa tigela e misture delicadamente. Acrescente vinagrete suficiente para deixar a salada bastante úmida e brilhosa. Tempere com um pouco de sal e pimenta e sirva.

Salada de broto de feijão, cogumelos e aipo com coentro V

Esta salada é quase um refogado! Você pode até mesmo servi-la com arroz ou macarrão quentes.

4 PORÇÕES

1 talo de aipo, em fatias finas
225g de broto de feijão
175g de cogumelo paris bem fresco, em fatias finas
1 maço de cebolinha, em fatias
1 maço pequeno de coentro fresco, picado grosseiramente
raspas e o suco de 1 limão
1 col. de sopa de óleo de gergelim torrado
1 col. de sopa de azeite de oliva extravirgem
1 col. de sopa de molho de soja escuro
um pouco de mel claro, ou xarope de bordo ou de agave
sal e pimenta-do-reino preta moída na hora

Coloque o aipo, o broto de feijão, os cogumelos fatiados, a cebolinha e o coentro em uma tigela e misture delicadamente.

Acrescente as raspas da casca e o suco do limão, o óleo de gergelim, o azeite e o molho de soja. Misture bem até que tudo esteja envolvido pelo molho. Prove e acrescente o mel ou o xarope e sal e pimenta a gosto.

Salada de feijões branco e preto com tomilho-limão V

Saladas de feijão ficam especialmente mais atraentes quando preparadas com duas ou mais variedades de cores contrastantes, e esta combinação é particularmente adorável.

4-6 PORÇÕES ❄

1 lata de 400g de feijão-preto
1 lata de 400g de feijão-branco
½ col. de chá de mostarda em pó
½ col. de chá de açúcar mascavo
4 col. de chá de vinagre de vinho tinto
4 col. de sopa de azeite de oliva extravirgem
1 col. de sopa de tomilho-limão picado (ou outra erva fresca disponível)
sal e pimenta-do-reino preta moída na hora

Escorra e lave os feijões.

Coloque a mostarda, o açúcar e o vinagre em uma tigela grande e misture, depois acrescente o azeite, o tomilho-limão (ou a erva escolhida), os feijões e tempere.

Misture delicadamente, e, se tiver tempo, deixe descansar por pelo menos 30 minutos para intensificar os sabores. Sirva em uma tigela rasa.

Salada de beterraba, maçã e aipo V

Esta é uma agradável mistura de sabores e texturas contrastantes: beterrabas macias e com sabor de terra, maçãs doces e crocantes e o salgado do aipo.

4-6 PORÇÕES

350g de beterraba em conserva – com ou sem casca, mas sem vinagre
2 maçãs
1 pé de aipo
vinagrete de vinagre de sidra (ver página 67)
alguns ramos de agrião
50g de nozes sem casca, picadas

Se as beterrabas ainda estiverem com a casca, descasque-as e depois lave-as em água corrente. Corte em cubos grandes e coloque em uma tigela.

Descasque as maçãs, retire o miolo e corte-as em cubos. Corte o aipo em fatias e acrescente-o à tigela juntamente com as maçãs.

Misture a salada, acrescentando o vinagrete, até deixá-la brilhosa. Transfira para uma saladeira, uma travessa ou divida em porções individuais, acrescentando alguns ramos de agrião e salpicando as nozes picadas.

Salada de beterrabas cruas V

A beterraba crua contém enzimas que são particularmente benéficas para a saúde, e costuma ser recomendada como uma arma natural contra o câncer. Ela também contém uma substância que ajuda a quebrar depósitos de gordura no corpo, e desta forma auxilia no emagrecimento. De qualquer forma, eu adoro seu sabor adocicado e terroso e sua cor vibrante de rubi; experimente-a nesta deliciosa salada que pode ser servida como prato principal.

4 PORÇÕES

225-350g de beterraba crua
4 maçãs
4 talos de aipo, em fatias finas
4 col. de sopa de uvas-passas
3 col. de sopa de azeite de oliva extravirgem
1 col. de sopa de vinagre de vinho tinto ou de sidra
a casca de ½ limão
1 pé de alface
1 col. de sopa de cebolinha fresca picada, para decorar

Descasque as beterrabas cruas e as maçãs e rale-as no ralador grosso. Misture o aipo, as uvas-passas, o azeite e o vinagre.

Retire a casca do limão usando um descascador de batatas e corte-a em tirinhas finas, de cerca de 1cm de comprimento, com a ajuda de uma tesoura; acrescente-as à mistura. Deixe marinar por pelo menos 1 hora, se possível.

Sirva sobre uma cama de alface e espalhe a cebolinha picada por cima.

Salada de favas, ervilhas e feta com hortelã

Esta receita resume o sabor do verão em um prato e pode ser preparada tanto com favas e ervilhas frescas quanto congeladas. Se as favas estiverem muito maiores do que o tamanho de uma avelã, você pode remover a pele acinzentada após o cozimento – um trabalho que exige amor, mas que vale a pena graças à cor brilhante e à textura delicada das favas descascadas.

4 PORÇÕES

250g de fava congelada ou fresca, sem as bagas (500g se estiverem nas bagas)
350g de ervilha congelada ou fresca, sem as bagas (700g se estiverem nas bagas)
2 col. de sopa de azeite de oliva extravirgem
1½ col. de chá de vinagre de vinho branco ou tinto
sal e pimenta-do-reino preta moída na hora
açúcar de confeiteiro, a gosto
200g de queijo feta, cortado em cubos de 1cm
cerca de 8 ramos grandes de hortelã, picados

Cozinhe as favas por 2 minutos em uma panela com água fervente pela metade, até que comecem a ficar macias, acrescente as ervilhas, espere retomar a fervura e cozinhe por mais 1 minuto, mais ou menos, até que fiquem tenras.

Escorra as ervilhas e as favas e leve-as de volta à panela. Acrescente o vinagre, o azeite, o sal, o equivalente a um giro do moedor de pimenta e talvez 1 ou 2 pitadas de açúcar, se necessário. Acrescente o queijo feta e a hortelã picada e misture delicadamente. Sirva imediatamente, ainda morna, ou espere até esfriar. Fica encantadora de ambas as formas.

Feijão-manteiga com cogumelos e coentro V

Esta salada suculenta e picante fica ótima como entrada. Sirva com um pedaço de pão, para absorver o delicioso caldinho.

2 PORÇÕES COMO PRATO PRINCIPAL, 4 COMO ENTRADA

225g de cogumelo paris pequeno
3 col. de sopa de óleo vegetal
3-4 col. de chá de coentro em pó
2 dentes de alho, amassados
125g de feijão-manteiga seco, demolhado, cozido (ver páginas 149-51) e escorrido; ou uma lata de 400g, escorridos e lavados
1-2 col. de sopa de suco de limão espremido na hora
sal e pimenta-do-reino preta moída na hora

PARA SERVIR

2 punhados de folhas para salada
2 col. de sopa de salsinha fresca picada

Lave os cogumelos e corte-os ao meio ou em quatro, se necessário.

Aqueça o óleo em uma panela e despeje os cogumelos. Refogue-os por 2-3 minutos, apenas para amolecê-los ligeiramente, então acrescente as sementes de coentro e o alho e refogue por mais 1-2 minutos.

Retire a panela do fogo e acrescente o feijão-manteiga e o suco de limão e tempere com sal e pimenta a gosto.

Você pode servir esta salada imediatamente, morna e suculenta, direto da panela, ou esperar até esfriar. Empilhe-a sobre uma base de belas folhas para salada e salpique com a salsinha picada.

Salada de feijão-manteiga, tomates e azeitonas V

Esta suculenta mistura de sabores fica deliciosa como entrada para quatro pessoas, ou como um almoço leve ou ceia para duas, acompanhada de pão e folhas verdes para deixar completa a refeição.

2-4 PORÇÕES

3 col. de sopa de azeite de oliva extravirgem
1 col. de sopa de vinagre de vinho
sal e pimenta-do-reino preta moída na hora
1 cebola roxa, em rodelas
450g de tomate, em fatias
125g de feijão-manteiga seco, demolhado, cozido (ver páginas 149-51) e escorrido; ou uma lata de 400g, escorridos e lavados
um punhado de azeitonas pretas

Coloque o azeite e o vinagre em uma tigela, ou direto na saladeira, e tempere com um pouco de sal e pimenta.

Acrescente a cebola, os tomates, o feijão-manteiga e as azeitonas e mexa delicadamente, para misturar todos os ingredientes.

Leve à mesa em uma saladeira ou sirva em pratos individuais.

Salada grega de feijão-manteiga V

Esta receita tem o sabor das saladas servidas por toda a Grécia, que eu amo, mas sem esperar todo o tempo de cozimento. Na verdade, ela é praticamente instantânea, apesar de ficar melhor se descansar por pelo menos uma hora. Experimente-a com salada grega (ver página 82), azeitonas kalamata e ciabatta.

4 PORÇÕES ❄

4 col. de sopa de azeite de oliva extravirgem
2 dentes de alho, amassados
2 col. de sopa de extrato de tomate
2 col. de sopa de suco de limão espremido na hora
2 latas de 400g de feijão-manteiga
sal e pimenta-do-reino preta moída na hora
salsinha fresca picada, para decorar

Em uma tigela grande, misture o azeite, o alho, o extrato de tomate e o suco de limão.

Escorra e lave os feijões e acrescente à tigela. Misture bem e tempere com sal e pimenta a gosto.

Se possível, deixe a salada descansar por pelo menos 1 hora, para os sabores se intensificarem.

Sirva em temperatura ambiente, salpicada com a salsinha fresca.

Salada de abóbora assada com molho balsâmico V

Uma salada fabulosa: pedaços de abóbora doces, macios, que derretem na boca, envolvidos em um molho brilhoso de shoyu e vinagre balsâmico com um toque de pimenta, uma pitada de sementes de gergelim tostadas e um pouco de rúcula verde e picante.

4-6 PORÇÕES

1 abóbora-de-pescoço
um pouco de azeite de oliva, para pincelar
4 cebolinhas frescas, em fatias
2 col. de chá de semente de gergelim
150g de rúcula, para decorar

PARA O MOLHO

2 col. de sopa de vinagre balsâmico
2 col. de sopa de azeite de oliva extravirgem
2 col. de sopa de suco de limão espremido na hora
2 col. de chá de molho de soja
½ col. de chá de pimenta calabresa
sal e pimenta-do-reino preta moída na hora

Preaqueça o forno a 190°C.

Corte a abóbora ao meio no sentido do comprimento e pincele as superfícies cortadas com azeite. Coloque-as em uma assadeira, com o lado cortado virado para cima, e asse por cerca de 1 hora ou até que a polpa esteja macia.

Deixe a abóbora esfriar o suficiente para que seja manipulada com as mãos e então retire e descarte as sementes. Remova a pele, que é bem fina – ela se desprenderá facilmente –, e corte a polpa em cubos de 2,5cm.

Coloque todos os ingredientes do molho em uma tigela grande, tempere com sal e pimenta a gosto e misture bem.

Acrescente a abóbora à tigela, juntamente com a cebolinha, e misture delicadamente, para que fique completamente coberta pelo molho brilhoso. Corrija o tempero, se necessário.

Torre as sementes de gergelim em uma frigideira seca, mexendo-as por um ou dois minutos até que comecem a liberar um aroma de torrado e saltar na frigideira.

Distribua a salada de abóbora por pratos individuais, salpique com as sementes de gergelim ainda bem quentes e decore com uma generosa porção de rúcula.

VARIAÇÃO

Salada de abóbora assada com molho balsâmico e feta

Uma variação deliciosa pode ser feita acrescentando-se 200g de queijo feta, cortado em cubinhos ou esfarelado. O sabor salgado e a textura cremosa do feta fazem um bom contraste com a doçura suave da abóbora glaçada em balsâmico e com o picante da rúcula.

Salada de repolho roxo e maçã

Uma salada adorável para o outono, maçãs doces e uvas-passas brancas com repolho roxo crocante e nozes e molho de mel.

4 PORÇÕES

450g de repolho roxo
2 maçãs
1 pé de aipo
50g de uva-passa branca ou escura (opcional)
1 punhado pequeno de nozes picadas
molho de mel e sidra (ver página 64)

Lave e pique o repolho bem fino. Lave e pique as maçãs, sem retirar a casca, se esta estiver com boa aparência, e corte o aipo em fatias. Coloque todos estes ingredientes em uma saladeira.

Se optar por usar uvas-passas, hidrate-as em água fervendo por 10 minutos; escorra a água e misture-as à salada, juntamente com as nozes e molho de mel suficiente para deixá-la úmida e brilhante.

VARIAÇÕES

Salada de maçã e repolho

Faça como descrito anteriormente, mas substitua o repolho roxo por repolho verde. As nozes são opcionais nesta versão.

Salada de maçã e couve-flor

Faça como descrito anteriormente, mas substitua o repolho roxo por couve-flor e as nozes por pinoles.

Salada de repolho com pimentão vermelho e uvas-passas V

Esta salada colorida fica ótima com batatas recheadas, quiche de cebola ou torta rápida de queijo e tomate (ver páginas 234-5 e 232).

4 PORÇÕES

3 col. de sopa de azeite de oliva extravirgem
1 col. de sopa de vinagre de vinho
sal e pimenta-do-reino preta moída na hora
350g de repolho, picado
175g de cenoura, picada ou ralada grossa
175g de pimentão vermelho, sem sementes e picado
2 col. de sopa rasas de salsinha ou cebolinha frescas picadas
50g de uva-passa
50g de amendoim ou castanha de caju torrados e sem sal, ou pinoles, ou nozes, picados

Despeje o azeite e o vinagre em uma saladeira e tempere com um pouco de sal e pimenta.

Acrescente o repolho, a cenoura, o pimentão vermelho, a salsinha ou a cebolinha e as uvas-passas e misture um pouco com uma colher para que tudo fique envolvido pelo molho.

Se possível, deixe descansar por pelo menos 1 hora; isso ajuda a amaciar o repolho e permite que os sabores se fundam. Acrescente as castanhas imediatamente antes de servir.

Uma ótima Caesar vegetariana

Uma salada Caesar, com suas folhas doces e crocantes, molho cremoso de maionese, queijo e croûtons, parece uma excelente salada vegetariana, mas não é. A maionese pode conter molho inglês; a salada pode conter anchovas, e queijo parmesão não é vegetariano. Porém, é possível preparar uma ótima Caesar vegetariana com tabasco, alcaparras e pepino para incrementar a maionese, e substituir o parmesão por pecorino vegetariano bem maduro ou similar.

4 PORÇÕES

1 alface romana, lavada e rasgada em pedaços grandes

PARA O MOLHO

6 col. de sopa de maionese
1 col. de sopa de suco de limão espremido na hora
1 dente de alho, amassado
algumas gotas de tabasco ou molho de pimenta
125g de queijo pecorino ou tipo parmesão, cortado em lascas com um descascador de batatas ou ralado grosso
2 col. de sopa de alcaparras, escorridas e lavadas
1-2 pepinos pequenos em conserva, picados
sal e pimenta-do-reino preta moída na hora

PARA OS CROÛTONS

2-4 fatias de pão
azeite de oliva, para fritar

Coloque a alface em uma saladeira.

Misture a maionese, o suco de limão, o alho e o tabasco ou o molho de pimenta suficiente para deixar o molho picante. Acrescente metade do queijo, as alcaparras e os pepinos e despeje sobre a alface. Espalhe o restante do queijo por cima e tempere com pimenta-do-reino e um pouco de sal, se necessário.

Para fazer os croûtons, frite as fatias de pão em azeite numa frigideira até que estejam douradas e crocantes dos dois lados. Corte-as em cubos e espalhe sobre a salada. Misture e sirva imediatamente.

Coleslaw

O coleslaw feito em casa é melhor do que qualquer um comprado pronto, e rápido e fácil de preparar. Você pode ajustar o molho – usando maionese para um resultado mais cremoso e saboroso, ou substituindo parte dela por iogurte natural para uma versão mais leve.

4 PORÇÕES

350g de repolho, picado
1 cenoura grande, ralada grossa
1 cebola pequena, finamente fatiada
50g de uva-passa branca (opcional)
3 col. de sopa cheias de maionese
Sal e pimenta-do-reino preta moída na hora

Coloque o repolho, a cenoura e a cebola em uma tigela grande e acrescente as uvas-passas (se estiver usando).

Acrescente a maionese, um pouco de sal e pimenta a gosto e misture bem.

Cubra e, se possível, deixe descansar por 2-3 horas antes de servir. Isso ajuda a amaciar os vegetais e fundir os sabores.

Fatoush V

Este prato libanês contém ingredientes típicos das saladas do Oriente Médio – pepino, tomate, pimentão verde, cebola, salsinha e hortelã – e também pão árabe torrado. Sumac é um tempero tradicional libanês que pode ser encontrado em lojas de produtos árabes ou, cada vez mais, em supermercados.

2-4 PORÇÕES

1 alface romana, picada grosseiramente
1 maço pequeno de salsinha, picado grosseiramente
1 maço pequeno de hortelã, somente as folhas, picadas grosseiramente
3 tomates, em cubos
1 abacate, descascado, cortado em cubos
1 pepino, em cubos
1 pimentão verde, sem sementes, picado
1 maço de cebolinha fresca, picada
1 pão árabe

PARA O MOLHO

o suco de 1 limão
4 col. de sopa de azeite de oliva extravirgem
1 dente de alho, amassado
1-3 col. de chá de sumac (se disponível)
sal e pimenta-do-reino preta moída na hora

Coloque todos os vegetais em uma saladeira e misture bem.

Prepare o molho em uma tigela pequena, misturando o suco de limão, o azeite, o alho e o sumac – comece com uma quantidade pequena e acrescente mais aos poucos, a gosto –, e tempere com bastante sal e o equivalente a um giro do moedor de pimenta.

Abra o pão árabe, torre-o no grill do forno ou em uma torradeira até que fique crocante, quebre-o em pedaços que caibam na boca e acrescente-o à salada.

Mexa o molho mais uma vez e despeje sobre a salada. Misture para espalhar bem o molho e sirva.

Salada de funcho, cenoura e cebolinha V

Uma salada refrescante e rápida de fazer, especialmente se você tiver um ralador elétrico.

4 PORÇÕES

2 col. de sopa de suco de limão
2 col. de sopa de azeite de oliva extravirgem
sal e pimenta-do-reino preta moída na hora
1 bulbo grande de funcho
225g de cenoura, ralada grossa
4 cebolinhas frescas, picadas

Coloque o suco de limão e o azeite em uma tigela grande e tempere com sal e pimenta para fazer um molho simples.

Lave e corte o funcho em fatias, descartando qualquer camada externa mais dura, porém mantendo os ramos da parte superior; pique-os e acrescente-os à tigela.

Acrescente a cenoura ralada e a cebolinha. Misture bem.

Se possível, deixe descansar por pelo menos 1 hora antes de servir – esta salada melhora depois de passado algum tempo.

Salada de funcho e pepino V

A combinação de funcho e pepino é refrescante e limpa o paladar, e esta salada é perfeita para quando você está com pressa porque é muito simples de preparar. Ela combina muito bem com pratos de massa.

4 PORÇÕES

1 col. de sopa de vinagre de vinho tinto
2 col. de sopa de azeite de oliva
sal e pimenta-do-reino preta moída na hora
1 pepino
1 bulbo grande de funcho
um pouco de açúcar (opcional)

Coloque o vinagre, o azeite, o sal e o equivalente a um giro do moedor de pimenta em uma saladeira e misture bem.

Descasque o pepino e corte-o em cubos médios. Lave, apare e corte o funcho em fatias, descartando qualquer camada mais dura, mas mantendo as folhas mais tenras.

Coloque o pepino e o funcho na tigela com o molho e misture bem.

Prove o tempero – pode ser que um toque de açúcar seja necessário nesta salada – e sirva.

Salada de feijão flageolet e abacate V

Eu tenho um carinho particular por esta salada saborosa e colorida.

2 PORÇÕES COMO PRATO PRINCIPAL, 4 COMO ENTRADA

125g de feijão flageolet seco, demolhado, cozido e escorrido, ou 1 lata de 400g, escorrida e lavada
3 col. de sopa de azeite de oliva extravirgem
1 col. de sopa de vinagre de vinho branco
¼ de col. de chá de mostarda em pó
sal e pimenta-do-reino preta moída na hora
1 abacate maduro
algumas folhas de alface americana, para servir
2 col. de sopa de cebolinha fresca picada, para decorar

Coloque os feijões em uma saladeira.

Misture o azeite, o vinagre, a mostarda e um pouco de sal e pimenta e despeje sobre os feijões.

Corte o abacate ao meio e delicadamente remova a casca e o caroço, fatie a polpa e junte-a ao feijão. Misture a salada suavemente, para que todos os ingredientes sejam envolvidos pelo molho. Sirva sobre folhas de alface e salpicada com cebolinha picada.

VARIAÇÕES

Salada de feijão flageolet e cogumelo paris V

Substitua o abacate por 175g de cogumelos paris fatiados.

Salada de feijão flageolet e cebolinha V

Substitua o abacate por 6-8 cebolinhas grandes aparadas e picadas.

Salada de vagem-francesa com molho de semente de coentro V

Vagens-francesas e cogumelos paris são marinados em um molho bem temperado de sementes de coentro esmagadas, suco de limão e azeite.

4-6 PORÇÕES

4 col. de sopa de azeite de oliva extravirgem
450g de cogumelo paris, cortado ao meio ou em quatro
1 folha de louro pequena
1 col. de sopa de sementes de coentro, amassadas
o suco de 1 limão pequeno
450g de vagem-francesa, cozida e escorrida
1 col. de sopa de salsinha fresca picada
sal e pimenta-do-reino preta moída na hora

Em uma panela grande, aqueça o azeite e refogue os cogumelos com a folha de louro e as sementes de coentro por 2-3 minutos, ou até que os cogumelos comecem a amolecer.

Retire a panela do fogo e acrescente o suco de limão, depois a vagem, a salsinha e um pouco de sal e pimenta.

Deixe esfriar completamente, transfira para uma tigela e leve à geladeira até a hora de servir.

Salada de fusilli com rúcula e abacate V

Massa em forma de parafuso e abacate amanteigado formam uma ótima entrada ou almoço de verão.

4-6 PORÇÕES

225g de fusilli
sal e pimenta-do-reino preta moída na hora
3 col. de sopa de azeite de oliva extravirgem
1 col. de sopa de vinagre de vinho tinto
1-2 dentes de alho, amassados
1 punhado grande de rúcula
2-4 cebolinhas frescas, finamente picadas
2 abacates
2 col. de sopa de suco de limão espremido na hora

Cozinhe o macarrão em bastante água fervente com sal até que esteja macio e escorra.

Misture o azeite com o vinagre, o alho e um pouco de sal e pimenta, acrescente o macarrão ainda quente e mexa bem até envolver completamente a massa.

Deixe esfriar um pouco – não precisa ficar completamente frio – e acrescente a rúcula e a cebolinha.

Corte os abacates ao meio, retire a casca e os caroços e corte a polpa em cubos. Espalhe o suco de limão por cima, para evitar que escureça.

Acrescente o abacate à mistura de macarrão e rúcula. Ajuste o tempero e sirva.

Salada grega

Bate uma saudade imediata em qualquer um que ama a Grécia e tem boas memórias de férias passadas por lá.

4-6 PORÇÕES

2 pimentões verdes
1 pepino
450g de tomate bem firme
1 cebola roxa média
4 col. de sopa de azeite de oliva extravirgem
1 col. de sopa de suco de limão espremido na hora
1 col. de sopa de vinagre de vinho tinto
sal e pimenta-do-reino preta moída na hora
1 punhado de azeitonas kalamata
200g de queijo feta, em cubos de 1cm
½-1 col. de chá de orégano seco

Retire as sementes dos pimentões e corte-os em pedaços grandes; descasque o pepino e corte-o em pedaços grandes também; corte os tomates e a cebola em fatias. Coloque todos estes ingredientes em uma tigela.

Regue com o azeite, o suco de limão e o vinagre e misture delicadamente, temperando com sal e pimenta a gosto e depois acrescentando as azeitonas e o queijo; misture novamente, com cuidado.

Sirva salpicada de orégano seco.

VARIAÇÃO

Salada grega com pimentões vermelhos assados

Acima foi descrita a salada grega tradicional que todos nós conhecemos e adoramos, mas, recentemente, experimentei esta salada com um toque especial na forma de pimentões vermelhos assados. Isso aconteceu, preciso dizer, na Inglaterra, não na Grécia, mas achei muito bom. Tudo o que você precisa fazer é colocar 2 pimentões vermelhos grandes em uma assadeira e assá-los no forno bem quente por 20-25 minutos, até que a pele forme bolhas e escureça em alguns pontos. Quando os pimentões estiverem frios o bastante para serem manuseados, retire a pele, o miolo e as sementes, lave-os e corte-os em pedaços. Misture-os à salada, feita como descrito, porém sem os pimentões verdes. Você pode preferir espalhar um pouco de orégano fresco por cima, em vez do seco.

Salada verde V

Uma salada verde pode ser adaptada de acordo com a estação, e é talvez a salada básica mais útil de todas. Eu acho que usar muitas ervas frescas faz toda a diferença, e particularmente gosto de prepará-la bastante pungente, com alho e rodelas de cebola, mas deixe-os de fora se não forem do seu gosto.

4 PORÇÕES

3 col. de sopa de azeite de oliva extravirgem
1 col. de sopa de vinagre de vinho tinto
sal e pimenta-do-reino preta moída na hora
1 dente de alho, amassado (opcional)
1 pé de alface, rasgado
outros verdes para salada, conforme a oferta (por exemplo, agrião, endívia fatiada, funcho ou pepino, espinafre precoce finamente picado)

2 col. de sopa rasas de ervas frescas picadas (por exemplo, salsinha, cebolinha, hortelã, estragão, manjericão)

Primeiro, prepare o molho despejando o azeite e o vinagre em uma saladeira e misturando com um pouco de pimenta e de alho (se estiver usando).

Acrescente os demais ingredientes e misture bem, para que tudo fique completamente envolvido pelo molho brilhante. Sirva imediatamente.

VARIAÇÕES

Salada verde com queijo gruyère

Esta tradicional salada francesa é uma deliciosa variação da clássica salada verde. Basta acrescentar 125-175g de queijo gruyère cortado em cubos. Se você não conseguir comprar um gruyère vegetariano, você pode usar emmental vegetariano ou até mesmo edam, que são mais fáceis de encontrar.

Salada de feijão-branco com molho de ervas frescas V

Esta salada fica melhor quando preparada com bastante antecedência, para dar tempo até que os sabores se fundam. Você pode temperá-la enquanto os feijões ainda estão quentes, esperar esfriar e levar à geladeira até a hora de servir. Cumpre bem o papel de prato principal, como opção em uma seleção de saladas, ou pode ser servida com pão de alho quente e salada verde ou de tomates (ver páginas 51, 82-3 e 91).

4-6 PORÇÕES ❄

225g de feijão-branco seco, demolhado e cozido (ver páginas 149-51) ou 2 latas de 400g
1 col. de chá de açúcar
½ col. de chá de mostarda em pó
1 dente de alho, amassado
sal e pimenta-do-reino preta moída na hora
2 col. de sopa de vinagre de vinho tinto
6 col. de sopa de azeite de oliva extravirgem
2 col. de sopa rasas de ervas frescas picadas (por exemplo, cebolinha, salsinha, cerefólio, estragão e endro)

Escorra os feijões e, caso esteja usando em lata, lave-os.

Coloque o açúcar, a mostarda e o alho em uma tigela com um pouco de sal e o equivalente a um giro do moedor de pimenta. Misture com o vinagre até formar uma pasta, e então acrescente o azeite aos poucos, mexendo sempre, para preparar o molho.

Acrescente as ervas e os feijões e misture bem. Espere esfriar e leve à geladeira até ficar bem gelada antes de servir.

Insalata tricolore

Muito simples, muito boa; ótima como prato principal ou para acompanhar um prato simples de massa, como espaguete com pesto (ver páginas 220-1). É possível encontrar mussarela vegetariana, mas para isso procure a produzida com leite de vaca, em vez do leite de búfala, que normalmente contém coalho de origem animal.

2 PORÇÕES

2 tomates grandes maduros, em fatias
1 abacate maduro, sem casca e sem caroço, em fatias
1 bola de mussarela, em fatias
2 col. de sopa de folhas de manjericão fresco rasgadas
azeite de oliva extravirgem e vinagre balsâmico, para regar
sal e pimenta-do-reino preta moída na hora

Arrume as fatias de tomate, abacate e mussarela de forma atraente em uma travessa rasa ou em dois pratos individuais.

Espalhe as folhas de manjericão por cima e regue com o azeite e o vinagre balsâmico, tempere com um pouco de sal e pimenta-do-reino preta. Sirva imediatamente.

Salada de lentilhas de Puy

Combinadas a um azeite frutado de boa qualidade, suco de limão e algumas rodelas de cebola crocantes, lentilhas de Puy formam uma excelente salada. Fica perfeita acompanhada de folhas verdes crocantes e uma taça de vinho em um dia de verão.

4 PORÇÕES ❄

225g de lentilha de Puy (ou lentilha miúda marrom ou verde)
1 col. de sopa de suco de limão
3 col. de sopa de azeite de oliva extravirgem
sal e pimenta-do-reino preta moída na hora
1 cebola
2-3 col. de sopa de salsinha fresca picada

Deixe as lentilhas de molho em água por duas horas ou mais, se possível – isso acelera o processo de cozimento –, então escorra-as, lave e transfira para uma panela com água renovada, em nível suficiente para ficar 5cm acima do topo das lentilhas. Cozinhe em fogo baixo até que fiquem macias, mas não se desmanchando – cerca de 45 minutos. Para deixá-las saborosas e facilitar, é importante que as lentilhas (ou qualquer outra leguminosa) fiquem realmente macias – "al dente" é para massas, não para grãos.

Escorra completamente as lentilhas (guarde a água da cocção, rende um bom caldo) e coloque-as em uma tigela com o suco de limão, o azeite e um pouco de sal e pimenta.

Descasque a cebola, corte-a em rodelas bem finas e acrescente-as à salada, juntamente com a salsinha picada, e misture bem. Sirva gelada ou em temperatura ambiente.

Salada de lentilhas com gengibre fresco V

Sirva esta salada com uma salada de pepino e coalhada seca e pão árabe ou pão folha quentinhos.

4 PORÇÕES

4 col. de sopa de azeite de oliva extravirgem
1 dente de alho grande, amassado
2 col. de chá de gengibre fresco ralado
1 cebola, picada
225g de lentilha inteira miúda marrom ou verde
575ml de água
1 pimentão vermelho pequeno, sem sementes e finamente picado
1 col. de sopa de suco de limão espremido na hora
2-3 col. de sopa de salsinha ou coentro fresco picado
sal e pimenta-do-reino preta moída na hora

Aqueça 2 colheres de sopa do azeite em uma panela média e refogue o alho, o gengibre e metade da cebola por 2-3 minutos.

Acrescente as lentilhas, mexa e despeje a água. Espere ferver, tampe e deixe cozinhar lentamente, em fogo baixo, até que as lentilhas estejam macias e toda a água tenho sido absorvida (cerca de 15-20 minutos). Verifique regularmente e acrecente mais um pouco de água, se necessário.

Retire a panela do fogo, acrescente o restante do azeite e da cebola, o pimentão vermelho, o suco de limão, o coentro ou a salsinha e um pouco de sal e pimenta.

Sirva morna ou em temperatura ambiente.

Salada de alface com molho doce de endro V

Esta receita apresenta uma forma de deixar mais interessante uma salada de alface de folhas macias. Um molho doce com um toque de endro – seco durante o inverno, fresco quando disponível no mercado – dá vida a estas folhas.

4 PORÇÕES

1 col. de chá de açúcar ou mel claro
1 col. de sopa de endro fresco picado ou 1 colher de chá de endro seco
1 col. de sopa de vinagre de vinho
2 col. de sopa de azeite de oliva extravirgem
sal e pimenta-do-reino preta moída na hora
1 pé de alface grande, rasgado em pedaços
1 cebola pequena, em rodelas

Despeje o açúcar ou o mel, o endro, o vinagre e o azeite em uma saladeira, tempere com um pouco de sal e pimenta e misture bem.

Acrescente a alface e a cebola, revire a salada delicadamente para que todas as folhas fiquem cobertas pelo molho e sirva imediatamente.

Se você quiser fazer esta salada com antecedência, prepare o molho, corte as cebolas e reserve; lave e seque a alface e coloque as folhas na geladeira, dentro de em um saco plástico. A salada pode ser montada momentos antes de ser servida.

Salada mexicana

Uma salada rápida e atraente. Sirva com tortilhas, fajitas ou chips de tortilha.

4 PORÇÕES

1 abacate grande maduro
2 col. de sopa de suco de limão espremido na hora
1 dente de alho, amassado
1 col. de sopa de azeite de oliva extravirgem
1 col. de chá de vinagre de vinho
sal e pimenta-do-reino preta moída na hora
pimenta vermelha em pó
8 folhas grandes de alface americana
1 lata de 400g de feijão-vermelho ou feijão-rajado, escorrida e lavada
1 cebola pequena, em rodelas
4 tomates bem firmes, em fatias
1 pimentão verde ou vermelho, sem sementes e em fatias finas
125g de queijo ralado
um pouco de páprica

Corte os abacates ao meio, retire a casca e o caroço e amasse a polpa; acrescente o suco de limão, o alho, o azeite e o vinagre, misture bem e tempere com sal, pimenta-do-reino e pimenta vermelha em pó a gosto.

Distribua as folhas de alface em quatro pratos, coloque os feijões sobre elas, em seguida as rodelas de cebola, o tomate, o pimentão e por último o queijo, finalizando com uma grande colherada de abacate e um pouco de páprica. Sirva imediatamente.

Salada de cogumelos, tomate e abacate V

Esta salada combina com macarrão envolvido em bastante azeite ou pesto e salpicado com queijo parmesão ralado.

4 PORÇÕES

2 abacates maduros
o suco de ½ limão
3 col. de sopa de azeite de oliva extravirgem
1 col. de sopa de vinagre de vinho tinto
sal e pimenta-do-reino preta moída na hora
225g de tomate, em fatias
225g de cogumelo paris pequeno, em fatias finas
1 col. de sopa de cebolinha fresca picada

Corte os abacates ao meio e retire a casca e o caroço. Corte a polpa em cubos de 1cm e espalhe o suco de limão por cima.

Despeje o azeite e o vinagre no fundo de uma saladeira e tempere com um pouco de sal e pimenta.

Acrescente os tomates, os cogumelos, o abacate e a cebolinha e mexa delicadamente, para misturar os ingredientes e ter certeza de que os sabores estão agregados. Sirva imediatamente.

Salada de laranja, hortelã e pepino

Simples e adocicada.

4 PORÇÕES

4 laranjas grandes e suculentas
1 pé de alface
1 pepino
4 ramos de hortelã, grosseiramente picados
coalhada seca

Usando uma faca de serra e segurando a fruta sobre uma tigela, descasque as laranjas, retirando inclusive a parte branca, separe em gomos e despeje-os na tigela.

Rasgue as folhas de alface e corte o pepino (com ou sem casca) em fatias. Acrescente-os à tigela, junto com a hortelã.

Sirva como está, simples, refrescante e sem gordura, com coalhada seca.

Salada de laranja e rabanete V

Rabanetes vermelhos e brilhantes e gomos dourados de laranja formam uma salada bastante colorida.

4 PORÇÕES

6 laranjas grandes
2 maços de rabanetes
1 maço de agrião
1 col. de sopa de azeite de oliva extravirgem (opcional)
pimenta-do-reino preta moída na hora

Usando uma faca de serra e segurando a fruta sobre uma tigela, descasque as laranjas, retirando inclusive a parte branca, separe em gomos e despeje-os na tigela.

Lave e apare os rabanetes, se necessário, corte-os em fatias e acrescente à tigela, juntamente com o agrião.

Você pode acrescentar 1 colher de sopa de azeite à salada, para se misturar ao suco de laranja e formar um molho, ou servi-la como está, leve e fresca. Também fica boa com um pouco de pimenta-do-reino moída por cima.

Salada de macarrão com tomate e manjericão

Pasta al dente, tomates suculentos e manjericão fresco formam uma aromática salada de verão. Use a massa cortada de sua preferência: penne, farfalle ou conchiglie, por exemplo. Sirva gelada, em um dia quente.

RENDE 4 PORÇÕES

225g de massa cortada
sal
2 col. de sopa de azeite de oliva
1 col. de sopa de vinagre de vinho tinto
pimenta-do-reino preta moída na hora
4 tomates, grosseiramente picados
1 cebola roxa, grosseiramente picada
um punhado pequeno de manjericão, rasgado

PARA SERVIR

175g de queijo parmesão ralado
coalhada seca (opcional)

Cozinhe o macarrão em bastante água fervente com sal até que fique al dente, então escorra completamente.

Despeje o azeite e o vinagre em uma tigela, tempere com um pouco de sal e pimenta e misture bem.

Acrescente o macarrão escorrido, revirando-o delicadamente para cobri-lo com o molho.

Misture os tomates, a cebola e o manjericão, prove e tempere com sal e bastante pimenta.

Mexa delicadamente. Sirva o queijo ralado separadamente.

VARIAÇÃO

Salada de macarrão com tomates e abacate

Acrescente 1 abacate grande ou 2 médios, em fatias e temperados com suco de limão.

Salada de batatas

Uma salada de batatas feita em casa é tão saborosa, rápida e fácil de fazer, portanto por que comprá-la?

6 PORÇÕES, OU MAIS SE ACOMPANHADA DE OUTRAS SALADAS

700g de batata pequenas com casca
sal
2 col. de sopa cheias de maionese
2 col. de sopa cheias de queijo cottage ou iogurte natural
pimenta-do-reino preta moída na hora
1 col. de sopa de salsinha ou cebolinha fresca picada, para decorar

Se as batatas tiverem tamanhos diferentes, corte as maiores ao meio ou em quatro para que fiquem todas aproximadamente do mesmo tamanho.

Cozinhe as batatas em água fervendo com sal até que estejam apenas macias.

Escorra as batatas e coloque em uma tigela, juntamente com a maionese e o queijo cottage ou o iogurte, tempere com pimenta a gosto e misture delicadamente, até que as batatas estejam completamente cobertas pelo molho cremoso.

Ajuste o tempero acrescentando um pouco mais de sal e pimenta, se necessário.

Sirva morna ou em temperatura ambiente, com um pouco de cebolinha ou salsinha picada por cima.

VARIAÇÃO

Salada de batatas com vinagrete de ervas

Substitua a maionese e o queijo cottage ou iogurte por vinagrete (ver página 66), e aumente a quantidade de ervas frescas para 4 colheres de sopa de cebolinha ou endro, que devem ser incorporadas à mistura.

Salada de feijão-vermelho, cenoura e nozes V

Uma salada de feijão-vermelho colorida e com texturas contrastantes.

4 PORÇÕES

3 col. de sopa de azeite de oliva extravirgem
1 col. de sopa de vinagre de vinho
1 col. de chá de açúcar de confeiteiro
½ col. de chá de mostarda em pó
1 dente de alho pequeno, amassado (opcional)
sal e pimenta-do-reino preta moída na hora

125g de feijão-vermelho seco, demolhado, cozido (ver páginas 149-51) e escorrido, ou 1 lata de 400g, escorrida e lavada
1 col. de sopa rasa de cebolinha picada
175g de cenoura, ralada grosseiramente
50g de nozes, picadas

Primeiro, prepare o molho: coloque o azeite, o vinagre, o açúcar, a mostarda e o alho (se estiver usando) em uma tigela grande, tempere com sal e pimenta e misture.

Acrescente todos os demais ingredientes, exceto as nozes, e misture bem, para que tudo fique coberto pelo molho brilhante.

Misture as nozes imediatamente antes de servir, para que fiquem crocantes.

Salada de rúcula com molho balsâmico

O sabor picante da rúcula é balanceado com perfeição pela doçura do molho nesta salada descomplicada. Ela combina muito bem com diversos pratos – omeletes, suflê de queijo, pizza ou uma infinidade de pratos de massa (ver páginas 256-7, 262-3, 326-7 e 204-24). Se você estava procurando uma salada para acompanhar um prato principal, encontrou!

2-4 PORÇÕES
1½ col. de chá de mostarda Dijon
1½ col. de chá de mel claro
1 col. de sopa de vinagre balsâmico
2-3 col. de sopa de azeite de oliva extravirgem
sal e pimenta-do-reino preta moída na hora
150g de folhas de rúcula

Coloque a mostarda, o mel e o vinagre em uma tigela grande e misture. Você pode utilizar a própria tigela em que pretende servir a salada. Acrescente o azeite aos poucos, mexendo sempre, utilizando 2-3 colheres de sopa, de acordo com o quão oleoso você quer que o molho fique, depois tempere com sal e pimenta.

Coloque a rúcula na tigela, sobre o molho. Revire bem as folhas na hora de servir, para se certificar de que todas as folhas fiquem brilhantes.

Salada Niçoise

Esta é minha versão vegetariana da receita clássica, que utiliza todos os ingredientes habituais, exceto o atum e as anchovas. Fica excelente como prato principal, acompanhada de pão integral quentinho ou de uma baguete crocante.

4 PORÇÕES
1 pé de alface grande
1 cebola
450g de tomate bem firme
5 ovos cozidos
450g de vagem-francesa cozida
1 punhado de azeitonas pretas
1 col. de sopa rasa de alcaparras, bem lavadas
2 col. de sopa de salsinha fresca picada
2 col. de sopa de azeite de oliva extravirgem de alta qualidade
1 col. de sopa de vinagre de vinho tinto
sal e pimenta-do-reino preta moída na hora
1-2 gotas de tabasco

Forre uma travessa rasa com as folhas de alface.

Corte a cebola em fatias bem finas, os tomates e os ovos em quatro e as vagens em pedaços de mesmo comprimento. Coloque-os em uma tigela e acrescente as azeitonas, as alcaparras, a salsinha, o azeite e o vinagre, um pouco de sal e pimenta e 1 ou 2 gotas de tabasco.

Misture delicadamente, para que tudo fique coberto pelo molho. Espalhe a salada sobre as folhas de alface e sirva imediatamente.

VARIAÇÃO

Salada Niçoise com feijão-branco

Siga as instruções de preparo e acrescente 1 lata de 400g de feijão-branco (cannellini ou tradicional), escorrido e lavado, e, se desejar, não utilize os ovos. Certifique-se de que os feijões fiquem completamente envolvidos pelo molho, para deixá-los brilhantes e bem temperados.

Tabule v

Nesta salada de trigo grosso típica do Oriente Médio, a salsinha não faz o papel de tempero, mas sim de folha de base para a receita, e você vai precisar de um maço gigantesco para obter a quantidade necessária. Se não tiver salsinha suficiente, pode substituir por um maço de agrião ou por folhas bem tenras de espinafre precoce. O trigo grosso pode ser encontrado em lojas de produtos naturais.

4 PORÇÕES

225g de trigo grosso
125g de salsinha fresca
25g de hortelã fresca
1 cebola
3 tomates
2 col. de sopa de azeite de oliva extravirgem
o suco de 1 limão
1 dente de alho, amassado com um pouco de sal
sal e pimenta-do-reino preta moída na hora
algumas folhas de alface americana, para servir (opcional)

Coloque o trigo em uma tigela, cubra com água fervente, deixe hidratar por 15 minutos, escorra bem e transfira para outra tigela.

Enquanto o trigo estiver de molho, lave a salsinha e a hortelã e pique-as bem finas. Descasque e pique a cebola e os tomates. Acrescente tudo ao trigo, juntamente com o azeite, o suco de limão e o alho. Misture bem e tempere com sal e pimenta a gosto.

Sirva em uma travessa rasa, em uma saladeira ou sobre folhas de alface americana. Gosto de acrescentar algumas azeitonas pretas, também.

Dica

Você pode substituir o trigo por couscous; não é necessário hidratá-lo.

Salada de tomate v

Uma das maravilhas do verão – de preferência servida no jardim, à luz do sol –, esta salada simples fica perfeita com pratos de massa al dente, temperados com azeite ou pesto.

4 PORÇÕES

700g de tomate
vinagre balsâmico ou suco de limão espremido na hora
azeite de oliva extravirgem
sal marinho e pimenta-do-reino preta moída na hora
1-2 ramos de manjericão fresco, rasgados

Lave os tomates, corte-os em fatias finas e arrume-os em uma travessa rasa grande.

Espalhe o vinagre balsâmico ou o suco de limão sobre os tomates, e faça o mesmo com o azeite.

Espalhe um pouco de sal marinho sobre os tomates, usando os dedos, tempere com pimenta-do-reino e por fim o manjericão.

Esta salada fica melhor se você esperar pelo menos 30 minutos para que os tomates liberem seus sucos e os sabores se fundam.

VARIAÇÕES

Salada de tomate e cebola v

Acrescente algumas rodelas bem finas de cebola aos tomates. Uma cebola pequena é suficiente para acrescentar sabor e textura sem se sobrepor aos tomates.

Salada de tomate e abacate v

Abacate, esbranquiçado e cremoso, combina muito bem com tomates. O ideal é seguir exatamente as instruções de preparo, mas colocar os tomates em uma tigela, em vez de uma travessa. Deixe os tomates descansarem por 30 minutos, e então misture delicadamente a polpa fatiada de 1 abacate maduro, ajuste o tempero e sirva.

Tomates e favas com molho de manjericão v

Esta salada fica melhor se você tiver tempo para descascar as favas; o verde vivo e atraente combina muito bem com o tomate e o manjericão picado. Você pode usar favas congeladas – adoráveis e macias. Só vale a pena usar favas frescas se você conseguir comprá-las bastante novas.

4 PORÇÕES

350g de fava congelada
450g de tomate
2 col. de sopa de azeite de oliva extravirgem
1 col. de sopa de vinagre de vinho tinto
1 col. de sopa de manjericão fresco picado
sal e pimenta-do-reino preta moída na hora

Cozinhe as favas em água fervendo por cerca de 3 minutos, ou até que estejam macias, escorra e deixe esfriar.

Quando elas estiverem frias o suficiente para serem manuseadas, retire a pele de cada grão com a ajuda dos dedos. Essa tarefa é um pouco chata, mas vale a pena se você tiver tempo.

Tire a pele dos tomates e corte-os em fatias, retirando qualquer parte mais dura do miolo.

Coloque o azeite, o vinagre e o manjericão em uma tigela grande e misture bem, acrescente os tomates, as favas e um pouco de sal e pimenta.

Misture delicadamente, para que todos os ingredientes fiquem cobertos pelo molho. Sirva imediatamente, ou se preferir deixe a salada descansar por pelo menos 2 horas, para que os sabores se acentuem.

Tomates recheados com feijão-branco

No verão, quando os tomates estão mais baratos, mais firmes e melhores, tomates recheados são uma boa opção para variar o cardápio, e se você escolher tomates grandes, desde que não sejam gigantes, prepará-los não é tarefa muito difícil. Experimente esta receita e descubra!

2-4 PORÇÕES

4 tomates de bom tamanho
sal
1 lata de 400g de feijão-branco, escorrido e lavado
2 col. de sopa de maionese
2 col. de sopa de iogurte natural
6 cebolinhas frescas, picadas
pimenta-do-reino preta moída na hora

PARA SERVIR

um punhado de folhas variadas para salada
molho balsâmico (ver página 63)

Corte os tomates ao meio na horizontal. Retire as sementes sem danificar os tomates e salpique a polpa com sal.

Para preparar o recheio, amasse os feijões juntamente com a maionese, o iogurte e as cebolinhas e tempere a gosto.

Distribua a mistura de maneira uniforme sobre os tomates.

Arrume-os em pratos individuais, com algumas folhas de salada, e tempere com o molho balsâmico.

Salada turca V

Eu amo a simplicidade e os sabores frescos das saladas do Oriente Médio, e esta receita típica da Turquia não foge à regra.

2-4 PORÇÕES

6 tomates, cortados em pedaços que caibam na boca
1 pepino, em cubos
1 pimentão verde, sem as sementes, em cubos
1 maço pequeno de cebolinha fresca, picado
1 maço pequeno de salsinha fresca, picado
2 col. de sopa de suco de limão espremido na hora
1 col. de sopa de azeite de oliva extravirgem
sal e pimenta-do-reino preta moída na hora

Simplesmente misture todos os ingredientes em uma tigela. Tempere bem com sal e pimenta-do-reino preta moída e sirva.

Salada arco-íris com trigo

Esta salada é composta por ingredientes bastante distintos, escolhidos para contrastarem o máximo possível tanto em sabor quanto em cor e textura. Quando eu a sirvo em minha casa, cada um monta a própria seleção de camadas em suas tigelas e finaliza com uma boa colherada de um dos molhos cremosos e de baixo teor de gordura. O trigo deixa a salada com uma agradável textura pegajosa. Você o encontra em lojas de produtos naturais e recomendo cozinhar todo o pacote de uma vez, dividir em porções e guardar as sobras no freezer, prontas para o próximo uso.

4-6 PORÇÕES

75-125g de trigo em grão integral – demolhado de um dia para o outro em água gelada
1 lata de 400g de feijão-vermelho, escorrido e lavado
2 col. de sopa de azeite de oliva extravirgem
2 col. de sopa de vinagre de vinho tinto
sal e pimenta-do-reino preta moída na hora
1 col. de chá de extrato de tomate
um pouco de mel
salada de batatas (ver página 88)
1 pé de alface pequeno, lavado e rasgado
3 cenouras, raladas e temperadas com um pouco de suco de laranja
2 beterrabas cruas, descascadas e raladas, temperadas com um pouco de suco de laranja
4 tomates, em fatias
½ pimentão, em cubos

PARA A COBERTURA

maionese de ricota, ou maionese tradicional
1 punhado de broto de mostarda, picado, ou sementes brotadas (ver página 71)

Em uma panela com bastante água, cozinhe em fogo baixo o trigo reidratado por 1¼ hora, ou por 25 minutos em uma panela de pressão. Se você tiver preparado o pacote inteiro de trigo, separe apenas ⅕ e coloque em uma tigela pequena; congele o resto para outras receitas.

Coloque os feijões em outra tigela. Misture o azeite e o vinagre e despeje metade sobre os feijões e metade sobre o trigo. Tempere ambas as misturas com sal e pimenta e acrescente o extrato de tomate e um pouco de mel aos feijões.

Sirva todos os outros ingredientes – alface rasgada, cenoura e beterraba raladas, tomate em fatias, pepino em cubos – em tigelinhas individuais (de sopa, ou então pequenas saladeiras de madeira, se você tiver).

Outra opção é colocar camadas de cada um dos ingredientes em tigelas individuais, uma para cada pessoa.

Coloque uma colherada grande do molho que você escolheu sobre a salada e espalhe os brotos de mostarda ou as sementes brotadas por cima.

Legumes e castanhas

Apresento aqui receitas vegetarianas leves, ideais para acompanhar o prato principal, em vez de desempenharem o papel de protagonista. Hoje em dia existe uma imensa gama de vegetais de alta qualidade disponível no mercado, e a maior parte deles exige apenas cozimento e tempero bem simples para serem desfrutados da melhor forma. Nas páginas a seguir você irá encontrar um guia simples sobre vegetais: como escolher, preparar e cozinhá-los para obter os melhores resultados.

Muitas das receitas desta seção podem compor pratos principais se servidas com feijões ou grão-de-bico, queijo ralado, arroz, macarrão na manteiga ou batatas assadas. Falando em batatas, sempre populares como acompanhamentos, você encontrará receitas para elas, também: como fazer batatas assadas gostosas de verdade e um purê de batatas perfeito, assim como a rainha das receitas de batata, Gratin dauphinois (ver páginas 120-1 e 118-9).

Este capítulo também traz receitas de pratos principais reconfortantes e de dar água na boca, que todo mundo vai apreciar. Algumas contêm castanhas, outras não, mas todas são fáceis de fazer e extraem o máximo de ingredientes vibrantes e nutritivos.

Você irá encontrar pratos rápidos para preparar depois de chegar do trabalho, como batatas salteadas, pratos de cozimento lento, como cozidos e ensopados, e receitas para ocasiões especiais, perfeitas para encantar seus convidados.

Há muitas receitas de vegetais recheados – bem, a natureza nos deu ingredientes perfeitos para isso, como pimentões e berinjelas, portanto é inevitável recheá-los com algo delicioso! Qualquer que seja o seu gosto, este capítulo está repleto de receitas esplêndidas para que você nunca mais fique sem saber o que fazer para o jantar.

Guia rápido para cozinhar e preparar vegetais

Preparo básico

Escolha vegetais pequenos e tenros, firmes, de cor chamativa, com aparência vívida e saudável. Procuro comprar orgânicos sempre que possível.

Calcule 175g de vegetais por pessoa (pesados antes da preparação) ou 225g quando a perda é alta, como quando se trata de alho-poró e até mesmo espinafre (exceto o que é vendido embalado), e 450g para ervilhas e feijões nas bagas.

Guarde os vegetais em um local frio (o compartimento do fundo da geladeira é o ideal), e utilize-os o mais rápido possível.

Quando estiver preparando vegetais, procure minimizar as perdas e, quando cozinhar vegetais ao mesmo tempo, certifique-se de que todos possuem tamanhos similares – divida os maiores, se necessário.

Cozimento básico

O método básico de cozimento, e que se aplica a praticamente todos os tipos de vegetais, é a imersão em água fervente (descreverei outros métodos ao longo das receitas e no guia em ordem alfabética que ocupa as próximas páginas).

O processo consiste em mergulhar os vegetais previamente preparados em água fervente, deixar que fervam vigorosamente até ficarem macios e escorrê-los imediatamente.

É importante esperar que a água tenha atingido uma fervura vigorosa antes de acrescentar os vegetais. A exceção a esta regra são as raízes, cujo cozimento pode ser iniciado tanto em água fervente como em água ainda fria. Raízes devem ser fervidas em água suficiente para ficarem completamente imersas, e a panela deve estar tampada.

Alguns vegetais podem também ser cozidos abafados; isso significa colocar água suficiente apenas para que não cozinhem a seco (cerca de 1cm para 700-900g), e com a panela tampada – é assim que eu os preparo; ou mergulhados, rapidamente, em uma panela com ¾ de sua capacidade de água fervendo, mas desta forma sem tampa.

Qualquer que seja o método utilizado, verifique regularmente o ponto dos vegetais perfurando-os com a ponta da faca. Quando começarem a ficar macios, porém apresentando ainda uma ligeira resistência, retire-os do fogo e escorra imediatamente.

Outra alternativa é o cozimento no vapor. Neste método, os vegetais são colocados sobre a água, em uma vaporeira de bambu ou de metal, ou em uma peneira de metal, de forma que cozinhem pela ação do vapor, sem tocarem na água. Este método é indicado para as raízes e para vegetais delicados, como aspargos. Funciona melhor com quantidades pequenas porque, se você tiver um volume muito grande, os pedaços não irão cozinhar de maneira uniforme, a menos que você utilize uma vaporeira elétrica.

Abóbora Apare o caule, corte ao meio, retire a casca e corte em pedaços de mesmo tamanho. Retire as sementes, se estiverem muito duras. Cozinhe da mesma forma que alcachofras.

Abóbora-de-pescoço Corte-a ao meio no sentido do comprimento, pincele com azeite, coloque em uma assadeira e leve ao forno a 190°C por cerca de 1 hora, ou até que você consiga atravessá-la facilmente com uma faca afiada; o tempo vai depender do tamanho da abóbora. Descarte as sementes; separe a polpa da casca com a ajuda de uma colher. Você também pode cortá-la em pedaços grandes e assá-los como indicado para abobrinhas, por cerca de 45 minutos.

Abóbora-moranga Prepare da mesma forma que abóbora-de-pescoço.

Abobrinha Apare apenas as pontas superiores e inferiores das abobrinhas pequenas que sejam do tamanho de um dedo, e corte em fatias, em cubos ou rale as maiores. Salteie em manteiga; ou então cozinhe em água fervendo até começarem a ficar macias, escorra bem e sirva com manteiga e ervas. Você também pode pincelar com azeite e assá-las a 200°C por cerca de 30 minutos, ou até que fiquem macias e levemente escurecidas. Ou faça fatias compridas, pincele com azeite e asse em uma grelha sobre o fogo, para dar um visual listrado interessante e um sabor de grelhado.

Acelga Apare, pique bem fino e refogue como para o espinafre. Sirva com manteiga deretida, molho hollandaise ou outro molho cremoso.

Aipo Escolha pés pequenos e compactos e lave bastante. Apare para que fiquem com cerca de 15cm de comprimento e corte ao meio ou em quatro. Ou então utilize apenas os talos da parte externa; apare e corte-os em pedaços de mesmo tamanho. Ficam ótimos refogados.

Alcachofra Calcule uma por pessoa. Quebre o caule rente à base e apare as pontas das pétalas. Lave bem as alcachofras. Mergulhe em água fervendo suficiente para cobri-las (use uma panela esmaltada ou de aço inoxidável) e cozinhe-as por 30-45 minutos, ou até que uma pétala saia facilmente quando puxada. Vire as alcachofras de cabeça para baixo para escorrer toda a água. Sirva com manteiga derretida.

Alcachofras-de-jerusalém Descasque-as e ferva em uma panela esmaltada ou de aço inoxidável por 20-40 minutos, ou até que estejam macias. Também podem ser cozidas em manteiga.

Alho-poró Apare a raiz e remova a grande parte das folhas escuras; faça um corte no sentido do comprimento e remova qualquer vestígio de terra. Deixe inteiro ou corte em fatias. Cozinhe da mesma forma que alcachofras ou em água fervendo até ficarem macios: 1-2 minutos quando cortados em fatias, 8-10 minutos quando menores e mantidos inteiros. Escorra bem. Você também pode picá-los bem fino e acrescentá-los a refogados, ou cozinhar por apenas alguns minutos em uma mistura de azeite e manteiga.

Aspargos Dobre os talos para quebrar a parte mais dura na base, que deve ser descartada. Lave os aspargos delicadamente. Você pode cozinhar em uma panela funda com água fervendo, deitados em uma frigideira grande com água e tampada, ou em uma vaporeira, até que fiquem macios (7-10 minutos). Escorra bem. Também podem ser pincelados com azeite e assados a 200°C por 7-10 minutos, ou até que fiquem macios e levemente escurecidos.

Batata doce Lave e esfregue bem a casca, corte em pedaços e asse da mesma forma que batata-inglesa (ver abaixo), ou descasque, cozinhe em água fervendo e amasse para fazer um purê. Ou ainda, corte em pedaços de mesmo tamanho (sem descascar), pincele com azeite e asse da mesma forma que abobrinhas (ver página 98), por 30 minutos, ou até que estejam macias e escuras nas bordas.

Batata-inglesa Descasque as batatas ou, se optar por não fazê-lo, lave-as e esfregue bem. Cozinhe em água fervendo suficiente para cobrir até que fiquem macias e sirva com manteiga e ervas frescas picadas, ou então amasse com manteiga e creme de leite ou leite até ficarem leves e aeradas. Ou ainda, cozinhe lentamente em manteiga. Para fazer batatas assadas, veja a página 117. Para batatas novas, pequenas, cozinhe em água fervendo suficiente para cobri-las por cerca de 20 minutos, dependendo do tamanho, até que estejam macias quando atravessadas por uma faca, escorra, e tempere com azeite ou manteiga, sal, pimenta-do-reino e um pouco de salsinha, cebolinha ou hortelã picada. Para fazer batata frita, corte as batatas em palitos e coloque apenas um palito em uma panela com ⅓ da capacidade de óleo. Quando ele começar a chiar, coloque o restante das batatas e frite até ficarem douradas. Ou então, retire as batatas com uma escumadeira quando estiverem apenas macias, reaqueça o óleo até ficar bem quente e coloque as batatas novamente, para uma segunda fritura. Escorra e sirva imediatamente.

Berinjela Pode ser cortada em rodelas ou em cubos, com ou sem casca. Pincele-as bem de leve com azeite e asse no forno convencional ou de micro-ondas; ou salteie-as, tomando cuidado para não usar azeite em excesso; berinjelas são como esponjas e absorvem todo o óleo que você der a elas. Você pode assar berinjelas da mesma forma como descrito para abobrinhas, em camadas sobrepostas.

Beterraba Remova as folhas, se ainda estiverem presentes, 10cm acima da beterraba. Não descasque nem corte a beterraba, para que a cor não vá embora. Cozinhe em água fervendo, em panela tampada, por 1-2 horas. Retire a casca, que deve escorregar facilmente, corte em rodelas ou em cubos e reaqueça em manteiga ou com um molho. Você também pode lavar bem a casca da beterraba, pincelar com óleo, embrulhar em papel alumínio e assar em fogo médio até o ponto em que sejam facilmente atravessadas por uma faca.

Brócolis comum e brócolis americano Separe os buquês do talo central, mais grosso. Você pode descascá-lo, pois ele é macio e saboroso, cortá-lo em tirinhas e cozinhá-lo juntamente com os buquês. Cozinhe por 5-7 minutos em água fervendo, até que fiquem macios. Escorra e sirva com manteiga derretida ou com um molho.

Broto de feijão Lave, escorra e salteie em 1-2 colheres de sopa de óleo por 1-2 minutos. Fica melhor como parte de uma seleção de vegetais salteados.

Cebola Asse sem descascar em forno a 200°C por cerca de 1 hora, retire a pele e sirva com manteiga, sal e pimenta. Você pode também descascar, cortar em 4 ou 6 gomos, esfregar com azeite e assar da mesma forma que indicado para abobrinhas. Ou descascar, cortar em pedaços de mesmo tamanho e cozinhar em água fervendo por 15-45 minutos; ou ainda saltear em manteiga ou azeite/óleo por cerca de 10 minutos. Para fazer anéis de cebola crocantes, mergulhe os anéis em uma mistura de leite e farinha e frite em imersão por 1-2 minutos.

Cenoura Esfregue as cenouras mais jovens; raspe ou descasque as maiores. Mantenha as menores inteiras; corte as maiores ao meio, em quatro, em rodelas ou cubos. Cozinhe em água fervendo suficiente para cobri-las ou no vapor por 10-20 minutos, ou até que fiquem macias: o tempo dependerá do tamanho das cenouras ou dos pedaços e do ponto que você deseja que elas atinjam.

Cogumelos Lave, mas não retire as membranas. Deixe os pequenos inteiros e corte os maiores em fatias. Remova os talos dos cogumelos de chapéu largo. Salteie em manteiga ou azeite até que fiquem macios. Caso soltem um pouco de líquido, aumente o fogo e cozinhe rapidamente até que evapore; se a quantidade de líquido for muito grande, escorra os cogumelos e reserve o líquido para aproveitar como caldo. Reaqueça a panela com uma colherada de manteiga ou de óleo, despeje os cogumelos novamente e salteie novamente para finalizar o cozimento. Desta vez eles não ficarão empapados em líquido. Cogumelos de chapéu largo e achatado também ficam bons se pincelados com um pouco de azeite e grelhados.

Couve Uma verdura deliciosa com um sabor intenso e ligeiramente amargo. Retire os talos e aproveite apenas as folhas. Cozinhe em água fervendo por 5-7 minutos, escorra bem e misture com manteiga.

Couve-de-bruxelas Escolha as menores e mais firmes. Descarte as folhas da parte externa e apare o caule. Cozinhe as bem pequenas inteiras, e corte as maiores ao meio ou em quatro. Eu sempre corto as couves-de-bruxelas ao meio porque facilita uma cocção perfeita, e prefiro a aparência e o sabor que elas têm desta forma. Deixe em água fervendo rapidamente (2-5 minutos) até que fiquem macias. Escorra bem.

Couve-flor Existem dois tipos: a tradicional, branca, e a roxa. Separe os buquês do caule central, mais duro. Cozinhe em água fervendo por 3-5 minutos e escorra bem, ou no vapor por 8-10 minutos. Sirva pura ou temperada com manteiga; envolta em massa, como um tempura; ou cobertas com molho de queijo (ver página 59) e farinha de rosca e levada ao forno para dourar.

Couve-rábano É conhecida mais pela aparência inusitada do que pelo sabor, apesar de este ser delicado e interessante. Prepare e cozinhe como uma rutabaga. Apesar de tudo, acho que fica melhor crua, quando se pode apreciar melhor o sabor e a textura crocante e ao mesmo tempo suculenta.

Endívia Retire qualquer folha danificada e apare a base. Insira a ponta de uma faca na base e gire para remover o miolo em forma de cone; acredita-se que isso reduz a amargura e contribui para um cozimento uniforme, mas não estou muito convencida. Cozinhe da mesma forma que alcachofras, porém sem utilizar molhos.

Ervilha Cozinhe em água fervendo por 5-10 minutos.

Ervilha-torta Prepare da mesma forma que vagem-francesa. Salteie ou cozinhe em água fervendo por 2-3 minutos, no máximo: não deixe que percam sua textura crocante. Às vezes eu as corto ao meio, para uma aparência mais delicada.

Espinafre Se colhido no jardim ou comprado na feira, lave bastante. Retire apenas os talos muito duros; mantenha os demais para dar mais sabor e textura. O espinafre embalado comprado no supermercado precisa apenas ser enxaguado em água fria; os talos são macios e cozinham rapidamente junto com as folhas. Coloque o espinafre em uma panela grande apenas com a água que ficou retida nas folhas após a lavagem. Não é preciso acrescentar mais. Assim que estiver começando a formar vapor, pique o espinafre com uma espátula e vire, para que cozinhe por igual. Escorra o excesso de água e sirva com manteiga, sal e pimenta-do-reino. Este processo leva cerca de 4-7 minutos, dependendo de quão tenras estiverem as folhas. Não é recomendado consumir espinafre mais de uma vez por semana, pois seu alto teor de ácido oxálico inibe a absorção de magnésio e de cálcio.

Favas Prepare e cozinhe as pequenas da mesma forma que vagem-francesa. Para as maiores, retire as favas das bagas e cozinhe em uma panela grande com água fervendo, sem sal, por 5-10 minutos. Escorra e, para que fiquem perfeitas, retire a pele acinzentada, revelando os grãos verdes e brilhantes que existem por baixo. Sirva com manteiga e ervas frescas picadas.

Feijão-da-espanha Apare ambas as pontas; corte as laterais e remova a fibra. Corte em pedaços de 2,5cm ou em fatias. Cozinhe em água fervendo por 5-10 minutos, até que estejam macios.

Folha de beterraba Uma verdura deliciosa. Separe as folhas dos talos e cozinhe da mesma forma que espinafre. Pique os talos em pedaços de 10cm, cozinhe em água fervendo por 4-5 minutos ou até que estejam macios. Escorra e sirva com manteiga derretida, molho hollandaise (ver páginas 59-60) ou um molho cremoso.

Funcho Apare as extremidades dos talos, a base e passe um descascador de batatas pelas folhas externas, para retirar a parte fibrosa. Cozinhe em água fervendo e sirva com manteiga, ou refogue.

Milho-verde Retire a palha e a barba e apare o caule. Mergulhe em uma panela grande com água fervendo sem sal e cozinhe por cerca de 10 minutos, até que os grãos estejam macios. Escorra e sirva com manteiga derretida. Ou então cozinhe no forno de micro-ondas: você pode colocar a espiga inteira, ainda coberta pela palha. Cozinhe cada espiga por 2-3 minutos. Retire a palha e a barba e sirva. Você também pode levar ao micro-ondas sem a palha; coloque em uma travessa apropriada para micro-ondas, acrescente um copo de água, cubra e cozinhe por alguns minutos. Outra opção é pincelar com manteiga e temperar com sal e pimenta, embrulhar em papel-manteiga e levar ao micro-ondas. Abra e está pronto para servir.

Nabo Descasque; deixe os nabos jovens, menores, inteiros; corte os maiores ao meio ou em quatro. Cozinhe em água fervendo por 5-10 minutos, escorra bem, leve de volta à panela e deixe que sequem mais um pouco em contato com o calor. Ou então, cozinhe no vapor por 10-15 minutos. Sirva com manteiga, amassados em purê, ou cortados em cubos, misturados com cenouras também em cubos.

Pak choi Também conhecida como bok choy, é uma variedade de acelga com talos mais largos e firmes e folhas verde-escuras. Possui um sabor agradável, suave, fresco e suculento. Você pode picá-la, mas eu prefiro cortá-las ao meio no sentido do comprimento. Cozinhe no vapor ou em uma panela tampada com 1cm de água por 2-4 minutos, até que fiquem macias. Fica muito boa em refogados ou em curries tailandeses.

Pastinaca Prepare da mesma forma que rutabaga. Amasse com manteiga e sirva, forme bolinhos ou leve ao forno coberta com farinha de rosca e manteiga até ficar crocante; ou então asse com azeite como indicado para batatas assadas (ver página 121).

Pepino Descasque e corte em fatias de 1cm de espessura e cozinhe como indicado na página 113. Eu acho pepinos cozidos uma verdadeira iguaria; fico surpresa que não sejam servidos com mais frequência.

Pimentão Abra o pimentão ao meio, retire o cabo, o miolo e as sementes. Corte em fatias, salteie em azeite por cerca de 15 minutos ou até que fique macio. Ou leve ao forno quente até que a pele escureça e comece a formar bolhas. Retire do forno e cubra com uma travessa ou com um saco plástico e, quando estiver frio o suficiente para ser manuseado, retire a pele, o miolo e as sementes; lave e corte em pedaços. Ou então, corte cada pimentão ao meio ou em quatro e asse da mesma forma que indicado para abobrinhas. Ou ainda recheie as metades de pimentão e leve ao forno (ver páginas 134-5).

Quiabo Apare o topo e a ponta; cozinhe em fogo baixo em uma panela com um pouco de azeite. Fica bom refogado com cebola, tomate e especiarias (ver página 114).

Raiz de aipo Descasque completamente e corte em pedaços de mesmo tamanho. Cozinhe em água fervendo, em uma panela esmaltada ou de aço inoxidável, por 30-40 minutos. Sirva com manteiga ou faça um purê.

Rutabaga Descasque profundamente, corte em pedaços de igual tamanho, cubra com água e cozinhe por 15-20 minutos, ou até que estejam macias; ou cozinhe no vapor por 20 minutos. Amasse com manteiga e tempere.

Repolho Retire as folhas da parte externa, corte em quatro, remova o talo central e pique. Cozinhe em água fervendo por 5-7 minutos; escorra bem, misture com manteiga derretida e tempere com sal e pimenta-do-reino preta moída na hora.

Tomate Retire os cabos, faça um corte em forma de cruz na parte superior e asse os tomates no forno a 180°C por 10-15 minutos. Ou corte ao meio e salteite em ambos os lados; ou então, corte ao meio, tempere, pincele com manteiga e asse por 10 minutos. Tomates na rama ficam deliciosos quando assados rapidamente sob o grill do forno por 5-10 minutos, até que comecem a murchar; não deixe cozinhar demais.

Vagem-francesa Apare as duas pontas, se necessário; deixe-as inteiras ou corte as maiores e cozinhe em água fervendo por 2-10 minutos, dependendo do tamanho.

Guia para castanhas e sementes

Amêndoa De formato oval, com pele marrom raiada e seu sabor bem conhecido, inconfundível, as amêndoas podem ser usadas tanto em receitas doces quanto salgadas. Você pode moê-las para torrar com outras castanhas, preparar rissoles ou acrescentar à granola; ou comprá-la em lascas e espalhar sobre vegetais, arroz, saladas, pavês ou pudins. Para descascá-las em casa, coloque-as em uma panela pequena, cubra com água fria e leve ao fogo por 1 minuto. Escorra. Esfregue a casca com o indicador e o polegar até sair. Amêndoas cruas ou lascas podem ser torradas em uma panela seca, mexendo sempre, ou sob o grill do forno, como descrito para avelãs.

Amendoim Pequenos e de cor marrom-avermelhada, não existe quem não conheça os amendoins. Podem ser encontrados crus em lojas de produtos naturais. Você pode torrá-los da mesma forma que avelãs (ver a seguir).

Avelã Estas castanhas amarronzadas, pequenas, arredondadas e pontudas costumam ser vendidas já sem casca, o que é bastante prático para a maior parte das receitas. Se você quiser comprá-las com casca, deve procurar em lojas de produtos naturais. Seu sabor é acentuado depois de torradas. Para isso, espalhe-as em uma assadeira e leve a forno moderado (190°C) por 20-30 minutos, ou até que as avelãs estejam bastante douradas sob as cascas. Depois que estiverem frias, a casca deverá sair facilmente quando esfregada.

Castanha de caju De cor entre o bege e o branco e em formato de meia-lua, castanhas de caju podem ser compradas inteiras ou, mais baratas, em pedaços. Possuem sabor agradável e suave, o que permite que sejam utilizadas tanto em preparos doces quanto salgados. Ficam deliciosas assadas (veja as instruções para avelãs) ou misturadas em cremes.

Castanha-do-pará De cor amarelo-pálido, com manchas marrons, estas castanhas compridas possuem sabor rico e cremoso. Ficam boas assadas ou picadas, em saladas.

Castanha portuguesa Esta castanha é diferente das demais por conter baixos teores de gordura e proteína e alto teor de amido. Pode ser acrescentada a ensopados, cozidos e pães. As castanhas são vendidas em diversas formas: frescas, secas, congeladas ou embaladas a vácuo. Também podem ser encontradas em lata, na forma de purê, mas acho que assim são suaves demais para a maior parte dos pratos salgados; prefiro as torradas, embaladas a vácuo, vendidas nos supermercados em embalagens de 200g.

Descascar castanhas portuguesas é uma tarefa que exige paciência. Recomendo preparar somente 450g de cada vez, levando-as ao freezer por 30-60 minutos para que fiquem bastante geladas antes de começar. Então, com uma faca pesada, parta-as ao meio no sentido do comprimento. Coloque-as em uma panela com água fervendo suficiente para cobri-las e cozinhe por 7-8 minutos. Escorra e retire a pele com uma faca pequena. Mantenha as castanhas mornas enquanto isso, pois ajuda a pele a sair com mais facilidade. Coloque as castanhas descascadas em uma panela, despeje água até cobrir e cozinhe em fogo baixo por 20-30 minutos, ou até que fiquem macias. 450g de castanhas portuguesas de boa qualidade com casca rendem cerca de 350g depois de descascadas.

Castanhas portuguesas secas podem ser encontradas em algumas lojas de produtos naturais. Antes de usá-las, deixe-as de molho de um dia para o outro e depois cozinhe-as em fogo baixo por 2-3 horas, ou até que estejam macias. Elas aproximadamente dobram de tamanho depois de reidratadas e cozidas – 175g rendem cerca de 350g.

Castanhas portuguesas congeladas podem ser encontradas em grandes redes de supermercados, principalmente na época do Natal. Basta cozinhá-las de acordo com as instruções da embalagem.

MINHA REGRA BÁSICA PARA EQUIVALÊNCIA DE MEDIDAS É

200g de castanhas portuguesas embaladas a vácuo equivalem aproximadamente a:

400g de castanhas portuguesas frescas com casca; ou

100g de castanhas portuguesas secas pesadas antes de reidratadas

Esta quantidade normalmente é ideal para duas pessoas se servida como prato principal; dobre a quantidade para servir quatro pessoas.

Gergelim Estas sementinhas são amarronzadas em seu estado natural; as brancas que você vê com frequência no mercado tiveram a casca removida, e boa parte de seu teor de cálcio também. Vale a pena ir a lojas de produtos naturais para comprar a variedade com casca. Elas têm sabor bem parecido com o de castanhas com um ligeiro amargor. Ficam ótimas espalhadas sobre pratos asiáticos de vegetais, refogados ou pães, ou misturado à granola. A pasta feita com o gergelim é chamada de tahine, e utilizada no preparo de receitas como hummus e molhos de sabor bastante intenso.

Linhaça, que não é nada além da semente do linho. Estas sementes são pequenas, pouco maiores do que as sementes de gergelim, com sabor de castanhas. Podem ser marrons ou douradas; o sabor é igual nas duas variedades, mas eu prefiro as douradas. Possuem papel fundamental na dieta vegetariana, pois representam uma fonte importante de ômega-3. Misture-as à granola ou espalhe sobre a salada. Ficam grudentas quando entram em contato com líquidos, portanto podem ser usadas para dar liga em algumas receitas, principalmente nas de cozinha viva.

Macadâmia Semelhante a uma avelã em tom amarelo-claro, mas maior, de sabor mais rico, cremoso e amanteigado. Elas podem ser encontradas cruas ou torradas e salgadas. Gosto de acrescentá-las a saladas ou pratos com vegetais. Também podem ser acrescentadas a cremes.

Nozes De cor marrom-dourado e com seu conhecido formato ondulado, as nozes podem ser compradas partidas ao meio ou em pedaços. Seu sabor levemente amargo deixa pratos salgados mais intensos, e também ficam muito boas em saladas.

Nozes-pecã Parecem uma versão menor e mais escura das nozes tradicionais e possuem um sabor rico, quase doce, e uma textura agradavelmente oleosa.

Pinole Os pinoles são pequenos, levemente achatados e de coloração creme. Têm uma textura delicada e um delicioso sabor de pinheiro. Podem ser torrados da mesma forma que amêndoas em lascas (ver página 103) e espalhados sobre pratos com vegetais, arroz ou saladas de frutas; utilizados para preparar pesto; ou acrescentados a assados de castanhas ou croquetes.

Pistache Pistaches podem ser comprados com casca, prontos para que você abra e se delicie com a castanha esverdeada lá dentro, ou sem casca, mais prático para aplicação em receitas. Misturados a outras castanhas, para formar um croquete ou recheio para alguma preparação, acrescentam sua nota particular de sabor. Também podem ser usados como um atrativo elemento de decoração, moídos e espalhados sobre pratos cremosos, como molhos ou musses.

Semente de abóbora Estas sementes grandes e achatadas dão textura crocante a granolas e saladas. Podem ser moídas no moedor de café e misturadas a castanhas para preparar patês, hambúrgueres, recheios e assim por diante. Assá-las (da mesma forma que avelãs, ver página 103) intensifica seu delicioso sabor, mas reduz parte do seu valor nutritivo.

Semente de cânhamo Parecida com a linhaça, fica melhor crua, em granolas, saladas etc. É considerada a semente mais balanceada da natureza, pois contém ômega-3 e ômega-6 em uma proporção de 3 para 1, o recomendado para uma nutrição perfeita. No entanto, como a dieta da maioria das pessoas, inclusive dos vegetarianos, é baseada em alimentos ricos em ômega-6, acredito que é melhor consumir a linhaça (ou o óleo), com sua proporção de 4 para 1 de ômega-3 e ômega-6.

Semente de girassol De cor cinza-claro com sabor delicado, levemente doce. (Se tiver um sabor forte parecido com o de tinta, é sinal de que as sementes não estão frescas e que devem ser jogadas fora.) Podem ser moídas e transformadas em hambúrgueres, molhos etc., ou espalhadas sobre saladas, adicionadas à granola e assim por diante. São ideais para cultivar brotos (ver página 71).

Como ralar ou moer castanhas

Castanhas moídas compõem muitas receitas vegetarianas. Podem ser moídas facilmente usando um liquidificador, moedor de café elétrico ou processador de alimentos; ou em um ralador manual, de preferência com ralos de diversos níveis para que você obtenha a textura desejada.

Congelando pratos com castanhas e vegetais

A maioria dos pratos com castanhas pode ser congelada sem problemas, tanto antes quanto depois de cozidos ou assados. Minha família adora o que costumamos chamar de castanhas assadas "tradicionais", ou seja, o assado de castanhas com recheio de salsinha das páginas 142-3, e sempre me pedem que o prepare para o Natal, para a Páscoa e qualquer outra festa de família entre um e outro. Normalmente eu o preparo com antecedência e o congelo sem cozinhar. Então, retiro do freezer uma noite antes e cozinho no dia de servir. Grande parte dos cozidos e ensopados de vegetais pode ser congelada também. Você vai encontrar o símbolo ❄ nos pratos que podem ser congelados.

Broto de feijão refogado com gengibre V

Simples e adocicada, esta receita não poderia ser mais rápida.

2-4 PORÇÕES

450g de broto de feijão
3 col. de sopa de óleo de semente de uva
1 cebola, finamente picada
1 dente de alho, amassado
2-3 col. de chá de gengibre ralado
1 col. de sopa de xerez fino
1 col. de sopa de molho de soja escuro
1 col. de chá de açúcar
1 col. de chá de óleo de gergelim torrado (opcional)

Lave e escorra os brotos de feijão.

Aqueça o óleo de semente de uva em uma wok ou frigideira grande até ficar bem quente, acrescente a cebola, o alho e o gengibre e refogue por 1 minuto, mexendo sempre.

Acrescente o broto de feijão e refogue por cerca de 2 minutos, até que fique completamente coberto pelo óleo e pelos temperos.

Acrescente o xerez, o molho de soja, o açúcar e o óleo de gergelim (se estiver usando), diminua o fogo e cozinhe por mais 2-3 minutos, ou até que tudo esteja bem quente. Sirva imediatamente.

Prato vegetariano de vagem-francesa e feijão V

Eu adoro a forma como os franceses preparam receitas com feijões desidratados e feijões frescos na vagem ao mesmo tempo, como *sopa au pistou* (ver página 25). É uma ideia que funciona muito bem em um prato vegetariano simples também, e o contraste dos tons de verde proporciona uma aparência bastante atraente. Se não encontrar segurelha, substitua por cebolinha, estragão ou mais salsinha.

4 PORÇÕES

175g de feijão flageolet seco
450g de vagem-francesa
25g de manteiga
sal e pimenta-do-reino preta moída na hora
1 col. de sopa de salsinha fresca picada
1 col. de sopa de segurelha fresca picada

Deixe os feijões flageolet de molho, escorra e lave – você pode deixá-los de molho de um dia para o outro ou reidratá-los rapidamente utilizando água quente (neste caso, coloque-os em uma panela com água fervendo, espere 2 minutos, apague o fogo, tampe e deixe hidratar por 1 hora). Depois de escorridos, cozinhe os feijões em mais água por cerca de 1 hora, ou até que estejam macios.

Enquanto isso, apare as pontas das vagens e cozinhe-as em um pouco de água com sal por 5-7 minutos, ou até que fiquem macias.

Escorra os feijões e as vagens e misture ambos com a manteiga. Tempere com sal e pimenta a gosto. Acrescente as ervas frescas somente na hora de servir.

Feijão-branco com maçã

Na Alemanha e na Escandinávia, é comum servir feijão com maçãs. A combinação pode parecer um pouco estranha, mas o resultado é ótimo. As maçãs se desmancham, cobrindo os feijões com um delicado molho agridoce. Gosto de servir como um prato principal leve, acompanhado de bolo de batata ou rösti (ver páginas 136 e 119).

4 PORÇÕES

450g de maçã verde
25g de manteiga
225g de feijão-branco, demolhado, cozido (ver páginas 149-51) e escorrido, ou 2 latas de 400g, escorridas e lavadas
2 col. de sopa de açúcar
sal e pimenta-do-reino preta moída na hora

Descasque, retire o miolo e corte as maçãs em cubos.

Derreta a manteiga em uma panela bem grande e refogue as maçãs em fogo baixo, sem dourar, até que estejam macias.

Despeje o feijão e cozinhe em fogo baixo, até que tudo esteja aquecido por igual. Acrescente o açúcar, misture, e tempere com sal e pimenta a gosto.

Feijão-da-espanha com páprica V

Um prato típico do final do verão, para quando os feijões-da-espanha são abundantes e mais baratos. Vagens com azeite são servidas por todos os lados na Grécia; aqui, reduzi a quantidade de azeite e o tempo de cozimento. Ficam ótimas tanto mornas quanto geladas. Você pode substituir os feijões-da-espanha por qualquer tipo de vagem.

4 PORÇÕES

700g de feijão-da-espanha
2 col. de sopa de azeite de oliva
1 col. de sopa de páprica
1 pitada de pimenta vermelha em pó
1 dente de alho pequeno, amassado
150ml de água
sal e pimenta-do-reino preta moída na hora
gomos de limão, para servir (opcional)

Lave e apare as pontas das vagens. Corte em fatias finas, na diagonal, se preferir, ou em tiras longas e finas, no sentido do comprimento.

Em uma panela média, aqueça levemente o azeite com a páprica e a pimenta vermelha, depois acrescente as vagens e o alho e misture.

Despeje a água, deixe ferver, tampe a panela e deixe cozinhar em fogo baixo por 15 minutos, ou até que as vagens estejam macias a ponto de se desmancharem e quase todo o líquido tiver secado. Se houver muito, aumente o fogo para que evapore rapidamente.

Ajuste o tempero e sirva quente, morno ou frio, com gomos de limão (se desejar).

Beterrabas com especiarias e molho de maçã V

Eu amo esta receita. Você pode tanto comprar beterrabas cozidas prontas, mas que não estejam em conserva de vinagre, quanto cruas, e cozinhá-las como indicado na página 99.

4 PORÇÕES

450g de maçã verde
2 col. de sopa de água
¼-½ col. de chá de cravo-da-índia em pó
1-2 col. de sopa de açúcar
450g de beterraba cozida
sal

Descasque, retire o miolo e corte as maçãs em fatias; coloque-as em uma panela média com a água e cozinhe em fogo baixo, com tampa, por cerca de 10 minutos, ou até que estejam bem macias.

Amasse-as com uma colher, misture o cravo-da-índia em pó – ele possui sabor muito forte, portanto comece com apenas uma pitada – e vá acrescentando açúcar para equilibrar o sabor. A receita pode ser preparada até este passo com antecedência, se você desejar.

Descasque as beterrabas cozidas e corte-as em pedaços. Misture-as ao molho, tempere com sal e reaqueça lentamente.

Brócolis refogado com gengibre e amêndoas V

Esta é uma ótima maneira de preparar brócolis. Eles são ótimos para o dia a dia, são ricos em nutrientes e bastante versáteis. Esta receita acentua sua cor verde-vivo, enquanto o gengibre acrescenta calor e é revigorante, e as amêndoas contribuem para uma agradável textura crocante.

4 PORÇÕES

700g de brócolis americano
2 col. de sopa de óleo de semente de uva
1 pedaço de gengibre do tamanho
de uma noz, finamente ralado
sal e pimenta-do-reino preta moída na hora
25g de amêndoas em lascas

Lave o brócolis e separe os buquês. Corte-os em pedaços pequenos, aparando os caules na diagonal.

Aqueça o óleo em uma wok ou em uma panela grande. Acrescente o brócolis, o gengibre e um pouco de sal e pimenta e salteie por 2-3 minutos, ou até que o brócolis esteja bem quente e ligeiramente mais macio.

Espalhe as lascas de amêndoa por cima e sirva imediatamente.

Repolho na manteiga com alho e coentro

Esta receita é uma ótima maneira de dar vida a um simples repolho. Eu gosto de usar sementes de coentro inteiras, que são mais aromáticas, mas você pode utilizar as moídas se não encontrar as inteiras.

4 PORÇÕES

700-900g de repolho, picado
sal e pimenta-do-reino preta moída na hora
noz-moscada ralada na hora
1-2 dentes de alho grandes, amassados
2 col. de chá de sementes de coentro, amassadas
25g de manteiga

Coloque cerca de 1cm de água em uma panela grande, aqueça até ferver e acrescente o repolho. Cozinhe em fogo baixo, com a panela tampada, por 7-10 minutos, ou até que esteja mais macio.

Escorra bem o repolho usando uma peneira – não deve ter sobrado muito líquido –, coloque-o de volta na panela e tempere com sal, pimenta e noz-moscada ralada a gosto.

Amasse o alho e as sementes de coentro com a manteiga e acrescente ao repolho, misturando bem. Sirva imediatamente.

Repolho com cúrcuma, castanha de caju e passas V

Nesta receita, o repolho é refogado com cúrcuma, que além do sabor contribui para uma bela coloração dourada. Experimente com um pouco de coentro fresco picado por cima.

4 PORÇÕES

700g de repolho
2 col. de sopa de óleo de semente de uva
1 col. de chá de cúrcuma
2 col. de sopa de coco ralado sem adição de açúcar
15g de uva-passa
50g de castanha de caju, picadas grosseiramente
sal e pimenta-do-reino preta moída na hora

Lave o repolho e pique-o o mais fino possível, descartando as folhas mais grossas e o miolo.

Alguns minutos antes de servir, aqueça o óleo junto com a cúrcuma em uma wok ou panela grande; acrescente o repolho e refogue por 2-3 minutos, ou até que o repolho tenha murchado e esteja mais macio, mas ainda crocante.

Misture o coco ralado, as uvas-passas e a castanhas de caju. Tempere a gosto e sirva imediatamente.

Cenouras na manteiga com limão e salsinha

Cenouras jovens e tenras são ideais para esta receita, mas ela também funciona com as maiores e mais maduras, cortadas em palitos.

4 PORÇÕES

700g de cenoura, de preferência minicenoura
15g de manteiga
1 col. de sopa de azeite de oliva
150ml de água
2-3 col. de chá de açúcar
sal
um pouco de suco de limão (opcional)
pimenta-do-reino preta moída na hora
1 col. de sopa de salsinha fresca picada

Apare e descasque as cenouras e corte as maiores ao meio ou em quatro.

Coloque a manteiga, o azeite, a água, 2 colheres de chá de açúcar e ½ colher de chá de sal em uma panela média e aqueça até derreter a manteiga, acrescente as cenouras e espere ferver.

Tampe a panela, reduza o fogo e deixe cozinhar por 25-30 minutos, ou até que as cenouras estejam macias. Preste atenção à quantidade de água e acrescente um pouco mais se estiver evaporando muito depressa.

Da mesma forma, se restar muito líquido depois que as cenouras estiverem cozidas, retire a tampa da panela, aumente o fogo e deixe evaporar até que sobre cerca de 2 colheres de sopa apenas.

Acrescente o suco de limão se achar necessário e sal e pimenta a gosto. Espalhe a salsinha picada por cima.

Purê de cenoura com limão

Os purês de vegetais são bastante versáteis, pois podem substituir tanto um vegetal cozido quando um molho. Também proporcionam um bom contraste com pratos crocantes.

4 PORÇÕES

450g de cenoura
225g de batatas, sem casca
uma colherada de manteiga
as raspas da casca e o suco de 1 limão
sal e pimenta-do-reino preta moída na hora

Corte as cenouras e as batatas em pedaços de mesmo tamanho e cozinhe-as juntas em uma panela com água fervendo por 20 minutos, ou até que estejam macias. Escorra, mas reserve a água do cozimento.

Bata os vegetais em um processador de alimentos ou com um mixer manual juntamente com a manteiga e 150ml da água do cozimento.

Leve o purê de volta à panela e reaqueça-o. Pouco antes de servir, acrescente raspas e suco de limão o bastante para dar um agradável sabor azedinho – comece com uma pequena quantidade e acrescente mais a seu gosto. Não aqueça demais o purê depois de acrescentar o limão, pois isso pode deixar um gosto amargo.

Tempere com sal e pimenta e sirva.

Couve-flor dourada com especiarias V

Aqui, a couve-flor adquire uma bela coloração dourada graças à cúrcuma, e fica leve e delicadamente temperada.

4 PORÇÕES

1 pé de couve-flor
2 col. de sopa de azeite de oliva
2 col. de chá de cúrcuma
4 bagas de cardamomo
4 cravos-da-índia
1 folha de louro
1 pedaço pequeno de canela
1 dente de alho, amassado
sal e pimenta-do-reino preta moída na hora
150ml de água

Apare a couve-flor e divida em buquês de tamanhos próximos.

Aqueça o azeite em uma panela média e refogue as especiarias e a folha de louro por 1-2 minutos, mexendo sempre.

Acrescente a couve-flor, o alho, tempere com sal e pimenta e despeje a água.

Deixe ferver, reduza o fogo e cozinhe com tampa por cerca de 7 minutos, ou até que a couve-flor esteja macia e a maior parte da água tenha sido absorvida.

Ajuste o tempero, retire a folha de louro, a canela e as bagas de cardamomo e sirva.

Couve-flor com molho de tomate V

Esta é uma maneira fácil e atraente de preparar couve-flor.

4 PORÇÕES

1 cebola, picada
2 col. de sopa de azeite de oliva
1 dente de alho, amassado
1 lata de 400g de tomates picados
275ml de água
sal e pimenta-do-reino preta moída na hora
1 pé de couve-flor, lavado e separado em buquês
salsinha fresca picada

Refogue a cebola lentamente em azeite por 10 minutos, até que fique macia, mas sem dourar, acrescente o alho e refogue por mais alguns segundos, e por fim acrescente os tomates e retire a panela do fogo.

Bata a mistura em um processador, liquidificador ou com um mixer manual.

Transfira este purê para uma panela bem grande, acrescente a água e tempere com um pouco de sal e pimenta.

Aqueça até ferver e acrescente a couve-flor. Reduza o fogo, tampe e deixe cozinhar por 10-15 minutos, ou até que a couve-flor esteja macia.

Ajuste o tempero, espalhe a salsinha picada por cima e sirva.

Aipo com amêndoas

O segredo para preparar aipo é cozinhá-lo até ficar quase desmanchando; desta forma, mesmo os talos mais duros, da parte externa, ficarão saborosos (retire as fibras usando um descascador de batatas). No entanto, para esta receita, os talos da parte interna são os ideais.

4 PORÇÕES

1 col. de sopa de azeite de oliva
15g de manteiga
1 pé de aipo, cortado em pedaços que caibam na boca
2 col. de sopa de cebola picada
sal e pimenta-do-reino preta moída na hora
1 col. de chá de amido de milho
150ml de creme de leite fresco
50g de amêndoas em lascas, torradas (ver página 103)

Aqueça o azeite e a manteiga em uma panela grande, sobre fogo baixo. Acrescente o aipo, a cebola, tempere com um pouco de sal e pimenta e cozinhe em fogo muito baixo, com a panela tampada, por cerca de 25 minutos, ou até que o aipo esteja completamente macio.

Mexa de vez em quando e, se perceber qualquer sinal de que os vegetais estão grudando no fundo da panela, acrescente um pouco mais de água.

Quando o aipo estiver bastante macio, polvilhe o amido de milho, misture, acrescente o creme de leite e mexa novamente, até engrossar.

Ajuste o tempero e sirva com as amêndoas espalhadas por cima.

Abobrinha com ervas frescas

Esta é uma ótima sugestão para servir abobrinhas quando estão na época, jovens e bastante macias, e é possível aproveitar ao máximo seu delicado sabor.

4-6 PORÇÕES

700g de abobrinha jovem
sal
25g de manteiga
1 col. de sopa de salsinha fresca picada
1 col. de sopa de cebolinha fresca picada
pimenta-do-reino preta moída na hora

Lave as abobrinhas e apare as pontas.

Corte-as em fatias de 6mm de espessura e cozinhe-as em 1cm de água fervendo com sal por 5-7 minutos, ou até que estejam um pouco mais macias, mas não empapadas.

Escorra bem as abobrinhas e misture a manteiga, a salsinha e a cebolinha. Tempere com pimenta-do-reino e um pouco mais de sal, a gosto, se necessário.

Pepino refogado com nozes

As pessoas normalmente se espantam com a ideia de cozinhar pepinos, mas eles ficam deliciosos, macios e com um sabor delicado.

6 PORÇÕES
2 pepinos grandes
sal
25g de manteiga
275ml de água
1 col. de sopa de suco de limão espremido na hora
1 folha de louro
6 grãos de pimenta-do-reino preta
25g de nozes sem casca, picadas grosseiramente, para decorar

Descasque os pepinos, corte-os em rodelas de 5cm de espessura, e depois corte cada rodela em quatro.

Coloque os pedaços em uma peneira, polvilhe com sal, cubra com um prato pequeno com um peso sobre ele e deixe assim por 30 minutos, para extrair o excesso de líquido. Escorra.

Em uma panela bem grande, derreta a manteiga, acrescente o pepino, a água, o suco de limão, a folha de louro e os grãos de pimenta.

Aqueça até ferver, reduza o fogo e cozinhe por 10-15 minutos, ou até que o pepino esteja mais macio, sua polpa, translúcida, e a maior parte do líquido tenha evaporado, deixando o pepino com uma aparência brilhosa devido ao caldo amanteigado que se formou. Se houver mais de 2-3 colheres de sopa de líquido, aumente o fogo e deixe que evapore mais um pouco.

Transfira o pepino e o líquido restante para uma travessa rasa e aquecida e espalhe as nozes picadas por cima.

Funcho assado com queijo

Funcho rende um ótimo prato vegetariano. Fica delicioso no vapor, servido simplesmente com um pouco de manteiga e pimenta-do-reino preta, ou pode ser cozido em água e depois assado com queijo, como nesta receita, o que proporciona um resultado dourado e saboroso.

4-6 PORÇÕES
2 bulbos de funcho grandes (cerca de 700g)
275ml de água
sal
25 de manteiga, mais um pouco para untar
pimenta-do-reino preta moída na hora
50g de queijo parmesão (ou similar) ralado

Preaqueça o forno a 200°C.

Apare os bulbos de funcho e corte-os em quatro ou oito fatias, no sentido do comprimento.

Coloque a água com um pouco de sal em uma panela média, deixe ferver, acrescente o funcho, reduza o fogo e cozinhe por 20-30 minutos, ou até que esteja macio.

Retire o funcho da panela com uma escumadeira e coloque em uma travessa refratária rasa untada com manteiga.

Enquanto estiver fazendo isso, aumente o fogo para que a água do cozimento do funcho ferva vigorosamente até que esteja reduzida a apenas 2 colheres de sopa, mais ou menos. Despeje este líquido sobre o funcho, acrescente a manteiga, tempere com um pouco de pimenta e finalmente polvilhe o queijo ralado por cima.

Asse o funcho, descoberto, por 20-30 minutos, ou até que esteja aquecido uniformemente e o queijo tenha gratinado.

Alho-poró com tomate e semente de coentro V

A combinação de alho-poró e tomate, temperada com a aromática semente de coentro, é realmente deliciosa. Fica boa tanto fria, como entrada, quanto quente, como acompanhamento.

4 PORÇÕES

900g de alho-poró
2 col. de sopa de azeite de oliva
1 dente de alho, amassado
450g de tomate, sem pele e picado
2-3 col. de sopa de sementes de coentro, amassadas
sal e pimenta-do-reino preta moída na hora

Apare as raízes e a parte folhosa verde-escura dos alhos-porós, faça um corte de cima a baixo no sentido do comprimento e lave cuidadosamente em água fria. Corte em pedaços de 2cm de espessura.

Aqueça o azeite em uma panela média e acrescente o alho, os tomates, o alho-poró, as sementes de coentro, ½ colher de chá de sal e o equivalente a um giro do moedor de pimenta.

Misture bem e cozinhe em fogo baixo, com a panela destampada, por 20-30 minutos, ou até que os pedaços de alho-poró estejam bem macios e os tomates tenham formado um molho em torno deles. Mexa regularmente durante o cozimento.

Ajuste o tempero, acrescentando uma boa quantidade de pimenta-do-reino moída na hora, e sirva.

Quiabo com especiarias

Não existe meio-termo com quiabo – ou você ama, ou você odeia. Eu faço parte da primeira categoria, sem dúvida, mas as pessoas que não gostam normalmente dizem que é por causa da textura pegajosa. Uma forma de evitar isso é comprar somente quiabos pequenos, jovens, e manipulá-los com cuidado, para que fiquem inteiros. Esta receita combina bem com arroz e com pratos caribenhos, como o arroz com "ervilhas" à moda da Jamaica (ver páginas 195-6).

2-4 PORÇÕES

225g de quiabo jovem e bastante firme
1 cebola, picada
2 col. de sopa de azeite de oliva
1 lata de 400g de tomates picados
1 dente de alho, amassado
2 col. de chá de coentro em pó
3 col. de chá de garam masala
sal e pimenta-do-reino preta moída na hora
2 col. de chá de suco de limão espremido na hora
1-2 col. de sopa de coentro fresco picado, para decorar
Se os quiabos estiverem muito grandes, apare o topo e a ponta, conforme necessário, tomando cuidado para não cortar demais. Quiabos mais jovens e macios podem ser usados inteiros.

Refogue a cebola no azeite por cerca de 10 minutos, ou até que esteja macia e dourada, acrescente os tomates, o alho, as sementes de coentro em pó, o garam masala e um pouco de sal.

Deixe ferver, acrescente o quiabo, reduza o fogo e deixe cozinhar por 15-20 minutos, ou até que eles fiquem macios.

Ajuste o tempero, acrescentando pimenta-do-reino e um pouco mais de sal, se necessário, além de suco de limão a gosto.

Espalhe o coentro fresco por cima e sirva.

Cebolinha-pérola com molho de noz-moscada e creme azedo

Se você encontrar cebolinha-pérola, às vezes chamada de "cebolinha para conserva", é perfeito para esta receita. Para descascá-las com mais facilidade, coloque-as em uma panela com água fervendo suficiente para cobrir por 5 minutos; a pele sairá com facilidade. Você também pode usar cebolas comuns, cortadas em quatro ou em oito pedaços.

4 PORÇÕES

700g de cebolinha-pérola
150ml de creme de leite fresco misturado a 1 col. de sopa de suco de limão ou vinagre. Misturar e esperar 10 minutos
sal e pimenta-do-reino preta moída na hora
1 pitada ou 2 de noz-moscada ralada na hora

Descasque as cebolinhas usando uma faca de ponta bem afiada, deixando-as inteiras se forem miúdas ou cortando em pedaços se forem grandes.

Leve ao fogo alto uma panela bem grande com 2cm de água com sal até ferver, acrescente as cebolinhas, tampe e deixe cozinhar desta forma por 7-10 minutos, ou até que elas estejam mais macias quando atravessadas por uma faca afiada.

Escorra bem (guarde a água do cozimento, fica ótima para preparar caldos), coloque as cebolinhas de volta na panela e misture o creme azedo, um pouco de sal, pimenta e noz-moscada a gosto.

Reaqueça lentamente, por 1-2minutos, mexendo constantemente, mas não deixe a mistura chegar perto de ferver ou o creme pode coagular. Sirva imediatamente.

Peperonata V

Este ensopado italiano de pimentões é um daqueles pratos versáteis, que servem tanto como prato quanto molho, fazendo o papel de elemento úmido da refeição. Fica bom servido quente, com espaguete ou como recheio de panquecas, ou frio, como parte de uma seleção de saladas.

4 PORÇÕES ❄

3 col. de sopa de azeite de oliva
1 cebola grande, picada
700g de pimentão, sem sementes e picado (use uma mistura de vermelhos, amarelos e verdes)
1 dente de alho, amassado
1 lata de 400g de tomates picados
sal e pimenta-do-reino preta moída na hora

Aqueça o azeite em uma panela grande e refogue a cebola por 5 minutos, ou até que esteja começando a amolecer, mas sem dourar.

Acrescente os pimentões e o alho e refogue por mais 10 minutos.

Acrescente os tomates, reduza o fogo e deixe a mistura cozinhar por 10-15 minutos, com a panela destampada, até que todos os vegetais estejam macios e o molho tenha engrossado bastante. Mexa regularmente, para evitar que grudem no fundo da panela.

Tempere a gosto e sirva.

Batatas Anna

Esta deliciosa receita de batatas cozinha lentamente no forno e não há como dar errado. É bem parecida com um gratin dauphinois (ver página 118), exceto pelo fato de que é desenformada na hora de servir. Combina bem com ratatouille ou com peperonata (ver páginas 122-3 e 115-6) para formar uma refeição completa. Também pode ser servida como um prato único, acompanhado de espinafre cozido ou de uma salada verde com endívias e nozes.

4-6 PORÇÕES

15g de manteiga
700g de batata, de preferência da variedade asterix
125-175g de queijo gruyère ou emmental ralado
sal e pimenta-do-reino preta moída na hora
salsinha fresca picada, para decorar

Forre uma forma de bolo inglês de 18cm com papel-manteiga. Preaqueça o forno a 160°C.

Derreta a manteiga em uma panela pequena e use um pouco para pincelar o interior da forma forrada.

Descasque as batatas e corte-as em rodelas utilizando uma mandolina ou a lâmina de fatiar do processador de alimentos.

Coloque as rodelas em uma peneira e lave bem com água fria, escorra o máximo que puder e depois seque as rodelas com um pano de prato limpo.

Arrume uma camada de batatas no fundo da forma. Espalhe um pouco do queijo ralado e tempere com um pouco de sal e pimenta; acrescente outra camada de batata, outra de queijo, e continue desta forma até acabar com os ingredientes, finalizando com uma camada de queijo ralado. Espalhe o restante da manteiga derretida por cima e cubra com papel-alumínio.

Leve ao forno por cerca de 2 horas, ou até que as batatas possam ser perfuradas facilmente pela ponta de uma faca afiada.

Escorra o excesso de manteiga, passe uma faca pelas laterais da forma, para desgrudar a batata. Desenforme sobre uma travessa aquecida. Retire o papel-manteiga.

Espalhe um pouco de salsinha fresca picada sobre a batata e sirva.

Dica

Se você quiser deixar as batatas ligeiramente douradas por fora, desenforme-as em uma travessa refratária (como descrito), aumente ligeiramente a temperatura do forno e asse por mais alguns minutos.

Você também pode reservar um pouco de queijo para espalhar sobre a batata depois de pronta.

Croquetes de batata e amêndoas

A combinação de batatas cremosas e amêndoas crocantes fica deliciosa, e estes pequenos croquetes são um ótimo acompanhamento para muitos pratos. Eles são ideais para festas, porque podem ser preparados com antecedência e assados no forno. Para uma refeição leve, sirva-os com uma salada verde ou de tomates.

6 PORÇÕES COMO ACOMPANHAMENTO, 4 COMO UMA REFEIÇÃO LEVE ❄

700g de batata
25g de manteiga
cerca de 4 col. de sopa de leite
25g de amêndoas moídas, mais um pouco para cobrir
25g de amêndoas em lascas
sal e pimenta-do-reino preta moída na hora
azeite de oliva, para untar

Descasque e cozinhe as batatas em água fervendo; quando estiverem quase cozidas, acenda o forno a 200°C.

Amasse as batatas com a manteiga e leite suficiente para obter uma mistura leve, porém firme. Misture as amêndoas moídas e em lascas e tempere bem com sal e pimenta.

Molde cerca de 12 croquetes. Passe-os sobre o restante das amêndoas moídas até que fiquem completamente cobertos.

Coloque os croquetes em uma assadeira untada com azeite e asse por cerca de 30 minutos, virando-os na metade do tempo, até que estejam crocantes e dourados. Sirva imediatamente.

Batatas assadas V

Existem duas formas de preparar batatas assadas: você pode esfregá-las com azeite ou manteiga antes de levá-las ao forno, o que deixa a pele macia e saborosa; ou pode assá-las do jeito que estão (com as cascas ainda úmidas), o que resulta em uma pele incrivelmente crocante. Escolha o método que você quer seguir, de acordo com o seu gosto.

4 PORÇÕES

4 batatas em perfeito estado (de cerca de 225g cada)
um pouco de azeite ou manteiga (opcional)

Preaqueça o forno a 230°C. Lave e escove bem as batatas e retire qualquer imperfeição, se necessário.

Faça 2 ou 3 pequenos furos com os dentes de um garfo em cada batata, para deixar que o vapor escape.

Esfregue cada batata com um pouco de azeite ou manteiga (se estiver usando), arrume-as em uma assadeira e leve ao forno.

Asse as batatas por 1-1¼ hora, ou até que pareçam macias quando apertadas levemente. Sirva imediatamente, especialmente se quiser que estejam crocantes.

Batatinhas assadas na manteiga

Este método norueguês de cozinhar batatinhas é fácil e conserva bem seu delicado sabor. Procure comprar batatas que sejam aproximadamente do mesmo tamanho; quanto menores, melhor.

4 PORÇÕES

700g de batatinha
40g de manteiga
1 col. de chá de sal
pimenta-do-reino preta moída na hora
2-3 col. de sopa de endro fresco picado ou outras ervas, como salsinha ou cebolinha, para decorar

Preaqueça o forno a 160°C. Lave as batatas e corte as maiores para que todas fiquem aproximadamente do mesmo tamanho.

Coloque as batatas em uma travessa refratária juntamente com a manteiga, o sal e um pouco de pimenta-do-reino preta moída na hora.

Cubra a travessa e leve ao forno por cerca de 45 minutos, ou até que as batatas estejam macias quando perfuradas pela ponta de uma faca. Sirva com endro ou a erva de sua escolha espalhada por cima.

Gratin dauphinois

Esta é minha versão da receita clássica francesa, que é uma das favoritas da minha família. Eu preparo uma porção bem grande em uma travessa rasa de 25×33cm e sirvo como prato principal, acompanhado somente por uma salada verde, vagem ou espinafre cozido.

6 PORÇÕES

40g de manteiga, em temperatura ambiente
2kg de batata
6 dentes de alho, amassados
sal e pimenta-do-reino preta moída na hora
1 pitada ou 2 de noz-moscada ralada na hora (opcional)
275ml de creme de leite fresco

Preaqueça o forno a 180°C.

Descasque as batatas e corte-as em fatias bem finas. Para esta quantidade, é de grande utilidade um fatiador elétrico ou um processador de alimentos com lâmina apropriada para isso. Caso você não tenha nenhum dos dois, use uma mandolina ou fatie à mão, com uma faca.

Lave bem as fatias de batatas em água fria para retirar o excesso de amido e seque com um pano de prato limpo.

Misture a manteiga com o alho amassado e use ⅔ da mistura para untar generosamente uma travessa refratária grande.

Arrume as rodelas de batatas na travessa em camadas, sem se preocupar muito com a organização, temperando com sal, pimenta e um pouco de noz-moscada ralada (se estiver usando) entre cada camada.

Despeje o creme de leite de maneira uniforme sobre as batatas, depois encha o recipiente do creme de leite com a mesma quantidade de água fria e despeje sobre as batatas também.

Espalhe o restante da manteiga por cima e asse, sem cobrir, por 1 ½-2 horas, ou até que você consiga inserir a ponta de uma faca afiada com facilidade nas batatas e o topo esteja bastante dourado. Se você perceber que o topo está ganhando cor muito rapidamente durante o processo, cubra com um pedaço de papel-alumínio, mas retire-o nos últimos 10 minutos, para que a camada superior fique crocante.

Dica
Se houver qualquer sobra, pode ser reaquecida e fica incrivelmente cremosa e crocante.

Batata rösti V

Este delicioso "bolo" de batata ralada, dourado e crocante, é muito fácil de fazer. Um processador de alimentos com lâmina para ralar ou qualquer outro ralador elétrico ajuda, mas nada impede que você rale as batatas à mão.

4 PORÇÕES
1kg de batata, sem casca
1 cebola pequena
2 col. de sopa de salsinha fresca picada
sal e pimenta-do-reino preta moída na hora
4 col. de sopa de azeite de oliva

Rale as batatas e as cebolas em um ralador grosso. Misture com a salsinha picada e tempere com sal e pimenta.

Aqueça 2 colheres de sopa de azeite em uma frigideira larga (cerca de 28cm de diâmetro) e acrescente a mistura inteira, pressionando bastante.

Frite por cerca de 8 minutos, ou até que toda a base esteja crocante e dourada. Desenforme em um prato e vire-a com a ajuda de outro prato. Aqueça o restante do azeite na mesma frigideira e deslize a batata rösti de volta; o lado cozido agora deve estar virado para cima. Frite por mais 8 minutos, ou até que o lado que agora está por baixo fique crocante e dourado.

Desenforme a batata rösti em um prato e sirva cortada em pedaços grandes.

Dica
Você pode variar a receita básica de diversas formas – experimente acrescentar ervas aromáticas, ou cebolinha picada, ou até mesmo sementes de girassol, gergelim ou nozes picadas.

Batatas assadas com limão

Nesta receita, pedaços grandes de batata são cozidos em água até que estejam quase macios, e então misturados com manteiga derretida, suco e raspas da casca de limão e levados ao forno bem quente até que estejam dourados e borbulhantes. Este é um ótimo prato, pois é rápido de preparar e pode ser feito com antecedência (até a etapa antes de levar ao forno), e permite inúmeras variações.

4 PORÇÕES
1kg de batata
40g de manteiga, derretida
raspas da casca de 1 limão pequeno
1½ col. de sopa de suco de limão espremido na hora
sal e pimenta-do-reino preta moída na hora

Preaqueça o forno a 200°C.

Descasque as batatas, corte-as em pedaços pequenos e uniformes (aproximadamente do tamanho de uma noz grande) e cozinhe em água fervendo por cerca de 15 minutos, ou até que estejam macias – elas precisam estar cozidas por completo, mas sem se desmanchar.

Misture as batatas com a manteiga, as raspas da casca e o suco do limão.

Espalhe as batatas em uma travessa refratária rasa e tempere com um pouco de sal e pimenta.

Leve ao forno por 40-60 minutos, virando-as diversas vezes, até que estejam douradas. Sirva imediatamente.

VARIAÇÕES

Batatas assadas com alho

Esta variação das batatas assadas com limão também é incrível. Siga as instruções de preparo, mas sem as raspas da casca nem o suco do limão. Amasse 1-2 dentes de alho grandes e misture com a manteiga antes de acrescentá-la às batatas.

Batatas assadas com alecrim

Esta variação é perfumada e saborosa. Não utilize as raspas da casca e o suco de limão e espalhe 1-2 colheres de sopa de alecrim fresco picado (ou 1-2 colheres de chá do seco) sobre as batatas antes de levá-las ao forno.

Batatas assadas com especiarias

Um acompanhamento prático para um curry. Substitua as raspas da casca e o suco de limão por 4 colheres de chá de curry em pó e 1-2 colheres de chá de sementes de cominho.

Batatas assadas com gergelim V

Para esta versão crocante e de sabor amendoado, substitua o suco e as raspas da casca do limão e a manteiga por 3 colheres de sopa de óleo de gergelim torrado, 2 colheres de sopa de molho de soja escuro e 3-4 colheres de sopa de gergelim.

Purê de batatas fácil

Bonito, perfeitamente homogêneo, cremoso, um purê de batatas bem amanteigado é tão relaxante e reconfortante quanto um abraço quentinho. Se você gosta de purê de batatas, minha principal recomendação é comprar um espremedor de batatas. Parece um espremedor de alho gigante, e amassar as batatas com um desses faz toda a diferença – você sempre terá um purê sem grumos.

4 PORÇÕES

1kg de batata, sem casca e cortada em pedaços de mesmo tamanho
40g de manteiga
4 col. de sopa de creme de leite fresco
sal e pimenta-do-reino preta moída na hora

Coloque as batatas em uma panela grande e complete com água suficiente para cobrir. Aqueça até ferver, reduza o fogo e deixe cozinhar por 15-20 minutos, ou até que as batatas estejam macias. Retire do fogo, escorra as batatas e guarde a água do cozimento.

Passe as batatas pelo espremedor ou amasse-as muito bem com um amassador. Acrescente a manteiga, deixe que derreta com o calor das batatas, misture delicadamente e acrescente o creme de leite. Acrescente um pouco da água do cozimento para obter a textura desejada. Normalmente isso não é necessário, e no máximo você vai precisar de uma ou duas colheres de sopa. Tempere com sal e pimenta a gosto e sirva.

VARIAÇÃO

Purê de batatas com alho

Esta é a variação perfeita para quando você quer dar um toque mais intenso às suas batatas. Cozinhe as batatas como indicado na receita. Enquanto estiverem cozinhando, derreta a manteiga em uma panela, sobre fogo baixo: não deixe que fique quente demais. Acrescente 3 dentes de alho amassados à manteiga e deixe aquecer bem lentamente por alguns minutos. Acrescente esta manteiga de alho às batatas depois de espremê-las, juntamente com o creme de leite e os temperos.

Batatas assadas V

Batatas assadas douradas e crocantes são uma das coisas mais prazerosas da vida, e saber prepará-las muito bem a qualquer momento é uma habilidade que vale a pena desenvolver. Não é difícil: o primeiro passo para dar certo é escolher a variedade adequada de batata, que não seja muito rica em amido, mas ao mesmo tempo que não se desmanche facilmente. Normalmente, eu uso azeite de oliva, mas óleo de canola também apresenta bons resultados. Cobrir as batatas já cozidas com um pouco de farinha de trigo antes de colocá-las no óleo ajuda a deixá-las ainda mais crocantes. Sei que esta quantidade de batata parece um exagero, mas nunca sobra!

4-6 PORÇÕES

1,5kg de batata
azeite de oliva ou óleo de canola, para assar
4-5 col. de sopa de farinha de trigo
sal marinho, de preferência de Maldon

Preaqueça o forno a 220°C. Descasque as batatas e corte-as em cubos de mesmo tamanho, de aproximadamente 4cm de lado.

Coloque as batatas em uma panela com água suficiente para cobri-las, aqueça até ferver, reduza o fogo e deixe que cozinhem lentamente, até que estejam quase no ponto (cerca de 10-15 minutos). O segredo é deixá-las bem próximas do ponto ideal, mas interromper antes que os pedaços comecem a se quebrar.

Quando as batatas estiverem quase completamente cozidas, despeje o azeite ou óleo em uma assadeira, apenas o suficiente para cobrir a superfície – cerca de 6mm de profundidade. Leve a assadeira ao forno para aquecer.

Escorra as batatas em uma peneira ou escorredor. Coloque-as de volta na panela, polvilhe com a farinha de trigo, tampe a panela e chacoalhe delicadamente, mas com firmeza, para que todos os pedaços fiquem cobertos pela farinha e as pontas fiquem levemente aparadas.

Despeje as batatas na assadeira com azeite ou óleo quente – não se aproxime muito, pois vai espirrar. Não se preocupe em virá-las ou arrumá-las neste momento. Asse por 20 minutos. Verifique as batatas e, se estiverem bastante douradas na parte inferior, vire-as e asse por mais 15-20 minutos, ou até que estejam completamente douradas. Escorra bem em papel-toalha ou em uma grade de metal, tempere com a flor de sal e sirva.

Abóbora assada com manteiga e alho

Aqui vai uma sugestão para aproveitar toda a polpa laranja da sua abóbora. Esta receita é amanteigada, com um toque de alho e deliciosa.

4 PORÇÕES

700g de abóbora (pesada já sem casca e sem sementes)
1 dente de alho grande ou 2 pequenos
sal
50g de manteiga, em temperatura ambiente
pimenta-do-reino preta moída na hora

Preaqueça o forno a 180°C.

Corte a abóbora em pedaços pequenos, de mesmo tamanho.

Descaque o(s) dente(s) de alho, amasse-o(s) com um pouco de sal até formar uma pasta e misture com a manteiga.

Use metade desta manteiga de alho para untar generosamente uma assadeira refratária, espalhe os pedaços de abóbora e cubra com o restante da manteiga e o equivalente a um giro do moedor de pimenta.

Cubra com papel-alumínio e leve ao forno por cerca de 40 minutos, ou até que a abóbora esteja macia, mexendo uma ou duas vezes durante o processo, para que a manteiga envolva completamente todos os pedaços.

Dica

Experimente fazer um purê com a abóbora depois que estiver cozida.

Ratatouille perfeito V

Eu sempre fui apaixonada por ratatouille, que me faz lembrar dias compridos e preguiçosos de férias de verão na França. Listei mais de uma versão aqui, uma rápida e fácil, outra assada no forno e esta, que requer um pouco mais de tempo, porque você cozinha cada tipo de vegetal separadamente, mas que proporciona um resultado fantástico.

4 PORÇÕES ❄

6-8 col. de sopa de azeite de oliva
2 cebolas roxas, picadas
2-4 dentes de alho, amassados
450g de tomate, picado
2-3 ramos de tomilho
2 pimentões vermelhos grandes, sem sementes e cortados em cubos
2 pimentões amarelos grandes, sem sementes e cortados em cubos
2 abobrinhas grandes, cortadas em pedaços pequenos
1 berinjela, cortadas em pedaços pequenos
1-2 col. de chá de sementes de coentro, amassadas
sal e pimenta-do-reino preta moída na hora
salsinha fresca picada

Aqueça 2 colheres de sopa de azeite em uma panela, acrescente a cebola, tampe e deixe cozinhar em fogo baixo por 10 minutos, mexendo eventualmente.

Acrescente o alho, os tomates, o tomilho e continue a cozinhar em fogo baixo, agora com a panela destampada, por 15-20 minutos, ou até que a mistura engrosse.

Enquanto isso, aqueça outras 2 colheres de sopa de azeite em uma frigideira, acrescente os pimentões e refogue-os, mexendo eventualmente, por cerca de 5 minutos, ou até que comecem a amolecer. Retire-os da frigideira com uma escumadeira e coloque-os em uma travessa.

Refogue as abobrinhas e depois a berinjela da mesma forma, colocando-as na travessa junto com os pimentões conforme ficarem prontas.

Acrescente mais azeite à frigideira se necessário, mas tome cuidado para não deixar que a berinjela absorva azeite demais. Ela pode parecer um pouco seca de início, mas tenha paciência, pois ela vai cozinhar e amolecer sem que seja necessário acrescentar mais azeite, basta esperar algum tempo.

Quando todos os vegetais estiverem prontos, acrescente-os à mistura de tomate, juntamente com as sementes de coentro e sal e pimenta a gosto.

Cozinhe em fogo baixo, com a panela destampada, por mais 10-15 minutos, ou até que os vegetais estejam completamente macios. Ajuste o tempero e sirva salpicado com salsinha picada.

VARIAÇÕES

Ratatouille rápido e fácil v

Refogue as cebolas e o alho em uma panela grande, conforme descrito anteriormente, acrescente os tomates, o tomilho, os pimentões, as abobrinhas, a berinjela e as sementes de coentro. Cozinhe em fogo médio, sem tampa, por 20-25 minutos, ou até que todos os vegetais estejam macios. Tempere com sal e pimenta. Sirva com a salsinha picada.

Ratatouille de forno v

Este método é incrivelmente fácil. Coloque todos os ingredientes em uma assadeira de alumínio ou travessa refratária rasa. Misture delicadamente, de forma que tudo fique coberto pelo azeite. Asse a 180°C por cerca de 40 minutos, ou até que os vegetais estejam macios e ligeiramente dourados nas bordas. Ajuste o tempero, espalhe a salsinha picada por cima e sirva.

Creme de espinafre

Uma amiga me falou sobre esta receita e ela pareceu tão boa que eu tive que experimentar. Você pode prepará-la com antecedência; fica perfeita mesmo quando reaquecida.

4 PORÇÕES

- 2 embalagens de 300g de folhas de espinafre
- 1 col. de sopa de manteiga
- 3 col. de sopa de creme de leite fresco
- 3 col. de sopa rasas de queijo parmesão (ou similar) ralado bem fino
- sal e pimenta-do-reino preta moída na hora
- 1 pitada de noz-moscada ralada na hora

Lave o espinafre, coloque-o em uma panela grande sem acrescentar água (deixe apenas a que restou nas folhas após a lavagem) e cozinhe, com tampa, por cerca de 7 minutos, até que o espinafre esteja completamente macio.

Escorra bem o espinafre – a melhor forma de fazer isso é colocá-lo em uma peneira e pressioná-lo com uma colher até retirar o máximo de líquido possível.

Bata o espinafre em um processador ou com um mixer manual juntamente com a manteiga, o creme de leite e o queijo ralado. Continue batendo até obter um creme leve e homogêneo.

Tempere com sal, pimenta e noz-moscada. Reaqueça a mistura lentamente, em fogo baixo, mexendo constantemente.

Ervilha partida com creme de leite e alho-poró

Um prato substancioso e ao mesmo tempo bastante elegante.

4 PORÇÕES

175g de ervilha partida
425ml de água
25g de manteiga
sal e pimenta-do-reino preta moída na hora
1kg de alho-poró
4 col. de sopa de creme de leite fresco
1-2 col. de sopa de hortelã fresca picada, para decorar

Coloque as ervilhas em uma panela com a água e cozinhe em fogo baixo até que fiquem macias, por cerca de 50-60 minutos.

Depois de cozidas, bata as ervilhas em um processador ou mixer manual, acrescentando mais água, se necessário, para obter uma consistência bem delicada (como a de creme levemente batido). Acrescente metade da manteiga e tempere a gosto.

Enquanto isso, apare e lave os alhos-porós e corte-os em pedaços de 2,5cm. Cozinhe-os em um pouco de água fervendo até que fiquem um pouco mais macios. Escorra bem, acrescente o restante da manteiga e tempere.

Espalhe os alhos-porós em um prato aquecido, despeje o creme de ervilhas por cima, e por último o creme de leite e a hortelã picada. Sirva imediatamente.

Batata-doce glaçada

Batatas-doces são muito versáteis: você pode fazer furinhos e assá-las no forno da mesma forma que batatas-inglesas recheadas (levam metade do tempo que estas para ficarem prontas); você pode cozinhá-las em água, amassá-las, grelhá-las; ou, como nesta receita, glaçá-las.

4 PORÇÕES

1kg de batata-doce
40g de manteiga
40g de açúcar mascavo
3 col. de sopa de suco de limão
sal

Esfregue bem as batatas ainda com casca e corte-as em pedaços de mesmo tamanho. Coloque em uma panela, acrescente água até cobrir, espere ferver e cozinhe até que fiquem macias (cerca de 15-20 minutos).

Escorra e retire as cascas. Preaqueça o forno a 200°C.

Use metade da manteiga para untar generosamente uma assadeira refratária, coloque os pedaços de batatas-doces sobre ela e espalhe o açúcar, o suco de limão e um pouco de sal. Coloque o restante da manteiga por cima e leve ao forno, sem cobrir.

Asse por 40-50 minutos, ou até que as batatas estejam bastante douradas e glaçadas, virando-as uma ou duas vezes durante o processo.

Bolinhos de milho-verde

São ótimos para ser servidos como entrada, no almoço ou em um jantar leve.

3 PORÇÕES

1 lata de 350g de milho-verde (sem adição de açúcar), escorrida, ou 225g de grãos de milho-verde congelados, em temperatura ambiente
1 ovo, clara e gema separadas
25g de farinha de trigo integral
sal e pimenta-do-reino preta moída na hora
azeite de oliva, para fritura rasa

Coloque o milho em uma tigela junto com a gema, a farinha e um pouco de sal e pimenta e misture bem.

Bata a clara até formar picos firmes, e então incorpore-a delicadamente à mistura.

Aqueça o azeite em uma frigideira e frite bolinhos do tamanho de uma colher de sopa, um de cada vez, de ambos os lados, até ficarem crocantes. (Mantenha alguma distância durante este processo, pois o milho tende a "pipocar".)

Assim que estiverem prontos, escorra em papel-toalha. Mantenha os bolinhos prontos aquecidos em forno baixo enquanto você frita o restante. Sirva imediatamente.

Melanzane alla Parmigiana

Esta receita de berinjela assada é a minha preferida. Gosto de servir acompanhada de salada ou algum vegetal verde. Apesar de normalmente não dar atenção ao processo de salgar e escorrer as berinjelas, neste caso particularmente vale a pena fazê-lo, pois evita que a berinjela absorva azeite em excesso na hora da fritura.

4 PORÇÕES ❄

700g de berinjela
sal
um pouco de farinha de trigo, para cobrir
azeite de oliva, para fritura rasa
1 lata de 425g de tomates
2 dentes de alho, amassados
175g de queijo parmesão (ou similar) ralado
pimenta-do-reino preta moída na hora

Corte a berinjela em fatias finas, no sentido do comprimento, salpique com sal, coloque sobre uma peneira e coloque um prato com um peso por cima, por 30 minutos. Enxágue as berinjelas e aperte-as para remover o máximo de líquido possível.

Preaqueça o forno a 190°C.

Passe as fatias de berinjelas na farinha de trigo e frite-as em azeite até que fiquem crocantes em ambos os lados e macias no meio. Escorra em papel-toalha.

Bata os tomates com o alho em um liquidificador ou processador. Tempere com sal e pimenta.

Arrume as fatias de berinjela e o queijo em uma travessa refratária e despeje a mistura de tomate por cima, de maneira uniforme. Leve ao forno, sem cobrir, na prateleira mais alta, por 50-60 minutos, ou até que esteja dourado e borbulhante.

Berinjela recheada com cogumelo e amêndoas

Eu acho que berinjelas recheadas são um excelente prato principal. Aqui, elas são recheadas com uma mistura molhadinha e saborosa de cogumelos, cebola, molho de soja e salsinha, com a textura crocante das lascas de amêndoa e cobertas com farinha de rosca e queijo ralado.

4 PORÇÕES ❄

- 2 berinjelas
- 5 col. de sopa de azeite de oliva, mais um pouco para untar
- 2 cebolas, picadas
- 125g de cogumelo paris, em fatias
- 1 dente de alho, amassado
- 2 col. de sopa de salsinha fresca picada
- 125g de amêndoas fatiadas
- sal e pimenta-do-reino preta moída na hora
- 50g de farinha de rosca
- 50g de queijo ralado

Corte as berinjelas ao meio, no sentido do comprimento. Com uma faca bem afiada, faça um corte bem próximo à borda da berinjela, a cerca de 2mm da pele. Depois, faça talhos em forma de cruz ao longo da polpa; isso vai facilitar sua retirada. Usando uma faca ou uma colher de chá bem fina, retire a polpa das metades de berinjela, deixando apenas a pele, que vai sustentar o recheio.

Aqueça 3 colheres de sopa de azeite em uma frigideira e frite as peles das berinjelas por cerca de 5 minutos de cada lado, para amaciá-las; escorra bem em papel-toalha.

Arrume os pedaços, com a pele virada para baixo, em uma travessa refratária rasa untada.

Preaqueça o forno a 200°C.

Aqueça o restante do azeite em uma panela, acrescente a cebola e refogue lentamente, com a panela tampada, por cerca de 5 minutos, sem deixar dourar. Acrescente a polpa da berinjela, os cogumelos e o alho e refogue por mais 10 minutos. Mantenha a panela tampada, mas mexa eventualmente.

Retire a panela do fogo e misture a salsinha, as lascas de amêndoas e sal e pimenta a gosto.

Espalhe a mistura sobre cada metade de berinjela, em montinhos bem distribuídos. Cubra cada pedaço com farinha de rosca e queijo ralado, de maneira uniforme.

Asse as berinjelas por 30-40 minutos, ou até que estejam bem douradas.

VARIAÇÕES

Versão *vegan* V

Faça como descrito, mas substitua a farinha de rosca e o quejo ralado por 125g de queijo *vegan* ralado (ele fica bastante crocante quando assado, portanto a farinha de rosca não é necessária). Ou então você pode manter a farinha de rosca, mas misturá-la a 1-2 colheres de sopa de azeite de oliva.

Berinjela recheada com cogumelos e pinole

Esta receita fica ótima quando preparada com pinoles em vez de amêndoas.

Berinjela recheada com cogumelos e queijo

Aumente a quantidade de cogumelos para 175g. Substitua as amêndoas por mais 125g de queijo ralado, acrescentados à mistura antes de ser espalhada sobre as berinjelas. Coloque a farinha de rosca e mais queijo ralado por cima, como descrito.

Berinjela recheada no molho béchamel

Este prato é um pouco diferente dos anteriores, adaptação que eu fiz da receita tradicional grega. Originalmente, utiliza-se carne moída, que substituí por lentilhas cozidas, enquanto um saboroso molho béchamel cobre tudo, resultando em um prato bastante completo, que não precisa mais do que algumas vagens-francesas ou couve-flor roxa como acompanhamento.

6 PORÇÕES ❄

3 berinjelas (cerca de 700g)
sal
4 col. de sopa de azeite de oliva
2 cebolas, picadas
3 col. de sopa de extrato de tomate
3 dentes de alho, amassados com um pouco de sal
175g de lentilha vermelha partida
225ml de água
2 col. de sopa de salsinha fresca picada
75g de queijo ralado
sal e pimenta-do-reino preta moída na hora

PARA O MOLHO BÉCHAMEL

25g de manteiga
25g de farinha de trigo
425ml de leite
1 ovo
1-2 pitadas de noz-moscada ralada na hora
50g de queijo ralado

Corte as berinjelas ao meio, no sentido do comprimento. Com uma faca bem afiada, faça um corte bem próximo à borda da berinjela, a cerca de 2mm da pele. Depois, faça talhos em forma de cruz ao longo da polpa; isso vai facilitar sua retirada. Usando uma faca ou uma colher de chá bem fina, retire a polpa das metades de berinjela, deixando apenas a pele, que vai sustentar o recheio.

Aqueça 3 colheres de sopa de azeite em uma frigideira e frite as peles das berinjelas por cerca de 5 minutos de cada lado, para amaciá-las; escorra bem em papel-toalha.

Arrume os pedaços, com a pele virada para baixo, em uma travessa refratária rasa untada.

Preaqueça o forno a 200°C.

Refogue as cebolas no azeite que restou na panela; quando estiverem macias, mas não douradas – depois de cerca de 10 minutos –, acrescente a polpa da berinjela picada, o extrato de tomate, o alho, as lentilhas e a água e cozinhe, com tampa, por 20-30 minutos, ou até que as lentilhas estejam prontas.

Retire a panela do fogo, acrescente a salsinha e o queijo ralado e tempere a gosto. Distribua o recheio igualmente entre as metades de berinjela, formando montinhos bem firmes.

Para preparar o molho béchamel, derreta a manteiga em outra panela e misture a farinha, acrescente 1/3 do leite e misture bem sobre fogo alto até que a misture esteja homogênea e grossa. Repita o processo mais duas vezes, utilizando o restante do leite.

Retire a panela do fogo, acrescente o ovo e bata, juntamente com sal, pimenta e noz-moscada a gosto.

Despeje o molho sobre e em volta das berinjelas, espalhe queijo ralado por cima e leve ao forno por 35 minutos, ou até que estejam macias e o molho fique dourado e borbulhante.

Bolinhos de castanha de caju e endro V

Estes bolinhos são deliciosos; sequinhos e crocantes por fora, leves e molhadinhos por dentro, com o sabor fresco do endro. Sirva-os com gomos de limão e um molho cremoso, como o de salsinha ou de limão, Béarnaise de liquidificador, ou molho tártaro tradicional ou *vegan*.

4 PORÇÕES ❄

2 cebolas
3 col. de sopa de azeite de oliva
50g de farinha de trigo integral
425ml de leite de soja
125g de castanhas de caju, finamente moídas
2 col. de chá de suco de limão espremido na hora
4 col. de sopa de endro fresco picado
sal e pimenta-do-reino preta moída na hora
azeite de oliva, para fritura rasa
gomos de limão, para decorar

PARA COBRIR

6 col. de sopa de amido de milho
6-7 col. de sopa de água fria
8 col. de sopa de farinha de rosca (ver página 156)

Pique finamente as cebolas. Aqueça o azeite em uma panela grande, sobre fogo baixo, acrescente as cebolas e cozinhe lentamente, até que estejam macias, mas sem dourar (cerca de 10 minutos).

Misture a farinha e o leite de soja. Mexa bem e cozinhe em fogo baixo por 2 minutos, ou até que engrosse. Acrescente as castanhas e cozinhe, mexendo sempre, por 2-3 minutos, então retire do fogo e acrescente o suco de limão, o endro e tempere. Deixe esfriar.

Quando estiver completamente frio, separe em oito porções e amasse para formar discos achatados, de cerca de 1cm de espessura ou um pouco menos.

Para cobrir, misture o amido de milho e a água para formar uma massa consistente e grossa. Mergulhe cada disco primeiro na mistura de amido de milho, depois na farinha de rosca, de forma que fiquem completamente cobertos pela segunda. Pressione-os novamente para retomar a forma, se for necessário.

Frite em azeite, de ambos os lados, até que estejam dourados e crocantes. Escorra bem em papel-toalha e sirva com os gomos de limão e um molho cremoso.

VARIAÇÃO

Bolinhos de castanha de caju e salsinha

Você pode utilizar outras ervas para dar sabor, em vez do endro. Os bolinhos ficam muito bons com salsinha. Use 4 colheres de sopa bem cheias, em substituição ao endro.

Ragu rápido de aipo, castanha de caju e tomate

Esta é uma das minhas receitas novas mais populares. É rápida e fácil de fazer, especialmente se você utilizar aipo em conserva, em vez do fresco.

4 PORÇÕES ❄

1 cebola, picada
1 folha de louro
50g de manteiga
1 pé de aipo, picado e cozido em água fervendo por cerca de 20 minutos ou até ficar macio, ou 1 lata de 400g de coração de aipo
1 col. de sopa de farinha de trigo
700ml de passata
o suco e as raspas da casca de 1½ limão
175g de castanhas de caju, moídas
1 col. de sopa de salsinha fresca picada
1 pitada de macis ou noz-moscada
sal e pimenta-do-reino preta moída na hora
torrada, croûtes caseiros ou pão de alho (ver página 51), para servir

Refogue a cebola em manteiga, junto com a folha de louro, em uma panela tampada, por 10 minutos ou até que esteja macia, mas sem dourar.

Escorra o aipo, pique em pedaços que caibam na boca e acrescente-o à cebola.

Misture a farinha e a passata. Cozinhe em fogo baixo até que engrosse um pouco, acrescente o suco e as raspas da casca do limão, as castanhas de caju, a salsinha e o macis ou noz-moscada e tempere com sal e pimenta.

Sirva imediatamente com torrada quente, croûtes caseiros ou pão de alho.

Satay de couve-flor V

Eu adoro esta receita. Apesar de parecer longa e complicada, é muito fácil e todo o preparo pode ser feito com antecedência. Gosto de usar manteiga de amendoim pura, de boa qualidade, mas você também pode usar manteiga de castanha de caju ou de amêndoas. Você pode encontrar polpa de tamarindo e pasta de curry vermelho tailandês vegetariano (ou seja, que não contém peixe) em lojas de produtos orientais.

3-4 PORÇÕES

500g de buquês (de 1 couve-flor grande)

PARA A MARINADA

1 col. de sopa de manteiga de amendoim
2 col. de sopa de leite de coco
1 col. de sopa de molho de soja escuro
2 col. de sopa de vinagre de arroz
2 col. de sopa de óleo de gergelim torrado
2 col. de chá de gengibre fresco ralado
2 dentes de alho, amassados
2 col. de chá de curry picante em pó

PARA O MOLHO SATAY

3 col. de sopa de manteiga de amendoim
5 col. de sopa de leite de coco
1 col. de sopa de polpa de tamarindo
1 col. de sopa de pasta de curry vermelho tailandês

PARA O PICLES DE PEPINO

5 col. de sopa de água
5 col. de sopa de vinagre de arroz
1 col. de sopa de açúcar
1 cebola pequena, em rodelas
1 pepino, sem casca, cortado em quatro no sentido no comprimento e depois em fatias finas
1 pimenta dedo-de-moça, sem sementes e em fatias (opcional)

Corte os buquês de couve-flor ao meio ou em quatro, se necessário, para que fiquem em tamanhos que caibam na boca.

Coloque água em uma panela grande até 5cm de altura, deixe ferver, despeje a couve-flor e cozinhe parcialmente por 3 minutos. Escorra e lave em água fria.

Prepare a marinada: coloque todos os ingredientes em uma tigela grande e misture até obter um molho homogêneo. Acrescente os pedaços de couve-flor e mexa até que todos os pedaços estejam completamente cobertos. Reserve.

Para o molho satay, coloque a manteiga de amendoim em uma tigela pequena e misture os demais ingredientes aos poucos, mexendo sempre, até obter um creme homogêneo. Reserve.

Alguns minutos antes de servir, arrume os pedaços de couve-flor sobre uma travessa ou assadeira, formando apenas uma camada, e leve ao grill do forno na potência máxima por cerca de 10 minutos, ou até que todos os pedaços estejam bem quentes e começando a ficar crocantes nas bordas.

Sirva a couve-flor em uma travessa grande, com uma tigela do molho satay no meio, acompanhado de uma tigela de picles de pepino, para que as pessoas se sirvam.

Dica

Congele o que sobrar do leite de coco para utilizar futuramente. Ele se separa ligeiramente depois de ser congelado, mas torna a ficar homogêneo quando você mistura com outros ingredientes.

Abobrinhas recheadas com amêndoas

Este é um prato bastante simples e reconfortante. Normalmente eu uso cream cheese, mas ricota ou cream cheese com baixo teor de gordura também servem. Você também pode utilizar um dos ótimos cream cheeses vegetarianos que existem disponíveis. Farelos de pão branco bem frescos dão um sabor delicado, mas os de pão integral também podem ser usados, se você preferir. Sirva com molho de limão ou de salsinha (ver página 58), e uma salada de minifolhas.

4 PORÇÕES

4 abobrinhas grandes
azeite de oliva, para untar
125g de farelo de pão branco fresco
225g de cream cheese (normal ou com baixo teor de gordura), ricota ou cream cheese *vegan*
4 col. de sopa de lascas de amêndoas
o suco e as raspas da casca de ½ limão
sal e pimenta-do-reino preta moída na hora

Preaqueça o forno a 190°C.

Cozinhe parcialmente as abobrinhas por 5 minutos, corte-as ao meio no sentido do comprimento e retire a polpa com uma colher. Amasse a polpa. Arrume as cascas vazias em uma travessa refratária untada com azeite.

Misture os farelos de pão, o queijo, as lascas de amêndoa, a polpa da abobrinha amassada e o suco e as raspas da casca de limão a gosto. Tempere com sal e pimenta.

Coloque esta mistura sobre as cascas vazias e leve ao forno por 45 minutos. Sirva quente, com molho de limão ou de salsinha e uma salada.

Abobrinhas à la polonaise

Fatias macias de abobrinha em molho béchamel com um toque de limão, cobertas com uma quantidade generosa de farelo de pão.

4 PORÇÕES

700g de abobrinha
125g de manteiga
1 col. de sopa rasa de farinha de trigo
275ml de leite
suco de ½ limão
sal e pimenta-do-reino preta moída na hora
125g de farelos de pão
6 ovos cozidos duros
1 col. de sopa de salsinha fresca picada
1 col. de chá de raspas de casca de limão
fatias de limão e salsinha fresca picada, para decorar

Lave, apare as pontas superiores e inferiores de cada abobrinha e corte-as em fatias de 6mm de espessura. Salteie em ¼ da manteiga, mexendo frequentemente, até que fiquem macias. Reserve.

Enquanto isso, use outro ¼ da manteiga para preparar um molho, derretendo, misturando a farinha, cozinhando por 1 ou 2 minutos, retirando do fogo e acrescentando o leite aos poucos.

Leve de volta ao fogo até engrossar, sem parar de mexer. Acrescente o suco de limão e tempere, e cozinhe em fogo baixo enquanto você prepara a cobertura polonaise.

Frite os farelos de pão no restante da manteiga, até que fiquem dourados e crocantes.

Pique os ovos cozidos bem finos e misture ao farelo de pão frito, juntamente com a salsinha, as raspas da casca de limão e sal e pimenta a gosto.

Para montar, aqueça ligeiramente as abobrinhas e arrume-as em uma travessa aquecida. Cubra com o molho e espalhe a misture de ovos e farelo de pão por cima. Decore com as fatias de limão e a salsinha.

Castanhas moídas V

Rápida, fácil e saborosa, esta é uma das receitas vegetarianas que fizeram parte da minha infância, e que eu aprecio até hoje. A finalização com o farelo de pão frito proporciona um delicioso contraste de texturas.

4 PORÇÕES ❄

1 cebola grande, picada
½ col. de chá de manjericão seco
2 col. de sopa de azeite de oliva
2 latas de 400g de tomates picados
225g de nozes, amêndoas ou avelãs moídas bem fino
125g de farelos de pão integral fresco
2 col. de sopa de ketchup
sal e pimenta-do-reino preta moída na hora
triângulos de pão frito, para decorar

Refogue a cebola com o manjericão, em azeite, por cerca de 10 minutos, ou até que fique ligeiramente dourada.

Acrescente os tomates e todos os demais ingredientes. Cozinhe em fogo baixo por 20 minutos, mexendo regularmente.

Prove, tempere e sirva acompanhado de pequenos triângulos de pão frito ou torrada de pão integral e salsinha.

VARIAÇÃO

Bolo de batata vegetariano V

Prepare as castanhas como descrito, coloque em uma assadeira refratária rasa, cubra com purê de batatas cremoso (feito com 1kg de batatas), algumas colheres de manteiga ou margarina *vegan* e asse a 200°C por 30-40 minutos, ou até que fique dourado e borbulhante.

Croquetes de avelã em molho de tomate

Nesta receita, croquetes de avelã são assados em um molho de tomate de sabor bastante fresco. Ficam deliciosos acompanhados de macarrão na manteiga, queijo pecorino ralado e uma salada de folhas verdes crocantes com azeite.

3-4 PORÇÕES ❄

1 col. de sopa de azeite de oliva, mais um pouco para untar
2 cebolas, picadas
1 dente de alho, amassado
1 lata de 400g de tomates picados
sal e pimenta-do-reino preta moída na hora
125g de avelãs torradas (ver página 103) e moídas
50g de farelos de pão integral
50g de queijo cheddar, finamente ralado
2 col. de chá cheias de extrato de tomate
1 ovo, batido
½ col. de chá de tomilho seco

Aqueça o azeite em uma panela média e refogue as cebolas por 10 minutos, até que estejam macias, mas sem dourar.

Transfira metade da cebola para uma tigela e reserve – serão usadas nos croquetes.

Acrescente o alho e os tomates às cebolas restantes na panela e cozinhe por mais 15 minutos, ou até que os tomates tenham se desmanchado e se transformem em um purê. Bata com um mixer manual ou em um processador. Tempere com sal e pimenta.

Preaqueça o forno a 180°C.

Prepare os croquetes misturando as avelãs moídas com a cebola reservada na tigela, e acrescentando também os farelos de pão, o queijo, o extrato de tomate, o ovo batido, o tomilho seco e sal e pimenta a gosto.

Divida a mistura em oito croquetes e coloque em uma assadeira refratária rasa untada com azeite. Espalhe o molho de tomate sobre os croquetes e leve ao forno por 25-30 minutos, ou até que estejam aerados mas ao mesmo tempo macios ao toque.

VARIAÇÃO

Croquetes de avelã com ratatouille

Uma variação deliciosa é assar os croquetes de avelã com ratatouille. Prepare e cozinhe o ratatouille como descrito na páginas 122-3 e despeje em uma assadeira rasa. Coloque os croquetes e asse como indicado. Ficam ótimos com couscous ou arroz e salada verde.

Cebolas recheadas com lentilhas, queijo e tomilho

Você vai precisar de cebolas bem grandes para preparar este acalentador prato de inverno.

4 PORÇÕES

4 cebolas grandes
1 lata de 400g de lentilha verde, escorrida e lavada, ou 100g de lentilha verde, cozida (ver página 151) e escorrida
1 dente de alho, amassado
1 col. de sopa de extrato de tomate
1 col. de sopa de queijo cheddar ralado
½ col. de chá de tomilho seco
sal e pimenta-do-reino preta moída na hora
azeite de oliva, para untar

Descasque as cebolas e cozinhe-as por 15 minutos em água fervendo com sal. Escorra e deixe esfriar.

Preaqueça o forno a 200°C.

Com uma faca afiada, retire o miolo das cebolas, deixando as camadas externas intactas. Pique o interior removido das cebolas e misture com as lentilhas, o alho, o extrato de tomate, o queijo e o tomilho. Tempere com sal e pimenta.

Distribua a mistura pelas cebolas, empurrando para preencher bem as cavidades.

Coloque as cebolas em uma travessa refratária rasa e, se houver alguma sobra da mistura usada no recheio, espalhe em torno das cebolas. Asse por 30-40 minutos, ou até que as cebolas estejam macias e o recheio esteja ligeiramente dourado.

Pimentão vermelho recheado com feta e tomate cereja

Estes pimentões são rápidos e fáceis de preparar, e todo mundo gosta. Eles combinam muito bem com couscous quente e soltinho e, por mais estranho que possa parecer, com minipastinacas assadas, que estão incluídas nesta receita.

4 PORÇÕES

2 pimentões vermelhos
azeite de oliva, para untar
200g de queijo feta
20 tomates cereja, cortados ao meio
2 col. de sopa de pesto (ver página 221)
2 col. de sopa de água
pimenta-do-reino preta moída na hora

PARA AS PASTINACAS

400g de minipastinaca
2 col. de sopa de azeite de oliva

Preaqueça o forno a 190°C.

Corte os pimentões ao meio no sentido do comprimento usando uma faca afiada, e em torno do cabo do pimentão o melhor que você puder. Retire o miolo com uma colher, lavando sob água corrente para remover qualquer semente que tenha restado.

Coloque os pimentões com a pele voltada para baixo sobre uma assadeira ou travessa refratária rasa untada com azeite.

Escorra o queijo feta, seque bem com papel-toalha e corte-o em cubos pequenos, de 7mm. Coloque os pedaços em uma tigela, juntamente com os tomates cereja.

Misture o pesto com a água para diluir um pouco e acrescente-o à tigela, juntamente com o equivalente a um giro do moedor de pimenta – você provavelmente não vai precisar acrescentar sal, porque tanto o feta quanto o pesto são bastante salgados. Mexa delicadamente até que os tomates e o feta estejam completamente cobertos pelo líquido verde com aroma de ervas.

Distribua a mistura igualmente sobre cada metade de pimentão. Leve ao forno por 15-20 minutos, ou até que os pimentões estejam macios, o recheio levemente dourado e a cozinha esteja tomada por um aroma maravilhoso.

Se você quiser servir as pastinacas, corte-as ao meio ou em quatro, dependendo do tamanho, então cozinhe-as parcialmente em água fervendo, por 3-4 minutos, até que estejam macias. Escorra bem.

Coloque as pastinacas em uma assadeira com azeite e misture bem até que estejam cobertas. Asse juntamente com os pimentões. Sirva-os juntos.

Pimentões recheados com tomate e lentilhas

Quando escrevi esta receita, só era possível encontrar pimentões verdes. Nesta versão atualizada, uso pimentões vermelhos e amarelos, cortados ao meio, em vez de recheados inteiros.

4 PORÇÕES

2 pimentões vermelhos
2 pimentões amarelos
1 col. de sopa de azeite, mais um pouco para untar
1 cebola grande, picada
2 dentes de alho, amassados
4 tomates, picados
1 lata de 400g de lentilha, escorrida e lavada
2 col. de sopa de pesto
sal e pimenta-do-reino preta moída na hora

PARA A COBERTURA

50g de farelos de pão frescos
50g de queijo parmesão (ou similar) ralado

Preaqueça o forno a 200°C.

Usando uma faca afiada, corte os pimentões ao meio no sentido do comprimento e apare os cabos. Retire os miolos e as sementes, lave e coloque em uma assadeira untada, com a pele virada para baixo.

Refogue a cebola no azeite por 10 minutos, acrescentando o alho cerca de 1 ou 2 minutos antes de a cebola estar pronta. Acrescente os tomates, as lentilhas e o pesto. Tempere com sal e pimenta a gosto.

Distribua a mistura igualmente pelas metades de pimentão, formando montinhos bem firmes.

Espalhe os farelos de pão e o queijo ralado por cima e leve ao forno por 30-40 minutos, ou até que os pimentões estejam macios e a cobertura fique dourada e crocante.

Pimentões recheados com azeitona

Uma receita fácil, leve e saborosa. Sirva acompanhada de salada verde.

4 PORÇÕES

4 pimentões vermelhos
4 col. de sopa de azeite de oliva, mais um pouco para untar
1 cebola, picada
2 dentes de alho, amassados
175g de farelos de pão frescos
4 tomates, picados
175g de queijo ralado
125g de azeitona sem caroço, verde ou preta
1 col. de sopa de salsinha fresca picada
sal e pimenta-do-reino preta moída na hora
algumas gotas de tabasco

Preaqueça o forno a 180°C.

Usando uma faca afiada, corte os pimentões ao meio no sentido do comprimento e apare os cabos. Retire os miolos e as sementes, lave e coloque em uma assadeira untada, com a pele virada para baixo.

Refogue ligeiramente a cebola em azeite, em uma panela grande tampada, por 10 minutos, até que fique macia.

Retire a panela do fogo e acrescente o farelo de pão, os tomates, o queijo ralado, as azeitonas, a salsinha, sal, pimenta-do-reino e tabasco a gosto.

Recheie os pimentões com esta mistura e leve ao forno por 40 minutos, ou até que o recheio esteja dourado e os pimentões estejam macios.

Assado de batatas

Batatas são um alimento maravilhoso: baratas, populares e nutritivas, contêm ferro, vitamina C e proteína, assim como fibras. Gosto de receitas que as transformam no prato principal. Este assado rende uma ceia simples e reconfortante que as crianças adoram. Fica ótimo com molho de tomate e vegetais verdes. Você pode deixar as batatas com casca, mas prefiro quando estão descascadas.

4 PORÇÕES

450g de batata, descascada
15g de manteiga
1 dente de alho, amassado
sal e pimenta-do-reino preta moída na hora
125g de queijo ralado
4 col. de sopa de leite

Preaqueça o forno a 160°C.

Corte as batatas em fatias bem finas – isso pode ser feito rapidamente com uma mandolina ou a lâmina de fatiar de um ralador, ou então à mão, com uma faca.

Misture a manteiga e o alho e use metade para untar uma travessa refratária rasa.

Espalhe uma camada de fatias de batata no fundo da travessa, tempere com um pouco de sal, pimenta e um pouco do queijo. Continue alternando as camadas, terminando com uma camada de queijo.

Despeje o leite por cima e espalhe o restante da manteiga. Cubra com papel-alumínio e leve ao forno por 1 hora. Retire o papel-alumínio e asse por mais 30 minutos, ou até que as batatas estejam macias.

Bolos de batata

Bolos de batatas são deliciosos – cremosos por dentro, sequinhos por fora. Se você acrescentar alguma proteína, como queijo ralado, castanhas picadas ou sementes de girassol, podem servir como um delicioso prato principal.

4 PORÇÕES

450g de batata
cerca de 150ml de leite
125g de queijo ralado, ou castanhas picadas (qualquer tipo) ou sementes de girassol
2 col. de sopa de salsinha fresca picada
sal e pimenta-do-reino preta moída na hora
50g de farinha de trigo integral
2 col. de sopa de azeite de oliva

Esfregue as batatas, coloque em uma panela com água suficiente para cobri-las e cozinhe até que fiquem macias. Escorra, espere esfriar um pouco e retire as cascas com a ajuda de uma faca pequena afiada.

Amasse as batatas, acrescentando um pouco de leite para obter uma consistência firme.

Misture o queijo, as castanhas ou as sementes de girassol. Acrescente um pouco mais de leite, se achar necessário – a mistura deve ser firme, mas não muito seca.

Divida-a em oito pedaços, passe na farinha de trigo e frite em óleo até que fiquem crocantes de ambos os lados.

Escorra e sirva imediatamente, com salada, com molho de tomate ou de salsinha e vegetais cozidos.

Rocambole de espinafre

Este prato clássico não é tão difícil de preparar quanto pode parecer. Normalmente é servido frio, como entrada – e é mais fácil de enrolar depois que esfria –, mas eu também gosto dele quente, como um prato principal leve, acompanhado de batatas assadas com limão (ver páginas 119-20), molho de tomate e minicenouras.

4 PORÇÕES

450g de espinafre fresco ou 175g de espinafre congelado picado
15g de manteiga
4 ovos, clara e gema separadas
noz-moscada ralada na hora
4 col. de sopa de queijo parmesão (ou similar) ralado
sal e pimenta-do-reino preta moída na hora

PARA O RECHEIO

175g de cogumelo paris
15g de manteiga
1 col. de sopa rasa de amido de milho
275ml de creme de leite fresco

Preaqueça o forno a 200°C. Forre uma assadeira rasa de 23×33cm com papel-manteiga, de modo a cobrir toda a base da assadeira e deixar mais 5cm de sobra de cada um dos lados.

Se estiver usando espinafre fresco, lave e escorra-o bem e cozinhe por alguns minutos em uma panela seca, apenas com a água da lavagem que restou nas folhas, até que murche completamente. O espinafre congelado precisa apenas ser descongelado. Em ambos os casos, escorra o espinafre colocando-o em uma peneira e pressionando muito bem, para extrair o máximo de líquido possível.

Pique o espinafre e misture com a manteiga, as gemas e tempere com sal, pimenta e noz-moscada, até obter um purê homogêneo e cremoso. Isso pode ser feito em um processador ou com um mixer manual, se você preferir.

Bata as claras até que formem picos firmes e incorpore-as às mistura de espinafre.

Despeje a mistura na forma forrada, nivelando o topo, e espalhe 2 colheres de sopa do queijo parmesão. Asse por 10-12 minutos, ou até que a superfície esteja firme.

Enquanto o rocambole estiver assando, prepare o recheio. Lave e fatie os cogumelos e refogue-os na manteiga por 5 minutos, ou até que estejam macios. Misture o amido de milho e o creme de leite; despeje essa mistura sobre os cogumelos e mexa até que engrosse um pouco. Tempere com sal, pimenta e noz-moscada. Mantenha a mistura aquecida, mas não deixe que ferva.

Despeje o restante do queijo sobre outro pedaço grande de papel-manteiga. Vire a massa do rocambole sobre ele e descole o papel usado para forrar a forma.

Espalhe o recheio sobre a massa e enrole-a, formando um rocambole, começando por um dos lados mais compridos. Deslize o rocambole para uma travessa aquecida. Leve-o de volta ao forno por mais 5 minutos para reaquecer e sirva imediatamente.

Pudim salgado de milho-verde

Este prato é servido normalmente para acompanhar alguma carne, mas eu acho que cumpre bem o papel de prato principal leve sozinho, e é o tipo de receita que faz bastante sucesso com as crianças. É econômico e rápido de preparar.

3-4 PORÇÕES

275ml de leite
25g de manteiga, mais um pouco para untar
125g de pão (peso já sem a casca)
1 lata de 330g de grãos de milho-verde sem adição de açúcar, escorrida
1 ovo ou 2 gemas
1 col. de sopa de salsinha fresca picada
½ col. de chá de páprica
sal e pimenta-do-reino preta moída na hora
um pouco de queijo ralado

Preaqueça o forno a 190°C.

Despeje o leite e a manteiga em uma panela e aqueça ligeiramente, até que a manteiga derreta.

Retire do fogo e, usando os dedos, despedace o pão, despejando-o no leite – não se preocupe se alguns pedaços ficarem maiores do que outros.

Reserve por alguns minutos, até que o pão amoleça, e depois amasse e acrescente o milho, o ovo, a salsinha, a páprica e sal e pimenta a gosto.

Despeje a mistura em uma travessa refratária untada e espalhe o queijo ralado por cima.

Asse o pudim por 35-40 minutos, ou até que esteja firme e dourado.

Bolo de batata com tomate

Uma receita rápida e fácil para um jantar.

4 PORÇÕES

450g de purê de batata
225g de queijo ralado
1 cebola pequena, ralada
sal e pimenta-do-reino preta moída na hora
noz-moscada ralada na hora
450g de tomate, sem pele
1 pitada de manjericão seco
15g de manteiga

Preaqueça o forno a 200°C.

Acrescente o queijo ralado e as cebolas ao purê de batata, misture bem e tempere com sal, pimenta e noz-moscada.

Espalhe metade da mistura em uma assadeira rasa untada com manteiga; alise bem, para formar a base.

Corte os tomates em fatias, tempere com sal, pimenta e o manjericão seco e distribua sobre a base de batata.

Tempere mais um pouco e espalhe o restante da batata por cima.

Marque a superfície do bolo com a ponta de um garfo e espalhe a manteiga por cima. Asse por 30-40 minutos, ou até que esteja bem dourado.

VARIAÇÕES

Bolo de batata com cogumelos

Substitua os tomates por 225-350g de cogumelos paris fatiados e rapidamente refogados.

Bolo de batata com milho-verde

Substitua os tomates por um pacote de 225g de milho-verde congelado, cozido de acordo com as instruções da embalagem.

Tomates recheados à la provençale V

Ao final do verão, os tomates grandes estão mais baratos e podem ser encontrados em todo lugar, e ficam ótimos preparados com este recheio simples de alho e ervas. Sirva com couscous e uma salada de folhas crocantes.

4 PORÇÕES

8 tomates grandes (cerca de 700g)
sal
1 cebola grande
150ml de azeite de oliva
4 dentes de alho, amassados
75g de farelo de pão integral fresco, bem fino
4 col. de sopa de salsinha fresca picada
½ col. de chá de tomilho seco
pimenta-do-reino preta moída na hora

Tire uma fatia fina do topo de cada tomate e reserve-as, pois serão usadas como tampa mais adiante.

Usando uma colher de chá, escave o miolo do tomate para formar a cavidade que será recheada (você não precisará da polpa nesta receita, mas ela pode ser usada para dar sabor a molhos e sopas).

Esfregue um pouco de sal no interior de cada tomate e deixe-os de cabeça para baixo sobre uma travessa grande enquanto você prepara o recheio.

Descaque e pique finamente a cebola. Aqueça o azeite em uma panela grande e refogue a cebola até que esteja dourada, retire a panela do fogo e acrescente o alho, o farelo de pão, as ervas e tempere bastante com sal e pimenta.

Ligue o forno a 200°C. Arrume os tomates sobre uma assadeira levemente untada; distribua o recheio pelos tomates e coloque as tampas que estavam reservadas.

Leve ao forno por 15-20 minutos, para ficarem bem quentes. Sirva imediatamente.

Tomates recheados com arroz V

Assim como os tomates recheados da receita anterior, estes podem ser servidos tanto como entrada quanto como prato principal. Se você optar por servi-los dessa forma, uma boa ideia é começar com uma pasta de grão-de-bico de entrada e fechar com iogurte e frutas, pois ambos acrescentam proteína à refeição e se mantêm no tema Oriente Médio.

4 PORÇÕES

125g de arroz integral de grão longo
275ml de água
sal
8 tomates grandes (cerca de 700g)
2 col. de sopa de azeite de oliva, mais um pouco para untar
1 cebola, picada
2 dentes de alho, amassados
6 col. de sopa de extrato de tomate
6 col. de sopa de salsinha fresca picada
2 col. de sopa de hortelã fresca picada
1 pitada de orégano
pimenta-do-reino preta moída na hora
150ml de caldo de legumes ou vinho tinto

Coloque o arroz em uma panela de fundo triplo juntamente com a água e ½ colher de chá de sal; espere ferver, reduza o fogo, tampe a panela e cozinhe-o desta forma por 40 minutos, ou até que esteja macio e toda a água tenha sido absorvida.

Enquanto o arroz estiver cozinhando, prepare os tomates. Tire uma pequena fatia do topo de cada um e escave o centro usando uma colher de chá – reserve os topos para usar como tampa mais adiante. Esfregue o interior dos tomates com um pouco de sal e deixe-os de cabeça para baixo para escorrer.

Preaqueça o forno a 180°C.

Para fazer o recheio, aqueça o azeite em uma panela grande e refogue a cebola até que comece a amolecer (cerca de 5 minutos), e então acrescente o alho, o arroz, a polpa escavada dos tomates, metade do extrato de tomate, as ervas e tempere com sal e pimenta. Cozinhe em fogo alto até que a mistura esteja bem seca.

Arrume os tomates em uma travessa refratária untada, recheie-os e recoloque os topos cortados para tampar. Misture o restante do extrato de tomate com o caldo ou o vinho tinto, tempere com um pouco de sal e pimenta, despeje em volta dos tomates e leve ao forno por 20 minutos, até que estejam bem macios.

Caçarola de vegetais V

Você pode usar qualquer tipo de vegetal nesta caçarola. Fica ótima mesmo sem acompanhamento, mas também pode ser servida com alguma verdura, como brotos, e com queijo ralado à parte para que as pessoas se sirvam se desejarem.

4 PORÇÕES

1 col. de sopa de azeite de oliva
3 cebolas, em rodelas
450g de cenoura, em rodelas
450g de batata, descascada e cortada em pedaços de mesmo tamanho
2 talos de aipo, em fatias
125-175g de cogumelo paris, em fatias
2 col. de sopa de farinha de trigo
575ml de água
2 cubos de caldo de legumes
1 col. de sopa de extrato de tomate
2 folhas de louro
sal e pimenta-do-reino preta moída na hora
1 pitada de açúcar (opcional)

Preaqueça o forno a 190°C.

Aqueça o azeite em uma panela grande e refogue as cebolas por 5 minutos, até que estejam douradas.

Acrescente os outros vegetais e refogue por mais alguns minutos, mexendo eventualmente.

Acrescente a farinha e misture; quando estiver bem-distribuída, acrescente a água, os cubos de caldo, o extrato de tomate, as folhas de louro e um pouco de sal e pimenta – você não vai precisar de muito sal, por causa dos cubos de caldo.

Espere ferver, transfira para uma caçarola e leve ao forno por 1 hora.

Ajuste o tempero e acrescente um pouco de açúcar, se achar necessário.

Vegetais empilhados sobre couscous de ervas

Eu adoro este prato porque tem um sabor maravilhoso e uma aparência incrível: um montinho brilhante de vegetais assados sobre uma base de couscous de ervas, cobertos por pinoles e ervas frescas picadas e temperado com molho balsâmico adocicado.

4 PORÇÕES

1 batata-doce grande ou 2 médias
2 cebolas roxas grandes
2 berinjelas
2 pimentões vermelhos
6 col. de sopa de azeite de oliva
200g de hummus, comprado pronto ou feito em casa (ver páginas 43-4)
alguns ramos de salsinha
um pouco de pinoles, tostados (ver página 105)
molho balsâmico com mel e mostarda (ver página 63)

PARA O COUSCOUS

250g de couscous
400ml de água fervendo
1 col. de sopa de azeite de oliva
1 col. de chá de sal
6 col. de sopa de salsinha fresca picada
½-1 col. de chá de harissa (opcional)

Preaqueça o forno a 200°C.

Descasque as batatas-doces e corte-as em rodelas de 1cm de espessura, de forma a obter pelo menos 12 fatias. Descasque as cebolas e corte cada uma em seis gomos. Corte as berinjelas em palitos grossos, de cerca de 8cm de comprimento e 1,5cm de espessura; corte os pimentões ao meio, retire as sementes e corte cada metade em três tiras, no sentido do comprimento.

Coloque todos os vegetais em uma assadeira junto com o azeite, mexa bem para que todos fiquem cobertos e leve ao forno por 30 minutos, ou até que estejam cozidos.

Enquanto isso, prepare o couscous. Coloque-o em uma tigela, despeje a água, acrescente o azeite e o sal e misture. Espere 10 minutos para que ele absorva toda a água e então acrescente a salsinha e a harissa a gosto (se estiver usando) e misture.

Para servir, distribua o couscous por 4 pratos, formando um montinho achatado no centro de cada um. Coloque 3 fatias de batata-doce sobre cada montinho, sem sobrepô-las, espalhe 1 colher de sopa rasa de hummus por cima, e então arrume o restante dos vegetais em uma pilha, deixando os palitos de berinjela por último, em pé. Não se preocupe em ajeitar demais; apenas forme uma pilha interessante e colorida, o mais alto que conseguir.

Coloque alguns ramos de salsinha e um pouco de pinoles por cima e espalhe o molho balsâmico por cima e em volta da pilha. Sirva imediatamente, mas também fica ótimo morno ou frio.

Ensopado de vegetais e milho-verde V

4 PORÇÕES

1 cebola grande, picada
3 col. de sopa de azeite de oliva
2 dentes de alho, amassados
1 berinjela grande, cortada em pedaços pequenos
1 alho-poró, em rodelas
350g de cenoura, em rodelas
225g de cogumelo paris, em fatias
700ml de passata
575ml de água ou caldo de legumes
225g de grãos de milho-verde frescos, retirados de 2 espigas
sal e pimenta-do-reino preta moída na hora
1-2 col. de sopa de salsinha fresca picada, para decorar

Refogue a cebola em 1 colher de sopa de azeite por 10 minutos, em uma panela média tampada, sobre fogo baixo, mexendo eventualmente.

Acrescente o alho, a berinjela, o alho-poró, as cenouras e os cogumelos e cozinhe, mexendo, por mais 5-10 minutos, até que os vegetais estejam um pouco mais macios.

Despeje a passata e a água ou caldo de legumes. Deixe ferver, reduza o fogo e cozinhe, com a panela destampada, por 20-25 minutos, ou até que os vegetais estejam macios e o molho tenha engrossado.

Acrescente os grãos de milho, cozinhe por mais alguns minutos, ajuste o tempero, espalhe a salsinha picada por cima e sirva.

Ensopado romeno de vegetais V

Este ensopado é uma maravilhosa mistura de todo tipo de vegetal que estiver disponível.

4 PORÇÕES

2 col. de sopa de azeite de oliva
2 cebolas grandes, em rodelas
2 talos de aipo, picados
225g de cenoura, em rodelas
225g de pastinaca, descascada e em cubos
225g de abobrinha, em rodelas
450g de alho-poró, aparado e cortado em rodelas de 2,5cm de espessura
3 tomates grandes, sem pele, divididos em 4
450g de batata, descacada e cortada em pedaços
25g de farinha de trigo
575ml de água ou caldo de legumes
2 col. de sopa de extrato de tomate
2 folhas de louro
1 dente de alho, amassado
sal e pimenta-do-reino preta moída na hora

Aqueça o azeite em uma panela grande e refogue as cebolas por 5 minutos, então acrescente o aipo, as cenouras, as pastinacas, as abobrinhas, os alhos-porós, os tomates e as batatas e refogue por mais 4-5 minutos, deixando dourar um pouco e mexendo eventualmente, para evitar que grudem no fundo da panela.

Espalhe a farinha de trigo sobre os vegetais e mexa para distribuí-la bem. Despeja a água ou o caldo, mexendo sempre, e acrescente o extrato de tomate, as folhas de louro e o alho e tempere com sal e pimenta.

Deixe ferver, reduza o fogo e cozinhe desta forma, com a panela tampada, por 25-30 minutos, ou até que todos os vegetais estejam macios. Prove e ajuste o tempero, se necessário.

Assado de castanhas com recheio de salsinha V

As pessoas me perguntam com frequência o que eu faço para a ceia de Natal, e este assado de castanhas é a resposta, servido com um molho encantador, batatas assadas, molho de cranberry, molho de pão e, recentemente, para agradar aos novos integrantes da família, Yorkshire puddings e molho de raiz-forte também! Este assado pode ser congelado sem problemas; eu o congelo sem assar, descongelo durante a noite e asso no dia seguinte. Costumo preparar o dobro da quantidade indicada aqui e levo ao forno em uma forma de bolo inglês de 900g. As sobras ficam boas frias também, cortadas em fatias e servidas com picles.

6 PORÇÕES ❄

PARA AS CAMADAS DE CASTANHAS

25g de manteiga ou margarina *vegan*
1 col. de sopa de azeite de oliva
1 cebola grande, picada
225g de castanhas de caju, moídas bem fino – um moedor de café elétrico é ótimo para fazer isso
125g de farelos de pão branco frescos
o suco de 1 limão
2-6 col. de sopa de água ou caldo de legumes
sal e pimenta-do-reino preta moída na hora
noz-moscada ralada na hora, a gosto
um ramo de salsinha fresca, para decorar

PARA A CAMADA DE
RECHEIO VERDE NO MEIO

75g de farelos de pão branco frescos
raspas da casca e o suco de 1 limão
1½ col. de chá de ervas de Provence
4 col. de sopa de salsinha fresca picada
40g de manteiga ou margarina *vegan*

Preaqueça o forno a 180°C.

Para fazer a mistura branca de castanhas, derreta a manteiga ou a margarina em uma panela, junto com o azeite. Acrescente a cebola e cozinhe em fogo brando, com a panela tampada, por 10-15 minutos, ou até que esteja macia, mas sem dourar. Retire a panela do fogo e misture todos os ingredientes restantes e tempere com sal, pimenta e noz-moscada.

Para o recheio, misture todos os ingredientes com a mão, tomando cuidado para que toda a manteiga ou a margarina esteja bem incorporada à mistura: mais fácil ainda é colocar todos os ingredientes em um processador de alimentos (incluindo os ramos inteiros de salsinha) e bater até obter uma pasta. Tempere com sal e pimenta.

Para montar o assado, unte uma forma de bolo inglês de 450g com manteiga ou azeite e forre com uma tira de papel-manteiga para cobrir o fundo e os dois lados menores. Coloque metade da mistura de castanhas no fundo. Espalhe o recheio sobre este camada, cobrindo-a completamente, e pressione para que fique firme. Despeje o restante da mistura de castanhas.

Cubra com um pedaço de papel-manteiga e feche com um pedaço de papel-alumínio. Leve ao forno por 45 minutos, retire o papel-alumínio e o papel-manteiga e asse por mais 15 minutos, ou até que fique dourado.

Desenforme em uma travessa, retire o papel-manteiga e decore com o ramo de salsinha. Corte em fatias grossas e sirva com batatas assadas bem douradas, redução de caldo de legumes, molho de cranberry e as decorações.

Grãos, arroz e feijões

Leguminosas – feijões, ervilhas e lentilhas – são um dos alimentos mais primitivos da humanidade. São nutritivos, saudáveis e contêm baixo teor de gordura; são excelentes fontes de proteínas, de carboidratos de baixo índice glicêmico e de fibras; e repletos de vitaminas e minerais essenciais. É por este motivo que os nutricionistas recomendam consumi-los regularmente.

Eu adoro esses grãos – eu amo, na verdade – graças a todas essas razões nutricionais, mas também porque são baratos e duram semanas na despensa, esperando para serem preparados. Eu amo toda a delicadeza envolvida no processo de cozimento: deixar de molho tranquilamente, cozinhar sem pressa, a transformação de sementes secas e duras em grãos inchados e úmidos cheios de sabor. Além disso, adoro o fato de podermos comprar latas de leguminosas prontas de boa qualidade, para quando não há tempo para aquele lento preparo.

Você pode fazer milhares de coisas com grãos desde que saiba cozinhá-los da forma correta, o que eu explico no início deste capítulo. E então você poderá aproveitar as receitas práticas e saborosas que virão a seguir.

Tipos de leguminosas disponíveis

Edamame São os grãos de soja ainda verdes. Em restaurantes japoneses, costumam ser servidos nas próprias vagens, que você pega com as mãos e abre para comer os grãos. Podem ser encontrados congelados, nas vagens, em lojas de produtos orientais; fora das vagens, congelados, da mesma forma que ervilhas, em lojas de produtos naturais; ou, ainda, enlatados.

Ervilha São ervilhas inteiras desidratadas, com aparência de ervilhas frescas enrugadas. São usadas para fazer a pasta de ervilhas, e rendem uma sopa de inverno reconfortante: siga as mesmas instruções para sopa de lentilhas da página 21 e tempere com um pouco de hortelã picada.

Ervilha partida De cor verde brilhante, estas, assim como as lentilhas vermelhas partidas, tiveram sua pele externa removida. Misture-as com um molho para fazer uma salada diferente, ou cozinhe-as até obter um purê e preparar um saboroso prato de ervilhas partidas com erva-doce.

Fava Uma das variedades mais baratas, pode ser cultivada em quintais ou em hortas em locais de clima temperado. Possui uma pele dura, portanto precisa ser batida no processador, depois de cozida, para liberar seu adorável sabor terroso. Fica ótima em pasta ou para fazer hambúrgueres.

Feijão-azuki Feijões pequenos, marrom-avermelhados, ovalados e com um pontinho em um dos lados. Possuem um sabor agradável, levemente adocicado. Ficam bons em ensopados e em refogados.

Feijão-branco* Um dos maiores grãos entre as variedades de feijão. Eles são levemente achatados, em forma de rim, e de cor amarelo-creme. Absorvem sabores especialmente bem e são ideais para preparar pastas ou combinados com vegetais e especiarias bem saborosos.

Feijão flageolet Eles possuem uma atraente cor verde-clara, são pequenos e de sabor delicado depois de cozidos. Rendem uma excelente salada, especialmente quando combinados com outros ingredientes verde-pálidos, como abacate; também podem ser usados para preparar uma ótima sopa verde-clara.

Feijão-fradinho Possui tamanho similar ao feijão-azuki, com cor bege e uma manchinha preta característica. Cozinha rapidamente e tem sabor agradável, levemente adocicado.

Feijão-mungo São os feijões verdes pequenos e bastante arredondados que dão origem ao broto de feijão usado na

---

* Por não haver similares no Brasil, os tipos de feijão-branco usados pela autora (butter, cannellini e haricot beans) foram traduzidos de forma geral como feijão-branco. [N.T.]

culinária. Ficam ótimos quando cozidos com arroz e especiarias e no prato tradicional indiano *khitchari*.

Feijão-preto Uma das variedades mais comuns de feijão, um pouco maior do que os vermelhos, de cor preta brilhante. Possui um sabor marcante e agradável, e textura granulosa. Esses feijões ficam deliciosos em caçarolas de vegetais e em saladas; podem substituir os feijões-vermelhos em qualquer receita.

Feijão-rajado Possui cor creme, com manchas marrons. Faz parte da mesma família que o feijão-preto e o feijão-vermelho e pode substituí-los em qualquer receita. Possui sabor delicado, ligeiramente adocicado.

Feijão-vermelho De cor vermelha intensa e com o formato característico de rim, possui uma adorável textura granulosa e um sabor delicioso. Rende uma excelente salada, combina bem com arroz (ver a receita jamaicana de arroz e "ervilhas" na página 248) e pode compor muitos pratos principais saborosos.

Grão-de-bico Com aspecto semelhante a pequenas avelãs, de cor bege quando cru e dourado escuro depois de cozido. Tem um sabor particularmente especial e fica ótimo em saladas e caçarolas, bem como em pastas, como o hummus, ou em croquetes sequinhos.

Lentilhas de Puy Essas lentilhas pequenas e reluzentes, cor de ardósia, são consideradas por muitos a melhor de todas graças a seu sabor levemente picante e pelo fato de manterem a forma depois de cozidas. Crescem na região de Le Puy, na França, e são a única variedade a ter seu nome derivado do local onde são cultivadas. Podem ser encontradas em bons supermercados.

Lentilha marrom Uma das muitas variedades de lentilhas disponíveis, essas lentilhas são marrom-escuras ou marrom-avermelhadas, menores que as lentilhas verdes e com sabor bastante agradável.

Lentilha verde Essas lentilhas possuem forma de lente – na verdade, foi o vegetal que deu origem à palavra "lente" – e variam em cor desde o bege levemente esverdeado até o marrom. Mantêm bem o formato depois de cozidas e ficam muito boas com especiarias, pão quentinho ou arroz, ou transformadas em saborosos hambúrgueres vegetarianos. São maiores do que as lentilhas marrons.

Lentilha vermelha partida São as lentilhas que tiveram a pele externa removida e possuem coloração vermelho-alaranjada. São fáceis de encontrar em qualquer supermercado, possuem um agradável sabor salgado e se desmancham facilmente quando cozidas. Excelentes para preparar sopas, rissoles, pastas salgadas, *dal* apimentado, croquetes e bolos.

Soja Pequena, arredondada e de cor amarelada. É o grão mais rico em proteína que existe, mas requer bastante tempo de cozimento e bastante tempero. Pode ser transformada em leite, numa excelente alternativa ao leite de vaca, e este por sua vez pode ser transformado em tofu, uma espécie de queijo firme e de cor amarelo-clara. Você pode encontrar ótimos tofus em lojas de produtos orientais, e também existem diversas marcas orgânicas em lojas de produtos naturais e supermercados; já encontrei tofus sedosos embalados a vácuo e tratados por UHT em grandes supermercados, mas recomendo experimentar diferentes marcas até encontrar sua preferida.

Escolhendo grãos

Apesar de grãos durarem por muitos anos, eles ficam mais secos e duros conforme o tempo passa. Portanto, para melhores resultados compre-os o mais novos possível, de mercados com boa rotatividade, e guarde-os adequadamente em potes com tampa de rosca ou de fecho hermético, usando completamente o estoque antigo antes de renová-lo.

Equipamentos

O equipamento necessário para cozinhar grãos é simples e básico. Uma peneira grande ou um escorredor são úteis para lavar os grãos, e uma panela grande para deixá-los de molho e depois cozinhá-los. Como a maioria dos grãos requer um longo tempo de cozimento, uma panela de pressão economiza tempo, mas uma panela elétrica de cozimento lento também pode ser usada. Um liquidificador ou processador de alimentos é necessário para quando se quer bater os grãos e transformá-los em sopas ou em pastas, e é essencial no preparo de favas.

Preparo, cozimento e aplicação

Lavagem Se é necessário ou não lavar, depende de onde os grãos foram comprados. Se foi comprado a peso, de um recipiente com uma grande quantidade, precisam ser lavados e talvez até mesmo catados, para remover outras impurezas. Se são vendidos em embalagens de aspecto limpo, provavelmente já estão prontos para uso. Em caso de dúvida, espalhe os grãos sobre uma travessa ou bandeja grande branca e examine-os cuidadosamente, retirando qualquer corpo estranho. Então coloque-os em uma peneira ou em um escorredor e lave-os em água fria, mexendo-os com os dedos durante o processo.

Demolha A maioria dos grãos precisa ficar de molho antes do cozimento. Isto só não é necessário para as lentilhas vermelhas partidas e é opcional para os demais tipos de lentilha, feijões-mungo pequenos, ervilhas partidas e feijão-fradinho, mas deixá-los de molho reduz ligeiramente o tempo de cocção e pode contribuir para que o grão cozinhe de maneira uniforme.

Coloque os grãos em uma panela grande e cubra-os com água equivalente ao dobro do seu volume. Deixe-os de molho por 6-8 horas, ou faça uma demolha rápida a quente.

Para isto, coloque os grãos em uma panela, cubra com bastante água, leve ao fogo até ferver, deixe assim por 2 minutos, retire a panela do fogo e espere 45-60 minutos. Funciona tão bem como deixar de molho de um dia para o outro.

Enxágue O próximo passo, seja depois de uma demolha a frio mais longa ou rápida a quente, é colocar os grãos em uma peneira e enxaguá-los com bastante água fria. Isso ajuda a retirar alguns açúcares, chamados oligossacarídeos, que podem tornar os grãos um pouco indigestos.

Cozimento básico Coloque os grãos enxaguados em uma panela grande com uma boa quantidade de água renovada. Um caldo sem sal preparado em casa (ver página 13) pode ser usado no lugar da água, mas jamais use caldo com sal ou acrescente sal, pois isto pode endurecer a camada externa dos grãos e impedi-los de cozinhar adequadamente. Leve ao fogo até começar a ferver e deixe cozinhar vigorosamente por cerca de 10 minutos. Isso destrói qualquer toxina que possa estar presente em algumas variedades de grãos (especialmente em feijões-vermelhos), tornando-os perfeitamente seguros para o consumo. Depois desta fervura inicial, podem ser acrescentados outros ingredientes e feito um cozimento lento, ou cozidos separadamente e depois misturados a outros ingredientes. Veja a tabela de tempos de cozimento, mas lembre-se de que estes números podem variar a cada leva (principalmente com relação a grão-de-bico).

Usando a panela de pressão

Isso reduz o tempo de cozimento em cerca de dois terços. Deixe os grãos ferverem por cerca de 10 minutos, como de hábito, e então cozinhe a uma pressão de 6,7kg (15lb) por um terço do tempo indicado na tabela. Alguns grãos, lentilhas particularmente, tendem a formar uma "espuma" quando a água começa a ferver, e esta pode entupir a válvula da panela. Você pode evitar que isso aconteça acrescentando 2 colheres de sopa de óleo à água do cozimento.

Usando uma panela elétrica de cozimento lento

É importante cozinhar os grãos em água fervendo vigorosamente por 10 minutos antes de transferi-los para a panela de cozimento lento. Grãos que normalmente levam 1-1 ½ hora para cozinhar precisam de 2-3 horas em uma panela de cozimento lento com o calor na potência mínima. Os tempos de cozimento indicados aqui são aproximados; descobri que estes números variam bastante, especialmente com lentilhas inteiras e grão-de-bico. O importante é se certificar de que os grãos estejam realmente macios – eles precisam estar *completamente* cozidos para não ficarem indigestos.

TEMPOS DE DEMOLHA E COZIMENTO PARA GRÃOS SECOS

		DEMOLHA A FRIO	DEMOLHA A QUENTE	TEMPO MÉDIO DE COZIMENTO
Favas		6-8 horas	45-60 minutos	30-60 minutos
Ervilhas, inteiras secas		6-8 horas	45-60 minutos	45-60 minutos
Ervilha partida		6-8 horas	45-60 minutos	25-30 minutos
		sem demolha	sem demolha	45-60 minutos
Feijão-azuki		6-8 horas	45-60 minutos	1-1½ hora
Feijão-branco		6-8 horas	45-60 minutos	45-60 minutos
Feijão flageolet		6-8 horas	45-60 minutos	30-60 minutos
Feijão-fradinho		6-8 horas	45-60 minutos	25-30 minutos
		sem demolha	sem demolha	35-45 minutos
Feijão-mungo		6-8 horas	45-60 minutos	25-30 minutos
		sem demolha	sem demolha	30-40 minutos
Feijão-preto		6-8 horas	45-60 minutos	1-1½ hora
Feijão-vermelho		6-8 horas	45-60 minutos	1-1¼ hora
Feijão-rajado		6-8 horas	45-60 minutos	1-1½ hora
Grão-de-bico		6-8 horas	45-60 minutos	1-2 horas
Lentilhas	MARRONS	6-8 horas	45-60 minutos	25-30 minutos
		sem demolha	sem demolha	40-60 minutos
	VERDES	6-8 horas	45-60 minutos	25-30 minutos
		sem demolha	sem demolha	40-60 minutos
	DE PUY	6-8 horas	45-60 minutos	25-30 minutos
		sem demolha	sem demolha	40-60 minutos
	VERMELHAS PARTIDAS	sem demolha	sem demolha	20-30 minutos
Soja		6-8 horas	45-60 minutos	1-3 horas

Temperando e servindo

Grãos são simples de cozinhar, por isso a forma de temperar e de apresentar faz toda a diferença no que diz respeito à atração que o prato finalizado provoca. Manteiga e óleos vegetais saborosos – azeite de oliva, em especial – ajudam a dar grande destaque, bem como pequenas quantidades de creme de leite. Vegetais de sabor forte, como cebola, alho, aipo, cogumelos e tomates, também combinam particularmente bem com grãos, assim como algumas frutas, em especial maçã ácida, abacaxi, damasco seco, uvas-passas e suco de limão. Não acrescente frutas ácidas ou tomates até que os grãos já estejam macios – caso contrário, eles podem não cozinhar propriamente.

Provavelmente mais do que qualquer outra coisa, ervas e especiarias fazem toda a diferença quanto ao apelo do prato finalizado. É impressionante o que a adição de uma folha de louro ou de um bouquet garni à água de cozimento de um grão pode fazer em relação ao sabor. As ervas utilizadas no bouquet garni são louro, tomilho fresco, salsinha e manjerona, que podem ser acrescentadas juntas ou separadamente. Outras ervas de grande valor são hortelã e orégano, enquanto entre as especiarias erva-doce, cominho, sementes de coentro e canela são especialmente boas, assim como pimenta vermelha em pó, páprica, cravo-da-índia, curry em pó ou em pasta e cúrcuma. Gengibre fresco ralado, com seu delicioso sabor cítrico, também vem bem a calhar.

Pratos com grãos são interessantes servidos de forma simples, em travessas rústicas de barro, acompanhados de triângulos de pão torrado ou pão frito, rodelas de cebola crua ou de tomate, gomos de limão ou salsinha fresca picada.

Guardando grãos cozidos

Grãos cozidos e escorridos podem ser mantidos na geladeira, em um recipiente fechado, por bastante tempo, e também podem ser congelados sem problemas. Muitas vezes vale a pena cozinhar o dobro da quantidade desejada, utilizar apenas metade e congelar o restante.

Guia para quantidades

Se você cozinhar um pacote de 500g de feijões ou de lentilhas secos e dividir o total em cinco porções iguais, cada uma será equivalente a uma lata de 400g (ou seja, depois de cozidos cada 100g de grãos secos equivalem a uma lata de 400g), quantidade suficiente para 1-2 pessoas como prato principal.

Congelando

Muitos pratos com grãos podem ser congelados, e estas receitas estão marcadas com um ❄. Congele os pratos logos depois de prontos, a menos que outra orientação esteja explícita na receita, e espere descongelar completamente antes de reaquecê-los. Rissoles e bolinhos ficam melhores se congelados descobertos sobre uma assadeira, em sacos de polietileno. Desta forma você pode descongelar somente a quantidade que desejar, e fritá-los ou assá-los enquanto ainda estiverem congelados.

Goulash de feijão e pimentão verde V

Sirva com uma boa colherada de coalhada seca, um pouco de arroz e uma salada verde. Além disso, se você quiser o melhor sabor de páprica possível, vale a pena procurar a variedade "rosa húngara", e comprar apenas um pouco de cada vez.

3-4 PORÇÕES ❄

450g de cebola, em rodelas
2 col. de sopa de azeite de oliva
4 dentes de alho, amassados
2 pimentões verdes grandes, sem sementes e em rodelas
2 latas de 400g de tomates picados
4 col. de sopa de extrato de tomate
200g de feijão-branco, demolhado, cozido (ver páginas 149-51) e escorrido, ou 2 latas de 400g, escorridas e lavadas
2-4 col. de chá de páprica
sal e pimenta-do-reino preta moída na hora
um pouco de açúcar (opcional)
150ml de coalhada seca ou creme de leite fresco misturado a 1 col. de suco de limão ou vinagre (misturar e esperar 10 minutos) (opcional)

Refogue as cebolas no azeite em uma panela grande, tampada, por cerca de 10 minutos, ou até que as cebolas estejam macias, acrescente o alho e os pimentões e refogue por mais 4-5 minutos.

Misture os tomates, o extrato de tomate e os feijões, juntamente com a páprica, sal e pimenta a gosto e talvez um pouco de açúcar, se desejar.

Cozinhe em fogo baixo por cerca de 15 minutos, com a panela destampada, para que tudo fique aquecido por igual e o líquido se reduza um pouco.

Sirva com a coalhada seca ou o creme de leite com suco de limão ou vinagre (se optar por usar).

VARIAÇÃO

Goulash de feijão e pimentão verde com páprica defumada

Utilize páprica defumada, que pode ser comprada em latinhas nos bons supermercados e nas casas que vendem produtos importados da Espanha, para variar a receita. O sabor defumado é uma característica da qual as pessoas às vezes sentem falta na culinária vegetariana, e uma boa maneira de acrescentá-lo é usar páprica defumada. Experimente neste goulash e veja o que acha da combinação do adocicado dos vegetais, o defumado da páprica e o ácido e gelado da coalhada seca ou do creme de leite com suco de limão ou vinagre.

Bolo de batata com recheio de feijão

Não é essencial fazer um purê com o feijão-fradinho cozido, mas particularmente acho que isso contribui para um melhor resultado. Você precisa ter um purê de batatas pronto antes de montar este prato (ver páginas 120-1). É muito importante se planejar com antecedência, preparando uma quantidade maior de purê de batatas para o almoço na véspera e guardando a sobra na geladeira até a hora de usar.

4 PORÇÕES ❄

2 col. de sopa de azeite de oliva
1 cebola grande, picada
1 dente de alho, amassado
50g de cogumelo, picado
200g de feijão-fradinho seco, demolhado e cozido (ver páginas 149-51) ou 2 latas de 400g
1 lata de 400g de tomates picados
1 col. de sopa de extrato de tomate
1 col. de sopa de salsinha fresca picada
1 col. de chá de ervas de Provence
sal e pimenta-do-reino preta moída na hora

PARA SERVIR

700g de purê de batatas (ver páginas 120-1)
50g de queijo ralado

Preaqueça o forno a 200°C.

Aqueça o azeite em uma panela grande e refogue a cebola e o alho, com a panela tampada, por cerca de 5 minutos, depois acrescente os cogumelos e refogue por mais 4-5 minutos.

Escorra o feijão-fradinho e amasse-o ou bata-o no processador, de acordo com a textura que você desejar.

Acrescente o feijão à panela, juntamente com os tomates, o extrato de tomate, a salsinha e as ervas de Provence, e cozinhe em fogo baixo por mais 10 minutos. Tempere com sal e pimenta.

Despeje a misture em uma travessa refratrária rasa e depois espalhe o purê de batatas por cima, de maneira uniforme, faça marcas na superfície usando um garfo e salpique o queijo ralado por cima.

Asse por 35-40 minutos, ou até que esteja bastante dourado.

Beorijch V

Uma inusitada mistura de feijão-fradinho e castanhas, esta receita típica da Armênia é rica em proteínas e fácil de fazer. Também é bastante saborosa. Você pode usar qualquer tipo de castanha – eu gosto de castanhas-do-pará. Sirva bastante quente, com batatas assadas, algum grão ou vegetal verde cozido, ou uma salada de folhas crocantes.

3-4 PORÇÕES ❄

1 cebola grande, picada
2 col. de sopa de azeite de oliva
1 dente de alho, amassado
2 tomates, sem pele e picados (pode ser usado o enlatado)
1 col. de sopa de extrato de tomate
200g de feijão-fradinho, demolhado e cozido (ver páginas 149-51), ou 2 latas de 400g
125g de castanhas variadas, picadas grosseiramente
2 col. de sopa de salsinha fresca picada
sal e pimenta-do-reino preta moída na hora
um pouco de açúcar (opcional)

Em uma panela grande, refogue a cebola no azeite por cerca de 10 minutos, mantendo a panela tampada, então misture os tomates e o extrato de tomate e cozinhe por mais 10 minutos, para formar um purê grosso.

Escorra bem o feijão-fradinho, amassando-o levemente ao mesmo tempo. Acrescente-o à panela, junto com as castanhas e a salsinha.

Prove e tempere com sal, pimenta e uma pitada de açúcar, se achar necessário.

Cozinhe em fogo baixo por mais 10 minutos, mexendo regularmente para evitar que grude no fundo da panela.

Assado de feijão-fradinho

Um prato simples mas que faz bastante sucesso com as crianças. Combina bem com um molho de tomate apimentado, ou com uma redução de caldo de legumes. Você pode comprar feijão-fradinho em conserva, mas eles são um dos grãos mais rápidos de cozinhar, levando 35-40 minutos sem precisar deixar de molho. Se você planejar com antecedência pode deixá-los de molho, e então cozinhá-los em 25-30 minutos.

4 PORÇÕES ❄

350g de feijão-fradinho seco
2 cebolas grandes, em rodelas
3 dentes de alho, amassados
2 col. de sopa de azeite de oliva, mais um pouco para untar
½ col. de chá de tomilho seco
1 col. de chá de manjerona seca
sal e pimenta-do-reino preta moída na hora

PARA A COBERTURA

50g de farelo de pão integral fresco
50g de queijo ralado

Lave e escorra o feijão-fradinho.

Refogue as cebolas e o alho em azeite por 10 minutos, ou até que estejam macios, mas sem dourar, acrescente o feijão-fradinho, as ervas e água suficiente para cobrir tudo.

Cozinhe em fogo baixo, até que o feijão esteja macio (cerca de 25-40 minutos).

Preaqueça o forno a 180°C.

Bata o feijão-fradinho cozido em um processador ou com um mixer manual. Tempere com sal e pimenta a gosto.

Despeje a mistura em uma travessa refratária rasa untada, espalhe os farelos de pão e o queijo ralado por cima e leve ao forno por cerca de 30 minutos, ou até que a superfície esteja dourada e crocante.

Ensopado de feijão-fradinho e vegetais V

Um colorido ensopado, repleto de feijões-fradinhos em um molho de tomate vermelho e encorpado e finalizado com o tom verde da salsinha fresca. Combina bem com batatas assadas ou purê e um pouco de espinafre na manteiga ou vagem.

3-4 PORÇÕES ❄

200g de feijão-fradinho, demolhado e cozido (ver páginas 149-51) ou 2 latas de 400g
1 cebola grande
3 talos de aipo
3 cenouras
1 pimentão verde
2 dentes de alho
2 col. de sopa de azeite de oliva
1 lata de 400g de tomate
1 col. de sopa de extrato de tomate
2-3 col. de sopa de vinho tinto (opcional)
sal e pimenta-do-reino preta moída na hora
2 col. de sopa de salsinha fresca picada, para decorar

Escorra o feijão. Descasque e pique a cebola. Corte o aipo em fatias finas. Descasque ou raspe a casca das cenouras e corte-as em cubos. Retire as sementes do pimentão e corte-o em rodelas bem finas. Descasque e amasse os dentes de alho.

Aqueça o azeite em uma panela grande, coloque todos os vegetais cortados e refogue-os delicadamente, sem deixar dourar, por cerca de 10 minutos.

Acrescente o feijão-fradinho, os tomates, o extrato de tomate e o vinho (se estiver usando). Tempere com sal e pimenta e deixe cozinhar em fogo baixo por 10-15 minutos, ou até que todos os vegetais estejam macios.

Ajuste o tempero. Espalhe a salsinha por cima e sirva.

Croquetes de feijão-branco e tomate

Você pode comprar farinha de rosca de boa qualidade no supermercado ou prepará-la em casa facilmente, levando algumas fatias de pão integral ao forno para secar e então esmagando-as com um rolo de massa ou no processador de alimentos. Ela dura bem em um recipiente hermético ou no freezer. Sirva os croquetes com um molho de tomate ou de iogurte e uma salada verde crocante.

2 PORÇÕES ❄

100g de feijão-manteiga seco ou 1 lata de 400g
1 cebola, picada
1 col. de sopa de azeite
50g de farinha de rosca de pão integral
2 col. de sopa de chutney de tomate
1 col. de chá de suco de limão espremido na hora
1 ovo
sal e pimenta-do-reino preta moída na hora
óleo, para fritura rasa

PARA COBRIR

6 col. de sopa de amido de milho
6-7 col. de sopa de água fria
8 col. de sopa de farinha de rosca de pão integral

Deixe o feijão de molho, cozinhe até que fique macio (ver páginas 149-51) e escorra. Se estiver usando feijão em lata, simplesmente escorra e enxágue. Amasse o feijão.

Refogue a cebola no azeite até que fique bem macia, mas sem dourar.

Misture a cebola com o feijão e todos os demais ingredientes e tempere com sal e pimenta. Divida a mistura em quatro partes e molde cada uma em formato de hambúrguer.

Para preparar a cobertura, misture a água e o amido de milho até obter uma consistência bem grossa.

Mergulhe cada croquete nesta mistura de amido de milho, depois na farinha de rosca, sem deixar nenhum espaço descoberto. Pressione levemente para retomar a forma, se necessário.

Frite os croquetes em óleo quente até que estejam dourados e crocantes e escorra bem em papel-toalha.

VARIAÇÃO

Croquetes *vegan* de feijão-branco e tomate V

Retire o ovo da receita e use um pouco mais de farinha de trigo, conforme necessário, para dar liga. A cobertura já é *vegan* – e fica sempre sequinha, dourada e crocante.

Feijão-branco e cogumelos em molho cremoso

Para um prato bastante cremoso, utilize creme de leite fresco; para uma versão light, dê preferência ao iogurte natural ou queijo cottage com baixo teor de gordura. Para uma versão *vegan*, use iogurte *vegan* sem adição de açúcar, cream cheese *vegan* ou creme de leite *vegan* misturado com 1 colher de chá de amido de milho, para engrossar.

3-4 PORÇÕES

200g de feijão-branco seco ou 2 latas de 400g
225g de cogumelo paris pequeno
15g de manteiga
1 col. de sopa de suco de limão espremido na hora
150ml de creme de leite fresco, iogurte natural ou queijo cottage com baixo teor de gordura
sal e pimenta-do-reino preta moída na hora
noz-moscada ralada na hora
1 col. de sopa de salsinha fresca picada, para decorar

Se estiver usando feijão seco, deixe-o de molho e cozinhe da forma habitual (ver páginas 149-51). Mantenha-os aquecidos; se estiver usando o enlatado, aqueça-os no próprio líquido da conserva.

Lave os cogumelos e corte-os ao meio, ou em quatro, se necessário.

Refogue os cogumelos na manteiga em uma panela média, por 2-3 minutos, ou até que estejam macios, escorra os feijões e acrescente-os aos cogumelos, juntamente com o suco de limão e o creme de leite fresco, iogurte ou queijo cottage. Tempere com sal, pimenta e noz-moscada a gosto.

Aqueça um pouco, mas não demais, caso contrário o iogurte irá se separar. Sirva com a salsinha picada por cima.

Feijão-branco com tomate, hortelã e azeite V

Esta é uma receita grega de feijão-branco, e o resultado é molhadinho e saboroso. Pode ser servida como acompanhamento ou prato principal, com arroz integral soltinho. Também fica muito boa fria. Se quiser congelar, deixe para acrescentar o alho somente na hora de servir.

3-4 PORÇÕES COMO PRATO PRINCIPAL, 6 COMO ACOMPANHAMENTO ❄

200g de feijão-branco seco ou 2 latas de 400g
2 cebolas grandes
2 dentes de alho
4 col. de sopa de azeite de oliva
450g de tomate, sem pele, ou 1 lata de 400g
2 col. de sopa de hortelã fresca picada
sal e pimenta-do-reino preta moída na hora
1 ou 2 pitadas de açúcar (opcional)

Deixe os feijões de molho em bastante água por algumas horas. Escorra e coloque em uma panela com água renovada. Espere ferver, reduza o fogo e cozinhe até que estejam macios (1-1¼ hora).

Escorra o feijão cozido ou em lata.

Descasque e pique as cebolas e amasse o alho. Refogue as cebolas em azeite por 10 minutos em uma panela grande, deixando-as dourar um pouco, e então acrescente o alho.

Pique os tomates e acrescente-os à panela, juntamente com o feijão, a hortelã e um pouco de sal e pimenta.

Deixe cozinhar em fogo baixo, com a panela tampada, por cerca de 20 minutos, para que todos os sabores se misturem.

Prove, tempere com mais sal e pimenta-do-reino preta moída na hora e uma pitada de açúcar, se achar necessário.

Feijão-branco com tomate e pimentão verde V

Este é um prato bastante simples, que fica ótimo acompanhado de uma salada verde e de um bom pão. Fica delicioso frio, também, principalmente se você misturar algumas azeitonas pretas e mais um pouco de azeite.

3-4 PORÇÕES ❄

200g de feijão-branco seco ou 2 latas de 400g
2 cebolas grandes
2 dentes de alho grandes
2 col. de sopa de azeite de oliva
2 pimentões verdes
1 lata de 400g de tomates picados
1 col. de sopa de extrato de tomate
½ col. de chá de pimenta vermelha em pó
sal e pimenta-do-reino preta moída na hora
1 ou 2 pitadas de açúcar
2 col. de sopa de salsinha fresca picada, para decorar

Deixe os feijões de molho, cozinhe da maneira habitual (ver páginas 149-51) e escorra. Se estiver usando feijões em lata, escorra e enxágue.

Descasque as cebolas, corte-as em rodelas e amasse os dentes de alho. Refogue-os em azeite até que estejam macios e levemente dourados (cerca de 10 minutos).

Corte os pimentões ao meio, retire as sementes, corte-os em tirinhas e acrescente-os à cebola e ao alho refogados. Salteie por 5 minutos.

Misture os tomates, o extrato de tomate e a pimenta vermelha e cozinhe em fogo baixo por mais 10 minutos. Acrescente o feijão e espere aquecer.

Tempere com sal, pimenta e um pouco de açúcar a gosto. Espalhe a salsinha por cima e sirva.

VARIAÇÃO

Grão-de-bico com tomate e pimentão verde V

Este prato fica igualmente delicioso se preparado exatamente da mesma forma, mas substituindo o feijão-branco por grão-de-bico.

Gratin de feijão-branco e vegetais

Este reconfortante prato de inverno, preparado com raízes, também fica muito bom preparado com vegetais de início de verão, como cenouras jovens, abobrinhas e vagem-francesa.

4 PORÇÕES ❄

200g de feijão-branco seco ou 2 latas de 400g
150-275ml de leite
225g de cenoura

225g de nabo
225g de alho-poró
4 talos de aipo
4 cebolas
40g de manteiga
40g de farinha de trigo
125g de queijo ralado
sal e pimenta-do-reino preta moída na hora
4 col. de sopa de farinha de rosca de pão integral, para cobrir

Se estiver usando feijão seco, deixe de molho e cozinhe da forma habitual (ver páginas 149-51). Escorra e reserve o líquido do cozimento. Se estiver usando feijão em lata, escorra e enxágue. Acrescente leite à água do cozimento ou ao líquido da conserva até obter 425ml.

Descasque as cenouras e as rutabagas e corte-as em cubos; lave e fatie o alho-poró e o aipo. Descasque as cebolas e corte-as em rodelas. Cozinhe todos os vegetais simultaneamente em uma panela com água fervendo, até que estejam macios, e escorra.

Derreta a manteiga em uma panela grande e misture a farinha; quando começar a espumar, retire a panela do fogo e despeje a mistura de leite, depois leve de volta ao fogo e mexa até engrossar.

Deixe o molho cozinhar lentamente por cerca de 10 minutos, para que a farinha não fique crua, e então misture metade do queijo ralado, o feijão e os vegetais cozidos. Tempere com sal e pimenta.

Coloque a mistura em uma travessa refratária rasa, espalhe a farinha de rosca e o restante do queijo por cima e leve para gratinar sob o grill do forno.

VARIAÇÃO

Gratin de feijão-branco, vegetais e tomate V

Substitua a mistura de leite, a manteiga, a farinha de trigo e o queijo ralado por 1 lata de 400g de tomate picado, batido ou amassado. Cubra com a farinha de rosca, como indicado, espalhe um pouco de queijo ralado e leve para gratinar. Para uma versão sem derivados de leite, retire o queijo ralado e misture a farinha de rosca com 2 colheres de sopa de azeite de oliva antes de espalhá-la sobre os vegetais e leve para gratinar.

Curry de feijão-branco e vegetais V

Este é um curry suave, com um delicioso sabor de especiarias.

4 PORÇÕES

200g de feijão-branco seco ou 2 latas de 400g
3 col. de sopa de azeite de oliva
1 cebola, picada
1 dente de alho, amassado
2 col. de chá de gengibre fresco ralado
1 col. de chá de cominho em pó
1 col. de chá de cúrcuma
½ col. de chá de pimenta vermelha em pó
2 tomates, grosseiramente picados
450g de batata, descascada e cortada em cubos grandes
1½ col. de chá de sal
2 folhas de louro
125g de ervilha congelada
2 col. de sopa de coentro fresco picado, para decorar

Se estiver usando feijão seco, deixe de molho e cozinhe da maneira habitual (ver páginas 149-51). Escorra e reserve o líquido do cozimento, acrescentando mais água, se necessário, até completar 275ml.

Aqueça o azeite em uma panela grande e acrescente a cebola e o alho. Refogue, sem dourar, por 5 minutos, e então acrescente o gengibre e as outras especiarias e cozinhe por mais 1 minuto.

Acrescente os tomates, tampe e cozinhe por cerca de 5 minutos, depois acrescente as batatas e misture bem para que fiquem completamente cobertas pela mistura de temperos. Despeje os 275ml de líquido e acrescente o sal e as folhas de louro. Espere ferver, tampe e reduza o fogo. Deixe cozinhar desta forma até que as batatas estejam quase no ponto, então acrescente o feijão e as ervilhas e cozinhe por mais 5 minutos, apenas para que tudo fique aquecido por igual. Sirva com o coentro picado por cima.

Feijão com alho e sálvia à Toscana V

Esta receita é maravilhosa, repleta dos sabores da Toscana, e muito fácil de fazer. Sirva com um bom pão rústico e uma taça de vinho tinto para uma refeição simples e agradável.

4-6 PORÇÕES

3 cebolas, picadas
2 col. de sopa de azeite de oliva
3-4 dentes de alho, amassados ou finamente picados
3 latas de 400g de feijão-branco (não escorra)
3 col. de sopa de sálvia fresca picada
sal e pimenta-do-reino preta moída na hora
1-3 col. de sopa de suco de limão espremido na hora

Em uma panela grande, refogue as cebolas no azeite por cerca de 8 minutos, até que esteja quase totalmente macia. Acrescente o alho e refogue por mais 2 minutos. Acrescente os feijões com o líquido da conserva e a sálvia. Mexa, tampe a panela e cozinhe em fogo muito baixo por cerca de 1 hora. Você pode cozinhar por menos tempo, mas este cozimento lento realmente ajuda a realçar e fundir os sabores.

Tempere com sal e pimenta e acrescente o suco de limão, aos poucos, provando sempre, para dar um toque de acidez. Fica ótimo quente, morno ou frio.

Purê de grão-de-bico com alho V

Muito fácil de preparar, principalmente se você usar grão-de-bico em conserva. Tomate em rodelas e coentro ou manjericão frescos também combinam muito bem.

3-4 PORÇÕES

200g de grão-de-bico seco ou 2 latas de 400g
3 dentes de alho grandes, amassados
2 col. de sopa de suco de limão espremido na hora
sal e pimenta-do-reino preta moída na hora
2 col. de sopa de azeite de oliva
páprica
gomos de limão, para decorar
torrada de pão integral, para servir

Deixe o grão-de-bico de molho e cozinhe de acordo com a maneira habitual (ver páginas 149-51); escorra e reserve o líquido do cozimento.

Amasse o grão-de-bico até formar um purê, acrescentando um pouco do líquido (ou água), se necessário, para obter uma textura grossa e homogênea.

Tempere o pure com o alho, o suco de limão, sal, pimenta e azeite. Transfira para uma panela e mexa bem sobre fogo baixo para aquecer.

Espalhe um pouco de páprica por cima e sirva com os gomos de limão e com torradas de pão integral.

VARIAÇÃO

Purê de grão-de-bico com tomate e cebola V

Para uma variação ao estilo grego, acrescente 2 cebolas refogadas em azeite até ficarem bem macias, 225g de tomate sem pele picado (ou 1 lata de 400g) e uma colher de sopa cheia de salsinha fresca e outra de hortelã fresca, picadas.

Caçarola marroquina de grão-de-bico e berinjela V

Esta colorida caçarola de grão-de-bico e berinjela fica bem acompanhada de couscous ou de arroz e uma salada verde. Se sobrar, também é deliciosa fria, com pão crocante e salada.

4 PORÇÕES ❄

2 cebolas grandes, picadas
3 col. de sopa de azeite de oliva
2 col. de chá de cominho em pó
2 col. de chá de semente de coentro em pó
1 col. de chá de canela em pó
2 berinjelas, cortadas em pedaços grandes
2 latas de 400g de grão-de-bico, escorridos e lavados
125g de uva-passa
2 latas de 400g de tomates picados
850ml de água ou caldo de legumes
sal e pimenta-do-reino preta moída na hora

Refogue as cebolas picadas no azeite, em uma panela grande, com tampa, por 10 minutos, até que estejam macias, mas sem dourar.

Acrescente o cominho, o coentro e a canela; deixe cozinhar por alguns segundos e então acrescente as berinjelas, o grão-de-bico, a uva-passa, o tomate e a água ou caldo. Deixe ferver, reduza o fogo e cozinhe desta forma, com a panela parcialmente tampada, por cerca de 30 minutos, ou até que os vegetais estejam macios e o caldo tenha engrossado.

Tempere com sal e pimenta e sirva.

Croquetes de grão-de-bico e batata V

Estes croquetes cremosos ficam ótimos de diversas maneiras: com molho de tomate e um vegetal verde; com molho de iogurte e salada; ou com molho curry e arroz com especiarias.

4 PORÇÕES ❄

200g de grão-de-bico seco, demolhado e cozido (ver páginas 149-51) ou 2 latas de 400g

450g de batata, cozida, escorrida e amassada (sem muita umidade)
1 dente de alho, amassado
½ col. de chá de páprica
2 col. de sopa de salsinha fresca picada
sal e pimenta-do-reino preta moída na hora
óleo vegetal, para fritura rasa

PARA A COBERTURA
6 col. de sopa de amido de milho
6-7 col. de sopa de água fria
8 col. de sopa de farinha de rosca (ver página 156)

Escorra o grão-de-bico e amasse-o grosseiramente com um garfo. Misture com as batatas amassadas, o alho, a páprica e a salsinha. Tempere com sal e pimenta.

Divida a mistura e molde oito croquetes.

Para fazer a cobertura, misture o amido de milho e a água até obter uma textura grossa e consistente.

Mergulhe cada croquete na mistura de amido de milho e depois na farinha de rosca, de forma a ficar completamente coberto. Pressione delicadamente para recompor a forma, se necessário.

Frite os croquetes em óleo quente, numa frigideira rasa, e escorra bem em papel-toalha.

Ou, se preferir, coloque os croquetes em uma assadeira untada e leve ao forno a 200°C por 30-40 minutos, virando-os na metade do tempo, para que fiquem dourados por igual.

Grão-de-bico em molho de tomate V

Esta mistura condimentada de grão-de-bico também fica boa servida como prato principal, acompanhada de arroz ou massa. Acrescenta uma dose de proteína a qualquer refeição.

4 PORÇÕES
225g de grão-de-bico seco ou 2 latas de 400g
1 cebola pequena
1 col. de sopa de azeite de oliva
1 dente de alho, amassado
125g de cogumelo paris, em fatias
1 lata de 400g de tomates picados
1 folha de louro
sal e pimenta-do-reino preta moída na hora
¼-½ col. de chá de pimenta vermelha em pó
1 ou 2 pitadas de açúcar

Deixe o grão-de-bico de molho, cozinhe da forma habitual (ver páginas 149-51) e escorra. Se estiver usando em conserva, escorra também. Reserve o grão-de-bico enquanto você prepara o molho.

Descasque e pique a cebola e refogue-a no azeite, em uma panela média, por 5 minutos; não deixe dourar.

Acrescente o alho e o cogumelo, mexa e refogue por mais 5 minutos.

Acrescente os tomates e a folha de louro e deixe cozinhar, em fogo médio, por 10-15 minutos, ou até que a maior parte do líquido tenha evaporado, restando um molho bastante encorpado.

Tempere com sal, pimenta-do-reino e pimenta vermelha em pó, e um pouco de açúcar, se achar necessário. Acrescente o grão-de-bico, misture e deixe cozinhar por mais alguns minutos, apenas para aquecer a mistura por igual. Ajuste o tempero e sirva.

Ensopado espanhol de grão-de-bico V

Este ensopado espanhol, chamado de *cocido*, tradicionalmente contém carne. Aqui está uma deliciosa versão preparada sem. Sirva tigelas fumegantes do ensopado, acompanhadas de pão ou salpicadas com grandes pedaços de croûton.

4 PORÇÕES

300g de grão-de-bico seco ou 3 latas de 400g
caldo de legumes sem sal (ver página 13)
3 batatas
2 cebolas
2 cenouras
1 nabo
2 alhos-porós
1 repolho pequeno
2 dentes de alho
1 col. de sopa de páprica
bouquet garni (dois ramos de salsinha, um ramo de tomilho e uma folha de louro, amarrados)
2 col. de sopa de azeite de oliva
2 col. de sopa de salsinha fresca picada
sal e pimenta-do-reino preta moída na hora

Se estiver usando grão-de-bico seco, deixe-o de molho por bastante tempo, escorra, lave e coloque-o em uma panela grande, despeje caldo de legumes suficiente para cobrir e cozinhe em fogo baixo até que esteja quase completamente macio (cerca de 1½ hora).

Se estiver usando grão-de-bico em lata, coloque-os em uma panela grande e acrescente caldo de legumes suficiente para cobrir.

Descasque as batatas e corte-as em pedaços de mesmo tamanho. Descasque as cebolas, as cenouras e o nabo e corte-os em rodelas.

Lave bem os alhos-porós e corte-os em fatias. Lave o repolho e corte-o em quatro, e descasque e amasse os dentes de alho.

Acrescente os vegetais e o alho ao grão-de-bico na panela, juntamente com a páprica, o bouquet garni, o azeite e um pouco mais de caldo, se necessário.

Cozinhe em fogo baixo por 30 minutos, ou até que todos os vegetais estejam macios. Retire o bouquet garni, misture a salsinha picada e tempere com sal e bastante pimenta-do-reino.

Falafel V

Falafel é um prato delicioso e faz bastante sucesso com as crianças. É necessário usar grão-de-bico seco para esta receita, e deixá-lo de molho por 24 horas. Eu costumo fritar o falafel em uma panela com cerca de 4cm de óleo de canola, em vez do desperdício todo de usar uma fritadeira. Sirva com pão árabe aquecido, rodelas de tomate, azeitonas e hummus, ou molho de tahine.

4 PORÇÕES ❄

250g de grão-de-bico seco
1 molho pequeno de salsinha, sem os talos mais grossos
1 cebola pequena, grosseiramente picada
2 dentes de alho, grosseiramente picados

1½ col. de chá de cominho em pó
1½ col. de chá de semente de coentro em pó
1 boa pitada de pimenta vermelha em pó
½ col. de chá de fermento químico
1½ col. de chá de sal
pimenta-do-reino preta moída na hora
óleo de canola ou de amendoim, para fritura por imersão

Deixe o grão-de-bico de molho por 24 horas em bastante água fria. Escorra bem.

Coloque a salsinha em um processador de alimentos e bata. Transfira a salsinha batida para uma travessa e reserve.

Sem limpar o processador, coloque o grão de bico escorrido, a cebola picada e o alho, juntamente com o cominho, a semente de coentro, a pimenta vermelha, o fermento químico e o sal.

Bata muito bem, até obter uma mistura granulosa, homogênea e firme.

Retire a mistura do processador e deixe-a descansar por 30 minutos, se possível, e então incorpore a salsinha picada; acrescentá-la somente nesta etapa deixa o falafel mais leve.

Forme bolinhas do tamanho de uma noz e achate-as. Se você tiver tempo, deixe-as descansarem novamente, por mais 15 minutos. Você pode preparar até esta etapa muitas horas antes de fritar o falafel.

Aqueça o óleo a 180°C, ou até que um cubo de pão de 2,5cm comece a chiar imediatamente quando mergulhado, suba à superfície e fique dourado em 60 segundos. Frite o falafel em levas pequenas, virando conforme necessário, até que ambos os lados estejam bem dourados e crocantes.

Escorra em papel-toalha e sirva imediatamente.

Lentilha fácil com queijo

Esta receita é barata, reconfortante e muito fácil de fazer. Sirva com ketchup, picles ou chutney e uma salada de tomates e cebolas em rodelas.

4 PORÇÕES ❄
1 cebola, picada
2 col. de sopa de azeite de oliva
1 dente de alho, amassado
225g de lentilha vermelha partida
700ml de água
125g de queijo cheddar maduro ou parmesão (ou similar), ralado
sal e pimenta-do-reino preta moída na hora

Refogue a cebola em azeite, em uma panela grande, por 10 minutos.

Acrescente o alho, a lentilha e a água. Deixe ferver, tampe, reduza o fogo e cozinhe desta forma por 15-20 minutos, ou até que as lentilhas estejam mais claras e macias.

Misture o queijo ralado e tempere com sal e pimenta. Sirva imediatamente.

Bolo de lentilha e queijo

Um bom prato para o jantar, simples e rápido de fazer, e que as crianças adoram. Também fica bom frio, com picles, chutney – como o chutney rápido sem cozimento (ver página 62) – e salada.

4 PORÇÕES ❄
225g de lentilha vermelha partida
1 cebola, em rodelas
1 folha de louro

450ml de água
50g de queijo ralado
sal e pimenta-do-reino preta moída na hora
1 tomate, em rodelas finas
1 col. de sopa de manteiga

Coloque as lentilhas, a cebola e a folha de louro em uma panela com a água e cozinhe em fogo baixo, sem tampa, por 20-25 minutos, ou até que as lentilhas estejam macias. Retire a folha de louro.

Preaqueça o forno a 220°C.

Misture metade do queijo com as lentilhas cozidas e tempere.

Unte uma forma de bolo quadrada de 20cm de lado e despeje a mistura de lentilhas sobre ela, espalhando bem para preencher os cantos.

Cubra com o restante do queijo, as rodelas de tomate e a manteiga. Leve ao forno por 20-25 minutos, até que esteja cozido por igual e dourado na superfície.

Lentilhas com coentro e gengibre fresco V

Esta mistura condimentada de lentilhas fica ótima com arroz basmati ou pão árabe e uma salada de tomate e cebola.

2-3 PORÇÕES
200g de lentilha verde seca ou 2 latas de 400g
2 cebolas grandes, picadas
2 dentes de alho, amassados
40g de manteiga
2 col. de chá de gengibre fresco ralado
2 col. de chá de semente de coentro em pó
2 col. de chá de cominho em pó
2 col. de sopa de coentro fresco ou salsinha fresca picados
algumas gotas de suco de limão espremido na hora
sal e pimenta-do-reino preta moída na hora

Coloque as lentilhas em uma panela, cubra com bastante água, deixe ferver, reduza o fogo, cozinhe desta forma por 35-40 minutos, ou até que estejam macias, e escorra. Ou então, escorra as lentilhas da lata.

Refogue a cebola e o alho na manteiga por cerca de 5 minutos, então acrescente o gengibre, o coentro e o cominho e cozinhe por mais 5 minutos.

Misture a cebola e os temperos refogados às lentilhas cozidas.

Acrescente a salsinha ou o coentro e tempere com um pouco de suco de limão e sal e pimenta a gosto.

Dica
Este curry básico e simples pode ser incrementado com outros vegetais, como pimentões ou cogumelos em fatias. Basta refogá-los junto com a cebola.

Croquetes de lentilha V

Estes croquetes são preparados com lentilhas vermelhas partidas, e eram meu prato preferido durante a minha infância como vegetariana. Minha mãe costumava fazê-los pelo menos uma vez por semana e os servia com seu delicioso molho de cebolas, purê de batatas e geleia de hortelã. Um chutney de manga também combina muito bem, mas ainda não estava à venda naqueles tempos. Hoje, eu gosto mais de comê-los com molho tártaro (ver página 67) e uma salada.

4 PORÇÕES ❄
225g de lentilha vermelha partida
425ml de água
1 cebola, finamente picada
2 col. de sopa de azeite de oliva
1 col. de sopa de suco de limão espremido na hora
sal e pimenta-do-reino preta moída na hora
farinha de trigo integral, para cobrir
azeite de oliva, para fritura rasa

Coloque as lentilhas e a água em uma panela média e cozinhe por 20-30 minutos, ou até que as lentilhas estejam mais claras e macias e toda a água tenha sido absorvida. Uma panela antiaderente é o mais indicado para esta tarefa, se possível, para evitar que as lentilhas grudem no fundo.

Refogue a cebola no azeite por cerca de 10 minutos, ou até que esteja macia, acrescente as lentilhas e o suco de limão e tempere a gosto. Misture tudo muito bem, e então forme oito croquetes e passe cada um na farinha de trigo integral.

Aqueça o azeite em uma frigideira e frite os croquetes até que estejam sequinhos. Escorra em papel-toalha e mantenha-os aquecidos.

Outra opção é colocar os croquetes em uma assadeira untada e assá-los por 30-40 minutos em forno a 200°C, virando-os na metade do tempo para que dourem por igual.

Para uma casquinha ainda mais crocante, em vez de farinha, passe os croquetes na cobertura de amido de milho usada para os croquetes de grão-de-bico e batata (ver página 161).

VARIAÇÃO

Croquetes de lentilha e queijo com molho de tomate picante

Acrescente 125g de queijo ralado, ½ colher de chá de páprica e ½ colher de chá de mostarda em pó à mistura de lentilhas. Acrescente ¼-½ colher de chá de pimenta vermelha em pó ao molho de tomate da página 62 e sirva junto com os croquetes.

Gratin de lentilhas e cogumelos

Esta receita é uma das favoritas de muita gente, de acordo com as cartas e os comentários que tenho recebido ao longo dos anos. Consiste em uma camada de cogumelos coberta por um cremoso purê de lentilhas e finalizada com farinha de rosca e queijo ralado.

4 PORÇÕES ❄
175g de lentilha vermelha partida
575ml de leite misturado com água
2 col. de sopa de azeite de oliva
1 cebola grande, em rodelas
1 col. de chá de raspas de casca de limão
2 col. de sopa de suco de limão espremido na hora
sal e pimenta-do-reino preta moída na hora
1 col. de chá de extrato de levedura ou 1-2 colheres de chá de molho de soja
225g de cogumelo

PARA A COBERTURA
25g de farinha de rosca
25g de queijo ralado ou 2 colheres de sopa de azeite de oliva

Coloque as lentilhas em uma panela com a mistura de leite e água e cozinhe em fogo baixo por 20-30 minutos, ou até que as lentilhas estejam douradas e macias.

Preaqueça o forno a 180°C.

Enquanto isso, aqueça metade do azeite em outra panela, acrescente a cebola, tampe e cozinhe por cerca de 10 minutos, ou até que esteja macia, mas sem dourar. Acrescente as cebolas às lentilhas e junte também as raspas da casca e o suco de limão, sal, pimenta e o extrato de levedura ou molho de soja. Bata esta mistura no processador para formar um purê consistente e homogêneo.

Lave os cogumelos, corte-os em fatias e refogue-os no restante do azeite por cerca de 5 minutos, ou até que estejam macios.

Coloque os cogumelos refogados em uma assadeira rasa e despeje a mistura de lentilhas sobre eles, para cobrir. Espalhe a farinha de rosca e o queijo uniformemente por cima, ou se preferir misture a farinha de rosca com 2 colheres de sopa de azeite e use-a, em vez da mistura com queijo, para uma cobertura *vegan*. Leve ao forno por 40-45 minutos, ou até que esteja dourado e borbulhante.

VARIAÇÕES

Gratin de lentilhas e aipo

Em vez de cogumelos, use os talos da parte externa de um pé de aipo grande, picados e cozidos em água fervendo suficiente para cobri-los, até que estejam macios (cerca de 20 minutos).

Gratin de lentilhas e abobrinha

Substitua os cogumelos por 450g de abobrinhas, cortadas em rodelas.

Gratin de lentilhas e tomate

Substitua os cogumelos por 6 tomates, sem pele, cortados em rodelas, e ½ colher de chá de manjericão seco, ou 1 colher de sopa de manjericão fresco picado. Não é necessário refogar os tomates – coloque-os direto na assadeira.

Gratin de lentilhas e funcho

Substitua os cogumelos por 450g de funcho, cortado em fatias e cozido em água fervendo por 15-20 minutos, ou até que esteja macio. Escorra e aproveite a água do cozimento para misturar ao leite na hora de cozinhar as lentilhas.

Hambúrguer de lentilha e cogumelos

Os cogumelos deixam estes hambúrgueres molhadinhos, enquanto a lentilha acrescenta textura e proteína. Eles ficam bastante firmes e podem ser assados no forno, fritos ou preparados na churrasqueira. Gosto deles com uma boa colherada de molho Béarnaise (ver página 57) ou maionese e um pouco de agrião fresco; mas também ficam ótimos em um pão macio com bastante mostarda ou chutney.

4 PORÇÕES

2 col. de sopa de azeite de oliva
1 cebola, picada
450g de cogumelo, picado
2 dentes de alho grandes, amassados
125g de lentilha verde seca, cozida (ver página 151) ou demolhada e cozida (ver páginas 149-51), ou 1 lata de 400g
2 col. de sopa de salsinha fresca picada

sal e pimenta-do-reino preta moída na hora
farinha de trigo, para cobrir
azeite de oliva, para untar ou para fritura rasa

Se você pretende assar os hambúrgueres, preaqueça o forno a 200°C.

Aqueça o azeite em uma panela grande e refogue as cebolas por 5 minutos, ou até que comecem a amolecer, e então acrescente o alho e os cogumelos.

Refogue sobre fogo médio por 20-25 minutos, ou até que todo o líquido tenha evaporado e os cogumelos estejam reduzidos a um purê grosso. Mexa eventualmente enquanto eles estiverem cozinhando. Retire do fogo.

Escorra bem as lentilhas e misture-as aos cogumelos, juntamente com a salsinha e sal e pimenta a gosto.

Forme oito hambúrgueres e passe-os ligeiramente na farinha de trigo.

Coloque-os em uma assadeira rasa untada e leve ao forno por cerca de 30 minutos, virando-os na metade do tempo.

Ou então, frite-os rapidamente dos dois lados em um pouco de azeite bem quente, ou pincele-os com azeite e prepare-os na churrasqueira.

Ensopado de lentilhas e pimentão vermelho V

Uma das melhores coisas deste prato são as cores – um vermelho vivo acalentador que é muito bem-vindo em um dia frio.

4 PORÇÕES ❄
125g de lentilha vermelha partida
125g de feijão-branco seco
2 cebolas grandes
700g de pimentão vermelho (cerca de 4 grandes)
2 col. de sopa de azeite de oliva
1 litro de caldo de legumes sem sal ou água
4 col. de sopa de extrato de tomate
sal
açúcar

Coloque as lentilhas e os feijões em uma tigela e cubra com bastante água fria. Deixe-os de molho por bastante tempo, ou de um dia para o outro, depois escorra e enxágue.

Descasque e pique as cebolas; corte os pimentões em rodelas, descartando o miolo e as sementes.

Aqueça o azeite em uma panela grande e refogue as cebolas por cerca de 10 minutos, para amaciá-las, acrescente o pimentão e refogue por mais 4-5 minutos antes de despejar as lentilhas e os feijões escorridos e o caldo ou a água.

Deixe a mistura ferver, reduza o fogo e cozinhe desta forma, com a panela parcialmente tampada, até que os feijões estejam macios (1-1¼ hora).

Acrescente o extrato de tomate (deixe para o final, depois que os feijões estiverem cozidos, caso contrário o extrato de tomate pode impedir que cozinhem adequadamente, se acrescentado no início) e um pouco de sal e açúcar a gosto. Sirva imediatamente.

Vegetais picantes com lentilha ensopada V

Este é um prato de inverno que aquece de verdade – bastante reconfortante e revigorante. Você pode acrescentar as ervas e especiarias de sua preferência.

3-4 PORÇÕES ❄

3 col. de sopa de azeite de oliva
700g de raízes variadas (por exemplo rutabaga, pastinaca, cenoura, nabo), descascadas e cortadas em cubos
2 talos de aipo, em fatias
3 cebolas grandes, picadas
175g de lentilha vermelha partida
2 dentes de alho, amassados
1 lata de 400g de tomates
700ml de caldo de legumes sem sal (ver página 13)
2-3 col. de chá de semente de coentro em pó
2-3 col. de chá de cominho em pó
sal e pimenta-do-reino preta moída na hora
2 col. de sopa de suco de limão espremido na hora
um pouco de salsinha fresca picada, para decorar

Aqueça 2 colheres de sopa de azeite em uma panela grande e acrescente as raízes, o aipo e ⅔ das cebolas. Salteie por 5 minutos, sem deixar dourar, então acrescente as lentilhas e o alho e cozinhe por mais 1-2 minutos.

Misture os tomates e o caldo, tampe a panela e deixe cozinhar em fogo baixo por cerca de 30 minutos, ou até que todos os vegetais estejam macios e as lentilhas estejam dourado-claras e macias.

Enquanto isso, refogue o restante das cebolas em 1 colher de sopa de azeite por 10 minutos, sem deixar dourar, acrescente o coentro e o cominho e refogue por mais 1 ou 2 minutos, para liberar o sabor das especiarias. Despeje esta mistura às lentilhas e raízes cozidas e tempere com o suco de limão e sal e pimenta a gosto. Espalhe a salsinha picada por cima antes de servir.

Dica

Se quiser assar este prato, leve-o ao forno por cerca de 1 hora a 180°C.

Bolo de batata com recheio de lentilha

Lentilhas verdes rendem um saboroso recheio para bolo de batata. Se você tiver purê de batatas preparado com antecedência, fica ainda mais rápido de fazer.

4-6 PORÇÕES ❄

175g de lentilha marrom ou verde, seca
575ml de água
1 folha de louro
1 cebola, finamente picada
1 col. de sopa de azeite de oliva
1 cenoura pequena, picada
1 talo de aipo, finamente picado
1 dente de alho, amassado
4 col. de sopa de vinho (opcional)
1 lata de 400g de tomates
sal e pimenta-do-reino preta moída na hora

PARA A COBERTURA

700g de purê de batatas
25g de queijo ralado (opcional)

Coloque as lentilhas, a água e a folha de louro em uma panela e cozinhe em fogo baixo, ou até que as lentilhas estejam macias (35-45 minutos).

Preaqueça o forno a 200°C.

Refogue a cebola no azeite por 10 minutos, acrescente a cenoura, o aipo e o alho e refogue por mais dois minutos, mexendo eventualmente.

Retire a panela do fogo e acrescente o vinho (se estiver usando) e os tomates. Tempere com sal e pimenta a gosto.

Espalhe a mistura em uma travessa refratária rasa levemente untada e cubra com o purê de batatas. Alise a superfície e depois faça marcas com a ajuda de um garfo. Espalhe o queijo ralado por cima (se estiver usando).

Leve ao forno por 45 minutos, ou até que esteja bastante dourado.

Lentilhas e batatas condimentadas

Esta receita é rápida, fácil e barata. Fica boa com rodelas de tomate cru e um pouco de chutney de manga.

4 PORÇÕES
1 cebola, picada
2 col. de sopa de azeite de oliva
1 dente de alho, amassado
2 col. de chá de sementes de cominho
1 pedaço de gengibre fresco do tamanho de uma noz, finamente ralado
3 batatas, descascadas e cortadas em cubos de 2cm
225g de lentilha vermelha partida
700ml de água
sal e pimenta-do-reino preta moída na hora

Em uma panela ou frigideira grande, refogue a cebola no azeite por 10 minutos.

Acrescente o alho, o cominho e o gengibre; refogue, mexendo sempre, por 1-2 minutos, então acrescente as batatas e mexa por mais 1-2 minutos.

Despeje as lentilhas, a água e um pouco de tempero, espere ferver, tampe, reduza o fogo e cozinhe por 15-20 minutos, ou até que as lentilhas estejam mais claras e macias e as batatas estejam macias quando perfuradas pela ponta de uma faca afiada.

Ajuste o tempero e sirva imediatamente.

Gratin de lentilhas e espinafre

O casamento de lentilhas e espinafre é especialmente agradável, e esta é uma ótima maneira de realizá-lo.

4 PORÇÕES
225g de lentilha vermelha partida
575ml de água
1kg de espinafre
sal e pimenta-do-reino preta moída na hora
225g de tomate, sem pele, em rodelas
75-125g de queijo ralado

Cozinhe as lentilhas na água por cerca de 20 minutos, ou até que estejam macias e mais claras.

Enquanto isso, lave o espinafre e cozinhe-o em uma panela, sem acrescentar água, por 7-10 minutos, ou até que esteja completamente murcho. Esprema o excesso de líquido, pique o espinafre e tempere com sal e pimenta.

Preaqueça o forno a 190°C.

Coloque o espinafre em uma travessa refratária rasa levemente untada com azeite e espalhe os tomates por cima. Tempere com sal e pimenta.

Tempere as lentilhas e despeje-as sobre os tomates, espalhando bem para cobrir os cantos. Cubra com uma camada de queijo ralado.

Leve ao forno por cerca de 40 minutos, ou até que a superfície esteja bastante dourada.

Lentilhas verdes com espinafre V

Um prato simples, saboroso e bastante reconfortante de se comer. Acrescente as especiarias de acordo com o seu gosto.

3 PORÇÕES

450g de espinafre
200g de lentilha verde seca, demolhada, cozida até ficar macia (ver páginas 149-51), e escorrida, ou 2 latas de 400g, escorridas
1 cebola grande, picada
1 col. de sopa de azeite de oliva
2 dentes de alho, amassados
1-2 col. de chá de cominho em pó
1-2 col. de semente de coentro em pó
sal e pimenta-do-reino preta moída na hora
2-3 col. de chá de suco de limão espremido na hora

Lave o espinafre e cozinhe-o em uma panela seca, tampada, sobre fogo médio, até que murche (cerca de 7 minutos). Escorra.

Acrescente as lentilhas escorridas ao espinafre e reduza o fogo para mínimo, somente para manter o espinafre aquecido e aquecer a lentilhas uniformemente.

Refogue a cebola no azeite por 10 minutos, ou até que esteja macia, e então misture o alho e as especiarias e cozinhe por mais 1-2 minutos.

Acrescente esta mistura ao espinafre e às lentilhas, juntamente com sal, pimenta e suco de limão a gosto. Sirva imediatamente.

Moussaka de feijão-vermelho

Para uma versão simplificada deste prato, retire as berinjelas, espalhe farinha de rosca sobre a mistura de feijão e leve ao forno desta forma. Também fica bom com feijão-preto.

6 PORÇÕES

2 berinjelas (cerca de 450g) cortadas em rodelas de 6mm de espessura
sal
1 cebola grande, picada
5 col. de sopa de azeite de oliva
1 dente de alho, amassado
200g de feijão-vermelho seco, demolhado, cozido (ver páginas 149-51) e escorrido, ou 2 latas de 400g, escorridas e lavadas
4 tomates
1 col. de sopa de extrato de tomate
3-4 col. de sopa de vinho tinto (opcional)
½ col. de chá de cominho ou canela em pó
pimenta-do-reino preta moída na hora
açúcar

1 ovo
425ml de molho de queijo (ver página 59)
50g de queijo ralado

Polvilhe as rodelas de berinjela com sal, coloque-as em uma peneira com um prato por cima, um peso em cima do prato, e deixe assim por 30 minutos. Enxágue sob água corrente e esprema para secar. Você pode pular esta etapa, mas ela ajuda a berinjela a não absorver muito azeite quando você for fritá-la.

Preaqueça o forno a 180°C.

Refogue a cebola em 1 colher de sopa de azeite por 10 minutos, depois acrescente o alho, os feijões escorridos, os tomates, o extrato de tomate e o vinho (se estiver usando), esmagando levemente os feijões.

Acrescente o cominho ou a canela e tempere com sal, pimenta e uma pitada de açúcar, se necessário.

Frite as rodelas de berinjela no restante do azeite, escorrendo-as em papel-toalha para eliminar todo o excesso de azeite.

Bata o ovo com o molho de queijo.

Unte uma travessa refratária rasa, distribua metade das rodelas de berinjela no fundo, cubra com metade da mistura de feijão e metade do molho. Repita as camadas, finalizando com o molho, e então espalhe o queijo ralado por cima. Asse por 1 hora, ou até que esteja dourado e borbulhante.

Torta rápida e fácil de feijão-vermelho e tomate

Uma refeição rápida que as crianças adoram. Sirva com algum vegetal verde.

4 PORÇÕES

750g de batata, descascada e cortada em pedaços
1 col. de sopa de manteiga, mais um pouco para untar
125g de queijo ralado
um pouco de leite
sal e pimenta-do-reino preta moída na hora
1 cebola, picada
1 col. de sopa de azeite de oliva
1 lata de 400g de tomates
1 lata de 400g de feijão-vermelho, escorrido, ou 125g de feijão-vermelho seco, demolhado, cozido (ver páginas 149-51) e escorrido

Preaqueça o forno a 200°C, ou aqueça o grill do forno na temperatura máxima.

Cozinhe a batata em bastante água, suficiente para cobri-la, até que esteja macia, escorra e amasse-a com a manteiga, metade do queijo e a quantidade necessária de leite para obter uma consistência suave. Tempere com sal e pimenta.

Enquanto a batata estiver cozinhando, refogue a cebola no azeite em uma panela tampada, por 7-10 minutos, ou até que fique macia.

Acrescente os tomates e o feijão à cebola, amassando-os um pouco ou batendo em um processador de alimentos ou com um mixer manual até obter um purê homogêneo. Tempere a gosto.

Distribua a mistura de feijão sobre uma travessa refratária rasa untada, espalhe a batata por cima, polvilhe o restante do queijo e leve ao forno por 25-30 minutos. Outra opção é aquecer as misturas de feijão e batata até bem quentes antes de montar o prato, e então apenas dourar a superfície sob o grill do forno.

Ensopado de feijão-vermelho V

Um ensopado rápido e fácil, com uma cor vibrante. Gosto dele acompanhado de um vegetal verde cozido ou de salada verde.

4 PORÇÕES ❄

- 450g de cebola, picada
- 2 col. de sopa de azeite de oliva
- 2 latas de 400g de tomates picados
- 200g de feijão-vermelho seco, demolhado, cozido (ver páginas 149-51) e escorrido, ou 2 latas de 400g (sem adição de açúcar nem sal, se possível), escorridas
- sal e pimenta-do-reino preta moída na hora
- um pouco de ketchup

Refogue as cebolas no azeite em uma panela grande, tampada, por cerca de 10 minutos, ou até que estejam macias, mas sem dourar.

Acrescente os tomates e o feijão e tempere com sal, pimenta e um pouco de ketchup, a gosto.

Deixe a mistura cozinhar em fogo baixo por 10-15 minutos e sirva imediatamente.

VARIAÇÕES

Feijão-vermelho picante V

Siga as instruções da receita, e acrescente ½-1 colher de chá de pimenta vermelha em pó, a gosto (ajuste de acordo com o seu paladar e do quão forte a pimenta for).

Feijão-vermelho com tomate, cebola e cominho V

Para esta versão condimentada, acrescente 2 colheres de chá de sementes de cominho inteiras às cebolas quando já estiverem refogando há cerca de 5 minutos. Continue como indicado.

Purê de ervilhas amarelas com vegetais V

Esta receita alemã não é muito diferente do purê de ervilhas inglês. Combina bem com batatas assadas recheadas.

4 PORÇÕES

- 225g de ervilha amarela partida
- 575ml de água
- 2 cebolas, em rodelas
- 1 cenoura, em rodelas
- 1 alho-poró pequeno, em rodelas
- 1 talo de aipo, em fatias
- 1 boa pitada de hortelã ou de manjerona seca
- 1 col. de sopa de suco de limão espremido na hora
- sal e pimenta-do-reino preta moída na hora
- 2 col. de sopa de azeite

Deixe as ervilhas de molho em água por 1 hora, escorra e lave-as e então coloque-as em uma panela com a água, metade das rodelas de cebola e todos os outros vegetais e ervas. Cozinhe em fogo baixo até que as ervilhas e os vegetais estejam macios (cerca de 30 minutos).

Bata a mistura em um processador ou com um mixer manual até obter um purê. Acrescente o suco de limão e tempere com sal e pimenta.

Espalhe a mistura em uma travessa refratária rasa.

Refogue as cebolas restantes no azeite até que estejam começando a amolecer, e então coloque-as sobre o purê.

Coloque no forno em temperatura bem alta até que comece a formar uma ligeira crosta sobre a superfície e as cebolas estejam sequinhas e douradas.

Tofu marinado assado V

O tofu vem sendo produzido e consumido na China e no Japão há muitos séculos, e é repleto de proteína e nutrientes. Em sua forma natural é bastante sem graça, mas é capaz de absorver sabores muito bem. O segredo está em mariná-lo, e existem muitos temperos que você pode usar. Uma vez que ele esteja marinado, você pode usá-lo em qualquer receita que peça tofu marinado, ou dar sequência a esta receita e assá-lo. Sirva o tofu assado com salada ou com um vegetal verde cozido.

2 PORÇÕES

250g de tofu, em um bloco firme

PARA A MARINADA

1½ col. de chá de gengibre fresco ralado
1 dente de alho, amassado
2 col. de sopa de molho de soja
1 col. de sopa de óleo de gergelim
1 col. de sopa de mel claro ou xarope de bordo

Escorra a água do tofu e seque-o bem com papel-toalha.

Corte o tofu em cubos de cerca de 1cm, ou ao meio no sentido do comprimento, depois na largura, de modo a obter quatro retângulos finos, ou em palitos de 6mm de espessura no sentido do comprimento.

Prepare a marinada misturando todos os ingredientes. Se você fizer isto em uma travessa refratária rasa, pode assar o tofu na mesma travessa depois que ele estiver marinado. Se possível, deixe o tofu marinar por pelo menos 1 hora, ou até por muitas horas, mas se você estiver com pressa pode assá-lo logo em seguida.

Asse o tofu em forno preaquecido a 200°C por 25-30 minutos, ou até que esteja dourado e crocante. Vire os pedaços depois de cerca de 15 minutos.

VARIAÇÃO

Tofu com gergelim torrado V

Deixe o tofu marinar como descrito. Você pode colocar o tofu em uma travessa ou cortá-lo em pedaços e colocá-lo em 2 espetinhos, virando-os para que o tofu fique totalmente coberto pela marinada. Asse como indicado, por 10 minutos, e então salpique 1-2 colheres de sopa de sementes de gergelim sobre o tofu e asse por mais 15-20 minutos, virando os pedaços regularmente. Sirva com pão árabe aquecido ou com arroz e o molho de satay das páginas 129-30.

Tofu salteado com cenouras e missô V

Quando você for preparar tofu em um refogado, temperá-lo é a tarefa mais importante. Aqui, o sabor é dado pelo alho, gengibre, molho de soja, missô, xerez e caldo. É uma ótima ideia usar cogumelos chineses se você encontrá-los – podem ser comprados desidratados em lojas de produtos orientais –, mas, se não achar, use cogumelos comuns. O missô pode ser encontrado em lojas de produtos naturais, orientais ou grandes supermercados.

2-3 PORÇÕES

225g de cenoura
6 cogumelos chineses secos ou 125g de cogumelo fresco
1 cebola
2 dentes de alho
2 col. de sopa de molho de soja escuro
½-1 col. de chá de missô
1 col. de chá de açúcar
algumas gotas de tabasco
4 col. de sopa de água fervendo
1 col. de sopa de xerez fino
225g de tofu, em um bloco firme, escorrido
2 col. de chá de gengibre fresco ralado
2 col. de sopa de óleo de amendoim ou de canola

Prepare as cenouras, esfregando-as e cortando-as em fatias na diagonal. Cozinhe-as parcialmente por 4-5 minutos ou até que estejam quase macias, e escorra.

Deixe os cogumelos secos de molho em água suficiente para cobri-los, escorra e corte-os em tiras bem finas. Ou, se estiver usando cogumelos comuns, lave-os e corte-os em fatias.

Descasque e pique a cebola bem fino; amasse os dentes de alho.

Misture o molho de soja, o missô, o açúcar, o tabasco, a água fervendo e o xerez. Corte o tofu em cubinhos.

Na hora de cozinhar, aqueça o óleo em uma wok ou em uma frigideira grande e refogue o alho, o gengibre e a cebola por alguns segundos, então acrescente os cogumelos e as cenouras; cozinhe por 30 segundos, então despeje a mistura de temperos, para que todos os sabores se fundam. Acrescente o tofu e salteie por mais 2 minutos, para que tudo fique bem quente. Sirva imediatamente.

Refogado de tofu e cogumelos V

Cogumelos chineses secos dão um excelente sabor a este prato, mas, se você não encontrá-los, use cogumelos frescos comuns.

2 PORÇÕES

6 cogumelos chineses secos ou 125g de cogumelo fresco
225g de tofu, em um bloco firme, escorrido
azeite de oliva, para fritura rasa
1 cebola, picada
1 dente de alho, amassado
1 pedaço de gengibre fresco de cerca de 2,5cm, ralado
1 col. de sopa de molho de soja escuro
½ col. de chá de caldo de legumes em pó ou 1 cubinho, esfarelado
2 col. de sopa de água ou do líquido escorrido depois que os cogumelos forem deixados de molho
50g de amêndoas fatiadas, para decorar

Se você estiver usando cogumelos secos, lave-os sob água corrente, coloque-os em uma tigela pequena, despeje água fervendo até cobrir e deixe-os hidratar por 1 hora. Escorra os cogumelos e reserve o líquido. Corte-os em pedaços. Se estiver usando cogumelos frescos, lave-os e corte-os em fatias.

Escorra o tofu e corte-o em cubinhos, aqueça um pouco do azeite em uma panela grande e frite-os rapidamente, até que estejam ligeiramente dourados de todos os lados. Retire da panela e mantenha-os aquecidos.

Aqueça um pouco mais de azeite na mesma panela e refogue a cebola por 7 minutos, depois acrescente o alho, o gengibre e os cogumelos (reidratados ou frescos) e refogue tudo por mais 2 minutos, ou até que os cogumelos estejam macios.

Misture o molho de soja, o caldo em pó e a água ou o líquido dos cogumelos. Deixe os sabores se misturarem por 1 ou 2 minutos, acrescente o tofu e cozinhe em fogo baixo por cerca de 2 minutos, para reaquecer o tofu e dar tempo para que ele absorva os sabores do molho.

Espalhe as lascas de amêndoas por cima antes de servir. Sirva acompanhado de arroz cozido bem soltinho e vegetais chineses.

Purê de feijão flageolet

Um belo purê verde-claro, de sabor e cor delicados. Apesar de ser possível encontrar feijões verdes enlatados, para esta receita em que eles desempenham o papel principal, é melhor comprá-los secos e cozinhá-los você mesmo – é fácil, desde que você se lembre de deixá-los de molho com algumas horas de antecedência, ou fazer uma demolha rápida a quente.

4 PORÇÕES ❄

225g de feijão flageolet seco, demolhado e cozido (ver páginas 149-51)
1 cebola pequena, picada
25g de manteiga
4-6 col. de sopa de creme de leite fresco
sal e pimenta-do-reino preta moída na hora
1 ou 2 pitadas de noz-moscada ralada na hora
1 col. de sopa de salsinha fresca picada, para decorar

Escorra os feijões e reserve o líquido do cozimento.

Enquanto os feijões estiverem cozinhando, refogue a cebola delicadamente na manteiga, por cerca de 10 minutos, ou até que esteja macia, mas sem dourar.

Bata os feijões em um processador ou com um mixer manual, acrescente o creme de leite, a cebola refogada e o líquido do cozimento reservado (se necessário) para obter um purê homogêneo.

Tempere com sal, pimenta e noz-moscada ralada. Reaqueça em fogo baixo (não deixe a mistura ferver) e sirva decorado com a salsinha picada.

Grãos

Grãos – trigo sarraceno, trigo bulgur, painço, fubá, quinoa, couscous, arroz selvagem, cevada, aveia e arroz – são ótimos para acrescentar variedade e nutrientes a pratos vegetarianos e *vegan*. Apesar de às vezes serem vistos como puro carboidrato complexo, eles também contêm proteínas, vitaminas e minerais importantes.

Grãos são baratos, fáceis de cozinhar e perfeitos para dar substância a uma refeição. São o acompanhamento natural de ensopados e curries, com a doçura dos amidos absorvendo os sucos e equilibrando perfeitamente as texturas e os sabores. Também são deliciosos como ingrediente principal, em saladas, paellas e risotos. Neste capítulo você vai encontrar um guia para cozinhar grãos à perfeição, bem como receitas para todas as ocasiões – experimente o tabule de quinoa para um almoço de verão ao ar livre, um acalentador risoto de abóbora no inverno e um pilaf de painço e abobrinha para um jantar simples e reconfortante de meio de semana (ver páginas 193-4, 198 e 188-9). Seja qual for a receita de sua escolha, é sempre válido preparar bastante, pois grãos podem ser congelados sem problemas.

Guia para utilizar arroz e grãos

Amaranto Pequenos grãos, de tamanho similar ao couscous. Contém proteína completa e cálcio, como a quinoa, mas adquire uma textura muito pegajosa quando cozido. Fica melhor quando acrescentado a pratos assados em pequenas quantidades, quando você quiser aumentar o valor nutricional deles, ou compre-o "pipocado" (como flocos de arroz) ou quebrado e acrescente-o à granola.

Arroz Os tipos de arroz que eu uso regularmente e que figuram neste livro são os de risoto (arbóreo ou carnaroli), o de paella (calasparra) (ver receitas nas páginas 197-8 e 189-91), o basmati, tanto branco quanto integral, e o integral orgânico de grão curto. Para todos estes, prefiro o método de infusão; coloco o arroz em uma panela com a quantidade de água suficiente para ser absorvida durante a cocção, deixo ferver, reduzo o fogo e cozinho desta forma, mantendo a panela tampada. A proporção básica é de 2 xícaras de água para 1 xícara de arroz, mas para o basmati branco você pode reduzir para 1¼-1½ xícaras de água. Isto rende um excelente resultado, mas você precisa de cuidado redobrado. Coloque o arroz e a água em uma panela de fundo triplo, deixe ferver, mexa rapidamente, tampe, reduza o fogo para o mínimo e ajuste o timer para 14 minutos. Retire o arroz do fogo imediatamente após este tempo, mas não destampe a panela – deixe-a descansar desta forma por 15 minutos. Então levante a tampa e se delicie com o aroma e a aparência de um arroz perfeito!

Para cozinhar arroz integral com perfeição, coloque 1 xícara de arroz em uma panela, juntamente com 2 xícaras de água (ou 225g de arroz e 575ml de água). Adicione um pouco de sal, se desejar. (Pessoalmente, eu nunca coloco sal na água quando cozinho arroz, vegetais ou qualquer outra coisa; acho muito melhor colocá-lo somente depois que o alimento está cozido.) Deixe ferver, tampe a panela, reduza o fogo e deixe cozinhar desta forma por 40-45 minutos, o tempo que leva para o arroz absorver toda a água e ficar macio. Retire a panela do fogo e deixe descansar, ainda tampada, por mais 10-15 minutos. Prepare arroz basmati integral da mesma forma, mas cozinhando somente por 25-30 minutos.

Você pode economizar tempo usando uma panela de pressão, que cozinha arroz integral em cerca de 15 minutos do início ao fim. Coloque o arroz na panela de pressão e cozinhe por 10 minutos na pressão máxima. Depois disso, apague o fogo e deixe toda a pressão sair, abra a panela e lá está o seu arroz cozido à perfeição. Este método é especialmente bom para cozinhar arroz integral orgânico de grão curto, que eu considero um grão maravilhosamente revigorante e reconfortante.

Arroz selvagem Tecnicamente, é uma semente, apesar de ser tratado como um grão. Estas sementes pretas e compridas ficam bastante atraentes quando cozidas junto com arroz branco ou integral, e acrescentam um sabor defumado e uma textura borrachuda. Cozinhe-o da mesma forma que arroz integral; leva 45-50 minutos e está pronto quando uma parte da sua película estoura, dando a impressão de que tem listras brancas.

Aveia Adoro a textura cremosa da aveia quando acrescento água, e agora não é tão difícil encontrar "leite" e "creme de leite" de aveia, ao lado do leite de soja, nas lojas de produtos naturais. A aveia pode ser encontrada em grãos inteiros (para fazer papas, bolos etc.) ou em flocos. Compre sempre aveia de verdade, pura, e evite as papas "instantâneas".

Cevada Um grão modesto, sem grandes atributos, de sabor adocicado. É consumido no Reino Unido há seculos e eventualmente acrescentado a ensopados e caçarolas. Rende um risoto interessante, mais pegajoso, ou uma salada, com avelãs e cebolinha, mas aprecio mesmo a farinha, por conta de seu sabor doce e delicado.

Couscous É feito de semolina, de aparência dourada e granulosa no pacote, próxima do trigo bulgur. Possui um sabor delicioso. Para preparar o couscous, siga as instruções da embalagem, que normalmente envolvem acrescentar água fervendo suficiente para cobri-lo e um pouco de sal e de azeite.

Fubá Uma farinha dourada, feita a partir do milho, largamente utilizada na Itália para preparar polenta, tanto em forma de papa como resfriada, solidificada, e depois frita. Há grande oferta de polentas instantâneas ou de cozimento rápido, que são fáceis de preparar – basta seguir as instruções da embalagem.

Painço Possui grãos pequenos e arredondados de cor dourado-pálida. Tem sabor agradável e é um bom substituto do arroz. Cozinhe da mesma forma que este, exceto pelo fato de que costuma levar apenas 15-20 minutos para ficar pronto.

Quinoa Este grão que se assemelha a uma minúscula pérola contém proteína completa e é rico em cálcio. Tem aspecto ligeiramente translúcido, forma um pequeno "anel de Saturno" em torno de cada grão depois de cozido, e possui uma textura incomum, levemente crocante. Cozinhe a quinoa utilizando o dobro de seu volume de água fervendo por 12-15 minutos, ou até que esteja macia. Deixe descansar na panela tampada por 10 minutos ou mais, e então solte os grãos com a ajuda de um garfo.

Seitan É o glúten do trigo – a cota de proteína do trigo –, que foi extraído e cozido em caldo. O resultado é uma imitação de carne, saborosa e um pouco borrachuda. Assim como o tofu, é produzido há séculos no Oriente e é completamente natural. Acrescenta uma textura diferente à cozinha vegetariana. Você pode comprá-lo enlatado ou às vezes fresco, nas geladeiras de lojas realmente boas de produtos naturais. Existem algumas variedades de sabores de carne (mas vegetarianos, claro), mas eu prefiro comprar o natural e acrescentar meus próprios temperos.

Trigo bulgur Às vezes chamado de trigo "burghul", "trigo moído" ou "trigo para quibe" em receitas típicas do Oriente Médio, este trigo foi previamente quebrado e cozido no vapor. Consiste em pequenos grãos marrom-dourados e, no pacote, lembram um pouco o açúcar demerara. Deixe-os de molho em água por 15-20 minutos, e então use-os como base para saladas (ver página 90); ou cozinhe-o da mesma forma que arroz, com a diferença que deve levar apenas 15-20 minutos.

Trigo sarraceno Não é verdadeiramente um grão, apesar de ser classificado como tal. É na verdade a semente de uma planta que pertence à família da azedinha. Os grãos são maiores do que os de arroz e de formato triangular. Possuem um gosto inusitado, que combina com vegetais de sabor bem forte. É vendido tanto torrado quanto não torrado. Eu prefiro comprá-lo não torrado e torrá-lo antes de cozinhar: lave o trigo sarraceno em uma peneira, sob água corrente. Coloque-o em uma panela seca e torre em fogo médio por 5 minutos, mexendo, até que fique torrado e um pouco mais dourado. Para cozinhar: acrescente água e espere ferver. Tampe, retire do fogo e deixe descansar por 15 minutos se você quiser que fique al dente, ou cozinhe em fogo baixo por 5-15 minutos para um resultado mais macio.

Salada morna de cevada V

Cevada cozida é macia, suculenta, gomosa e adocicada. Experimente-a nesta salada pungente, que fica ótima com uma boa colherada de hummus ao lado e algumas folhas de alface bem crocantes, como a americana.

4 PORÇÕES

250g de cevada perlada
575ml de água
2 col. de sopa de pinoles, torrados (ver página 105)
1 pitada de sal
1 col. de chá de mostarda Dijon
1 col. de sopa de vinagre de vinho tinto

1 col. de sopa de azeite de oliva
1 maço de cebolinha, finamente picado
1 punhado de folhas de manjericão, grosseiramente picado
2 col. de sopa de alcaparras, escorridas e lavadas
2 punhados de azeitonas pretas sem caroço

Coloque a cevada em uma panela de fundo triplo com a água, deixe ferver, tampe, reduza o fogo e cozinhe desta forma por 50 minutos, ou até que a cevada esteja macia e toda a água tenha sido absorvida.

Enquanto a cevada estiver cozinhando, torre os pinoles mexendo-os sem parar sobre uma panela seca sobre o fogo por alguns minutos, até que estejam bem levemente dourados e com aroma de torra. Retire do fogo.

Revolva os grãos de cevada com um garfo para separá-los e afofá-los e então acrescente o sal, a mostarda, o vinagre, o azeite, a cebolinha, o manjericão, as alcaparras, as azeitonas e os pinoles e sirva.

VARIAÇÃO

Salada morna de cevada com tomate semisseco

Misture um punhado de tomates semissecos, comprados na delicatéssen, bastante escorridos para retirar o excesso de óleo, juntamente com os outros ingredientes; a coloração brilhante, a textura e o sabor adocicado são um delicioso complemento.

Risoto mediterrâneo de cevada V

A cevada não fica cremosa como o arroz de risoto, portanto não há necessidade de mexer constantemente, visto que não fará qualquer diferença no resultado. Aqui, a cevada é misturada a vegetais mediterrâneos assados para produzir uma mistura incrível, suculenta e colorida. Fica bom servido quente, morno ou frio.

4-6 PORÇÕES

250g de cevada perlada
700ml de água
1 cebola roxa grande, cortada em pedaços
1 abobrinha grande, cortada em pedaços
1 berinjela grande, cortada em pedaços
2 pimentões vermelhos e 2 pimentões amarelos, sem sementes e cortados em pedaços
8 dentes de alho, picados
o suco de ½ limão
3-4 col. de sopa de azeite de oliva
sal e pimenta-do-reino preta moída na hora
1 lata de 400g de tomates italianos (orgânicos, se possível)

Preaqueça o forno a 180°C.

Coloque a cevada em uma panela com a água, deixe ferver, tampe, reduza o fogo e cozinhe desta forma por 40-50 minutos, ou até que toda a água tenha sido absorvida e os grãos de cevada estejam inchados e macios. Retire do fogo e deixe descansar, sem destampar a panela, por pelo menos mais 5 minutos.

Enquanto a cevada estiver cozinhando, coloque os vegetais e o alho em uma assadeira grande. Tempere com o suco de limão, o azeite e um pouco de sal e pimenta e misture bem com as mãos, para que tudo fique completamente coberto pela mistura. Asse por 20 minutos, revirando os vegetais na metade deste tempo. Acrescente os tomates e asse por mais 15-20 minutos, ou até que todos estejam macios. Tempere com mais sal e pimenta, se necessário.

Revolva os grãos de cevada com um garfo, acrescente um pouco de sal e pimenta a gosto, e então misture delicadamente os vegetais à cevada. Você pode reaquecer um pouco o risoto, se desejar, antes de servir.

VARIAÇÃO

Risoto de cevada e cebola roxa com queijo de cabra

Siga as instruções da receita principal, usando apenas cebola roxa no lugar de todos os outros vegetais. Descasque e corte 900g de cebola roxa em rodelas e coloque em uma assadeira com 3-4 colheres de sopa de azeite, 2 colheres de sopa de mel claro ou xarope de bordo e 2 colheres de sopa de vinagre balsâmico. Misture bem e asse por 25-30 minutos, ou até que estejam macias. Misture a cevada com 225g de queijo de cabra, cortado em cubinhos, e um punhado de pinoles tostados também, se desejar.

Trigo sarraceno com cogumelos V

O sabor do trigo sarraceno combina muito bem com cogumelos de paladar marcante – como shitake ou shimeji – e com alho e cebola. Um molho de tomate puxado no alho é o complemento perfeito.

4 PORÇÕES

250g de trigo sarraceno não torrado
575ml de água
2 cebolas grandes, picadas
2 talos de aipo, finamente picados
1 col. de sopa de azeite de oliva
4 dentes de alho, amassados
350g de cogumelo escuro, de chapéu largo, em fatias
1 col. de sopa de extrato de tomate
2 col. de sopa de molho de soja escuro
sal e pimenta-do-reino preta moída na hora
2 col. de sopa de salsinha fresca picada, para decorar

Lave o trigo sarraceno em uma peneira, sob água corrente fria. Coloque-o em uma panela seca e cozinhe sobre fogo médio por 5 minutos, mexendo eventualmente, até que comece a desprender um aroma de torrado e ficar com a aparência levemente dourada.

Acrescente a água e deixe ferver. Tampe a panela, retire do fogo e deixe descansar por 15 minutos para obter uma textura al dente, ou cozinhe em fogo baixo por 5-15 minutos se quiser que fique mais macio.

Enquanto isso, refogue as cebolas e o aipo no azeite em outra panela, tampada, por 10 minutos, ou até que estejam macios, e então acrescente o alho e os cogumelos e refogue por mais 3-4 minutos.

Escorra qualquer excesso de água do trigo sarraceno. Usando um garfo, misture delicadamente o extrato de tomate e o molho de soja, e depois os cogumelos refogados.

Tempere com sal e pimenta e espalhe a salsinha picada por cima.

VARIAÇÃO

Trigo sarraceno com cogumelos e tomates V

Prepare como indicado, misturando um punhado de tomates semissecos, escorridos de todo o excesso de óleo, e 2 colheres de sopa de manjericão fresco picado, no momento em que você acrescentar os cogumelos ao trigo sarraceno. Dispense a salsinha.

Pilaf de trigo bulgur V

Este pilaf fica delicioso como base de uma refeição no estilo Oriente Médio, iniciada com um hummus ou sopa fria de pepino e finalizada com salada de laranjas frescas com mel e água de flor de laranjeira. Você pode preparar o pilaf com antecedência e aquecê-lo em uma travessa coberta, em fogo médio, por cerca de 30 minutos, mas neste caso é melhor acrescentar as castanhas somente na hora de servir, para que se mantenham crocantes. Sirva com uma salada de tomates suculentos e manjericão, com algumas azeitonas espalhadas, se desejar.

3-4 PORÇÕES ❄

225g de trigo bulgur
575ml de água fervendo
2 col. de sopa de azeite de oliva
2 cebolas grandes, picadas
2 dentes de alho, amassados
1 pimentão vermelho, sem sementes e picado
50g de uva-passa
sal e pimenta-do-reino preta moída na hora
50-125g de castanhas de caju, amêndoas ou pinoles, torrados em uma assadeira seca em fogo médio, para servir.

Coloque o trigo bulgur em uma tigela ou panela grande e despeje a água fervendo, cubra e deixe descansar por 15 minutos; ele vai absorver a água e inchar.

Aqueça o azeite em uma panela grande e refogue as cebolas por 5 minutos, sem deixar dourar, mantendo a panela tampada, e então acrescente o alho e o pimentão e refogue por mais 5 minutos.

Acrescente o trigo bulgur e as passas ao refogado, mexendo bem sobre o fogo para que tudo fique completamente coberto pelo azeite. Tempere com sal e pimenta a gosto.

Cozinhe em fogo baixo por mais 5-10 minutos, para aquecer a mistura uniformemente. Sirva salpicado com as castanhas.

Arroz integral com tomates e castanha de caju

Esta receita, que constava do meu primeiro livro, foi uma herança de família que eu resgatei. A mistura de ingredientes, o toque de limão e a cobertura crocante são deliciosos. Para uma versão *vegan*, retire os ovos e substitua a manteiga por azeite.

3-4 PORÇÕES ❄

125g de arroz integral, de grão longo ou curto
1 lata de 400g de tomates picados
125g de castanhas de caju, raladas
2 ovos cozidos duros
2 col. de sopa de salsinha fresca picada
1 col. de chá de raspas de casca de limão
1-2 col. de sopa de suco de limão espremido na hora
sal e pimenta-do-reino preta moída na hora

PARA A COBERTURA

1 punhado de farinha de rosca ou flocos de milho
1 col. de sopa de manteiga
1 punhado de queijo ralado

Coloque o arroz em uma panela com 275ml de água fria. Deixe ferver, tampe e cozinhe em fogo baixo por 40 minutos, ou até que os grãos estejam macios e toda a água tenha sido absorvida.

Preaqueça o forno a 180°C.

Revolva o arroz com um garfo, misture os tomates, a castanha de caju, os ovos, a salsinha picada e o suco e as raspas da casca de limão.

Tempere, transfira para uma travessa refratária, espalhe a farinha de rosca por cima ou, o que minha mãe costumava usar, os flocos de milho, a manteiga e um punhado de queijo ralado.

Leve ao forno por 20-30 minutos ou até que esteja bem quente e dourado. Sirva com uma salada verde ou vegetais rapidamente cozidos.

Curry de cenoura, batata e ervilha V

Um curry simples e levemente picante que fica delicioso com arroz basmati soltinho, um pouco de chutney de manga e os pães indianos chapatti ou poppadums dourados e crocantes.

4 PORÇÕES

25g de ghee (manteiga clarificada) ou 2 colheres de sopa de azeite de oliva
1 cebola grande, picada
2 dentes de alho, amassados
2 col. de chá de gengibre fresco ralado
1 folha de louro
3 col. de chá de semente de coentro em pó
3 col. de chá de cominho em pó
1 col. de chá de cúrcuma
½ col. de chá de pimenta vermelha em pó
1 lata de 400g de tomates
1 col. de chá de sal
pimenta-do-reino preta moída na hora
575ml de água
350g de cenoura
350g de batata
125g de ervilha

Aqueça o ghee ou o azeite em uma panela grande e refogue a cebola por 7-8 minutos, depois acrescente o alho, o gengibre, a folha de louro e as especiarias e continue a refogar, mexendo sempre, por 2-3 minutos.

Acrescente o tomate, o sal, um pouco de pimenta-do-reino e a água. Deixe ferver, reduza o fogo e cozinhe por 5-10 minutos, enquanto você prepara os vegetais.

Descasque as cenouras e corte-as em rodelas. Descasque as batatas e corte-as em pedaços de mesmo tamanho.

Acrescente a batata e a cenoura à mistura e cozinhe por mais 15-25 minutos, ou até que os vegetais estejam quase completamente macios, então acrescente as ervilhas e cozinhe por mais 5 minutos.

Ajuste o tempero e sirva.

Curry de alho-poró e couve-flor V

Apesar de esta não ser uma autêntica receita de Goa, seu sabor levemente adocicado é delicioso. Experimente-a com um pouco de arroz basmati integral e algum dos seguintes acompanhamentos: chutney de manga, amêndoas ou castanhas de caju salgadas, tomates sem pele em rodelas, bananas em rodelas, coco seco ralado e anéis de cebola.

4 PORÇÕES

225g de alho-poró
1 couve-flor pequena
225g de batata, sem casca
2 col. de sopa de farinha de trigo
1 col. de sopa rasa de cúrcuma
225g de tomate, picado
2 cebolas pequenas, em rodelas
1 maçã verde, sem casca e sem o miolo, picada
4 col. de sopa de azeite de oliva ou ghee (manteiga clarificada)
2 col. de chá de curry em pó
275ml de água
1 col. de sopa de sementes de coentro esmagadas
3 col. de sopa cheias de chutney de manga
sal e pimenta-do-reino preta moída na hora

Apare as raízes e as folhas do alho-poró e descarte. Limpe o alho-poró abrindo-o em um dos lados no sentido do comprimento e lavando sob bastante água corrente. Corte em pedaços. Lave a couve-flor e separe os buquês. Corte as batatas em pedaços iguais. Misture a farinha e a cúrcuma em uma tigela, despeje todos os vegetais e a maçã e revire-os delicadamente até que fiquem cobertos.

Aqueça o azeite ou o ghee em uma panela grande, acrescente os vegetais e frite-os ligeiramente. Acrescente o curry em pó, a água, as sementes de coentro e o chutney. Cozinhe por 30 minutos e tempere a gosto. Sirva com arroz.

Arroz de aipo V

Uma forma saborosa de aproveitar aqueles talos da parte externa do aipo. Você vai precisar de uma panela bem grande para esta receita. Ela rende bastante, mas, se houver qualquer sobra, serve como um excelente recheio para pimentões vermelhos (corte-os ao meio, retire as sementes, recheie com a mistura, cubra com papel-alumínio e asse em forno médio por cerca de 40 minutos, ou até que os pimentões estejam macios); ou frio, como uma salada, decorada talvez com azeitonas pretas.

5-6 PORÇÕES ❄
2 cebolas grandes, picadas
2 col. de sopa de azeite de oliva
8 talos de aipo, em fatias
2 pimentões vermelhos, sem sementes e picados
2 dentes de alho, amassados
1 lata de 400g de tomates picados
350g de arroz integral
1,2 litro de água
sal e pimenta-do-reino preta moída na hora
2 col. de sopa de salsinha fresca picada

Refogue as cebolas no azeite, com a panela destampada, por 5 minutos, sem deixar dourar.

Acrescente o aipo e o pimentão e cozinhe por mais 5 minutos.

Acrescente o alho, o tomate, o arroz, a água e um pouco de sal. Espere ferver, reduza o fogo e deixe cozinhar, com a panela destampada, por 40 minutos, até que o arroz esteja quase completamente macio e praticamente toda a água tenha sido absorvida.

Retire a panela do fogo, tampe e deixe descansar, de forma que o arroz termine de cozinhar no próprio vapor, por mais 10-15 minutos.

Revolva a mistura com um garfo, tempere a gosto e sirva com a salsinha espalhada por cima.

Arroz frito ao estilo chinês V

Se você se planejar com antecedência e cozinhar o arroz antecipadamente, é muito rápido e fácil preparar esta receita.

3 PORÇÕES
1 cebola grande, picada
1 pimentão verde, sem sementes e picado
1 dente de alho, amassado
1 col. de sopa de gengibre fresco ralado
2 col. de sopa de azeite de oliva ou óleo de amendoim
1 lata de 225g de abacaxi em conserva em suco natural, escorrido e picado
225g de cogumelo
225g de broto de feijão
350g de arroz cozido (cerca de 125g de arroz cru)
1 col. de sopa de molho de soja escuro
sal e pimenta-do-reino preta moída na hora
125-175g de amêndoas branqueadas, para decorar

Refogue a cebola, o pimentão, o alho e o gengibre no azeite ou óleo por 5 minutos, então acrescente o abacaxi, o cogumelo, o broto de feijão e o arroz.

Cozinhe em fogo alto por 3-4 minutos, mexendo sempre, e então acrescente o molho de soja e sal e pimenta a gosto. Faça um montinho de arroz em uma travessa aquecida, espalhe as amêndoas por cima e sirva.

Arroz de abobrinha V

Uma receita ótima para o verão, quando é época de abobrinhas. Você pode começar a preparar este prato e depois aproveitar o sol enquanto o arroz cozinha. Sirva com uma salada verde e um pão bem crocante. Se sobrar arroz, fica delicioso frio, como salada.

4 PORÇÕES ❄

2 cebolas, picadas
2 col. de sopa de azeite de oliva
1 pimentão vermelho grande, sem sementes e picado
700g de abobrinha, lavada e cortada em fatias grossas
1 dente de alho grande, amassado
175g de arroz integral 1 lata de 400g de tomates mais 1 lata de 230g de tomates
sal e pimenta-do-reino preta moída na hora
2 col. de sopa de salsinha fresca picada, para decorar

Refogue a cebola no azeite em uma panela grande, tampada, por 5 minutos, sem deixar dourar, depois acrescente o pimentão e refogue por mais 3-4 minutos. Acrescente a abobrinha, o alho e o arroz e mexa bem.

Acrescente os tomates e um pouco de sal e pimenta. Deixe a mistura ferver, tampe a panela, reduza o fogo e cozinhe em fogo baixo por 40 minutos. (O arroz irá cozinhar no líquido desprendido pelos vegetais; não há necessidade de acrescentar água.)

Retire a panela do fogo, mexa bem o arroz com um garfo e deixe a panela descansar, tampada, por 10-15 minutos, para que o arroz continue a cozinhar no próprio vapor. Ajuste o tempero, espalhe a salsinha por cima e sirva.

Couscous com especiarias V

Quando falamos couscous, normalmente nos referimos somente ao grão, mas neste caso o nome se refere ao prato completo: o grão acompanhado de vegetais ensopados bem temperados, uvas-passas, grão-de-bico e pinoles.

3-4 PORÇÕES

1 cebola grande, picada
3 col. de sopa de azeite de oliva
2 cenouras grandes, em cubos
2 tomates, picados
125g de grão-de-bico seco, demolhado e cozido (ver páginas 149-51), ou 1 lata de 400g
1 col. de chá de canela em pó
1 col. de chá de cominho em pó
1 col. de chá de semente de coentro em pó
2 col. de sopa de extrato de tomate
75g de uva-passa
425ml de água
225g de couscous
2 col. de chá de suco de limão espremido na hora
sal e pimenta-do-reino preta moída na hora

PARA DECORAR

2 col. de sopa de salsinha fresca picada
2 col. de sopa de pinoles, torrados (ver página 105)

Refogue a cebola no azeite em uma panela grande, tampada, por 10 minutos, ou até que esteja macia.

Acrescente as cenouras, os tomates, o grão-de-bico, as especiarias, o extrato de tomate, as uvas-passas e a água. Deixe ferver, reduza o fogo e cozinhe por cerca de 30 minutos, ou até que todos os vegetais estejam cozidos.

Cerca de 10 minutos antes de o ensopado ficar pronto, prepare o couscous de acordo com as instruções da embalagem.

Acrescente um pouco mais de água ao ensopado, caso precise afiná-lo um pouco, misture o suco de limão, tempere com sal e pimenta a gosto, espalhe a salsinha e os pinoles torrados por cima e sirva com o couscous.

VARIAÇÃO

Couscous com especiarias e harissa V

Prepare de acordo com as instruções e sirva com harissa, uma pasta marroquina de pimenta, para que as pessoas se sirvam a gosto. É possível encontrá-la em grandes supermercados ou prepará-la você mesmo, misturando 4 colheres de sopa de azeite de oliva, 2 colheres de sopa de extrato de tomate, o suco de 1 limão e 1 colher de chá de pimenta vermelha em pó.

Arroz de quinze minutos

Há uma pequena licença poética neste nome, pois o arroz precisa estar cozido quando você começar a preparar este prato, mas considerando que você se planeje com antecedência, talvez cozinhando o dobro do necessário de arroz para uma refeição no início da semana, o jantar pode ficar pronto muito mais rápido.

4-6 PORÇÕES

6 ovos
350-450g de sobras de arroz cozido
50g de manteiga
2 col. de sopa cheias de farinha de trigo
575ml de leite
1-2 col. de chá de curry em pó
sal e pimenta-do-reino preta moída na hora
1 ou 2 gotas de tabasco
1 ou 2 pitadas de páprica, para decorar

Coloque os ovos em uma panela, acrescente água até cobrir e cozinhe por 10 minutos, depois refrie-os em água gelada, descasque e corte-os em rodelas.

Prepare um molho derretendo a manteiga em uma panela e misturando a farinha. Quando começar a espumar, acrescente ⅓ do leite, bata bem até ficar homogêneo e repita o processo mais duas vezes, até que todo o leite tenha sido incorporado e você tenha um molho homogêneo. Tempere com o curry em pó, sal, pimenta e tabasco. Mantenha aquecido sobre fogo baixo.

Reaqueça o arroz no micro-ondas ou em uma panela com um pouco de água, apenas para evitar que ele grude no fundo.

Coloque o arroz em uma travessa aquecida, espalhe os ovos por cima, despeje o molho, salpique com uma ou duas pitadas de páprica e sirva.

Purê de painço, couve-flor e salsinha V

Painço e couve-flor cozidos podem ser batidos juntos para preparar um ótimo substituto para o purê de batatas, que não pode ser consumido em dietas macrobióticas. Também ficam deliciosos, na minha opinião, em suas formas originais, principalmente se misturados com bastante alho e salsinha e envolvidos com um ótimo azeite dourado-esverdeado. Experimente-os com uma salada de feijão-vermelho para uma refeição leve e saborosa.

6 PORÇÕES

225g de painço
400ml de água
1 couve-flor, aparada e dividida em buquês
1 maço grande de salsinha fresca
4 dentes de alho, amassados
sal e pimenta-do-reino preta moída na hora
3-4 col. de sopa de azeite de oliva extravirgem

Coloque o painço em uma panela seca sobre fogo médio e mexa eventualmente, por 4 minutos, até começar a sentir um aroma de torrado. Despeje a água, cuidadosamente, pois deverá borbulhar e liberar bastante vapor. Deixe retomar a fervura, reduza o fogo, tampe a panela e cozinhe por 15 minutos, ou até que toda a água tenha sido absorvida e os grãos estejam soltinhos e mais claros.

Enquanto isso, ferva 2,5cm de água em outra panela, acrescente a couve-flor, tampe e cozinhe até que esteja macia (cerca de 6-7 minutos, dependendo do tamanho dos buquês). Escorra bem.

Separe um ramo de salsinha bonito para decorar, corte os talos dos restantes e descarte.

Bata a couve-flor, o painço, o alho e as folhas de salsinha no processador ou com um mixer manual, até que esteja cremoso e homogêneo. Tempere bem com sal e pimenta. Transfira a mistura para uma travessa rasa, espalhe o azeite por cima, tempere com mais um pouco de pimenta-do-reino moída grossa por cima e decore com o ramo de salsinha.

VARIAÇÃO

Bolinhos de painço, couve-flor e salsinha V

Prepare a mistura como indicado, espere esfriar completamente, forme bolinhos achatados – o ideal é que não tenham mais de 1cm de altura – e passe em um pouco de farinha de trigo integral. Frite os bolinhos em azeite bem quente por pelo menos 3-4 minutos de cada lado, ou até que estejam bastante dourados e crocantes. Decore com salsinha e sirva com molho tártaro (ver página 67).

Pilaf de painço e abobrinha V

O painço leva somente 20 minutos para cozinhar e possui uma atraente cor dourado-clara, e um sabor agradável, que possibilita uma variação do arroz.

4 PORÇÕES

225g de painço
2 cebolas, picadas
1 pimentão vermelho, sem sementes e picado
2 dentes de alho, amassados
1 col. de sopa de azeite de oliva
575ml de água
450g de abobrinha, em pedaços grandes
2 col. de sopa de salsinha fresca picada
sal e pimenta-do-reino preta moída na hora

Primeiro, torre o painço em uma panela seca, sobre fogo médio, mexendo constantemente por cerca de 5 minutos, ou até que os grãos estejam levemente dourados, com aroma de torrado, e comecem a "pipocar". Reserve.

Refogue a cebola, o pimentão e o alho no azeite, em uma panela média, tampada, por 10 minutos.

Acrecente o painço, a água e as abobrinhas e deixe ferver. Tampe, reduza o fogo e cozinhe por 20 minutos, ou até que o painço esteja soltinho e a água tenha sido absorvida. Misture a salsinha picada com um garfo, tempere a gosto e sirva.

Arroz integral com amêndoas e vegetais V

Um prato de arroz integral com vegetais coloridos e finalizado com castanhas douradas e brilhantes é sempre convidativo e de dar água na boca, e nada complicado de preparar. Sirva o arroz com uma salada crocante e um molho, se você gostar – um molho azedinho de queijo, um bem picante de raiz forte ou de limão e mostarda caem bem.

4 PORÇÕES

275g de arroz integral de grão longo
500ml de água
sal
2 col. de sopa de azeite de oliva
3-4 dentes de alho, amassados
2 col. de chá de gengibre fresco ralado
1 col. de chá de sementes de coentro, levemente esmagadas
1 berinjela, em cubinhos
1 pimentão vermelho, sem sementes e picado
½-1 pimenta verde, sem sementes e finamente picada
350g de cogumelos paris, inteiros ou cortados ao meio
2 tomates, grosseiramente picados
125g de avelãs, tostadas (ver página 103)
pimenta-do-reino preta moída na hora

Coloque o arroz em uma panela média com a água e 1 colher de chá de sal. Deixe ferver, tampe e cozinhe em fogo baixo por 40-45 minutos, ou até que o arroz esteja macio e toda a água tenha sido absorvida.

Aqueça o azeite em uma panela grande, acrescente a cebola e refogue, com a panela tampada, por 5 minutos.

Acrescente o alho, o gengibre e as sementes de coentro, mexa sobre fogo alto por alguns segundos, e então acrescente a berinjela, o pimentão vermelho e a pimenta verde e refogue por mais 10 minutos.

Acrescente os cogumelos e cozinhe por mais 5-10 minutos, ou até que todos os vegetais estejam cozidos.

Quando o arroz estiver cozido, revolva-o delicadamente com um garfo para soltá-lo e então misture-o cuidadosamente com os vegetais. Acrescente os tomates, metade das avelãs e tempere bem com sal e pimenta-do-reino preta moída na hora. Sirva com o restante das avelãs por cima.

Paella vegetariana V

Eu acredito que uma grande paella, saída diretamente do fogão, seja um prato perfeito para uma ocasião informal. A aparência é incrível – arroz dourado, ornamentado com pimentões vermelhos, tomates, ervilhas, corações de alcachofra e rodelas de limão –, todos adoram e, além disso, não precisa de acompanhamento. Se você tiver uma paelleira grande, é o ideal, mas uma wok ou uma frigideira grande servem bem. Eu uso uma frigideira de cerca de 28-30cm de diâmetro e funciona perfeitamente. Esta receita rende bastante, o suficiente para alimentar uma multidão feliz, mas se sobrar alguma coisa você pode preparar croquetes, usar para rechear pimentões ou, meu favorito, simplesmente comê-la fria como uma salada, com um punhado de azeitonas e um pouco de salsinha picada espalhada por cima.

6-8 PORÇÕES

4 col. de sopa de azeite de oliva
2 cebolas, em rodelas
2 pimentões vermelhos grandes, sem sementes e em rodelas
1,5 litro de caldo de legumes
2 dentes de alho grandes, amassados
1 col. de chá cheia de páprica
1 boa pitada de pimenta vermelha em pó
½ col. de chá de pistilos de açafrão (½ de uma embalagem de 0,4g)
sal e pimenta-do-reino preta moída na hora
450g de arroz de paella ou de risoto
algumas gotas de corante vegetal amarelo (opcional)
4 tomates, cortados em quatro
125g de ervilha congelada
2 vidros de 195g de corações de alcachofra grelhados e marinados
1 limão, cortado em gomos, para decorar

Aqueça o azeite em uma panela grande e refogue as cebolas e os pimentões por 10 minutos, deixando-os dourar um pouco nas bordas.

Enquanto isso, prepare um pouco de caldo de legumes usando pó ou cubos de boa qualidade, se não tiver caldo feito em casa (ver página 13), e ferva em outra panela.

Acrescente o alho, a páprica, a pimenta vermelha e o açafrão à panela com a cebola e o pimentão e tempere com sal e pimenta-do-reino.

Misture o arroz, mexendo bem para que fique completamente envolvido pelo azeite e pelos temperos.

Despeje o caldo de legumes quente e, se desejar, pingue 1 ou 2 gotas de corante vegetal amarelo para intensificar a cor do açafrão. Espere ferver, reduza o fogo e deixe cozinhar, sem tampa, por 10 minutos.

Acrescente os tomates e as ervilhas, mexendo o arroz da borda para o centro da panela, para que cozinhe uniformemente. Arrume os tomates e as alcachofras de maneira atraente sobre o arroz.

Tampe e cozinhe, sem mexer, por mais 15-20 minutos, ou até que o arroz esteja cozido (prove mais próximo das bordas da panela, onde o cozimento é mais lento) e todo o caldo tenha sido absorvido.

Retire a panela do fogo e cubra-a com um pano de prato grosso e limpo. Sirva com os gomos de limão em torno do arroz.

VARIAÇÕES

Paella com arroz integral V

Se você utilizar arroz integral, seja de grão curto ou longo, para preparar esta receita, os vegetais tendem a ficar cozidos além do ponto por causa do maior tempo de cozimento do arroz. Descobri que a solução é usar arroz basmati integral. Prepare a paella como descrito, usando arroz basmati integral em vez de arroz de paella, mas depois de 10 minutos de cozimento em fervura alta serão necessários mais 25-30 minutos para completar a cocção. O resultado não tem exatamente a mesma consistência do arroz de paella, mas ainda assim rende um prato bastante agradável.

Paella com feijões V

Prepare de acordo com as instruções e acrescente 1 lata de 400g de feijão-vermelho, escorrido e lavado, e 2 colheres de sopa cheias de salsinha fresca picada quando você acrescentar os tomates. Não use as ervilhas; os corações de alcachofra são opcionais.

Paella assada V

Este é um prato bastante prático pois, depois que você terminar a primeira etapa, pode colocá-lo no forno e esquecer! Após refogar a cebola, o pimentão e as especiarias, misture o arroz, como indicado; cozinhe no fogo por 1 ou 2 minutos. Acresente o caldo e deixe ferver, e então, se você não estiver usando uma panela que possa ir ao forno, transfira a mistura para uma travessa refratária rasa e grande. Arrume os tomates e os corações de alcachofra por cima. Cubra com um pedaço de papel-alumínio e leve ao forno preaquecido a 180°C por 45 minutos, ou até que o arroz esteja cozido e toda a água tenha sido absorvida.

Paella assada com amêndoas salgadas V

Prepare a paella assada como indicado. Enquanto estiver assando, prepare algumas amêndoas salgadas para acompanhá-la. Coloque 225g de amêndoas branqueadas (compradas prontas ou, para ficar perfeito, feitas em casa, ver página 103) em uma assadeira levemente untada, formando apenas uma camada. Leve ao forno, abaixo da paella, por cerca de 10 minutos, ou até que estejam levemente douradas – não deixe que escureçam demais. Transfira-as imediatamente para um pedaço de papel-manteiga polvilhado com sal e uma pitada de pimenta vermelha em pó, mexa-as bem pelo papel, para quem fiquem cobertas, e mantenha-as embrulhadas no papel até o momento de servir. Sirva espalhadas sobre a paella, junto com um pouco de azeitonas verdes e uma taça de xerez fino gelado.

Polenta grelhada com molho tártaro

Sirva com uma suculenta salada de tomates para compor um prato de verão relaxado e adorável, que fica bom em qualquer época do ano!

4 PORÇÕES

225g de fubá para polenta
1 litro de água fervendo
1 maço de salsinha, finamente picado
125g de queijo parmesão (ou similar) finamente ralado
sal e pimenta-do-reino preta moída na hora

algumas gotas de tabasco
azeite de oliva, para untar e para fritura rasa
120g de folhas variadas para salada
um pouco de vinagrete (opcional)
molho tártaro (ver página 67), para servir

Despeje o fubá na água, em um filete fino e constante, mexendo sem parar. Reduza o fogo e cozinhe por 5-10 minutos, ou até que esteja bem grosso e comece a soltar das laterais da panela, mexendo eventualmente.

Transfira a mistura para uma assadeira ou travessa levemente untada e espalhe e pressione bem até a mistura ficar com 6-8mm de altura. Deixe esfriar completamente e ficar firme. Momentos antes de servir, coloque a salada em uma tigela e misture com um pouco de vinagrete, se desejar.

Corte a polenta em porções que possam ser manuseadas sem quebrar e frite por 2-3 minutos de cada lado, ou até que esteja crocante e levemente dourada.

Forme um montinho de salada em quatro pratos e arrume a polenta próximo a cada um deles, acrescente uma colherada de molho tártaro e sirva.

Polenta cremosa com cogumelos selvagens

Polenta cremosa com cogumelos suculentos e saborosos é uma maravilhosa *comfort food*. Você pode usar qualquer tipo de cogumelos; as embalagens de cogumelos selvagens vendidas nos bons supermercados ou delicatessens são muito boas, ou então você pode fazer sua própria seleção, usando qualquer variedade exótica que encontrar. Acrescentar alguns cogumelos secos à mistura intensifica o sabor.

4 PORÇÕES

850ml de água
575ml de leite
175g de fubá para polenta
40g de manteiga
50g de queijo parmesão (ou similar) finamente ralado

PARA OS COGUMELOS

15g de cogumelo porcini seco (funghi secchi)
200ml de água fervendo
2 col. de sopa de azeite de oliva
25g de manteiga
500g de cogumelos selvagens variados, em fatias
2 dentes de alho, amassados
2 col. de sopa de salsinha fresca picada, mais um pouco para decorar
sal e pimenta-do-reino preta moída na hora

Comece pelos cogumelos: coloque os cogumelos secos em uma tigela pequena e cubra com a água fervendo. Deixe de molho por 10 minutos ou mais, para hidratar.

Aqueça o azeite e a manteiga juntos em uma panela grande, acrescente os cogumelos em fatias e refogue por 3-4 minutos, ou até que estejam macios. Acrescente o alho e os cogumelos secos, juntamente com a água em que ficaram de molho. Aumente o fogo e deixe ferver vigorosamente por cerca de 10 minutos, ou até que os cogumelos estejam bastante macios e todo o líquido tenha sido absorvido. Acrescente a salsinha e sal e pimenta a gosto.

Para preparar a polenta, misture o leite e a água em uma panela e deixe ferver. Acrescente o fubá em um filete fino e constante, mexendo sem parar para que não forme grumos. Reduza o fogo e deixe cozinhar por cerca de 6 minutos, ou até que esteja grosso e homogêneo, mexendo de vez em quando. Acrescente a manteiga, o queijo e sal e pimenta a gosto.

Coloque a polenta em pratos aquecidos e sirva os cogumelos por cima, junto com um pouco de salsinha picada. Sirva imediatamente.

VARIAÇÃO

Polenta *vegan* cremosa com cogumelos selvagens V

Use leite de soja e margarina vegetal pura no lugar da manteiga. Substitua o queijo parmesão por um queijo *vegan* de massa dura, como o Cheezly.

Tabule de quinoa

A quinoa é um grão maravilhoso, um dos poucos que contêm todos os aminoácidos essenciais para uma proteína completa. Misturá-la com muitas ervas frescas, como nesta receita, é uma ótima maneira de servi-la, e você pode comer este prato quente, morno ou frio. Você pode acrescentar outros ingredientes também, como azeitonas, tomates cereja ou pepino em cubos – é bastante versátil e fica delicioso servido com algumas folhas de alface americana bem firmes, para servir de "colher".

4 PORÇÕES

200g de quinoa
400ml de água
1 col. de chá de caldo de legumes em pó ou em cubo
1 maço de salsinha fresca, picado
1 maço de hortelã, picado
4 cebolinhas, picadas
1½ col. de sopa de suco de limão espremido na hora
1 col. de sopa de azeite de oliva
sal e pimenta-do-reino preta moída na hora

Coloque a quinoa em uma peneira e lave bem sob água fria, depois coloque-a em uma panela seca e mexa sobre o fogo por 3-4 minutos, até que esteja levemente torrada; a umidade que permaneceu nos grãos vai impedir que ela queime.

Acrescente a água e o caldo em pó ou em cubo, deixe ferver, tampe a panela, reduza o fogo e deixe cozinhar por 20 minutos, ou até que todo o líquido tenha sido absorvido e a quinoa esteja macia. Retire a panela do fogo e deixe descansar, ainda tampada, por mais 10 minutos.

Deixe a quinoa esfriar um pouco, ou completamente, e então misture as ervas e a cebolinha picadas, o suco de limão e o azeite. Misture bem e tempere.

Feijão-vermelho com arroz integral e vegetais V

Arroz dourado, ornamentado com feijões-vermelhos e vegetais verdes, vermelhos e laranja. Sirva com uma salada verde.

4 PORÇÕES ❄

2 cebolas, picadas
4 col. de sopa de azeite de oliva
2 dentes de alho, amassados
350g de arroz integral de grão longo
1 col. de chá de cúrcuma
850ml de caldo de legumes
sal e pimenta-do-reino preta moída na hora
4 cenouras, em cubos
2 abobrinhas, em rodelas
1 pimentão vermelho, sem sementes e picado
4 tomates, sem pele e picados
125g de feijão-vermelho seco, cozido e escorrido (ver páginas 149-5), ou 1 lata de 400g, escorrida e lavada
2 col. de sopa de salsinha fresca picada, para decorar

Refogue a cebola no azeite por 10 minutos, com a panela tampada.

Acrescente o alho, o arroz e a cúrcuma.

Despeje o caldo e tempere com sal e pimenta-do-reino. Deixe ferver, tampe, reduza o fogo e cozinhe por 20 minutos.

Acrescente as cenouras, mas não misture. Tampe a panela e continue a cozinhar, por mais 10 minutos.

Acrescente o restante dos vegetais e o feijão; novamente, não os misture. Cozinhe por mais 10 minutos (40 minutos no total).

Retire do fogo e deixe descansar por 15 minutos. Misture delicadamente com um garfo, ajuste o tempero, espalhe um pouco de salsinha picada por cima e sirva.

Arroz mediterrâneo com grão-de-bico e tomate V

Este é um prato inusitado de arroz com grão-de-bico, com sabores quentes e ensolarados.

4 PORÇÕES

225g de grão-de-bico seco ou 2 latas de 400g
225g de arroz basmati
350ml de água
sal
1 cebola grande, picada
2 col. de sopa de azeite de oliva
1 col. de chá de orégano seco
2 dentes de alho, amassados
125g de tomate semisseco, escorrido todo o óleo e picado
alguns ramos de tomilho
25g de manteiga (opcional)
pimenta-do-reino preta moída na hora
2-3 col. de sopa de folhas de manjericão rasgadas
queijo parmesão (ou similar) ralado, para servir (opcional)

Se estiver usando grão-de-bico seco, deixe-o de molho, cozinhe da forma habitual (ver páginas 149-51) e escorra. Escorra e lave se estiver usando grão-de-bico em lata.

Coloque o arroz em uma panela média com a água e um pouco de sal. Deixe ferver, então imediatamente reduza o fogo para o mínimo possível, tampe a panela e deixe cozinhar desta forma por 14-15 minutos. Retire do fogo e deixe descansar por 8-10 minutos.

Enquanto isso, refogue a cebola no azeite, em uma panela grande, por 8 minutos, acrescente o orégano e o alho e cozinhe por mais 2 minutos.

Acrescente o grão-de-bico e os tomates, e também o arroz, o tomilho e a manteiga (se estiver usando).

Misture delicadamente com um garfo, tempere a gosto, e por último misture o manjericão fresco.

Sirva imediatamente, com o queijo parmesão (se estiver usando).

VARIAÇÃO

Arroz e grão-de-bico com especiarias e pinoles v

Cozinhe o arroz como indicado. Não coloque orégano quando estiver refogando a cebola; em vez disso, acrescente 1 colher de chá de cominho em pó e 1 colher de chá de sementes de coentro em pó, e 1 pitada de cúrcuma e 1 de pimenta vermelha em pó. Não coloque os tomates semissecos, a manteiga, o tomilho nem o manjericão, e, em vez disso, acrescente um maço pequeno de coentro e um de salsinha picados e 40g de pinoles. Não coloque o queijo ralado e sirva com uma salada de pepino e uma tigela de hummus.

Arroz com "ervilhas" à moda da Jamaica v

As "ervilhas" neste prato na verdade são feijões-vermelhos, mas esta receita me foi dada por um amigo que mora no Caribe e eu mantive o nome original. É uma atraente mistura de arroz cremoso aromatizado com coco, tomilho, pimentão vermelho e feijão-vermelho. Você pode usar tanto arroz branco quanto integral para esta receita; o arroz integral leva 15-20 minutos a mais para cozinhar. Sirva com uma salada verde crocante com molho de ervas.

4 PORÇÕES

2 col. de sopa de azeite de oliva
1 cebola, picada
1 pimentão vermelho, sem sementes e picado
350g de arroz de grão longo, integral ou branco
400ml de leite de coco
275ml de água
½ col. de chá de tomilho seco
sal e pimenta-do-reino preta moída na hora
200g de feijão-vermelho seco, demolhado, cozido (ver páginas 149-51) e escorrido, ou 2 latas de 400g, escorridas e lavadas

Aqueça o azeite em uma panela grande e refogue a cebola e o pimentão por 10 minutos, deixando dourarem um pouco nas bordas.

Acrescente o arroz, mexendo bem para que fique completamente coberto pelo azeite.

Despeje o leite de coco e a água e acrescente o tomilho e um pouco de sal e pimenta.

Deixe ferver, tampe a panela, reduza bem o fogo e cozinhe desta forma por 25-30 minutos para arroz branco, 45 minutos para arroz integral, ou até que o arroz esteja macio e todo o líquido tenha sido absorvido.

Se a sua panela for grande o bastante, espalhe o feijão por cima do arroz, sem misturar, cerca de 10 minutos antes de ele ficar pronto, tampe a panela novamente e termine de cozinhar o arroz. Deixe a panela descansar, fora do fogo, por 5 minutos antes de servir.

Se o feijão não couber na sua panela, espere o arroz terminar de cozinhar e então, usando um garfo, para não amassar o arroz, misture o feijão e cozinhe por mais alguns minutos, com a panela tampada, para aquecer o feijão.

Tian de arroz e espinafre

Esta receita típica da Provença recebe este nome por causa da travessa de cerâmica em que é tradicionalmente preparada. Pode ser feita com qualquer vegetal verde, apesar de espinafre e acelga serem os mais comuns, e às vezes acrescentar-se abobrinha também. Pode ser servida quente ou fria. Gosto de prepará-la com arroz integral, que parece mais condizente com a essência rústica do prato, mas de qualquer forma use arroz branco, se preferir (cozinhe de acordo com as instruções da embalagem).

4 PORÇÕES ❄

175g de arroz integral
570ml de água
sal
4 col. de sopa de azeite de oliva
450g de folhas de espinafre lavadas
2-3 dentes de alho, amassados
1 col. de sopa de salsinha fresca picada
125g de queijo cheddar ralado
2 ovos (opcional)
pimenta-do-reino preta moída na hora
2-3 col. de sopa de farinha de rosca (ver página 156)
2-3 col. de sopa de queijo parmesão (ou similar) ralado

Lave o arroz e coloque-o em uma panela com a água e 1 colher de chá de sal, espere ferver e reduza o fogo. Deixe o arroz cozinhar lentamente, com a panela tampada, por 40-45 minutos, ou até que esteja macio e todo o líquido tenha sido absorvido. (Se ainda houver líquido na panela, retire-a do fogo e deixe-a descansar, tampada, por 10-15 minutos, depois dos quais você verá que a água foi absorvida.)

Preaqueça o forno a 200°C.

Aqueça 2 colheres de sopa do azeite em uma panela grande e acrescente o espinafre; mexa-o sobre o azeite quente por 2-3 minutos, até que tenha murchado um pouco e esteja com aspecto brilhoso por causa do azeite.

Retire a panela do fogo e misture o arroz cozido, o alho, a salsinha e o cheddar ralado. Se você optar por usar os ovos, bata-os e acrescente-os também. Tempere com sal a gosto e o equivalente a um bom giro do moedor de pimenta.

Transfira a mistura para uma travessa refratária rasa e cubra com a farinha de rosca, o queijo parmesão ralado, e espalhe o restante do azeite.

Leve ao forno, sem cobrir, por 30-40 minutos, ou até que esteja inchado e bastante dourado na superfície.

O risoto favorito

Já preparei diversos risotos em toda a minha vida, mas este é o preferido de todos os tempos da minha família. O aipo fornece um ótimo sabor de fundo que dá vida a qualquer risoto. Você pode usar um pouco de vinho branco seco para iniciar o preparo de qualquer risoto, mas eu acredito que o vermute é realmente bom neste caso; adoro o sabor de ervas e o fato de que posso manter uma garrafa à mão na prateleira.

4 PORÇÕES

1,2 litro de caldo de legumes (pó ou cubo de boa qualidade funcionam bem)
75g de manteiga
2 col. de sopa de azeite de oliva
1 cebola grande, finamente picada
2 dentes de alho, amassados ou finamente picados
½ pé de aipo, finamente picado
350g de arroz para risoto – arbóreo ou carnaroli
125ml de vermute seco
sal e pimenta-do-reino preta moída na hora
125g de queijo parmesão (ou similar) ralado

Coloque o caldo em uma panela sobre fogo baixo.

Em outra panela, grande, aqueça juntos 25g de manteiga e o azeite, acrescente a cebola, o alho e o aipo, misture e refogue, lentamente, com a panela tampada, por 15 minutos, ou até que estejam macios, mas sem dourar. Mexa com frequência.

Acrescente o arroz aos vegetais, mexendo sem parar por 1-2 minutos ou até que o arroz ganhe um aspecto brilhoso, e então despeje o vermute: ele vai borbulhar e liberar um aroma divino.

Assim que todo o líquido tenha sido absorvido, reduza o fogo e comece a adicionar o caldo, uma concha de cada vez. Deixe cada concha ser absorvida pelo arroz antes de acrescentar a seguinte, mexendo constantemente para liberar a cremosidade do arroz.

Continue desta forma até que todo o caldo tenha sido acrescentado e o arroz esteja macio e cremoso, mas sem perder completamente a textura (cerca de 15 minutos). Se todo o caldo tiver sido incorporado e o arroz ainda não estiver no ponto, acrescente um pouco mais de água quente direto de uma chaleira. Tempere a gosto, retire do fogo, acrescente o restante da manteiga e o queijo e misture bem. Cubra com um pano de prato grosso e limpo e deixe descansar por 2 minutos. Sirva e coma o mais rápido possível, enquanto o risoto ainda estiver cremoso e gosmento.

A receita básica de risoto pode ser variada de diversas formas, acrescentando diferentes vegetais.

VARIAÇÕES

Risoto de aspargos

Um risoto bonito, de aspecto fresco e com o maravilhoso sabor dos aspargos. Prepare 450g de aspargos dobrando os talos até quebrar e descartando as bases duras. Corte o restante em pedaços de 3cm de comprimento. Enquanto estiver preparando o risoto, cozinhe os aspargos em água fervendo ou no vapor e reserve. Acrescente os aspargos cozidos juntamente com a manteiga e o queijo ralado no final; misture delicadamente e deixe descansar como indicado.

Risoto de beterrabas

Se você ama beterrabas, isso é um manjar; valeria a pena preparar esta receita somente por causa de sua cor incrível! Você vai precisar de 400-450g de beterraba crua. Descasque as beterrabas e corte em cubinhos. Refogue-as com a cebola, o alho e o aipo. Você pode usar vermute, como indicado, ou substituí-lo por vodca. Quando o risoto estiver pronto, misture 1 ou 2 colheres de sopa de suco de limão espremido na hora, juntamente com a manteiga. Você não precisa obrigatoriamente de queijo nesta variação: veja o que você prefere; talvez oferecê-lo separadamente, para que as pessoas decidam por elas mesmas à mesa.

Risoto de abóbora e sálvia

Outro dos meus preferidos. Você precisa de cerca de 450g de abóbora-de-pescoço (peso incluindo a casca), e ela precisa ser assada antes. Pincele-a completamente com azeite (não é preciso descascá-la) e asse a 200°C por cerca de 30 minutos, ou até que a abóbora esteja macia. Corte-a em cubos e remova a casca e qualquer semente que encontrar.

Prepare o risoto como indicado, e acrescente a abóbora assada juntamente com a manteiga e o queijo ralado ao final, e mais 1-2 colheres de sopa de sálvia fresca picada (ela possui um sabor bem forte, portanto vá colocando aos poucos e provando quando preparar pela primeira vez). Ou seja mais ousado e frite algumas folhas de sálvia em azeite até que estejam crocantes e espalhe-as sobre o risoto, talvez com um esguicho de óleo de semente de abóbora, também.

Arancini

Os italianos, espertos e econômicos, sempre transformaram as sobras de risoto em croquetes sequinhos, que são maravilhosos! Na verdade, eu sempre faço uma porção extragrande de risoto especificamente com este intuito em mente. Você simplesmente molda o risoto em bolinhas e os passa em ovo batido e farinha de rosca ou, como eu gosto de fazer, em pasta de amido de milho (6 colheres de sopa de amido de milho misturadas com 6-7 colheres de sopa de água até formar uma pasta) e farinha de rosca para um resultado ainda mais crocante. Frite-os em azeite até estarem crocantes e dourados de ambos os lados. Gosto de comê-los com uma salada de tomate e manjericão.

Arroz com especiarias V

Este arroz fica delicioso com curries de vegetais, ensopados simples ou misturas de vegetais. Devo admitir que prefiro fazer este prato com arroz basmati branco, mas ele também fica muito bom com arroz integral (ver as variações).

4 PORÇÕES

225g de arroz basmati branco
300ml de água fervendo
1 col. de sopa de azeite de oliva
1 cebola, picada
2 dentes de alho, finamente picados
2-3 col. de chá de sementes de cominho
sal e pimenta-do-reino preta moída na hora

Coloque o arroz e a água em uma panela de fundo triplo. Assim que retomar a fervura, reduza o fogo para o mínimo. Tampe a panela a ajuste o timer para 14 minutos. Retire a panela do fogo e deixe descansar, ainda tampada, por 10-15 minutos.

Isso é tempo de sobra para preparar o restante dos ingredientes. Aqueça o azeite em uma panela pequena, acrescente a cebola e cozinhe por cerca de 7 minutos, ou até que esteja dourado nas bordas, então acrescente o alho e as sementes de cominho e cozinhe por mais 2-3 minutos. Retire do fogo.

Quando o arroz estiver pronto, revolva-o delicadamente com um garfo e acrescente a mistura de cebola da panela.

Tempere com sal e pimenta a gosto e sirva.

VARIAÇÕES

Arroz basmati integral com especiarias v

Prepare exatamente como indicado na receita principal, mas use 425ml de água e cozinhe por 25-30 minutos.

Arroz dourado com especiarias v

Esta é uma bela variação. Acrescente ½ colher de chá de cúrcuma à mistura de cebola, juntamente com o cominho. Misture ao arroz como indicado, e também 1-2 colheres de sopa de suco de limão espremido na hora. Conforme você mistura a cúrcuma, o arroz se torna amarelo, e assim que você coloca o suco de limão, a cor ganha mais luz e brilho. Fica ótimo com um pouco de coentro fresco picado espalhado por cima.

Arroz com especiarias, uvas-passas e pinoles v

Prepare o arroz exatamente como indicado na receita principal, simplesmente acrescentando 40g de uvas-passas e 40g de pinoles ao final, juntamente com a cebola refogada. Você pode acrescentar um pedaço de canela e umas duas bagas de cardamomo esmagadas à cebola, juntamente ou em substituição ao cominho. Às vezes eu acrescento uma folha de louro também. É recompensador e divertido experimentar diferentes especiarias e combinações – é este o prazer de cozinhar.

Arroz cansado-demais-para-cozinhar v

Este prato é bastante simples e muito revigorante; uma das coisas que eu costumo preparar quando a última coisa que eu tenho vontade de fazer é cozinhar! Coloque o arroz para cozinhar e vá fazer alguma outra coisa por cerca de 40 minutos. Depois disso, finalize rapidamente o prato e aproveite. Molhos de soja do tipo shoyu ou tamari podem ser encontrados em lojas de produtos naturais ou mercearias especializadas em produtos orientais.

4 PORÇÕES

225g de arroz integral de grão curto ou longo
575ml de água
1 col. de chá de molho de soja tipo shoyu ou tamari, mais um pouco para servir (opcional)
50g de sementes de girassol ou de abóbora
sal marinho

Coloque o arroz, a água e o molho de soja em uma panela de fundo triplo e espere ferver. Deixe ferver vigorosamente por 5 minutos, salgue, tampe a panela e reduza o fogo.

Cozinhe desta forma por 40 minutos, retire a panela do fogo e deixe descansar por 10-15 minutos.

Enquanto isso, coloque as sementes em uma panela pequena e mexa-as sobre o fogo; depois de 1 ou 2 minutos elas vão começar a liberar um aroma maravilhoso e a chiar e "pipocar".

Revolva o arroz com um garfo, coloque em tigelas aquecidas e espalhe as sementes por cima. Sirva com mais molho de soja, se desejar.

VARIAÇÕES

Arroz cansado-demais-para-cozinhar com gergelim V

Este prato fica ótimo com sementes de gergelim, em substituição ou juntamente com as sementes de girassol ou de abóbora. Torre-as na panela como indicado; elas começam a pular para fora da panela quando estão prontas – leva apenas 1 ou 2 minutos. Você pode manter o tema gergelim servindo o arroz acompanhado de um pouco de tahine, diluído em água e suco de limão, como molho.

Arroz cansado-demais-para-cozinhar com tofu V

Prepare o arroz como indicado e misture alguns pedaços de tofu cortados em cubos na hora de servir. Você pode usar um tofu realmente fresco comprado em alguma mercearia chinesa; corte-o e misture com molho de soja tipo shoyu ou tamari, juntamente com um pouco de cebolinha e sementes de gergelim torradas; ou então você pode usar cubos de tofu industrializado marinado.

Um ótimo condimento para usar neste prato é o gersal. Em uma panela seca, misture 1 colher de chá de flor de sal com 3 colheres de sopa de sementes de gergelim e aqueça até que as sementes desprendam um aroma de torrado e comecem a pular pela panela. Espere esfriar um pouco e então triture num pilão ou em um moedor de café elétrico até formar um pó. Fica ótimo salpicado sobre qualquer uma dessas variações ou até mesmo sobre uma simples tigela de arroz cozido.

Pilaf de vegetais v

Um arroz dourado condimentado, acompanhado de rodelas de tomates, ovos cozidos e coentro fresco. Sirva com molho curry (ver página 184) e com pão naan ou chapatti.

4 PORÇÕES

1 cebola, picada
1 col. de sopa de azeite de oliva
1 dente de alho grande, amassado
1 folha de louro
2 col. de chá de cúrcuma
4-5 bagas de cardamomo
1 pedaço de canela
1 pitada de cravo-da-índia em pó
1-2 col. de chá de sal
275g de arroz basmati integral
500ml de água
125g de ervilha congelada

PARA DECORAR

2 tomates, em rodelas
1 ovo cozido duro, em rodelas (opcional)
1 maço pequeno de coentro, grosseiramente picado

Refogue a cebola no azeite por 10 minutos, deixando dourar um pouco, depois acrescente o alho, a folha de louro, as especiarias e o sal.

Acrescente o arroz e a água e deixe ferver. Tampe a panela, reduza o fogo e cozinhe por 25-30 minutos. Deixe a panela descansar fora do fogo, ainda tampada, por 10 minutos.

Cozinhe as ervilhas em água fervendo ou no micro-ondas. Revolva o arroz com um garfo e misture as ervilhas.

Sirva decorado com as rodelas de tomate e de ovo cozido (se estiver usando) e com o coentro fresco.

Massas e tortas

Para uma refeição rápida e completa, que agrade tanto crianças quanto adultos, realmente não existe nada melhor do que massa. É barata, dura bastante tempo, é fácil de cozinhar e existem centenas de maneiras de servi-la. Para a sorte de vegetarianos e *vegans*, a maior parte dessas maneiras não envolve carne nem peixe, porém *vegans* precisam evitar massa com ovos e os vegetarianos devem ficar atentos ao tipo de queijo utilizado (ver página 5).

Neste capítulo você irá encontrar muitas receitas clássicas de massa – espaguete com molho de tomate fresco e manjericão, ravióli de ricota e espinafre e espaguete com pesto (ver páginas 222, 218 e 225), para citar apenas algumas. Você também irá encontrar algumas combinações menos famosas, como conchiglie com abacate e mussarela de búfala, e lasanha de lentilha, tomate e vinho tinto (ver páginas 209 e 213-4). Procure experimentar diferentes ingredientes para criar suas próprias receitas de dar água na boca.

Tipos de massa

Existem muitos tipos de massa; aqui vai uma lista de algumas das mais populares:

Anelli Tem formato de anel. Fica especialmente boa em saladas e pratos que vão ao forno. A versão integral é particularmente saborosa. Contudo, estes anéis podem ser difíceis de encontrar – procure em delicatessens italianas.

Canelone São grandes tubos de massa. Depois de pré-cozidos, basta recheá-los com misturas como a de ricota, da página 208, ou a de tomate e nozes, páginas 208-9, e levá-los ao forno em algum molho saboroso para fazer um prato delicioso.

Conchiglie Em formato de concha, pode ser encontrada em diferentes tamanhos. Fica deliciosa com azeite, alho e ervas frescas, ou misturada a vegetais coloridos.

Espaguete Provavelmente o tipo de massa mais conhecido e mais popular. Rende uma ótima refeição quando servido com um molho saboroso.

Farfalle ou gravatinha Fica bom com manteiga ou azeite e queijo ralado, ou misturado com vegetais.

Fettucce Massa com ovos larga, semelhante a uma fita.

Fettuccine Versão mais estreita. Ambas ficam excelentes com molhos cremosos.

Fusilli Uma massa em formato de espiral, como pequenos saca-rolhas. Fica ótima misturada a vegetais coloridos ou em saladas.

Lasanha Grandes retângulos de massa que são cozidos e dispostos em camadas com ingredientes saborosos em uma travessa refratária e levados ao forno.

Linguine É um espaguete achatado, usado da mesma forma que este.

Maccheroni ou macaroni Pode ser comprado tanto reto quando em forma de "cotovelo", e em diferentes espessuras, alguns com riscos. Sirva com molhos saborosos.

Massa integral Muitos dos formatos listados nesta página podem ser encontrados na versão integral, e a oferta só aumenta. Massas integrais têm aparência um pouco escura na embalagem, mas ficam mais claras depois de cozidas.

Penne Massa reta com as extremidades cortadas na diagonal, como a ponta de uma pena de escrever. Use da mesma forma que o macaroni.

Ravióli Pequenas almofadas de massa recheadas; são cozidos e servidos com manteiga e queijo ralado ou com um molho.

Rigatoni Tubos de pasta grande e riscados, normalmente servidos com molho ou em pratos que vão ao forno. Os riscos ajudam o molho a aderir à massa.

Ruote di carro Rodinhas; ficam boas com molho, são populares entre as crianças, especialmente se servidas com o molho de tomate da página 62 e polvilhadas de queijo ralado.

Tagliatelle Massa com ovos em formato de fita, normalmente arrumada em ninhos antes de ser embalada. Pode ser usada como o espaguete; fica especialmente boa com molhos cremosos.

Cabelo de anjo Espaguete fino, normalmente embalado em ninhos. Cozinha em pouco tempo.

Como fazer sua própria massa

Se você gosta de massa e consome uma boa quantidade dela, pode achar interessante prepará-la você mesmo, em sua casa. Usar uma máquina de massa é surpreendentemente rápido e o processo é simples; é divertido e os resultados são muito bons.

Equipamento

Você vai precisar de uma tigela grande para misturar os ingredientes, cortador de massa se quiser fazer raviólí (ver página 218) e uma máquina de fazer massa. Você pode comprar uma elétrica, e há também complementos para processadores de alimentos, mas acho que uma pequena máquina de massa manual é perfeitamente boa para uso doméstico. Consiste em rolos que são girados à mão, como antigos secadores de roupa, e são fáceis tanto de usar como de limpar.

Ingredientes

PARA FAZER 175g DE MASSA VOCÊ PRECISA DE:

100g de farinha de trigo: integral, não branqueada ou uma mistura delas. Farinha para pão, feita de trigo duro, é a melhor
¼ de col. de chá de sal
1 ovo (que pese em torno de 53-63g)

Método

Coloque a farinha e o sal na tigela e quebre o ovo. Usando as mãos, misture a farinha e o ovo aos poucos, até obter uma massa bem homogênea.

Ajuste os rolos da sua máquina de massa na posição mais aberta. Pegue um pedaço de massa do tamanho de um ovo, achate-a com a mão e passe-a pelo rolo da máquina. Dobre a massa em três e passe-a novamente.

Faça isso seis ou sete vezes, até que a massa esteja homogênea e maleável, então deixa-a descansar e repita a operação com o restante da massa, mantendo os pedaços na ordem em que foram feitos.

A seguir, aproxime os rolos um pouco mais e passe os pedaços de massa novamente pelos rolos, agora apenas uma vez, e sem dobrá-los. Repita três vezes, aproximando um pouco mais os rolos a cada passada. Corte os pedaços de massa ao meio se ficarem grandes demais para serem manuseados, e segure-os conforme forem saindo pelo outro lado da máquina para que não dobrem sobre si mesmos e grudem.

Se você quiser fazer lasanha, canelone ou ravióli, passe a massa novamente pelo penúltimo estágio de proximidade dos rolos. A massa pode ser cortada no tamanho desejado e usada imediatamente em preparações assadas, sem necessidade de secagem ou cozimento prévio. Para fazer ravióli, ver as páginas 217-8. Se você quiser fazer espaguete, tagliatelle ou outra massa fina, passe as tiras de massa por um dos rolos cortadores e depois espalhe-as em um pano de prato limpo e levemente polvilhado com farinha ou pendure-o na borda de uma panela ou secador de massa e deixe secar por 1 hora. Pode ser cozido como indicado a seguir, em apenas 2-3 minutos.

Guia para quantidades

Massa fresca pode substituir a mesma quantidade de massa seca em qualquer receita. Assim como a massa seca, a massa fresca vai inchar e aumentar de tamanho enquanto cozinha.

Como cozinhar massa

Calcule 25-50g de massa crua por pessoa para entradas; 75-125g por pessoa para prato principal. O mais importante é lembrar que qualquer massa precisa ser cozida em bastante água, para que possa ser mexida, portanto calcule 1,2 litro de água para cada 125g de massa, ou 4 litros para 450g, e use sua maior panela, ou duas pequenas, se necessário, e acrescente 1 colher de chá de sal. Você também pode acrescentar 1 colher de sopa de azeite, se quiser: isso ajuda a evitar que a massa grude. Espere a água ferver.

Quando a água atingir o ponto de ebulição, despeje a massa. As massas compridas, como o espaguete, precisam ser colocadas com cuidado. Segure o espaguete acima da água como um buquê de flores e vá baixando-o gradualmente, conforme ele amolece e vai se dobrando. Para outros tipos de massa, vá colocando aos poucos e mexa assim que tudo tenha sido despejado. Não tampe a panela durante o cozimento.

É importante não cozinhar a massa além do ponto. Ela deve estar macia, mas não se desmanchando. A maioria das embalagens indica o tempo de cozimento, mas é melhor utilizar esta informação apenas como guia, e começar a experimentar a massa bem antes de atingir o tempo indicado. Para ver se está cozida, retire um pedaço da água e morda. Está pronta se estiver macia, mas ainda um pouco resistente: al dente, como dizem os italianos. Se ainda não estiver pronta, cozinhe um pouco mais, mas continue experimentando.

Aqui está um guia simplificado para cozinhar diferentes tipos de massa:

massa muito fina, pedaços pequenos
5-9 minutos
pedaços maiores, tubos longos
10-20 minutos
massa fresca
2-3 minutos

Assim que a massa estiver pronta, vire-a em uma peneira ou escorredor. Dê uma sacudida, e então coloque-a de volta na panela ou em uma travessa aquecida juntamente com uma colherada de manteiga ou um pouco de azeite, sal e pimenta-do-reino a gosto.

Servindo massa

Depois de cozida, a massa pode ser servida de modo simples, apenas com manteiga ou azeite e sal e pimenta, e talvez com um pouco de alho amassado ou ervas frescas picadas, ou polvilhada com queijo ralado.* Ou ainda envolvida por pesto, um molho saboroso, misturada com vegetais cozidos, ou transformada em um prato assado como lasanha ou *mac'n'cheese*: existem diversas possibilidades e todas elas são rápidas e deliciosas.

Canelone de ricota com molho de tomate

Você pode usar tanto canelone quanto grandes retângulos de lasanha ou massa caseira para esta receita, que possui uma aparência incrível mas é fácil de fazer e agrada todo mundo. Sirva com rúcula ou alguma outra salada verde.

4 PORÇÕES ❄

12 tubos de canelone ou folhas de lasanha
sal
225g de ricota
1 dente de alho, amassado
2 col. de sopa de leite
pimenta-do-reino preta moída na hora
molho de tomate (ver página 62)
azeite de oliva, para untar

Mergulhe a massa em água fervendo com sal. Cozinhe o canelone por 4-5 minutos apenas, ou até que esteja maleável, mas não completamente mole, ou as folhas de lasanha até que fiquem um pouco mais macias.

Escorra bem a massa e coloque sobre um pano limpo.

Preaqueça o forno a 200°C.

Misture a ricota com o alho, o leite, o sal e a pimenta.

Recheie os tubos de canelone com essa mistura, ou então espalhe-a sobre as folhas de lasanha e enrole.

Coloque em uma travessa refratária rasa, despeje o molho por cima e leve ao forno por 45 minutos.

Canelone com nozes, tomates e vinho tinto

O recheio desta massa leva manjericão seco, em vez de fresco, por causa do intenso sabor que ele libera quando cozido.

4 PORÇÕES ❄

12 tubos de canelone ou folhas de lasanha
sal
1 cebola, picada
2 col. de sopa de azeite de oliva, mais um pouco para untar
1 dente de alho, amassado
225g de tomate, sem pele e picados
175g de nozes sem casca, picadas

* Apesar de o queijo parmesão tradicional não ser vegetariano, existem queijos tipo parmesão que o são. Um ótimo pecorino bem duro costuma ser vegetariano e é uma boa alternativa.

175g de farinha de rosca
1 col. de chá de manjericão seco
150ml de vinho tinto
pimenta-do-reino preta moída na hora
575ml de molho de queijo (ver página 59)

Mergulhe a massa em água fervendo com sal. Cozinhe o canelone por 4-5 minutos apenas, ou até que esteja maleável, mas não completamente mole, ou as folhas de lasanha até que estejam mais macias.

Preaqueça o forno a 200°C.

Refogue a cebola no azeite por cerca de 8 minutos, com a panela tampada, depois acrescente o alho e refogue por mais 1 ou 2 minutos.

Retire do fogo, acrescente os tomates, as nozes, a farinha de rosca, o manjericão, o vinho e tempere com sal e pimenta.

Recheie o canelone com essa mistura, ou então espalhe-a sobre as folhas de lasanha e enrole.

Coloque os canelones em uma travessa refratária rasa untada e cubra com o molho de queijo.

Leve ao forno por 45 minutos, ou até que esteja dourado e borbulhando.

Conchiglie quente com abacate e mussarela de búfala

Ótimo como uma entrada quente ou para um jantar leve.

4-6 PORÇÕES
225-350g de conchiglie (massa em formato de concha)
sal
2 abacates grandes
2 col. de sopa de suco de limão espremido na hora
175g de mussarela de búfala
2 col. de sopa de azeite de oliva
2 dentes de alho, amassados
2 col. de sopa de salsinha fresca picada
pimenta-do-reino preta moída na hora
queijo parmesão (ou similar) ralado, para servir

Cozinhe a massa em bastante água fervendo com sal até que esteja macia e escorra bem.

Enquanto a massa estiver cozinhando, corte os abacates ao meio, retire o caroço e a pele, corte a polpa em cubos e esprema o suco de limão por cima. Corte a mussarela em cubos também.

Acrescente o azeite, o alho, a salsinha, o abacate e a mussarela à massa escorida e misture delicadamente, sobre o fogo, para espalhar os ingredientes e aquecer levemente o queijo e o abacate, mas tomando cuidado para não esquentar demais; não é preciso cozinhar nada.

Tempere com pimenta-do-reino preta moída na hora a gosto e sirva imediatamente.

Fica bom com um pouco de queijo parmesão, ou similar, ralado por cima.

Farfalle com abobrinha, ervilha e hortelã

Sabores frescos e belas cores são combinados neste prato de verão.

4-6 PORÇÕES
225-350g de farfalle
sal

25g de manteiga
1 col. de sopa de azeite de oliva
450g de abobrinha, em rodelas finas
175g de ervilha
2 col. de sopa de hortelã fresca picada
pimenta-do-reino preta moída na hora
queijo parmesão (ou similar) ralado

Cozinhe a massa em bastante água fervendo com sal até que esteja macia e escorra bem.

Enquanto a massa estiver cozinhando, derreta a manteiga e o azeite juntos em uma panela e cozinhe a abobrinha e as ervilhas sobre fogo baixo, até que estejam macias (cerca de 5-8 minutos).

Acrescente as abobrinhas e as ervilhas à massa escorrida, juntamente com o azeite e a manteiga que ficaram no fundo da panela, e a hortelã picada.

Misture delicadamente e tempere com sal e pimenta a gosto. Transfira para uma travessa aquecida, espalhe o queijo ralado por cima e sirva imediatamente.

Farfalle com cogumelos e salsinha

Sirva com uma salada de tomate e agrião para um jantar leve.

4-6 PORÇÕES

225-350g de farfalle
sal
25g de manteiga
1 col. de sopa de azeite de oliva
350g de cogumelo paris, em fatias
1 dente de alho, amassado
2 col. de sopa de salsinha fresca picada
1 col. de sopa de suco de limão espremido na hora
pimenta-do-reino preta moída na hora
queijo parmesão (ou similar) ralado (opcional)

Cozinhe a massa em bastante água fervendo com sal até que esteja macia e escorra bem.

Enquanto isso, aqueça a manteiga e o azeite juntos em uma panela e refogue os cogumelos e o alho por 4-5 minutos, ou até que os cogumelos estejam macios.

Retire do fogo, misture a salsinha, o suco de limão e tempere com sal e pimenta, e despeje esta mistura sobre a massa cozida. Misture delicadamente para espalhar os ingredientes e ajuste o tempero.

Sirva imediatamente, salpicada com queijo ralado (se estiver usando).

Lasanha rápida

Uma lasanha rápida e fácil, que fica excelente acompanhada de salada verde.

4 PORÇÕES

175g de massa para lasanha "direto ao forno"
sal
150ml de leite
300ml de iogurte natural ou molho de queijo (ver página 59)
450g de cebola, em rodelas
2 col. de sopa de azeite, mais um pouco para untar
1 lata de 400g de tomates
pimenta-do-reino preta moída na hora
125g de queijo ralado

Cozinhe a massa tradicional para lasanha em bastante água fervendo com sal até que esteja macia e coloque os pedaços sobre a borda de uma peneira para que escorram sem o risco de grudar uns nos outros. Ou então use massa para lasanha do tipo "direto ao forno" e misture o leite ao iogurte, ou molho de queijo).

Preaqueça o forno a 200°C.

Refogue as cebolas no azeite, com a panela tampada, até que estejam macias (cerca de 10 minutos).

Forme uma camada de massa na base de uma travessa refratária rasa untada.

Cubra com metade das cebolas e dos tomates, tempere com sal e pimenta e espalhe ⅓ do queijo ralado.

Repita as camadas, e termine com a massa.

Espalhe a misture de leite por cima, cobrindo completamente a lasanha, espalhe o restante do queijo ralado e leve ao forno por 45 minutos, ou até que esteja dourada e borbulhando.

Lasanha com berinjela, cebola e tomate

Um prato delicioso, colorido e bem-vindo que pode ser preparado com antecedência para depois ser levado ao forno e servido com uma salada verde ou com couve-flor roxa levemente cozida. Se você tiver tempo para fazer o processo de salgar as berinjelas antes do cozimento, elas irão absorver menos azeite; senão, pule esta etapa, mas cozinhe-as usando um pouco mais de azeite do que o indicado. A berinjela absorve qualquer quantidade de azeite que você acrescentar a ela, portanto o segredo é cozinhá-la lentamente, sobre fogo baixo, e ela ficará macia.

4 PORÇÕES ❄

350g de berinjela
sal
4-6 col. de sopa de azeite de oliva, mais um pouco para untar
2 cebolas, em rodelas
175g de lasanha, tradicional ou "direto ao forno"
350g de tomate, sem pele e em rodelas
125g de queijo ralado
575ml de molho de queijo (ver página 59)

Descasque a berinjela, corte-a em rodelas finas, coloque-as em uma peneira e polvilhe com sal. Deixe assim por 30 minutos, depois lave, seque bem e frite-as no azeite até que estejam macias e levemente douradas de ambos os lados. Escorra bem em papel-toalha e reserve.

Refogue as cebolas no azeite restante por 10 minutos.

Cozinhe a massa tradicional para lasanha em bastante água fervendo com sal até que esteja macia e coloque os pedaços sobre a borda de uma peneira para que escorram sem o risco de grudar uns nos outros.

Ou então, use massa para lasanha do tipo "direto ao forno" e prepare o molho de queijo usando as quantidades normais de manteiga e de farinha, mas com 150ml a mais de leite.

Preaqueça o forno a 200°C.

Forme uma camada de massa no fundo de uma travessa refratária rasa untada, distribua metade da berinjela, da cebola e do tomate por cima, e também um pouco de queijo ralado e de molho de queijo.

Repita as camadas, finalizando com a massa, o restante do molho de queijo e o queijo ralado.

Leve ao forno por 45 minutos, ou até que esteja dourada e borbulhando.

Lasanha de lentilha

Este é um prato saboroso, completo e barato.

4 PORÇÕES ❄

175g de lasanha, tradicional ou "direto ao forno"
sal
2 cebolas, picadas
1 talo de aipo, picado
1 cenoura, finamente picada
2 col. de sopa de azeite de oliva, mais um pouco para untar
2 col. de chá de sementes de coentro em pó
200g de lentilha marrom seca, demolhada e cozida (ver páginas 149-51), ou 2 latas de 400g
pimenta-do-reino preta moída na hora
575ml de molho de queijo (ver página 59)
50g de queijo ralado (opcional)

Cozinhe a massa tradicional para lasanha em bastante água fervendo com sal até que esteja macia e coloque os pedaços sobre a borda de uma peneira para que escorram sem o risco de grudar uns nos outros.

Ou então, use massa para lasanha do tipo "direto ao forno" e prepare o molho de queijo usando as quantidades normais de manteiga e de farinha, mas com 150ml a mais de leite.

Preaqueça o forno a 200°C.

Refogue a cebola, o aipo e a cenoura no azeite por 10-15 minutos, ou até que estejam macios e levemente dourados, então misture as sementes de coentro em pó e cozinhe por mais 1 ou 2 minutos.

Escorra as lentilhas e acrescente-as aos vegetais, juntamente com sal e pimenta a gosto.

Forme uma camada de massa no fundo de uma travessa refratária rasa untada, espalhe metade da mistura de lentilhas por cima e ¼ do molho. Repita as camadas, finalizando com a massa, o restante do molho de queijo e o queijo ralado (se estiver usando). Leve ao forno por 45 minutos, ou até que esteja dourada e borbulhando.

Lasanha de feijão-vermelho e vinho tinto

Um prato barato e mesmo assim bastante saboroso, ideal para um jantar informal, acompanhado do restante do vinho.

4 PORÇÕES ❄

175g de lasanha, tradicional ou "direto ao forno"
sal
2 cebolas, picadas
2 col. de sopa de azeite de oliva, mais um pouco para untar
200g de feijão-vermelho seco, demolhado e cozido (ver páginas 149-51), ou 2 latas de 400g

1 lata de 400g de tomates picados
2 col. de sopa de extrato de tomate
½-1 col. de chá de canela em pó
2 col. de sopa de vinho tinto
pimenta-do-reino preta moída na hora
575ml de molho de queijo (ver página 59)

Cozinhe a massa tradicional para lasanha em bastante água fervendo com sal até que esteja macia e coloque os pedaços sobre a borda de uma peneira para que escorram sem o risco de grudar uns nos outros.

Ou então, use massa para lasanha do tipo "direto ao forno" e prepare o molho de queijo usando as quantidades normais de manteiga e de farinha, mas com 150ml a mais de leite.

Preaqueça o forno a 200°C.

Refogue a cebola no azeite por 10 minutos, com a panela tampada.

Escorra o feijão (lave se for o enlatado) e acrescente-o à cebola, juntamente com os tomates. Misture bem, amassando os feijões.

Acrescente o extrato de tomate, a canela e o vinho e tempere com sal e pimenta.

Forme uma camada de massa no fundo de uma travessa refratária rasa untada, espalhe metade da mistura de feijão e ¼ do molho.

Repita as camadas, finalizando com a massa e o restante do molho.

Leve ao forno por 45 minutos ou até que esteja dourada, borbulhando e com um aroma maravilhoso.

Lasanha de lentilha, tomate e vinho tinto

Este prato consiste em camadas de massa e uma saborosa mistura de lentilhas, tomates e vinho, cobertas por molho de queijo. Pode ser preparado com antecedência e fica ótimo com uma salada verde de folhas crocantes e uma taça de vinho tinto.

4-6 PORÇÕES

2 col. de sopa de azeite de oliva, mais um pouco para untar
1 cebola, picada
2 dentes de alho, amassados
1 pimentão verde ou vermelho médio-grande, sem sementes e picado
175g de lentilha vermelha partida
1 lata de 400g de tomates picados
1 folha de louro
275ml de caldo de legumes ou água
2 col. de sopa de extrato de tomate
150ml de vinho tinto
¼ de col. de chá de orégano seco, ¼ de col. de chá de tomilho seco e ¼ de col. de chá de manjericão seco
½ col. de chá de canela em pó
1 col. de sopa de salsinha fresca picada
sal e pimenta-do-reino preta moída na hora
açúcar
175g de lasanha, tradicional ou "direto ao forno"

PARA A COBERTURA

2 ovos
150ml de leite
225g de fromage frais ou cream cheese
125g de queijo ralado

Aqueça o azeite em uma panela média e refogue a cebola por 10 minutos, depois acrescente o alho, o pimentão, a lentilha, o tomate, a folha de louro, o caldo ou a água e o extrato de tomate.

Espere ferver, reduza o fogo e cozinhe por 20-30 minutos, ou até que as lentilhas estejam macias e a maior parte do líquido tenha sido absorvida.

Retire a folha de louro e acrescente o vinho, as ervas, a canela e a salsinha picada. Misture bem, depois tempere com sal e pimenta e um pouco de açúcar a gosto.

Enquanto a mistura de lentilha estiver cozinhando, prepare a lasanha.

Encha uma panela grande com água até a metade, acrescente um pouco de sal e deixe ferver. Coloque os pedaços de lasanha na água fervendo e cozinhe por cerca de 8 minutos, ou até que estejam macios, então escorra e ponha os pedaços para secar apoiados na borda de uma peneira, separados, para que não grudem.

Ou então use massa do tipo "direto ao forno", mas deixe-a de molho rapidamente em um pouco de água fria, para que esteja úmida quando você for montar o prato.

Preaqueça o forno a 200°C.

Forme uma camada de massa no fundo de uma travessa refratária rasa untada e espalhe metade da mistura de lentilhas por cima; monte outra camada de massa, outra de lentilha e finalize com a massa.

Para fazer a cobertura, bata os ovos com o leite e o fromage frais ou cream cheese, tempere levemente e despeje sobre a lasanha. Espalhe o queijo ralado por cima.

Leve ao forno por 45 minutos ou até que esteja dourada e borbulhando.

Lasanha de vegetais com manjericão

Uma lasanha recheada com uma mistura de vegetais temperada com manjericão e molho de queijo: fácil de fazer, ótima de comer.

4 PORÇÕES ❄

175g de lasanha, tradicional ou "direto ao forno"
sal
225g de cebola, picada
225g de cenoura, finamente picada
225g de alho-poró, em tirinhas
225g de abobrinha, em rodelas finas
2 col. de sopa de azeite de oliva, mais um pouco para untar
3 tomates, sem pele e picados
125g de cogumelo paris, em fatias
1 col. de sopa de manjericão fresco picado
pimenta-do-reino preta moída na hora
575ml de molho de queijo (ver página 59)
25g de queijo parmesão (ou similar) ralado

Cozinhe a massa tradicional para lasanha em bastante água fervendo com sal até que esteja macia e coloque os pedaços sobre a borda de uma peneira para que escorram sem o risco de grudar uns nos outros.

Ou então, use massa para lasanha do tipo "direto ao forno" e prepare o molho de queijo usando as quantidades normais de manteiga e de farinha, mas com 150ml a mais de leite.

Preaqueça o forno a 200°C.

Refogue a cebola, a cenoura, o alho-poró e a abobrinha no azeite, em fogo baixo, com a panela tampada, por 20 minutos, mexendo de vez em quando.

Acrescente os tomates, os cogumelos e o manjericão e cozinhe por mais 5 minutos. Tempere a gosto.

Forme uma camada de massa no fundo de uma travessa refratária rasa untada, espalhe metade da mistura de vegetais por cima e ¼ do molho de queijo.

Repita as camadas, termine com a massa e despeje o restante do molho e o queijo ralado.

Leve ao forno por 45 minutos ou até que esteja dourada e borbulhando.

Lasanha rápida de espinafre e ricota

Este é um daqueles pratos que você pode preparar em poucos minutos, usando espinafre congelado (que precisa estar descongelado) e massa para lasanha do tipo "direto ao forno". O resultado é bastante saboroso. Uma salada de tomates combina muito bem.

4 PORÇÕES

40g de manteiga
40g de farinha de trigo
575ml de leite
125g de queijo ralado
sal e pimenta-do-reino preta moída na hora
450g de espinafre
250g de ricota
1 ou 2 pitadas de noz-moscada ralada na hora
125-175g de lasanha "direto ao forno"

Preaqueça o forno a 200°C.

Primeiro, prepare um molho de queijo derretendo a manteiga em uma panela, depois acrescentando a farinha, e despejando o leite sem parar de mexer, até a mistura engrossar. Acrescente metade do queijo ralado e sal e pimenta a gosto. Retire do fogo.

Coloque o espinafre descongelado em uma tigela, acrescente a ricota e misture bem; tempere com sal, pimenta e noz-moscada. Espalhe metade desta mistura no fundo de uma travessa refratária rasa; cubra com pedaços de massa de lasanha, quebrando-as caso seja necessário para se ajustarem à travessa. Despeje um pouco de molho, para cobrir.

Repita as camadas, finalizando com o restante do molho. Espalhe a outra metade do queijo ralado por cima.

Leve ao forno por 30-40 minutos ou até que esteja dourada e borbulhando.

Mac'n'cheese

A *comfort food* por excelência! Leve e saborosa, é feita de macaroni repleto de molho e uma casquinha crocante por cima. Um vegetal verde cozido, como brócolis ou espinafre, é o acompanhamento perfeito.

4 PORÇÕES ❄

125g de macaroni curto
sal
40g de manteiga, mais um pouco para untar
40g de farinha de trigo
575ml de leite
175g de queijo cheddar, ralado
pimenta-do-reino preta moída na hora
50g de farinha de rosca

Preaqueça o forno a 200°C.

Cozinhe o macaroni em água fervendo com sal até que esteja macio e escorra.

Prepare o molho: derreta a manteiga em uma panela, misture a farinha, cozinhe por alguns segundos e então despeje ⅓ do leite, mexendo bem. Deixe ferver, sem parar de mexer, acrescente mais ⅓ do leite e repita até que todo o leite tenha sido adicionado.

Retire o molho do fogo, misture o macaroni, ⅔ do queijo ralado e um pouco de sal e pimenta.

Transfira para uma travessa refratária rasa untada, cubra com a farinha de rosca e o restante do queijo e leve ao forno por 40 minutos, ou até que esteja crocante e dourado.

Macaroni aos quatro queijos

Um prato clássico, que não é nada mais do que uma versão sofisticada do *mac'n'cheese*. Cada um dos quatro queijos contribui com um sabor e uma textura distintos. Certifique-se de que os queijos sejam vegetarianos.

4 PORÇÕES

125g de macaroni curto
sal
15g de manteiga
275ml de creme de leite fresco
50g de queijo parmesão, ralado
75g de emmental, em cubos
75g de provolone, em cubos
75g de mussarela de búfala, em cubos
pimenta-do-reino preta moída na hora

Cozinhe o macaroni em água fervendo com sal até que esteja macio.

Escorra, coloque-o de volta na panela e acrescente a manteiga e o creme de leite.

Mexa delicadamente sobre o fogo, acrescente metade do parmesão, os outros queijos e misture com cuidado, até que os queijos estejam aquecidos e começando a derreter.

Espalhe o restante do parmesão por cima e sirva imediatamente.

Macaroni com pimentões V

Repleto de cores e sabores acalentadores do Mediterrâneo.

4 PORÇÕES

2 cebolas grandes, picadas
1 pimentão amarelo grande, sem sementes e em rodelas
1 pimentão vermelho grande, sem sementes e em rodelas
1 col. de sopa de azeite de oliva
4 tomates, em rodelas
1 dente de alho, amassado
225g de macaroni curto
sal e pimenta-do-reino preta moída na hora
1 punhado de azeitonas pretas ou verdes
1 punhado pequeno de manjericão fresco, rasgado
queijo parmesão (ou similar) ralado, para servir (opcional)

Refogue a cebola e os pimentões no azeite, em fogo baixo, em uma panela grande, tampada, por 10-15 minutos, ou até que estejam macios, então acrescente os tomates e o alho e cozinhe por mais alguns minutos.

Enquanto isso, cozinhe o macaroni em bastante água fervendo com sal, até que esteja macio.

Escorra o macaroni, acrescente-o à mistura de vegetais, tempere e cozinhe apenas para aquecer tudo por igual.

Sirva com algumas azeitonas e folhas de manjericão.

Espalhe o queijo ralado por cima (se estiver usando).

Macarrão com lentilhas e tomate V

Você pode usar tanto espaguete quanto tagliatelle nesta receita, ou alguma massa curta como penne, se preferir. Fica bom com uma salada de folhas crocantes e um pouco de pão de alho (ver página 51).

4 PORÇÕES

- 1 cebola grande, picada
- 4 col. de sopa de azeite de oliva
- 1 pimentão vermelho pequeno, sem sementes e finamente picado
- 2 dentes de alho, amassados
- 200g de lentilha marrom ou de Puy, escorrida
- 1 lata de 400g de tomates picados
- 1 col. de sopa de ketchup
- 1 col. de sopa de salsinha fresca picada
- ½ col. de chá de canela em pó
- sal e pimenta-do-reino preta moída na hora
- 225g de tagliatelle, espaguete ou penne

Refogue a cebola e o pimentão no azeite em uma panela grande, tampada, por 8 minutos.

Acrescente o alho e refogue por mais 2 minutos.

Acrescente a lentilha, os tomates e o ketchup. Cozinhe em fogo baixo, agora com a panela destampada, por alguns minutos, ou até que os tomates tenham engrossado e formado um molho. Tempere com sal e pimenta a gosto.

Enquanto isso, cozinhe a massa em bastante água fervendo com sal, até que esteja macia.

Escorra a massa, coloque-a de volta na panela e despeje o molho por cima. Mexa delicadamente para misturar e sirva.

Ravióli de queijo com molho de tomate

4 PORÇÕES ❄

- duas receitas de massa caseira (ver páginas 206-7)
- 225g de ricota
- 75g de queijo ralado
- 25g de queijo parmesão (ou similar) ralado
- sal e pimenta-do-reino preta moída na hora
- 1 ovo, batido
- molho de tomate (ver página 62)

Prepare a massa como descrito nas páginas 206-7 e abra-a o mais fino possível em grandes pedaços (ou use uma máquina de massa). Coloque os pedaços abertos de massa sobre uma superfície levemente polvilhada com farinha, para impedir que grudem.

Misture a ricota e os queijos ralados e tempere a gosto.

Coloque pequenos montinhos da mistura de queijo sobre a massa, a intervalos de cerca de 3cm, e pincele um pouco de ovo batido em torno de cada montinho.

Cubra com o restante da massa, pressionando as beiradas e tentando retirar o máximo de ar possível de dentro de cada ravióli.

Corte entre os montinhos com um cortador de massa ou uma faca afiada.

Coloque os raviólis sobre uma superfície levemente polvilhada com farinha e deixe secarem por 30 minutos. Passado este tempo, despeje-os em uma panela grande com bastante água fervendo com sal e cozinhe por 4-6 minutos.

Enquanto isso, aqueça o molho de tomate em uma panela pequena, despeje sobre o ravióli escorrido e sirva.

Ravióli de ricota e avelãs com molho de ervas

Você pode congelar o ravióli depois de cozido, mas deixe para acrescentar o creme de leite e as ervas somente na hora de servir.

4 PORÇÕES

duas receitas de massa caseira (ver páginas 206-7)
225g de ricota
1 dente de alho, amassado
125g de avelãs sem pele (ver página 103), raladas
sal e pimenta-do-reino preta moída na hora
1 ovo, batido
150ml de creme de leite fresco
2 col. de sopa de ervas frescas variadas picadas

Prepare a massa como descrito nas páginas 206-7 e abra-a o mais fino possível em grandes pedaços (ou use uma máquina de massa). Coloque os pedaços abertos de massa sobre uma superfície levemente polvilhada com farinha, para impedir que grudem.

Misture a ricota, o alho e a avelã e tempere a gosto.

Coloque pequenos montinhos da mistura de queijo sobre a massa, a intervalos de cerca de 3cm, e pincele um pouco de ovo batido em torno de cada montinho.

Cubra com o restante da massa, pressionando as beiradas e tentando retirar o máximo de ar possível de dentro de cada ravióli.

Corte entre os montinhos com um cortador de massa ou uma faca afiada.

Coloque os raviólis sobre uma superfície levemente polvilhada com farinha e deixe secarem por 30 minutos. Passado este tempo, despeje-os em uma panela grande com bastante água fervendo com sal e cozinhe por 4-6 minutos.

Enquanto isso, misture as ervas e o creme de leite e aqueça numa panela pequena, então despeje sobre o ravióli escorrido e sirva.

VARIAÇÃO

Ravióli de ricota e espinafre

Prepare o recheio como indicado na receita principal, substituindo as avelãs por espinafre. Coloque 200g de folhas de espinafre lavadas em uma panela, apenas com a água que permaneceu nas folhas depois da lavagem, e cozinhe por 3-4 minutos, ou até que estejam macias. Escora bem, pique e misture com a ricota, o alho e sal e pimenta a gosto. Cozinhe da mesma forma, e sirva com manteiga de alho e queijo parmesão ralado, se quiser.

Espaguete com berinjela e molho de vinho V

Um jantar rápido e delicioso. Gosto de usar um vinho tinto italiano que não seja caro e servir o restante para acompanhar a refeição. O molho pode ser congelado.

4 PORÇÕES ❄

3 col. de sopa de azeite de oliva
1 cebola, picada
1 dente de alho, amassado
1 berinjela, em cubos
1 pimentão verde ou vermelho, sem sementes e picado
1 col. de chá de manjericão seco
1 lata de 400g de tomates picados
4 col. de sopa de vinho tinto
sal e pimenta-do-reino preta moída na hora
225-350g de espaguete
queijo parmesão (ou similar) ralado, para servir (opcional)

Aqueça 2 colheres de sopa do azeite em uma panela grande, acrescente a cebola e refogue, com a panela tampada, por 5 minutos, deixando dourar levemente.

Acrescente o alho, a berinjela, o pimentão, o manjericão, os tomates e o vinho e cozinhe em fogo baixo por 25 minutos; tempere com sal e pimenta.

Cozinhe o espaguete em bastante água fervendo com sal até que esteja macio, e então escorra bem.

Coloque o macarrão de volta na panela ainda quente e acrescente o restante do azeite e um pouco de pimenta-do-reino preta moída na hora.

Despeje o molho sobre o espaguete, misture delicadamente e sirva. Ou, se você preferir, sirva o espaguete em pratos aquecidos e coloque o molho por cima. Polvilhe queijo ralado (se estiver usando).

Espaguete com molho à bolonhesa de lentilhas V

Uma versão vegetariana muito saborosa deste clássico prato feito com carne. O molho pode ser congelado.

4 PORÇÕES ❄

200g de lentilha marrom seca ou 2 latas de 400g
2 cebolas, picadas
3 col. de sopa de azeite de oliva
2 dentes de alho, amassados
2 talos de aipo, finamente picados
2 cenouras, em cubinhos
2 col. de sopa de extrato de tomate
sal e pimenta-do-reino preta moída na hora
225g-350g de espaguete
queijo parmesão (ou similar) ralado, para servir (opcional)

Cozinhe a lentilha seca em bastante água até que esteja macia (cerca de 45-60 minutos) e escorra. Se estiver usando lentilha em lata, simplesmente escorra. Em qualquer dos casos, reserve o líquido.

Refogue as cebolas em 2 colheres de sopa do azeite até dourar e acrescente o alho, o aipo e a cenoura. Tampe a panela e deixe cozinhar em fogo baixo por cerca de 15 minutos, ou até que tudo esteja macio.

Acrescente a lentilha, o extrato de tomate, sal e pimenta e um pouco do líquido reservado para obter uma consistência grossa e ao mesmo tempo suave.

Cozinhe o espaguete em bastante água fervendo com sal até que esteja macio, e então escorra bem.

Coloque o espaguete de volta na panela, acrescente o restante do azeite e tempere com sal e pimenta a gosto.

Despeje o molho sobre o espaguete, misture delicadamente e sirva. Ou, se preferir, sirva o espaguete em pratos aquecidos com o molho por cima. Polvilhe o queijo ralado (se estiver usando).

Espaguete com lentilha e molho de vinho V

Esta é uma deliciosa receita de espaguete com um molho de lentilhas, vinho e tomates de sabor marcante. O molho pode ser preparado com antecedência, se você achar conveniente, e reaquecido na hora de servir. Sirva com uma salada verde temperada com um molho com bastante alho e um vinho tinto robusto. O molho pode ser congelado.

2-3 PORÇÕES ❄

1 col. de sopa de azeite de oliva
1 cebola, picada
1 dente de alho grande, amassado
1 col. de chá de manjericão seco
1 lata de 400g de tomates picados
125g de lentilha verde seca, lavada
1 col. de sopa de extrato de tomate
275ml de vinho tinto ou sidra seca
275ml de caldo de legumes
sal e pimenta-do-reino preta moída na hora
225g de espaguete
manteiga
queijo parmesão ralado, para servir (opcional)

Aqueça o azeite em uma panela média e refogue a cebola por 10 minutos, com a panela tampada, até que esteja macia e ligeiramente dourada.

Acrescente o alho, o manjericão, o tomate, a lentilha, o extrato de tomate, o vinho ou a sidra e o caldo. Espere ferver, tampe a panela, reduza o fogo e deixe cozinhar desta forma por cerca de 45 minutos, mexendo eventualmente, até que as lentilhas estejam macias e a mistura esteja reduzida a um purê grosso. Tempere com sal e bastante pimenta.

Um pouco antes de as lentilhas estarem prontas, cozinhe o espaguete em bastante água fervendo com sal até que esteja macio, e então escorra bem.

Coloque o macarrão de volta na panela ainda quente e acrescente o restante do azeite e um pouco de pimenta-do-reino preta moída na hora.

Despeje o molho sobre o espaguete, misture delicadamente e sirva. Ou, se você preferir, sirva o espaguete em pratos aquecidos e coloque o molho por cima. Polvilhe queijo ralado (se estiver usando).

Espaguete com pesto

Existem poucas comidas tão reconfortantes quanto uma tigela fumegante de espaguete coberto de pesto bem verde. Pesto é fácil de encontrar – mas procure um que seja vegetariano, pois alguns são feitos com queijo parmesão não vegetariano. Também é fácil e válido preparar o seu próprio pesto se você tiver tempo. É perfumado e maravilhoso.

4-6 PORÇÕES

350-400g de espaguete
queijo parmesão (ou similar) ralado, para servir

PARA O PESTO

1 dente de alho, sem casca
50g de folhas de manjericão fresco
25g de queijo parmesão (ou similar) ralado
25g de pinoles
4-6 col. de sopa de azeite de oliva extravirgem
um pouco de suco de limão
sal e pimenta-do-reino preta moída na hora

A maneira mais fácil de preparar o pesto é bater todos os ingredientes em um processador, mixer manual ou liquidificador até obter um purê.

Outra forma é amassar o alho com um pouco de sal, usando um pilão, e então acrescentar os demais ingredientes aos poucos, amassando e misturando até obter um molho grosso e homogêneo. O suco de limão ajuda a preservar a cor.

Cozinhe o espaguete em bastante água fervendo com sal até que esteja macio, escorra e coloque-o de volta na panela ainda quente.

Acrescente 2 colheres de sopa de água fervendo ao pesto, para afiná-lo, e então misture-o ao espaguete, mexendo delicadamente, até que a massa esteja verde e brilhante. Tempere com sal a gosto.

Sirva imediatamente, com mais queijo ralado.

Espaguete alla puttanesca V

Esta é uma receita clássica, maravilhosamente picante. Você pode variar a ardência acrescentando mais ou menos pimenta. Vale a pena comprar tomates enlatados de boa qualidade para este prato, pois eles são mais saborosos e se reduzem rapidamente para formar um delicioso molho.

4 PORÇÕES ❄

400g de espaguete ou espaguetini
sal
2-3 col. de sopa de azeite de oliva
1 cebola, picada
2 dentes de alho, em fatias finas
2 latas de 400g de tomates picados
1 col. de chá de orégano seco
1 pimenta vermelha seca, esfarelada
50g de azeitonas pretas sem caroço, em fatias
2 col. de sopa de alcaparras em conserva, lavadas
1 col. de sopa de pasta de tomate seco ou extrato de tomate
pimenta-do-reino preta moída na hora
um pouco de salsinha fresca picada, para servir

Encha uma panela com bastante água e leve ao fogo para cozinhar a massa. Quando estiver fervendo, acrescente 1 colher de sopa de sal, despeje o espaguete e dê uma rápida mexida. Coloque a tampa rapidamente, até que comece a balançar, sinalizando que a água retomou a fervura, e então deixe a massa cozinhar na panela destampada por cerca de 8 minutos, ou até que esteja macia mas ainda al dente.

Para fazer o molho, aqueça 2 colheres de sopa do azeite em uma panela grande. Acrescente a cebola, tampe e refogue em fogo baixo por 10 minutos, ou até que esteja macia, mas sem dourar. Acrescente o alho, misture bem e cozinhe por mais 1-2 minutos. Acrescente os tomates juntamente com o suco, quebrando-os com uma colher de pau, seguidos pelo orégano, a pimenta, as azeitonas e as alcaparras, e tempere com sal e pimenta. Espere ferver, reduza o fogo e deixe cozinhar desta forma por 10-15 minutos, ou até que o líquido tenha evaporado e o molho tenha engrossado.

Acrescente o extrato de tomate e cozinhe para aquecê-lo, mexendo eventualmente. Ajuste o tempero, acrescentando sal e pimenta a gosto, se necessário.

Escorra a massa e coloque-a de volta na panela ainda quente. Adicione 1 colher de sopa de azeite ao espaguete e sirva-o em pratos aquecidos com o molho por cima, ou misture o molho diretamente na massa que está na panela, misture delicadamente e sirva. Em ambos os casos, coloque a salsinha picada por cima.

Espaguete com molho de tomates frescos e manjericão

Um delicioso jantar de verão, preparado com tomates bem saborosos e manjericão fresco. Sirva com queijo ralado e uma salada verde com bastante azeite. O molho pode ser congelado.

4 PORÇÕES ❄

1 cebola, picada
25g de manteiga
2 col. de sopa de azeite de oliva
1 dente de alho, amassado
700g de tomate, sem pele e picado
sal e pimenta-do-reino preta moída na hora
225-350g de espaguete
algumas folhas de manjericão, rasgadas, para decorar

Primeiro, prepare o molho: aqueça 25g de manteiga e 1 colher de sopa de azeite e refogue a cebola até que esteja macia (cerca de 10 minutos).

Acrescente o alho e os tomates e cozinhe em fogo baixo por 10-15 minutos, ou até que os tomates comecem a se desmanchar. Tempere com sal e pimenta.

Cozinhe o espaguete em bastante água fervendo com sal por 7-10 minutos, ou até que esteja macio.

Escorra bem e coloque-o de volta na panela com o restante do azeite e sal e pimenta a gosto.

Misture o molho ao espaguete e sirva. Ou, se você preferir, sirva o espaguete em pratos aquecidos e coloque o molho por cima. Espalhe as folhas de manjericão.

Tagliatelle com molho de queijo fácil

Outra deliciosa receita de massa que você pode preparar em poucos minutos. Sirva com uma salada de tomates e azeitonas pretas. Quando for comprar o gorgonzola, verifique se é vegetariano.

4-6 PORÇÕES

350g de tagliatelle
sal
15g de manteiga
150ml de creme de leite fresco
175-225g de gorgonzola, cortado grosseiramente em cubos
pimenta-do-reino preta moída na hora
queijo parmesão (ou similar) ralado, para servir

Cozinhe o tagliatelle até que esteja macio em bastante água fervendo com sal; escorra bem e coloque-o de volta na panela.

Acrescente a manteiga, o creme de leite, o gorgonzola e o equivalente a um giro do moedor de pimenta à massa e mexa sobre fogo baixo, até que o queijo tenha derretido.

Sirva imediatamente, em pratos aquecidos, salpicado de queijo parmesão.

Cabelo de anjo com grão-de-bico e alho V

Esta receita tradicional italiana é chamada *tuoni e lampo*, "trovão e raio", para ilustrar a diferença de textura entre o macarrão (macio) e o grão-de-bico (firme). Também fica bom com fusilli (parafuso) integral.

4-6 PORÇÕES

225-350g de cabelo de anjo
sal
200g de grão-de-bico, demolhado e cozido (ver páginas 149-51) ou 2 latas de 400g
3 col. de sopa de azeite de oliva
2 dentes de alho, amassados
pimenta-do-reino preta moída na hora
queijo parmesão (ou similar) ralado, para servir (opcional)

Cozinhe a massa em bastante água fervendo com sal até que esteja macia e escorra.

Enquanto a massa estiver cozinhando, aqueça o grão-de-bico no próprio líquido da conserva ou do cozimento.

Quando a massa estiver pronta, escorra o grão-de-bico e misture-o à massa, juntamente com o azeite e o alho.

Mexa delicadamente sobre o fogo até que todos os ingredientes estejam bem misturados.

Ajuste o tempero, coloque um pouco de pimenta-do-reino preta moída na hora e sirva imediatamente, em pratos aquecidos, com o queijo ralado espalhado por cima (se estiver usando).

Macarrão integral de forno

Um prato rápido, barato e saboroso que fica bom servido com vegetais verdes cozidos.

4 PORÇÕES ❄

125g de fusilli integral
sal

2 cebolas, picadas
2 col. de sopa de azeite de oliva, mais um pouco para untar
125g de cogumelos, picados
225g de tomates, sem pele e picados
1 ovo, batido
125g de cheddar, ralado
pimenta-do-reino preta moída na hora
farinha de rosca de pão integral, para cobrir

Preaqueça o forno a 190°C.

Cozinhe a massa em bastante água fervendo com sal até que esteja macia, escorra e reserve.

Refogue as cebolas no azeite por 7 minutos, em uma panela tampada. Acrescente os cogumelos e os tomates e refogue por mais 3 minutos.

Acrescente o ovo e mexa sem parar por mais 1 ou 2 minutos. Retire do fogo.

Misture o fusilli, 2/3 do cheddar ralado e tempere a gosto.

Transfira a mistura para uma travessa refratária rasa levemente untada, espalhe a farinha de rosca e o restante do queijo por cima e leve ao forno por 25-30 minutos, ou até que esteja dourada e borbulhando.

Assado de macarrão integral e berinjela

Uma maravilhosa opção para entrada, almoço leve ou jantar.

4 PORÇÕES ❄
2 cebolas, picadas
6-8 col. de sopa de azeite de oliva
450g de berinjela
75 de anelli integral
3 tomates, sem pele e picados, ou 1 lata de 400g
1 col. de sopa de ketchup
1 col. de chá de orégano seco
1 ovo, batido (opcional)
pimenta-do-reino preta moída na hora

PARA A COBERTURA
50g de farinha de rosca
50g de cheddar, ralado

Refogue a cebola em 2 colheres de sopa de azeite, em uma panela tampada, por 10 minutos.

Corte a berinjela em rodelas finas (cerca de 6mm de espessura) e frite-as no restante do azeite por alguns minutos, até que esteja dourada e macia de ambos os lados. Procure não deixar que absorvam azeite em excesso; elas vão ficar macias se você tiver paciência. Escorra em papel-toalha quando estiverem prontas.

Cozinhe a massa em bastante água fervendo com sal até que esteja macia, escorra, misture com as cebolas refogadas e acrescente os tomates, o ketchup, o orégano, o ovo (se estiver usando) e um pouco de sal e pimenta. Preaqueça o forno a 200°C.

Coloque as rodelas de berinjela no fundo de uma travessa refratária rasa untada. Espalhe a mistura com a massa por cima, cubra com o restante da berinjela e polvilhe a farinha de rosca e o queijo ralado. Leve ao forno por 30 minutos, ou até que esteja dourado.

Tortas

Um rocambole ou uma torta gloriosamente dourados sempre ocupam de maneira fantástica o centro da mesa e provocam aqueles "oohs" e "aahs" que são música para o ouvido de qualquer cozinheiro. Todos amam uma torta. Elas podem ser uma acalentadora e reconfortante refeição de inverno ou um prato leve para o verão, como a quiche de cenoura, abobrinha e salsinha (ver página 231).

Naturalmente, todas as receitas apresentadas nesta seção usam algum tipo de massa, seja como base crocante para quiches e tortas, massa folhada para tortas e "en croûtes", e também massa filo. Nada se compara a massa de torta feita em casa, e eu incentivo você a tentar preparar a sua própria (veja receita na página seguinte); é muito fácil. Massa folhada caseira (ver páginas 228-9), com todas as suas camadas quebradiças e seu sabor amanteigado, é divertida de fazer quando você dispõe de tempo. Contudo, eu sempre uso massa filo comprada pronta. O resultado é ótimo e é bastante fácil de usar.

Receitas básicas de massas de torta

Fazer massa de torta em casa não é difícil e é bastante recompensador. Eu gosto de preparar as minhas porque tenho exato controle do processo e posso escolher o tipo de farinha e, mais importante ainda, usar a gordura que seja mais saudável e saborosa. Isso significa manteiga, se você for vegetariano, e margarina vegetal pura, não hidrogenada, se é *vegan*.

Eu costumava usar apenas farinha de trigo 100% integral, que é sem dúvida a farinha mais saudável, em todas as receitas, exceto para massa folhada. Entretanto, conforme fui envelhecendo, me tornei um pouco mais tolerante, e agora uso uma mistura de farinha de trigo 100% integral e farinha de trigo não branqueada, meio a meio. Recentemente, descobri a farinha de espelta integral, que rende as massas integrais de torta mais bonitas e leves, com um sabor adocicado. Também gosto de farinha de trigo integral ultrafina.

A única aplicação em que uso apenas farinha de trigo branca é quando preparo minha própria massa folhada; eu adoro prepará-la e o esforço vale a pena, mas não é sempre que estou disposta. Você pode comprar massa folhada pronta de excelente qualidade. Eu sempre recomendo as variedades que usam apenas manteiga; ou margarina vegetal pura, se você é *vegan*. O mesmo vale para a massa de torta, apesar de eu realmente achar que você precisa tentar fazê-la em casa; é uma tarefa simples de aprender e resulta em uma massa deliciosa.

Aqui vão as receitas básicas de massa de torta:

Massa de torta

Esta é a massa mais fácil de preparar e a mais versátil. Use o tipo de farinha que desejar; branca refinada, integral, ou uma mistura de metade de cada.

RENDE O SUFICIENTE PARA UMA FORMA DE TORTA REDONDA DE 20-23cm DE DIÂMETRO

200g de farinha
½ col. de chá de sal
100g de manteiga, em temperatura ambiente
2-3 col. de sopa de água

Você pode preparar esta massa no processador de alimentos, se quiser. Simplesmente bata a farinha, o sal e a manteiga até ficarem completamente incorporados, então acrescente a água e bata mais uma vez, rapidamente, para obter uma massa maleável.

Ou, então, prepare-a à mão. Peneire o sal e a farinha em uma tigela. Se estiver usando farinha integral, peneire o máximo possível, depois despeje o resíduo da peneira na tigela (o objetivo de peneirar é aerar a farinha, não remover a casca).

Acrescente a manteiga e misture-a à farinha usando as pontas dos dedos, levantando a mistura da tigela bem alto para incorporar o máximo de ar possível e obter uma massa leve.

Continue desta forma até que a mistura tenha aparência de farinha de rosca bem fina, e então comece a acrescentar a água, um pouco de cada vez. Use as pontas dos dedos para pressionar bem a mistura até formar uma bola.

Coloque esta bola de massa sobre uma superfície levemente untada e sove levemente por 1 ou 2 minutos, até que esteja homogênea.

Neste momento, o ideal é deixar a massa descansar na geladeira por 30 minutos, coberta com filme plástico ou papel-manteiga – mas isso, se você tiver tempo.

Antes de abrir a massa, use as mãos para pressioná-la mais ou menos na forma que deseja – oval, redonda ou retangular –, e abra-a sobre uma superfície ou tábua polvilhada com bastante farinha, usando golpes rápidos e leves, e use como desejar.

VARIAÇÃO

Massa de torta com queijo

Prepare da forma como descrito, peneirando ½ colher de chá de mostarda em pó junto com a farinha e acrescentando 50-150g de queijo ralado depois de incorporar a gordura à farinha.

Massa fácil de farinha de espelta integral

Eu descobri esta receita por acaso; é mais untuosa do que a massa normal de torta, o resultado depois de assada é uma massa mais leve e que se esfarela, exatamente como eu espero que uma massa de farinha integral seja. Farinha de espelta – feita a partir da variedade original de trigo, a mais antiga que existe – possui um ótimo sabor adocicado e amendoado, e tem se tornado cada vez mais fácil de encontrar em lojas de produtos naturais e supermercados.

RENDE O SUFICIENTE PARA UMA FORMA DE TORTA REDONDA DE 20-23cm DE DIÂMETRO E 3cm DE ESPESSURA

200g de farinha de espelta integral
150g de manteiga com sal, em temperatura ambiente

Coloque a farinha e a manteiga em uma tigela e, usando um garfo, misture-as ligeiramente até formar uma massa. Reúna tudo em uma bola, transfira para uma tábua untada, sove um pouco e abra – mas não muito fina.

Ela é um pouco delicada, portanto você pode achar mais fácil virá-la direto da tábua para a forma, em vez de tentar levantá-la.

Como fazer uma base de torta

As quantidades indicadas anteriormente são ideais para uma forma de torta de tamanho médio; para formas maiores ou mais fundas, ou para outros formatos, aumente a quantidade de massa conforme necessário. Se sobrar massa, guarde-a na geladeira. Ou então faça tarteletes (ver páginas 280 e 305) ou enrole-as com um pouco de queijo ralado para fazer palitinhos de queijo.

Receita de massa de torta ou massa fácil de farinha de espelta integral (ver páginas 226-7)

Preaqueça o forno a 200°C. Coloque uma assadeira dentro do forno, para aquecer; isso serve para acelerar a transmissão de calor no fundo da massa, o que ajuda a deixá-la mais crocante.

Abra a massa sobre uma superfície ou tábua polvilhada com farinha, até que toda a borda fique 4cm mais larga que o diâmetro da forma.

Coloque a massa dentro da forma, usando o rolo de massa ou, da maneira mais fácil quando se trata de massa de farinha integral, mais quebradiça, deslize-a da tábua para dentro da forma. Pressione-a pela forma, apare as bordas e faça alguns furinhos pela base.

Coloque um pedaço de papel-manteiga sobre a massa e espalhe bolinhas de porcelana ou cerâmica, feijões secos ou arroz sobre ele. Esta espécie de "venda" evita que a massa forme bolhas enquanto cozinha.

Asse por 10-15 minutos, retire os pesos e o papel e leve a forma de volta ao forno. Asse por mais 5-10 minutos, ou até que a massa esteja assada e com textura firme e seca quando tocada de leve.

Mantendo as tortas crocantes

Se você quiser ter certeza de que sua torta terá uma base crocante adorável, existem algumas coisas que você deve fazer. Primeiro, quanto mais fino você abrir a massa, mais crocante ela vai ficar, portanto vale a pena dar atenção redobrada a esta hora.

Além disso, algumas pessoas pincelam a base da forma com clara de ovo depois que ela está aquecida, depois a colocam de volta por mais alguns minutos para gelatinizar a clara e tornar a base da forma "à prova d'água".

Meu método preferido é aquecer 2 colheres de sopa de óleo em uma panela pequena um pouco antes de tirar a forma do forno. Derrame o óleo dentro da forma assim que tirá-la do forno, para cobrir a base (pode ser que você não precise de todo o óleo). Ou, se a receita incluir alguma coisa como cebola refogada, por exemplo, você pode refogá-la neste óleo e acrescentá-lo da mesma forma, também. Você pode colocar o recheio assim que a massa estiver assada ou esperar que esfrie antes de dar continuidade.

Congelando pratos com massa de torta

Bases de torta podem ser congeladas sem problemas. Eu prefiro assá-las primeiro, para que estejam prontas para usar assim que saírem do freezer; procuro ter sempre algumas prontas, congeladas, quando chega o Natal. Elas também duram alguns dias em um recipiente hermético. Você também pode congelar tortas depois de recheá-las e assá-las. Receitas de pratos que podem ser congelados são indicadas pelo símbolo ❄.

Massas com camadas

Massa de cream cheese

Esta é a maneira mais fácil que eu conheço de preparar massa com camadas; também funciona bem quando preparada com uma mistura de farinha branca e farinha integral, meio a meio. Pode ser usada em tortas, rocamboles e tarteletes.

RENDE CERCA DE 400g

200g de farinha de trigo
½ col. de chá de sal
100g de manteiga
100g de cream cheese
1 col. de chá de suco de limão espremido na hora

Prepare da mesma forma que a massa de torta (ver página 226): você tanto pode colocar todos os ingredientes no processador e bater até obter uma massa maleável quanto peneirar a farinha e o sal, incorporar a manteiga e depois acrescentar o cream cheese e o suco de limão.

Leve à geladeira por 1 hora antes de usar.

Massa folhada

Experimentei dezenas de modos de preparar massa folhada, e este é o melhor e mais fácil. O resultado é dourado, quebradiço e amanteigado.

RENDE UM POUCO MAIS DE 500g

250g de farinha de trigo
½ colher de chá de sal
250g de manteiga gelada
cerca de 150ml de água gelada
um pouco de suco de limão

Uma hora antes de você começar a preparar a massa, coloque a farinha e o sal em uma tigela e leve à geladeira, assim como a manteiga. Acrescente algumas gotas de suco de limão à água e leve-a para gelar também.

Corte a manteiga em cubinhos de 7mm e despeje-os na tigela de farinha e sal gelados. Misture ligeiramente os cubinhos com a farinha; não os amasse de forma alguma.

Despeje a água e misture-a delicadamente com a farinha, recolhendo a farinha das laterais da tigela e trazendo para o centro, até que tudo esteja se misturando e formando uma bola mole e com grumos.

Coloque a bola de massa sobre uma tábua ou superfície de trabalho polvilhada com bastante farinha e achate-a para formar um retângulo (com os lados menores como base e topo em relação a você). Comece a abrir a massa na direção oposta à sua, com golpes curtos do rolo de massa.

Assim que você tiver aberto um pouco a massa, dobre as duas pontas superiores, trazendo-as em sua direção, deixando cerca de ⅓ do comprimento até a base, depois dobre a base por cima. Gire a massa para a direita, de modo que agora você tenha duas bordas dobradas, uma de cada lado.

Repita a operação: abra a massa, dobre e gire-a de novo.

Faça isso pelo menos quatro vezes, mas o ideal é de sete a oito. Se começar a ficar muito grudenta por causa da manteiga, pare e leve a massa à geladeira por algum tempo.

Assim que você tiver feito a operação de abrir e dobrar pela última vez, embrulhe a massa com filme plástico e leve-a à geladeira por pelo menos 1 hora antes de usar.

Fazendo uma torta

Primeiro, prepare o recheio e espere esfriar completamente.

Para fazer a base da torta, achate a massa para ficar mais ou menos no formato da forma, então abra-a com um rolo até ficar com 6mm de espessura. Com cuidado, levante a massa e pouse na forma. Apare o excesso de massa com uma faca. Coloque o recheio na massa e asse como indicado na receita.

Fazendo uma torta fechada

Prepare o recheio e deixe esfriar. Divida a massa em dois. Para fazer a base da torta, achate um pedaço da massa para ficar mais ou menos no formato da forma, então abra-a com um rolo até ficar com 6mm de espessura. Com cuidado, levante a massa e pouse na forma. Apare o excesso de massa com uma faca. Coloque o recheio na massa. Abra o restante da massa até ficar com uma espessura de 6mm, num tamanho cerca de 1 cm mais larga que o diâmentro da forma. Com cuidado levante a tampa de massa e coloque-a sobre o recheio, cobrindo-o. Pressione bem por toda borda, apare o excesso da massa, dê acabamento às bordas, decore e pincele com ovo.

Usando massa filo

Não é preciso ficar nervoso na hora de usar massa filo. É provavelmente a massa mais fácil de se usar na cozinha e sempre rende ótimos resultados. As folhas de massa podem parecer frágeis quando você abre a embalagem, mas elas são bastante flexíveis e, se você rasgar alguma, qual é o problema? Você sempre pode remendá-las.

A única coisa que você não pode esquecer é que a massa filo resseca com muita rapidez e pode se tornar quebradiça. Desde que você mantenha sua pilha de massa coberta com um pano de prato úmido não há problema, e assim que você pegar o jeito você vai trabalhar tão rápido que nem vai precisar mais do pano.

Algumas embalagens de massa filo contêm folhas grandes, outras são menores; varia de acordo com a marca. Se as folhas forem grandes demais para você, corte-as com uma tesoura ou uma faca afiada, então simplesmente posicione um pedaço sobre a sua forma de torta ou o que quer que esteja usando, sem aparar as bordas enquanto você ainda estiver trabalhando.

Pincele a folha de massa filo com azeite ou manteiga, coloque outra folha por cima, sobrepondo-as conforme a necessidade. Repita esta operação para montar as camadas da sua massa. Quando você tiver o número necessário de camadas, ou tiver usado metade da embalagem, coloque o recheio no centro e comece a cobrir com mais camadas de massa filo para fazer a tampa da sua torta.

Quando toda a massa filo tiver sido usada, você pode ajustar as extremidades, enrolando-as para fazer uma borda e aparando qualquer pedaço que seja desnecessário. As sobras podem ser cortadas em tiras ou amassadas e pinceladas com azeite para fazer decorações, se você quiser. Você pode se divertir nesta parte, e dar uma aparência muito bonita, se tiver inspiração.

Quiche de berinjela, pimentão vermelho e queijo

Esta é uma bela quiche, com um recheio à base de ovo e berinjela em pedaços.

4-6 PORÇÕES ❄

- 1 base de massa de 20cm, assada (ver páginas 226-7)
- 2 col. de sopa de azeite de oliva
- 2 cebolas grandes, picadas
- 1 berinjela (de cerca de 225g), cortada em pedaços de 1cm
- 1 pimentão vermelho (de cerca de 175g), sem sementes e picado
- 1 dente de alho grande, amassado
- sal e pimenta-do-reino preta moída na hora
- 125g de cheddar, ralado
- 2 ovos
- 150ml de leite ou creme de leite fresco

Preaqueça o forno a 180°C.

Aqueça o azeite e refogue a cebola, em uma panela média tampada, por 5 minutos, ou até que esteja começando a ficar macia.

Acrescente a berinjela, o pimentão e o alho, tampe novamente e cozinhe em fogo baixo por 10 minutos, até que tudo esteja macio. Tempere com sal e pimenta.

Coloque ⅔ do cheddar ralado na base da massa, despeje a mistura de berinjela por cima e espalhe o restante do queijo.

Bata os ovos com o leite ou o creme de leite e despeje por cima de tudo, distribuindo por igual.

Leve ao forno por 50-60 minutos, ou até que o recheio esteja firme e dourado.

Quiche de cenoura, abobrinha e salsinha

Esta quiche de ingredientes de verão tem aparência tão boa quanto o sabor.

4-6 PORÇÕES ❄

1 base de massa de 20cm, assada (ver páginas 226-7)
1 cebola, picada
175g de cenoura, em cubos
1 col. de sopa de azeite de oliva
15g de manteiga
175g de abobrinha, em rodelas
150ml de creme de leite fresco ou leite
1 ovo
2 col. de sopa de salsinha fresca picada
sal e pimenta-do-reino preta moída na hora

Preaqueça o forno a 180°C.

Refogue a cebola e a cenoura na mistura de azeite e manteiga, com a panela tampada, por 10 minutos, sem deixar dourar. Acrescente a abobrinha e cozinhe por mais 5-7 minutos, ou até que os vegetais estejam macios. Despeje sobre a base de massa.

Bata o creme de leite ou o leite com o ovo, a salsinha e sal e pimenta a gosto. Despeje sobre a base de massa.

Asse por 30-35 minutos, ou até que o recheio esteja firme e dourado. Sirva quente ou à temperatura ambiente.

Torta de queijo suíço e cebola

Esta torta possui uma camada de cubinhos de queijo na base, o que ajuda a manter a massa crocante. É possível encontrar gruyère vegetariano, ou então usar apenas emmental, se for o caso. Sirva com uma suculenta salada de tomates e manjericão.

4-6 PORÇÕES ❄

1 base de massa de 20cm, assada (ver páginas 226-7)
1 cebola, picada
15g de manteiga
1 col. de sopa de azeite de oliva
75g de gruyère
75g de emmental
2 ovos
150ml de creme de leite fresco ou leite
sal e pimenta-do-reino preta moída na hora
1 pitada de noz-moscada ralada na hora

Preaqueça o forno a 180°C.

Refogue a cebola na mistura de manteiga e azeite por 10 minutos, ou até que esteja macia, mas sem dourar.

Corte os queijos em cubinhos de 6mm e espalhe metade sobre a base da massa. Coloque as cebolas por cima e depois o restante do queijo.

Bata os ovos com o creme de leite ou o leite, tempere com sal, pimenta e noz-moscada e despeje sobre o recheio.

Asse por 30-35 minutos, ou até que o recheio esteja dourado e inchado.

VARIAÇÃO

Torta de queijo edam e cebola

Prepare da mesma forma, mas substitua o gruyère e o emmental por 175g de queijo edam. Este queijo é um pouco mais barato, mas fica igualmente delicioso.

Torta rápida de queijo e tomate

Se você colocar um recheio simples em uma base de massa não assada, a torta pode ficar pronta em uma hora. Apesar de desta forma a massa não ficar tão crocante quanto quando é pré-assada, se você usar minha receita de massa fácil de farinha integral de espelta (ver páginas 226-7) vai perceber que, se por um lado ela não fica tão crocante, por outro ganha em suavidade. Fica deliciosa com uma salada simples ou com vagem-francesa no vapor.

4-6 PORÇÕES ❄

manteiga ou azeite, para untar
1 receita de massa fácil de farinha integral de espelta (ver páginas 226-7)
50g de queijo ralado
6 cebolinhas verdes, picadas, ou ½ cebola, finamente picada
2 tomates, em rodelas
sal e pimenta-do-reino preta moída na hora
1 ovo
150ml de creme de leite fresco

Preaqueça o forno a 190°C.

Coloque uma assadeira no forno para aquecer (levar a torta para assar sobre esta assadeira ajuda a tornar a massa mais crocante).

Unte uma forma de torta de 20cm de diâmetro.

Coloque a massa sobre uma superfície ou tábua levemente polvilhada com farinha e amasse levemente buscando obter um formato redondo, depois use o rolo de massa para abrir em um círculo que caiba na forma escolhida.

Coloque a massa na forma, pressione bem e apare as bordas. Não faça furinhos na base.

Espalhe o queijo e as cebolinhas ou cebola sobre a massa, depois arrume as rodelas de tomate e tempere com sal e pimenta.

Bata o ovo e o creme de leite em uma tigela com um pouco de sal e pimenta. Despeje sobre o recheio.

Leve a torta ao forno e asse por 40 minutos, ou até que a massa esteja bem dourada e o centro esteja firme e levemente inchado.

Torta de grão-de-bico e cogumelos

Esta torta fica deliciosa servida quente com uma salada de folhas crocantes ou com vegetais verdes cozidos. A variação (ver adiante), usando hummus e uma cobertura crocante de gergelim em vez da mistura de ovo, leite e queijo, também fica ótima.

4-6 PORÇÕES ❄

1 base de massa de 20cm, assada (ver páginas 226-7)
1 col. de sopa de azeite de oliva
1 cebola, em rodelas
1 dente de alho grande, amassado
125g de cogumelo paris, em fatias
1 lata de 400g de grão-de-bico, escorrida e lavada
1 col. de sopa de salsinha fresca picada
sal e pimenta-do-reino preta moída na hora
1 ovo
150ml de leite ou creme de leite fresco
75g de queijo ralado

Preaqueça o forno a 180°C.

Aqueça o azeite em uma panela e refogue a cebola por cerca de 7 minutos, ou até que esteja quase macia, mas sem dourar. Acrescente o alho e os cogumelos e refogue por mais 3-4 minutos.

Misture o grão-de-bico e a salsinha picada aos cogumelos. Tempere com sal e pimenta e despeje a mistura sobre a base de massa.

Bata o ovo com o leite ou creme de leite. Tempere com sal e pimenta e despeje sobre o recheio. Espalhe o queijo ralado por cima.

Asse por 40-50 minutos, ou até que o recheio esteja firme e dourado.

VARIAÇÃO

Torta de grão-de-bico, cogumelo e hummus V

Esta variação é *vegan* se você usar margarina vegetal pura para preparar a massa. Exclua o ovo, o leite ou creme de leite e o queijo ralado. Em vez disso, misture a cebola, os cogumelos, o grão-de-bico e a salsinha com 225g de hummus. Espalhe a mistura sobre a base de massa, alise a superfície e espalhe 1 colher de sopa de gergelim. Asse como indicado.

Torta de alface, ervilha e cebolinha

Sabores de verão em uma torta leve e saborosa. Sirva com batatas e vagens para um almoço de verão.

4-6 PORÇÕES ❄

1 base de massa de 20cm, assada (ver páginas 226-7)
25g de manteiga
6 cebolinhas verdes, picadas
½ pé de alface, em tiras
125g de ervilha congelada
2 col. de sopa de hortelã fresca picada
150ml de creme de leite fresco
1 gema
sal e pimenta-do-reino preta moída na hora

Preaqueça o forno a 180°C.

Derreta a manteiga em uma panela, sobre fogo baixo, acrescente a cebolinha, a alface e as ervilhas e salteie delicadamente por 2-3 minutos.

Retire do fogo, acrescente a hortelã, o creme de leite, a gema e sal e pimenta a gosto; despeje sobre a massa e asse por 30-35 minutos, ou até que o recheio esteja firme e dourado.

Torta cremosa *vegan* de cogumelos V

Eu garanto que, a menos que você conte que esta torta é *vegan*, ninguém jamais vai adivinhar que não é feita com litros de creme de leite. Ela tem um sabor delicado, rico e delicioso. As quantidades indicadas rendem um recheio de cerca de 1cm de profundidade; se você quiser mais, dobre as quantidades e deixe cozinhar por 10 minutos ou mais.

4 PORÇÕES

1 base de massa de 20cm, assada (ver páginas 226-7)
1 cebola, finamente picada
1 col. de sopa de azeite de oliva
1 dente de alho, amassado (opcional)
225g de cogumelo paris, em fatias finas

1 embalagem de 225g de cream cheese sabor alho e ervas
1 col. de sopa de salsinha fresca finamente picada
sal e pimenta-do-reino preta moída na hora

Preaqueça o forno a 180°C.

Em uma panela grande, refogue a cebola no azeite por 7 minutos, depois acrescente o alho e os cogumelos e refogue por mais 3-5 minutos, sem tampar a panela. Se os cogumelos soltarem muita água, aumente o fogo para que ela ferva vigorosamente até evaporar, deixando-os macios e com uma aparência brilhosa.

Retire a panela do fogo, acrescente o cream cheese, a salsinha e sal e pimenta a gosto.

Despeje a mistura sobre a base de massa, alisando a superfície.

Asse por 25-30 minutos, ou até que o recheio esteja firme. Pode ser servida tanto quente quanto morna ou fria.

VARIAÇÕES

Torta cremosa *vegan* de aspargos V

Prepare como indicado, substituindo os cogumelos por 225g de aspargos cozidos e picados.

Torta cremosa *vegan* de alho-poró V

Substitua a cebola, o alho e os cogumelos por 350g de alho-poró. Misture-o ao cream cheese, como indicado, e acrescente uma pitada de noz-moscada ralada na hora juntamente com a salsinha.

Torta cremosa *vegan* de cebola V

Aumente a quantidade de cebola de 1 unidade para 350g e use 2 colheres de sopa de azeite para refogá-las em uma panela grande, tampada, por 10-15 minutos, ou até que estejam macias. Acrescente o alho nos últimos 2 minutos, retire do fogo e continue como indicado, misturando o queijo e temperando. A salsinha picada é opcional neste caso.

Quiche de cebola

Massa crocante com recheio cremoso. Sirva com batatas jovens e vagem-francesa ou uma maravilhosa salada de folhas variadas.

4-6 PORÇÕES ❄

1 base de massa de 20cm, assada (ver páginas 226-7)
450g de cebola, em rodelas finas
15g de manteiga
1 col. de sopa de azeite de oliva
50g de gruyère (ou similar), ralado
4 gemas ou 2 ovos inteiros
150ml de creme de leite fresco
½ col. de chá de mostarda em pó
sal e pimenta-do-reino preta moída na hora

Preaqueça o forno a 180°C.

Aqueça o azeite e a manteiga juntos em uma panela grande, acrescente a cebola, tampe e cozinhe em fogo baixo até que estejam macias e douradas (cerca de 10 minutos).

Despeje as cebolas sobre a massa e espalhe o queijo ralado por cima.

Bata os ovos ou as gemas com o creme de leite, a mostarda e sal e pimenta a gosto. Despeje esta mistura sobre as cebolas.

Asse por 30 minutos, ou até que o recheio esteja dourado e firme. Sirva quente ou morna.

Pizza rápida

Uma receita bastante versátil para aquelas emergências, quando você precisa preparar uma refeição de surpresa. É rápida de fazer, muito saborosa e usa basicamente ingredientes que costumamos ter à mão na despensa. As pessoas costumam comer mais desta pizza do que você imagina, portanto, em caso de dúvida, dobre a receita. Sirva com uma salada verde, que você pode preparar enquanto a pizza estiver assando.

2-3 PORÇÕES ❄

225g de uma mistura de farinha de trigo branca e integral, meio a meio
4 col. de chá de fermento químico
6 col. de sopa de azeite de oliva
125g de cheddar, ralado
8 col. de sopa de água
2 cebolas, picadas
1 dente de alho, amassado
2 col. de sopa de extrato de tomate
1 col. de chá de orégano seco
sal e pimenta-do-reino preta moída na hora

Preaqueça o forno a 220°C.

Coloque a farinha e o fermento químico em uma tigela, acrescente 4 colheres de sopa de azeite, ¼ do cheddar ralado e a água e misture bem com um garfo até obter uma massa grossa, macia e com alguns grumos.

Sove levemente a massa sobre uma tábua ou superfície polvilhada com farinha e deixe-a descansar por 1 ou 2 minutos, enquanto prepara a cobertura da pizza.

Em uma panela grande, com tampa, refogue as cebolas no restante do azeite por 10 minutos, ou até que estejam macias e levemente douradas.

Retire do fogo e misture o alho, o molho de tomate e o orégano. Não deve precisar de muito tempero (talvez nenhum) por causa do sal do queijo.

Abra a massa para obter um disco que caiba em uma forma redonda de 30cm ou em uma assadeira rasa de 23×33cm. Pressione bem.

Espalhe a mistura de tomate sobre a pizza, até as pontas. Tempere com sal e pimenta e espalhe o restante do queijo. Leve ao forno por 10-15 minutos, ou até que a base esteja assada por inteiro, o queijo esteja dourado e a pizza com um cheiro maravilhoso.

VARIAÇÕES

Pizza rápida com azeitonas

Qualquer cobertura usada nesta pizza fica melhor se colocada antes do queijo, pois isso ajuda a mantê-la no lugar. Azeitonas são uma boa ideia; espalhe um pequeno punhado, do tipo que desejar, sobre a pizza. Eu acho que algumas azeitonas pretas ficam especialmente boas neste caso.

Pizza rápida com alcachofra

Um punhado de corações de alcachofra marinados em azeite (comprados no mercado ou em uma delicatéssen) ficam excelentes; escorra as alcachofras e corte-as em rodelas. Distribua-as sobre a pizza e depois espalhe o queijo ralado.

Pizza rápida com pimentão vermelho

Um ou dois pimentões vermelhos em conserva, escorridos, secos, cortados em fatias finas e espalhados sobre a pizza antes de colocar o queijo formam uma cobertura excelente. Potes de pimentão em conserva duram bastante tempo na geladeira se, depois de abertos, os pimentões estiverem completamente cobertos pelo líquido e a tampa estiver bem fechada.

Pizza rápida *vegan* V

Esta receita também funciona com queijo *vegan*, em vez do derivado de leite. Simplesmente substitua o queijo de leite pela mesma quantidade de queijo *vegan*, do sabor de sua preferência, e asse a uma temperatura um pouco mais baixa, 200°C, por 15 minutos. O queijo não derrete exatamente da mesma forma, mas mesmo assim é uma delícia se servida logo que sair do forno.

Torta de espinafre

Espinafre picado, cream cheese e queijo parmesão formam um ótimo recheio para uma torta. Fica melhor se servida quente, e uma salada de tomate e cebolas é um bom acompanhamento.

4-6 PORÇÕES ❄

- 1 base de massa de 20cm, assada (ver páginas 226-7)
- 225g de folhas de espinafre precoce ou de espinafre picado congelado, descongelado
- 75g de queijo branco macio com baixo teor de gordura
- 1 ovo, batido
- noz-moscada ralada
- sal e pimenta-do-reino preta moída na hora
- 25g de parmesão (ou similar), finamente ralado

Preaqueça o forno a 180°C.

Se estiver usando espinafre fresco, lave-o e cozinhe-o por alguns minutos em uma panela seca, apenas com a água que ficou retida nas folhas, até que esteja murcho e macio. Escorra bem. O espinafre congelado só precisa ser escorrido pressionando-o bem em uma peneira para retirar todo o excesso de água.

Coloque o espinafre em uma tigela e acrescente o queijo branco, o ovo, uma boa quantidade de noz-moscada e um pouco de sal e pimenta. Misture bem.

Espalhe a mistura de espinafre sobre a base de massa e alise a superfície; finalize com o queijo parmesão ralado.

Asse por 30 minutos, ou até que o recheio esteja firme e o queijo esteja derretido e dourado.

Quiche rápida de cebolinha

Outra receita rápida de quiche. Ela usa cebolinha verde, que é rápida de preparar e não requer cozimento prévio. Se você tiver tempo de pré-assar a base de massa antes de acrescentar o recheio, ela fica mais crocante, mas de qualquer forma esta quiche fica deliciosa e deve ser servida quente. Experimente também com a massa de farinha de espelta integral (ver páginas 226-7).

4-6 PORÇÕES

1 base de massa de 20cm, assada (ver páginas 226-7)
1 maço grande de cebolinha verde
300ml de creme de leite fresco
2 gemas
sal e pimenta-do-reino preta moída na hora

Preaqueça o forno a 180°C. Coloque uma assadeira no forno para aquecer (isso vai ajudar a deixar a massa da quiche mais crocante).

Lave, apare e pique a cebolinha e coloque-a sobre a massa.

Bata o creme com as gemas e tempere a gosto. Despeje sobre as cebolinhas.

Leve a quiche ao forno sobre a assadeira aquecida e asse, no centro do forno, por 45-50 minutos, ou até que o recheio esteja firme.

Torta suflê de milho-verde

Esta é uma torta diferente, com um recheio aerado. Não se preocupe pelo fato de ser um tipo de suflê: é fácil de preparar e fica deliciosa servida assim que sai do forno, dourada e inflada.

4-6 PORÇÕES

1 base de massa de 20cm, assada
1 lata de 300g de milho-verde em conserva sem adição de açúcar
275ml de leite
25g de manteiga
25g de farinha de trigo
2 ovos, clara e gema separadas
sal e pimenta-do-reino preta moída na hora
1 pitada de páprica
25-50g de queijo ralado

Preaqueça o forno a 190°C.

Escorra o milho e misture o leite ao líquido da conserva até obter 275ml.

Derreta a manteiga e adicione a farinha, misturando até obter uma pasta homogênea.

Retire do fogo e adicione a mistura de leite aos poucos, depois mexa bem sobre o fogo para engrossar.

Bata as gemas com o milho e sal, pimenta e páprica a gosto.

Bata as claras em neve até formar picos firmes e incorpore delicadamente à mistura.

Espalhe a mistura sobre a base de massa, cubra com queijo ralado e asse por 25 minutos, ou até que cresça e fique dourada. Sirva imediatamente.

Torta de vegetais

Esta torta é composta de uma massa crocante, recheada com uma mistura de vegetais em um saboroso molho de queijo, assada e dourada no forno. Você pode usar vegetais congelados, em vez dos frescos, para poupar tempo.

4-6 PORÇÕES ❄

1 base de massa de 20cm, assada (ver páginas 226-7)
600g de vegetais variados (por exemplo, cenoura, abobrinha, cebola, couve-flor, alho-poró), em fatias
25g de manteiga
25g de farinha de trigo
275ml de leite desnatado
125g de queijo ralado
½ col. de chá de mostarda em pó
125g de cogumelo paris, em fatias
sal e pimenta-do-reino preta moída na hora

Preaqueça o forno a 180°C.

Cozinhe os vegetais em água fervendo até que estejam macios e escorra.

Para preparar o molho, derreta a manteiga em uma panela, acrescente a farinha e cozinhe por 1-2 minutos, e então comece a despejar o leite aos poucos, mexendo sempre, até engrossar.

Acrescente a mostarda e metade do queijo ralado ao molho, depois misture os vegetais e os cogumelos e tempere com sal e pimenta.

Despeje a mistura sobre a base de massa e espalhe o restante do queijo ralado por cima. Asse por 20-25 minutos, até que esteja bem dourado.

Pastel de forno de grão-de-bico e batata com especiarias V

Fazem bastante sucesso com as crianças e ficam deliciosos quentes ou frios.

RENDE 4 PASTÉIS ❄

1 cebola, picada
2 col. de sopa de azeite de oliva
225g de batata, descascada e cortada em cubos de 6mm
1 col. de chá de coentro em pó
1 col. de chá de cominho em pó
1 lata de 400g de grão-de-bico
sal e pimenta-do-reino preta moída na hora
1 receita de massa de torta, ou de massa fácil de farinha de espelta integral (ver páginas 226-7), ou 1 embalagem de 450g de massa para torta
ovo batido ou leite de soja, para pincelar

Refogue a cebola no azeite por 5 minutos e então acrescente a batata e as especiarias. Cozinhe em fogo baixo, com a panela tampada, por 10-15 minutos, ou até que as batatas estejam macias. Mexa com frequência.

Escorra e lave o grão-de-bico, acrescente-o à mistura, e tempere com sal e pimenta a gosto. Reserve, para esfriar.

Preaqueça o forno a 200°C.

Abra a massa e corte-a em quatro pedaços; corte cada pedaço em um círculo de 15cm de diâmetro.

Coloque ¼ da mistura de grão-de-bico no centro de cada círculo. Dobre a massa fechando o recheio e pressione bem as pontas. Pincele com o ovo ou o leite de soja e coloque em uma assadeira. Asse por 20-25 minutos e sirva imediatamente ou deixe esfriar.

Trouxinhas de alho-poró e estragão

Estas trouxinhas cremosas e saborosas compõem uma ótima entrada. A versão *vegan* é excelente também.

6-8 PORÇÕES
1 col. de sopa de azeite de oliva
15g de manteiga
2 cebolas, em rodelas
500g de alho-poró, em rodelas finas
20g de estragão fresco, levemente picado
150ml de creme de leite fresco
150g de cream cheese com baixo teor de gordura
4 col. de sopa de alcaparras, lavadas e cortadas ao meio
sal e pimenta-do-reino preta moída na hora
1 embalagem de 270g de massa filo (ou 6 folhas, cada uma de aproximadamente 50×24cm)
azeite de oliva, para pincelar

Preaqueça o forno a 200°C.

Aqueça o azeite e a manteiga em uma panela grande e espere até que a manteiga derreta. Acrescente a cebola, tampe e refogue por 5 minutos em fogo baixo.

Acrescente o alho-poró e o estragão, mexa, tampe novamente e cozinhe por 15-20 minutos, ou até que o alho-poró esteja bastante macio.

Despeje o creme de leite e deixe ferver por cerca de 10 minutos, até que tenha engrossado um pouco.

Retire do fogo e acrescente o cream cheese, as alcaparras e sal e pimenta a gosto. Deixe esfriar.

Faça trouxinhas em forma de triângulo: corte cada folha de massa filo em quatro partes, para obter 24 tiras de 23×12,5cm. Pegue uma tira, coloque uma boa colherada da mistura de alho-poró em uma das pontas, dobre-a sobre si mesma para formar um triângulo, pincele com azeite e continue a dobrar e pincelar com azeite até chegar ao final da tira. Coloque a trouxinha em uma assadeira e repita a operação com o restante do recheio e das tiras de massa até que o recheio tenha acabado e você tenha feito cerca de 30 trouxinhas.

Asse por 20 minutos, ou até que estejam crocantes e douradas. Sirva imediatamente.

VARIAÇÃO

Trouxinhas *vegan* de alho-poró e estragão V

Prepare como indicado, mas exclua a manteiga e use 2 colheres de sopa de azeite para refogar as cebolas. Substitua o creme de leite fresco por creme de leite *vegan* (procure um feito de soja) e o cream cheese regular por cream cheese *vegan*.

Pastel de forno de cogumelo e ovo

O sabor amendoado da massa de farinha integral usada para preparar estes pastéis proporciona um bom contraste com a cremosidade do recheio.

RENDE 8 PASTÉIS
50g de manteiga
125g de cogumelo, em fatias
50g de farinha de trigo

425ml de leite
4 ovos cozidos duros, finamente picados
sal e pimenta-do-reino preta moída na hora
1 pitada de macis ou noz-moscada ralada na hora
1 col. de sopa de salsinha fresca picada
1½ receita de massa de torta, ou de massa fácil de farinha de espelta integral (ver páginas 226-7), ou 2 embalagens de 450g de massa para torta
ovo batido, para pincelar

Derreta a manteiga e refogue os cogumelos até ficarem macios, e então misture a farinha. Quando a mistura começar a espumar, retire do fogo e acrescente o leite aos poucos.

Leve a mistura de volta ao fogo e mexa até engrossar, reduza o fogo e cozinhe desta forma por 10 minutos, para cozinhar a farinha.

Misture os ovos cozidos e tempere com sal, pimenta e macis ou noz-moscada a gosto, mais a salsinha. Deixe esfriar completamente.

Preaqueça o forno a 200°C.

Divida a massa em oito pedaços e abra cada um em um círculo de 15cm de diâmetro. Coloque um montinho de recheio no centro de cada um, umedeça as bordas e dobre a massa sobre si mesma, formando um pastel. Pincele com o ovo batido e asse por 20-25 minutos, ou até que esteja dourado e crocante.

Samosas V

Estes pasteizinhos indianos, com seus recheios picantes de vegetais, são ótimos para servir de entrada ou a qualquer momento, como um tira-gosto. Um pouco de chutney de manga ou molho tzatziki combinam bem. Quando estou com tempo, adoro prepará-las da forma tradicional (como descrito aqui), com massa integral bem fininha; é fácil e agradável de fazer e o resultado é excelente. Farinha de chapatti (disponível em lojas de produtos indianos), farinha de trigo integral fina ou farinha de espelta integral proporcionam os melhores resultados, mas na verdade qualquer farinha integral serve.

RENDE 32 SAMOSAS

2 batatas grandes
2 col. de sopa de azeite de oliva
1 col. de chá de sementes de cominho
1 pimenta verde, sem sementes e finamente fatiada
1 col. de chá de gengibre fresco ralado
1 boa pitada de pimenta vermelha em pó, ou mais, a gosto
½-1 col. de chá de garam masala
125g de ervilha congelada
2 col. de sopa de coentro fresco picado
1-2 col. de chá de suco de limão espremido na hora
sal e pimenta-do-reino preta moída na hora

PARA A MASSA

225g de farinha integral
½ col. de chá de sal
1 col. de chá de fermento químico
2 col. de sopa de azeite de oliva
6-7 col. de sopa de água fria
óleo, para fritura rasa ou por imersão

Primeiro, prepare o recheio. Descasque as batatas e corte-as em cubos de 1cm.

Aqueça o azeite em uma panela grande; misture as sementes de cominho, a pimenta verde e o gengibre; refogue por alguns segundos, até que as sementes de cominho comecem a estourar, e então acrescente as batatas e mexa, para que todos os pedaços fiquem bem cobertos pelo azeite e as especiarias. Tampe a panela e cozinhe em fogo baixo por 10 minutos, ou até que as batatas estejam macias, mexendo com frequência. Se começarem a grudar no fundo da panela, acrescente um pouco de água.

Retire do fogo e misture a pimenta vermelha em pó, o garam masala, as ervilhas e o coentro picado. Tempere com o suco de limão, sal e pimenta e deixe esfriar.

Para fazer a massa das samosas, coloque a farinha, o sal e o fermento em uma tigela. Misture o azeite e água suficiente para obter uma massa mole, mas que não seja grudenta. Cubra com um pano de prato limpo úmido e deixe descansar por 15 minutos, se possível.

Divida a massa em 16 pedaços. Amasse cada pedaço para formar uma bola e então use um rolo para abrir cada um em um círculo de 15cm de diâmetro. Corte os círculos ao meio para obter 32 semicírculos.

Para montar a samosa, umedeça o lado reto de cada um dos semicírculos com água fria e dobre-os para obter uma espécie de cone. Coloque 1 colher de chá cheia de recheio dentro de cada cone, umedeça as bordas com água fria e dobre as pontas para formar um pacotinho em forma de triângulo, pressionando bem as pontas.

Quando todas as samosas estiverem prontas, frite-as em bastante óleo, em pequenas levas, até que estejam douradas e crocantes. Escorra bem e sirva-as quentes ou frias. Você também pode fritá-las em menos óleo (considerando que haja uma profundidade mínima de óleo na frigideira), virando-os para que ambos os lados fiquem crocantes.

VARIAÇÕES

Samosas de massa filo V

Prepare o recheio exatamente como indicado. Corte as folhas de massa filo em tiras compridas: você vai obter duas ou quatro de cada folha de massa filo, dependendo do tamanho da folha; se a massa vier em pacotes de seis folhas grandes, você irá obter quatro tiras por folha; se vier em pacotes de 12 pedaços, você irá obter duas tiras por folha. Pegue uma tira de massa filo, coloque uma boa colherada de recheio em uma das pontas e dobre a tira sobre ela mesma para formar um triângulo, pincele com azeite e dobre novamente, repetindo a operação até chegar ao final da tira. Frite as samosas como indicado ou pincele-as com óleo, coloque em uma assadeira e leve ao forno a 200°C por 20 minutos. Sirva imediatamente.

Rolinhos de salsicha

Esta receita, umas das minhas invenções mais recentes, consiste em uma simples mistura de "salsicha" envolta por uma massa de queijo bastante untuosa. É sempre um sucesso.

4 PORÇÕES ❄

125g de castanhas moídas (avelãs, amêndoas, nozes ou uma mistura)
50g de purê de batatas (ver páginas 120-1)
2 cebolas, finamente picadas e refogadas
1 col. de chá de extrato de levedura
1 col. de chá de manjericão seco
1 ovo, batido
sal e pimenta-do-reino preta moída na hora

PARA A MASSA DE QUEIJO ESPECIAL
175g de farinha de trigo integral
1 col. de chá de fermento químico
125g de manteiga, em cubos
75g de queijo ralado
1-2 col. de sopa de chutney doce

Para preparar as salsichas, misture todos os ingredientes até obter uma consistência bastante firme.

Modele a mistura em forma de salsicha, coloque em uma assadeira e leve ao forno a 160°C por 20 minutos.

Enquanto isso, prepare a massa: misture a farinha, o fermento, a manteiga e o queijo até ficar homogêneo.

Abra a massa com cuidado sobre uma superfície ou tábua levemente polvilhada com farinha ou entre dois pedaços de papel-manteiga (é provável que fique mais grudento) e pincele com o chutney doce.

Coloque as "salsichas" sobre a massa e embrulhe-as para formar rolinhos.

Aumente a temperatura do forno para 230°C e asse os rolinhos por 10 minutos. Sirva quente ou frio.

Torta de feijão-branco e tomate V

A massa de farinha integral deixa esta torta com uma adorável aparência rústica, mas também fica boa quando preparada com massa folhada.

4 PORÇÕES ❄

1 cebola grande, picada
1 col. de sopa de azeite de oliva
1 col. de sopa de extrato de tomate
1 lata de 400g de tomates picados
½ col. de chá de manjericão seco
sal e pimenta-do-reino preta moída na hora
um pouco de açúcar
200g de feijão-branco seco, demolhado e cozido (ver páginas 149-51) ou 2 latas de 400g, escorridas e lavadas
1 receita de massa de torta, ou de massa fácil de farinha de espelta integral (ver páginas 226-7), ou 1 embalagem de 450g de massa para torta
ovo batido ou leite de soja, para pincelar (opcional)

Preaqueça o forno a 200°C.

Refogue a cebola no azeite por 10 minutos, acrescente o extrato de tomate, o manjericão e sal e pimenta a gosto, e cozinhe em fogo baixo por mais 10 minutos.

Acrescente o feijão, ajuste o tempero e despeje em uma forma de torta de 1,2 litro.

Abra a massa, se você estiver usando feita em casa; use-a para fechar o topo da torta. Apare o excesso das bordas e decore como desejar.

Pincele com ovo ou leite de soja (se estiver usando) e asse por 20 minutos, então reduza a temperatura para 190°C e asse por mais 10-15 minutos, até que a torta esteja dourada e crocante.

Torta de queijo com cebola

Esta tradicional torta inglesa rende uma reconfortante refeição familiar, servida com molho de tomate caseiro (ver página 62) e vegetais. Como a massa é untuosa, da mesma forma que o queijo, eu prefiro cozinhar a cebola em água, em vez de refogá-la em óleo, para um prato mais bem equilibrado.

6 PORÇÕES ❄

sal
450g de cebola, em rodelas
1 receita de massa de torta, ou de massa fácil de farinha de espelta integral (ver páginas 226-7), ou 1 embalagem de 450g de massa para torta
225g de queijo ralado
pimenta-do-reino preta moída na hora
ovo batido ou leite, para pincelar

Cozinhe as rodelas de cebola em água fervendo com sal até que estejam macias (cerca de 10 minutos). Escorra bem e deixe esfriar.

Preaqueça o forno a 220°C.

Divida a massa em duas partes. Se estiver usando massa feita em casa, abra uma das metades sobre uma superfície ou tábua ligeiramente polvilhada com farinha. Coloque em uma forma de torta de 1 litro.

Misture as cebolas com o queijo, tempere a gosto e espalhe sobre a massa. Umedeça as bordas da massa com água fria.

Use o restante da massa para cobrir a torta (abrindo a massa, caso seja feita em casa), pressione bem as beiradas e apare o excesso de massa, se desejar.

Pincele com o ovo batido ou o leite se quiser um acabamento brilhoso e asse por 30-35 minutos, ou até que a massa esteja crocante e dourada.

VARIAÇÃO

Pastelão de queijo com cebola

Minha mãe costumava preparar esta receita em formato de lua crescente e era um dos pratos prediletos meu e de minha irmã. Para preparar esta variação, abra a massa em formato oval e coloque sobre uma assadeira grande, coloque o recheio sobre um dos lados e dobre a outra metade por cima. Pressione bem as bordas, marcando com um garfo, pincele com o leite ou o ovo batido, se desejar, e asse por 25-30 minutos.

Tortinhas de queijo de cabra com massa folhada

Estas tortinhas quebradiças, douradas por fora e com recheio cremoso de queijo de cabra, podem ser preparadas em questão de minutos, e ficam ótimas com molho de cranberry, purê de batatas e vagem-francesa. Comece a cozinhar as batatas antes de montar as tortinhas, pois dessa forma você pode amassá-las e cozinhar as vagens enquanto as tortinhas estiverem assando. *Bon appétit!*

4 PORÇÕES

375g de massa folhada pronta
2 embalagens de 100g de queijo de cabra (de massa mole)
molho de cranberry, para servir

Preaqueça o forno a 200°C.

Abra ligeiramente a massa sobre uma superfície polvilhada com farinha: você precisa obter oito círculos de 10cm de diâmetro. Se você tiver um cortador deste tamanho, perfeito; caso contrário, use um prato ou um molde de cartolina como guia.

Corte o queijo de cabra ao meio na horizontal. Coloque uma metade de queijo de cabra, com o lado cortado para cima, sobre um pedaço de massa. Coloque outro pedaço de massa por cima e pressione um contra o outro com os dedos. Faça um furinho no topo para o vapor poder escapar. Repita com o restante do queijo e da massa.

Coloque as tortinhas em uma assadeira e leve ao forno por 12-15 minutos, ou até que estejam estufadas e douradas. Sirva com molho de cranberry.

Torta de alho-poró

Tradicionalmente, utiliza-se creme de leite com 48% de teor de gordura nesta receita típica da Cornualha. Refletindo sobre toda essa quantidade de calorias, elaborei uma versão mais leve usando creme de leite fresco regular, porém, se você desejar, pode se manter fiel ao original.

4 PORÇÕES ❄

1kg de alho-poró
25g de queijo cheddar bem maduro, ralado
150ml de creme de leite fresco (com o teor de gordura que você desejar)
2 ovos, batidos
sal e pimenta-do-reino preta moída na hora
1 receita de massa de torta, ou de massa folhada, ou de massa de torta com cream cheese, ou 1 embalagem de 450g de massa folhada pronta
ovo batido ou leite de soja, para pincelar

Lave os alhos-porós e corte-os em pedaços de 2,5cm. Coloque-os em uma panela grande, despeje água suficiente para cobrir, tampe e deixe ferver. Reduza o fogo e cozinhe desta forma por 10 minutos, ou até que estejam macios, e escorra muito bem com a ajuda de uma peneira, usando uma colher para espremer toda a água.

Se estiver usando massa feita em casa, abra-a em uma superfície ou tábua levemente polvilhada com farinha, do tamanho que seja suficiente para cobrir a sua forma de torta. Preaqueça o forno a 200°C.

Misture o alho-poró com o queijo, o creme de leite, os ovos e sal e pimenta a gosto. Coloque a mistura na forma de torta e cubra com a massa, aparando o excesso e decorando da forma que você desejar.

Pincele com um pouco de ovo batido. Leve ao forno por 20-25 minutos, ou até que a massa esteja dourada e assada. Sirva imediatamente.

Torta de vegetais e feijão-branco com massa folhada V

Sirva esta torta com purê de batatas e um vegetal verde cozido para uma refeição em família barata e deliciosa.

4-6 PORÇÕES ❄

1 cebola, picada
2 col. de sopa de azeite de oliva
1 lata de 400g de tomates picados
225g de cenoura, em rodelas
350g de alho-poró, aparado e em rodelas
125g de cogumelo
1 lata de 400g de feijão-branco
sal e pimenta-do-reino preta moída na hora
1 receita de massa folhada, ou de massa de torta com cream cheese, ou 1 embalagem de 450g de massa folhada pronta

Refogue a cebola no azeite por 5 minutos, com a panela tampada, acrescente os tomates, a cenoura, o alho-poró e os cogumelos e cozinhe em fogo baixo por 30 minutos, ou até que todos os vegetais estejam macios. Mexa eventualmente.

Escorra e lave os feijões e acrescente-os à mistura, juntamente com sal e pimenta a gosto. Espalhe a mistura sobre uma forma de torta de 1 litro e deixe esfriar.

Preaqueça o forno a 220°C.

Se estiver usando massa feita em casa, abra-a em uma superfície ou tábua levemente polvilhada com farinha.

Corte tiras da massa, pincele-as com água e prenda-as em torno da borda da forma. Depois, coloque o restante da massa por cima do recheio, para formar o topo da torta, pressionando bem as pontas para unir, em torno da borda. Faça marcas com os dentes de um garfo em torno da beirada da torta. Faça 2-3 furinhos no topo para deixar o vapor escapar e leve ao forno por 30 minutos.

Queijos e ovos

Algumas das receitas vegetarianas mais saborosas, populares e fáceis de fazer contêm queijo e ovos. Estes ingredientes com alto teor de proteína podem fazer toda a diferença para pessoas que acabaram de aderir ao vegetarianismo.

Neste capítulo você irá encontrar muitas receitas rápidas e simples, como croquete de ovo rápido e fácil, pipérade e a fast-food por excelência – omeletes (ver páginas 252-3, 261 e 256-7). Você também irá encontrar crepes reconfortantes, versáteis, deliciosos (ver páginas 258-60); vai aprender a prepará-los e não apenas poderá elaborar um lanche quente e popular em minutos, como também irá abrir a porta para descobrir uma nova gama de maravilhosos pratos principais.

O mesmo pode ser dito sobre suflês (ver páginas 262-5), que são realmente fáceis de fazer! E não há dúvida de que ficarão impressionantes; eu amo pratos que arracam "uaus" das pessoas! Outra receita capaz de fazer isso é a gougère – um anel de pâte à choux salgado e aerado acompanhado de cogumelos, cebolas e molho de vinho tinto (ver páginas 255-6).

Quando estiver escolhendo ingredientes para estas receitas, certifique-se de comprar ovos de galinhas criadas soltas (de preferência orgânicos) e procurar queijos vegetarianos. Existem equivalentes vegetarianos para quase todo tipo de queijo, apesar de possuírem nomes diferentes. Acredito que os funcionários do balcão de queijos podem ser bastante úteis nesta busca, assim como a internet.

Assado de couve-flor, ovo e batata

Este é um prato reconfortante, semelhante a um gratin de couve-flor, mas mais substancial. Se você não gosta de ovos, pode substituí-los por uma camada de cogumelos – você vai precisar de cerca de 225g. Sirva com vegetais verdes brevemente cozidos.

4-6 PORÇÕES

700g de batata pequena-média, de tamanhos similares
1 couve-flor
sal e pimenta-do-reino preta moída na hora
850ml de molho de queijo (ver página 59)
6 ovos cozidos duros, em rodelas
farinha de rosca (ver página 156)
um pouco de manteiga, para untar e cobrir

Lave e esfregue as batatas e cozinhe-as com casca em água fervendo até que estejam macias; escorra e deixe que esfriem, e então retire a casca com a ajuda de uma faca afiada. Corte as batatas em rodelas.

Lave a couve-flor e quebre-a em buquês de mesmo tamanho. Cozinhe-os em um pouco de água fervendo por cerca de 7 minutos, ou até que estejam macios, e escorra bem.

Preaqueça o forno a 190°C.

Unte uma travessa refratária rasa com manteiga, espalhe uma camada de batatas no fundo e tempere com um pouco de sal e pimenta. Despeje um pouco do molho, depois uma camada de couve-flor, um pouco mais de tempero, os ovos, e um pouco mais de molho. Repita as camadas até acabar com os ingredientes, terminando, se possível, com uma camada de batatas e molho.

Espalhe a farinha de rosca por cima, junto com um pouco de manteiga, e leve ao forno por 30 minutos, ou até que esteja bem quente e dourado na superfície.

Assado de queijo, pimentão e tomate

Este é um prato econômico, rápido de preparar e com baixo teor de calorias. Gosto de servi-lo com molho de tomate, batatas assadas e couve-flor ou algum vegetal verde brevemente cozido. Pode ser congelado sem problemas, tanto assado quanto antes de ir ao forno.

4 PORÇÕES ❄

1 cebola grande, picada
1 pimentão verde pequeno-médio, sem sementes e picado
1 lata de 400g de tomates picados
125g de pão integral
175g de queijo ralado
2 col. de sopa de salsinha fresca picada
1 ovo, batido
½-1 col. de chá de tabasco
sal e pimenta-do-reino preta moída na hora

Preaqueça o forno a 200°C.

Coloque a cebola, o pimentão e os tomates em uma tigela e acrescente o pão, despedaçado. Misture bem para despedaçar ainda mais o pão.

Acrescente a maior parte do queijo ralado, a salsinha, o ovo batido e tabasco suficiente para dar uma "levantada" no sabor. Tempere com sal e pimenta.

Despeje a mistura em uma travessa refratária rasa levemente untada, espalhe o restante do queijo por cima e leve ao forno por 30 minutos, ou até que esteja firme e dourado.

Suflê simples

Este prato rápido se assemelha a um suflê mais encorpado, e é mais fácil e menos estressante de preparar, e bastante saboroso. Fica bom servido com molho de tomate.

4 PORÇÕES

175g de cheddar maduro, ralado
1 dente de alho, amassado
125g de farinha de rosca
1 pitada de pimenta vermelha em pó
sal e pimenta-do-reino preta moída na hora
3 ovos, clara e gema separadas
275ml de leite
25g de manteiga, derretida

Preaqueça o forno a 220°C.

Misture o queijo, o alho, a farinha de rosca, a pimenta vermelha e um pouco de sal e pimenta-do-reino. Bata as gemas e acrescente à mistura, juntamente com o leite e a manteiga derretida.

Bata as claras em neve até formar picos firmes. Incorpore-as delicadamente à mistura dos demais ingredientes, transfira para uma forma de suflê untada e leve ao forno por 30 minutos, ou até que cresça e fique dourado. Sirva imediatamente.

Bolo de batata com queijo e ovo

Esta é uma receita de família, que minha mãe elaborou para substituir a versão que leva peixe. É um prato muito acolhedor. Tomates em rama grelhados ou assados e um vegetal verde brevemente cozido combinam bem com este prato.

4 PORÇÕES

2 col. de sopa de amido de milho
575ml de leite
1 folha de louro ou 1 pitada de macis
15g de manteiga
50g de queijo ralado
sal e pimenta-do-reino preta moída na hora
6 ovos cozidos duros
700g de purê de batatas (ver páginas 120-1)

Preaqueça o forno a 190°C.

Misture o amido de milho com um pouco do leite até obter uma consistência cremosa.

Coloque o restante do leite em uma panela com a folha de louro ou o macis e deixe ferver, retire a folha de louro (se for o caso) e despeje o leite sobre a mistura com amido de milho, mexendo sem parar. Leve de volta à panela, acrescente a manteiga e cozinhe em fogo baixo até engrossar, mexendo sempre, e então acrescente o queijo, misture e retire do fogo. Tempere com sal e pimenta a gosto.

Pique os ovos e misture-os ao molho. Despeje a mistura em uma travessa refratária rasa e cubra com o purê de batatas. Faça riscos na superfície usando um garfo.

Asse por 30-40 minutos, ou até que esteja borbulhando de tão quente.

Fondue de queijo

Existe alguma coisa de coletivo e comemorativo quando se serve um fondue, e ele é perfeito para aquelas ocasiões em que você quer fazer algo saboroso e com um toque especial.

4-6 PORÇÕES
1 dente de alho
275ml de vinho branco seco
225g de gruyère, ralado
225g de emmental, ralado
2 col. de sopa de amido de milho
1-2 col. de sopa de kirsch (opcional, mas fica muito bom)
sal e pimenta-do-reino preta moída na hora
1 ou 2 pitadas de noz-moscada ralada na hora
1-2 bisnagas grandes, cortadas em pedaços que caibam na boca e aquecidas no forno

Corte o alho ao meio e esfregue as superfícies cortadas pelo interior de uma panela média ou de uma panela própria para fondue (se você tiver uma).

Coloque o vinho e os queijos em uma panela e aqueça lentamente, mexendo sem parar, até que o queijo esteja completamente derretido.

Misture o amido de milho com o kirsch (se estiver usando) até formar uma pasta, ou então use um pouco mais de vinho. Despeje esta pasta na mistura de queijo, sem parar de mexer, até obter uma consistência incrivelmente cremosa.

Eventualmente, o queijo pode formar grumos e ficar elástico neste momento. Não se desespere; se você bater a mistura vigorosamente por 1 ou 2 minutos, com um fouet, tudo voltará ao normal.

Tempere o fondue com sal, pimenta e noz-moscada, transfira para uma panela sobre uma chama acesa e deixe que cada um mergulhe seus pedaços de pão na deliciosa mistura.

Bolinhos de queijo

Esta é outra das minhas receitas preferidas. É uma versão frita de nhoque, e pode não parecer promissora a princípio, mas estes bolinhos crocantes e saborosos são adorados por qualquer um que os experimente. Eu os sirvo com rodelas de limão e um molho tártaro ou de salsinha. Eles podem ser congelados sem problemas; eu faço isso depois de passá-los na farinha de rosca, e desta forma eles podem ser fritos sem necessidade de descongelar.

4 PORÇÕES ❄
575ml de leite
1 cebola pequena inteira, sem casca
1 folha de louro
1 cravo-da-índia
125g de semolina
125g de cheddar, finamente ralado
½ col. de chá rasa de mostarda em pó
sal e pimenta-do-reino preta moída na hora
azeite de oliva, para fritura rasa

PARA A COBERTURA
8 col. de sopa de amido de milho
8-9 col. de sopa de água fria
1 pacote de farinha de rosca

Coloque o leite, a cebola, a folha de louro e o cravo-da-índia em uma panela e aqueça até ferver. Retire do fogo, tampe e deixe descansar por 10-15 minutos.

Retire a cebola, a folha de louro e o cravo-da-índia e descarte-os. Ferva novamente o leite e vá acrescentando a semolina, mexendo constantemente. Reduza o fogo e cozinhe até engrossar (cerca de 5 minutos).

Retire do fogo, acrescente o queijo, a mostarda e um pouco de sal e pimenta e misture bem.

Espalhe a mistura sobre um pedaço de papel-manteiga formando uma camada de 1cm de espessura. Alise a superfície e espere esfriar completamente. Assim que estiver firme, corte a mistura em pedaços.

Para preparar a cobertura, misture o amido de milho e a água até obter uma consistência grossa e pegajosa. Mergulhe cada bolinho primeiro na mistura de amido de milho, depois na farinha de rosca, de modo que fique completamente coberto. Pressione-o levemente para retomar a forma, se necessário.

Frite de ambos os lados em óleo quente, até que estejam dourados e crocantes. Escorra bem.

Ovos assados

Um dos jantares mais rápidos e simples que você pode aproveitar.

4 PORÇÕES

125g de cogumelo ou tomate
4 ovos
um pouco de manteiga
4 col. de sopa de creme de leite fresco
sal e pimenta-do-reino preta moída na hora
4 torradas, para servir

Preaqueça o forno a 180°C.

Pique os cogumelos ou os tomates e refogue-os ligeiramente na manteiga.

Distribua a mistura pelo fundo de quatro ramekins, quebre um ovo em cada um deles e cubra com 1 colher de sopa de creme de leite.

Tempere com sal e pimenta-do-reino, coloque os ramekins em uma assadeira com um pouco de água fervendo, cubra com papel-alumínio e leve ao forno por 20-30 minutos, ou até que os ovos estejam cozidos.

Sirva imediatamente, com torradas quentes.

Croquete de ovo rápido e fácil

Esta receita foi inventada pela minha tia: pequenos croquetes de ovo que podem ser preparados em minutos. Experimente-os com tomates grelhados.

2-4 PORÇÕES

50g de manteiga
1 col. de sopa cheia de amido de milho
275ml de leite
sal e pimenta-do-reino preta moída na hora
1 pitada de macis ou noz-moscada ralada na hora
2 col. de sopa de queijo ralado
4 ovos cozidos duros, finamente picados
2 col. de sopa de salsinha fresca picada
farinha de trigo, para cobrir
azeite de oliva, para fritura rasa

Derreta a manteiga em uma panela e misture o amido de milho. Retire do fogo e acrescente o leite aos poucos, mexendo sem parar. Leve de volta ao fogo, deixe ferver, ainda mexendo, até que a mistura engrosse bastante.

Tempere com sal, pimenta e uma pitada de macis ou noz-moscada, acrescente o queijo ralado e espere que ele derreta antes de acrescentar os ovos e a salsinha.

Quando a mistura tiver esfriado um pouco, modele os croquetes.

Cubra com a farinha e frite em óleo bem quente de ambos os lados, até que estejam dourados. Sirva imediatamente.

Croquetes de ovo

Estes croquetes são bastante encorpados, com um toque bem salgado do extrato de levedura e uma cobertura crocante de farinha de rosca. Prepare um molho de tomate rápido ao mesmo tempo (ver página 62) para ter uma refeição saborosa em minutos.

2-4 PORÇÕES

4 ovos cozidos duros
15g de manteiga, em temperatura ambiente
125g de farinha de rosca de pão integral
½ col. de chá de extrato de levedura
1 col. de sopa de salsinha fresca picada
sal e pimenta-do-reino preta moída na hora
1 ovo, batido
farinha de rosca (ver página 156)
azeite de oliva, para fritura rasa
ramos de salsinha, para decorar

Pique os ovos bem fino e misture com a manteiga.

Acrescente a farinha de rosca, o extrato de levedura, a salsinha picada, sal e pimenta e metade do ovo batido, para obter uma pasta bastante consistente.

Forme oito bolinhas, passe-as no restante do ovo, depois na farinha de rosca, e frite em azeite, de ambos os lados.

Escorra e sirva decorado com os ramos de salsinha.

Eggs Florentine

Um verdadeiro clássico: ovos pochê sobre uma cama de espinafre, cobertos com um molho cremoso de queijo e farelos crocantes de pão.

4 PORÇÕES

4 ovos
450g de folhas de espinafre
sal e pimenta-do-reino preta moída na hora
1 pitada de noz-moscada ralada na hora
15g de manteiga
275ml de molho de queijo (ver página 59)
50g de queijo ralado
25g de farelo de pão

Cozinhe os ovos pochê. Você pode fazer isso quebrando-os em uma panela ou frigideira funda com água suficiente para cobri-los e 1 colher de sopa de vinagre, ou despejá-los em formas individuais untadas e cozinhar em banho-maria até que os ovos estejam firmes; leva 3-4 minutos qualquer que seja o método.

Enquanto isso, lave o espinafre e cozinhe-o em uma panela seca, até que esteja murcho e macio. Escorra muito bem e tempere com sal, pimenta, noz-moscada e quase metade da manteiga.

Unte uma travessa refratária rasa, ou quatro ramekins, e espalhe uma camada de espinafre na base.

Coloque os ovos sobre o espinafre e cubra com o molho de queijo.

Espalhe o queijo ralado, os farelos de pão e o restante da manteiga por cima.

Leve ao forno, sob o grill em temperatura média-alta, por alguns minutos ou até que esteja dourado e crocante. Sirva imediatamente.

Ovos assados recheados

Estes ovos recheados ficam bons como entrada em pratos individuais, servidos com torrada, ou como prato principal, com arroz cozido bem soltinho e talvez um purê de espinafre amanteigado.

RENDE 4 PORÇÕES COMO PRATO PRINCIPAL, 8 COMO ENTRADA

8 ovos cozidos duros
2 cebolas grandes
50g de manteiga
1 col. de sopa de salsinha fresca picada
sal e pimenta-do-reino preta moída na hora

Preaqueça o forno a 180°C.

Corte os ovos cozidos ao meio e retire as gemas; reserve as claras.

Descasque e pique finamente as cebolas. Derreta a manteiga em uma panela média e use um pouco dela para untar uma travessa refratária rasa de tamanho suficiente para colocar todas as claras sem sobrepô-las.

Acrescente as cebolas ao restante da manteiga e refogue, com a panela tampada, por 10 minutos, sem deixar dourar; mexa com frequência.

Retire a panela do fogo e acrescente as gemas, amassando-as e misturando-as à cebola até que estejam cremosas e homogêneas, misture a salsinha e tempere a gosto.

Recheie as claras com esta mistura, formando um montinho, e coloque as claras na travessa untada.

Cubra a travessa com papel-alumínio e leve ao forno por cerca de 30 minutos, ou até que os ovos estejam bem quentes.

Gnocchi alla romana

Quando este prato é trazido à mesa, chiando e bastante dourado, as pessoas acham difícil de acreditar que é feito de semolina, que associam a bolinhos duros do tempo de escola. É delicioso e, apesar de ser necessário esperar um tempo para que a mistura de semolina esfrie por completo, é fácil de fazer e pode ser preparado com antecedência. Também pode ser congelado. Combina muito bem com uma suculenta salada de tomate, cebola e azeitona – ou então com ervilhas.

4 PORÇÕES

175g de semolina
1½ col. de chá de sal
pimenta-do-reino preta moída na hora
noz-moscada
850ml de leite
175g de queijo ralado (incluindo um pouco de parmesão)
2 ovos, batidos
azeite de oliva

Coloque a semolina em uma tigela grande, juntamente com o sal, o equivalente a um bom giro do moedor de pimenta e um pouco de noz-moscada e misture um pouco do leite, para formar um creme.

Ferva o restante do leite e despeje sobre a mistura, mexendo sem parar.

Coloque a mistura de leite e semolina de volta na panela e mexa sobre fogo bem alto, para engrossar. Depois disso, reduza o fogo e cozinhe desta forma até que a mistura fique bastante grossa e com uma aparência granulosa, mexendo eventualmente. Na Itália costuma-se dizer que a mistura está pronta quando uma colher fica em pé sozinha sobre ela. Na prática, você só conseguiria fazer isso se usasse uma panela pequena e funda, portanto 10 minutos de cozimento é o tempo ideal.

Retire a panela do fogo e misture ⅔ do queijo e os ovos, que vão cozinhar com o calor da mistura. Prove e ajuste o tempero, se necessário.

Unte ligeiramente uma travessa, bandeja ou outra superfície plana com azeite e despeje a mistura de semolina sobre ela, espalhando para obter uma camada de 6mm de espessura. Deixe esfriar completamente – de um dia para o outro, se possível.

Quando a mistura estiver fria ficará firme o suficiente para ser cortada. Tradicionalmente, ela é cortada em pequenos círculos com um cortador de massa, o que dá uma aparência muito boa ao prato finalizado, mas quadrados também servem.

Pincele com azeite uma travessa refratária grande e plana – eu uso uma forma de pizza de 30cm, que é ideal – e arrume os gnocchi em círculos, ligeiramente sobrepostos, como se formassem um telhado.

Pincele os gnocchis com um pouco de azeite, espalhe o restante do queijo ralado por cima e leve ao forno bem quente, a 200°C, por 15 minutos, ou sob o grill bem quente por cerca de 20 minutos. Deixe o gnocchi ficar bastante crocante e dourado e sirva imediatamente.

Gougère com cogumelos, cebola e molho de vinho tinto

Este é um prato atrativo e delicioso, um anel de pâte à choux dourada, recheado com cogumelos e cebola e coberto de molho de vinho tinto. Fica ótimo servido com couve-de-bruxelas e purê de batatas.

6 PORÇÕES

PARA A GOUGÈRE

125g de manteiga
275ml de água
150g de farinha de trigo
1 col. de chá de sal
4 ovos, batidos
175g de queijo ralado
1 pitada de pimenta vermelha em pó
molho de vinho tinto (ver página 61), para servir

PARA O RECHEIO

3 cebolas, em rodelas
15g de manteiga
225g de cogumelo paris pequeno, inteiros
sal e pimenta-do-reino preta moída na hora

Você pode adiantar o preparo de cada uma das diversas partes desta receita, caso seja conveniente.

Para fazer a gougère, coloque a manteiga e a água em uma panela média sobre fogo baixo até que a manteiga derreta, então aumente o fogo até levantar fervura.

Misture a farinha com o sal e despeje na panela rapidamente, de uma só vez. Mexa bem com uma colher de pau por 1 minuto, tempo que deve ser suficiente para a mistura se transformar em uma bola de massa brilhosa, tire a panela do fogo e transfira a massa para uma tigela limpa.

Acrecente cerca de 1 ovo batido e misture vigorosamente com a colher de pau até que o ovo tenha sido incorporado pela massa e esta torne a ficar homogênea e brilhosa. Repita até incoporar todos os ovos e a mistura ficar firme, capaz de manter a forma.

Misture ⅔ do queijo ralado e a pimenta vermelha em pó. Cubra e reserve.

Para preparar o recheio, refogue as cebolas na manteiga por 10 minutos, ou até que estejam macias, então acrescente os cogumelos e refogue por mais 3-4 minutos ou até que eles estejam macios também. Tempere com sal e pimenta e reserve.

Para finalizar a gougère, preaqueça o forno a 200°C. Unte uma forma refratária grande – uma forma de pizza é o ideal, se você tiver uma, mas qualquer travessa refratária rasa serve – e espalhe a mistura da gougère pelas bordas, modelando o melhor possível para fazer um anel e deixando um buraco no centro.

Espalhe o restante do queijo ralado por cima do anel e leve a gougère ao forno por 40 minutos, ou até que esteja inflada e bastante dourada.

Quando a gougère estiver quase pronta, reaqueça as cebolas e os cogumelos, assim como o molho.

Retire a gougère do forno, coloque a mistura de cogumelos no centro e despeje um pouco do molho por cima – leve o restante dele à mesa separadamente, em uma molheira. Sirva a gougère imediatamente.

Dica

Você pode colocar outros recheios na gougère – experimente um purê de espinafre amanteigado no meio, com molho de queijo (ver página 59) servido separadamente.

Omelete

Uma omelete perfeita é das fast-foods mais rápidas que existem e, quando bem feita, é uma iguaria – leve e dourada por fora, cremosa e molhadinha por dentro. Esteja preparado para comê-la imediatamente, pois é melhor assim que ficou pronta. Se você quiser algo diferente, existem diversas variações da receita básica (ver a seguir). O mais importante é ter o recheio pronto antes de começar a cozinhar a omelete, pois velocidade é essencial.

1 PORÇÃO

3 ovos

sal e pimenta-do-reino preta moída na hora

20g de manteiga, cortada em cubinhos

Bata os ovos com um garfo para misturá-los. Tempere com sal e pimenta e misture metade da manteiga.

Coloque a frigideira – uma de 15-18cm é o ideal, pois rende uma omelete bem alta – sobre fogo alto por cerca de 1 minuto, reduza o fogo e despeje o restante da manteiga.

Quando a manteiga espumar e começar a escurecer, despeje os ovos batidos no centro da frigideira. Gire a frigideira de forma a espalhar a mistura de maneira uniforme por toda a base. Use uma espátula para trazer as partes cozidas das bordas para o centro, girando a panela enquanto isso para que o ovo ainda líquido escorra para as laterais – mantenha o fogo no máximo. Tudo isso acontece muito rápido – a omelete estará pronta em menos de 1 minuto.

Descole as laterais rapidamente usando a espátula, dobre a omelete e vire-a em um prato aquecido. Coma imediatamente.

VARIAÇÕES

Omelete de queijo

Assim que a omelete estiver cozida no ponto que você deseja no centro – lembre-se de que ela continua a cozinhar no próprio calor –, espalhe 25g de gruyère finamente ralado sobre ela, dobre-a e sirva. Você pode usar uma mistura de gruyère e parmesão, para dar ainda mais sabor.

Omelete de cogumelos

Antes de cozinhar a omelete, salteie 50g de cogumelos – paris, selvagens, o que você preferir – lavados e cortados em fatias em um pouco de manteiga até ficarem macios. Mantenha-os aquecidos enquanto prepara a omelete, coloque-os no centro desta, dobre e sirva. Um pouco de salsinha fresca picada espalhada sobre os cogumelos cai bem. É uma ótima maneira de servir cogumelos como St. George's ou morelos no final da primavera, ou cantarelos no outono.

Todos os cogumelos desprendem muito líquido; uma das formas de lidar com isso é escorrendo este líquido (guardando-o para usar em sopas etc.), secando os cogumelos em papel-toalha ou em um pano limpo, e então refogando-os novamente em um pouco mais de manteiga ou azeite por 1 ou 2 minutos, até que estejam cozidos.

Omelete de aspargos

Alguns talos de aspargos cozidos bem macios, cerca de 50g depois de aparados, formam um delicioso recheio. Tenha os aspargos quentes e prontos para que você possa colocá-los na omelete assim que ela estiver no ponto que deseja. Um pouco de queijo parmesão ralado vai bem nesta versão.

Omelete de coração de alcachofra

Acrescente 50g de coração de alcachofra (em conserva ou comprado em uma delicatéssen) cortado em rodelas logo antes de dobrar a omelete.

Omelete de ervas

Fácil e atraente; espalhe ou corte com a tesoura 1 colher de sopa de ervas frescas picadas – salsinha, cebolinha, cerefólio, estragão – sobre a omelete logo antes de dobrá-la, vire em um prato e sirva.

Omelete de agrião

Uma omelete e uma salada em um só prato. Coloque um punhado de agrião sobre a omelete assim que estiver no ponto que você deseja e dobre-a. O agrião irá murchar um pouco por causa do calor, mas vai dar uma textura crocante e um sabor fresco e levemente picante à sua omelete dourada e macia.

Frittata de batatas, ervilhas e hortelã com maionese de limão

Esta é uma adorável frittata, com camadas de batatas jovens firmes e de sabor delicado, ervilhas macias e adocicadas e hortelã perfumada. A maionese é o toque final – prepare-a você mesmo como indicado na página 64 ou use uma industrializada de boa qualidade para poupar tempo. Sirva acompanhada de uma adorável salada de folhas ou de uma travessa de vegetais tenros da estação.

4 PORÇÕES

700g de batata jovem
2 col. de sopa de azeite de oliva
1 cebola, em rodelas
125g de ervilha congelada
2 col. de sopa de hortelã fresca picada
sal e pimenta-do-reino preta moída na hora
8 ovos
50g de queijo parmesão, finamente ralado
maionese de limão (ver página 65), para servir

Corte as batatas em rodelas de 6mm de espessura e cozinhe-as em água fervendo por 6-7 minutos, ou até que estejam macias. Escorra.

Enquanto isso, aqueça o azeite em uma frigideira grande que possa ir ao forno. Acrescente a cebola e refogue, sem deixar dourar, por 5-10 minutos.

Misture as rodelas de batatas com as ervilhas e a hortelã e tempere com sal e pimenta a gosto. Coloque a mistura de batatas na frigideira, tomando cuidado para que todos os ingredientes estejam distribuídos uniformemente e que as rodelas de batata formem camadas regulares.

Bata levemente os ovos, tempere com sal e pimenta e despeje-os na frigideira, sobre as batatas, girando a frigideira conforme necessário para que os ovos se espalhem até o fundo. Espalhe o queijo ralado por cima.

Cozinhe em fogo baixo-médio por cerca de 5 minutos, ou até que as laterais e o fundo estejam cozidos. Acenda o grill do forno no máximo.

Coloque a frigideira sob o grill, protegendo o cabo com um pano úmido, se necessário, para evitar que esquente demais. Deixe por 5 minutos, ou até que a frittata esteja completamente cozida e a superfície esteja bem dourada.

Descole os lados e a base da frittata usando uma espátula flexível, coloque um prato sobre a frigideira e vire a frittata. Você pode colocar outro prato sobre a frittata e virá-la novamente, para que ela fique com a camada de queijo gratinado por cima. Sirva cortada em fatias, com uma colherada de maionese de limão em cada prato.

Massa básica de crepe

Eu normalmente preparo esta massa no liquidificador, o que economiza bastante esforço, mas você também pode prepará-la à mão sem problemas. Algumas pessoas dizem que é preciso deixar a massa descansar por 30 minutos antes de usá-la, mas eu devo dizer que quase nunca (se é que alguma vez) fiz isso e os crepes ficam ótimos. Para melhores resultados você precisa de uma frigideira pequena, de cerca de 18cm de diâmetro. Tendo sido criada à base de crepes de massa integral, não consigo tolerar a falta de sabor dos que são feitos com farinha branca, mas atualmente eu faço uma concessão e costumo usar uma mistura meio a meio de farinha integral e farinha branca, pelo menos quando estou preparando os crepes para outras pessoas!

RENDE CERCA DE 12 CREPES

125g de uma mistura meio a meio de farinha de trigo integral e branca
¼ de col. de chá de sal
2 ovos
2 col. de sopa de manteiga derretida
275ml de leite desnatado
manteiga ou azeite de oliva, para fritar

Se você optar por usar o método rápido de liquidificador para preparar a massa, simplesmente coloque a farinha, o sal, os ovos, a manteiga derretida e 200ml do leite no copo e bata em velocidade média por 1-2 minutos, para obter uma massa homogênea e cremosa. Você também pode usar um mixer manual para fazer isso, basta colocar os ingredientes em uma jarra ou em um recipiente alto e estreito e bater.

Ou, pelo método tradicional, peneire a farinha e o sal em uma tigela, faça um buraco no centro e acrescente os ovos, a manteiga derretida e cerca de ⅓ do leite. Misture até ficar homogêneo, adicionando o restante do leite aos poucos, e então bata bem por 1-2 minutos.

Qualquer que seja o método utilizado, a massa deve ficar com uma consistência de creme fino.

Para fritar os crepes, coloque uma frigideira pequena sobre fogo baixo e acrescente 1 ou 2 colheres de chá de azeite ou manteiga.

Quando a frigideira estiver quente e a manteiga tiver derretido, despeje qualquer excesso de óleo em uma xícara; a frigideira deve estar somente "untada", sem qualquer excesso de gordura.

Despeje cerca de 2 colheres de sopa de massa – suficiente para cobrir o fundo da frigideira – e gire a frigideira até espalhar a massa de maneira uniforme.

Frite por 1 ou 2 minutos, até que esteja firme, e então, usando uma espátula de confeitar, vire rapidamente o crepe para cozinhar o outro lado por 1 ou 2 segundos.

Retire o crepe da frigideira levantando-o e coloque-o em um prato enquanto você prepara os demais. Pincele a frigideira com manteiga ou azeite antes de preparar cada crepe.

Dicas

1. Não desanime caso o seu primeiro crepe quebre ou não fique perfeito; isso é normal quando se está fazendo crepes.
2. Empilhe os crepes uns sobre os outros conforme forem ficando prontos – não é necessário colocar pedaços de papel-manteiga entre eles.
3. É uma boa ideia reservar um pincel de cozinha antigo exclusivamente para untar frigideiras, pois o calor faz com que os pelos encurvem; outra opção é usar um pedaço de papel-toalha.
4. Crepes podem ser congelados: basta embrulhar a pilha de crepes, frios, em papel-alumínio e levá-los ao freezer. Quando quiser usá-los, retire o papel-alumínio e deixe-os descongelar naturalmente, ou então leve-os ainda em-

brulhados ao forno baixo se quiser acelerar o processo. Eles também duram por muitos dias na geladeira.

VARIAÇÕES

Massa de crepe de trigo sarraceno

Prepare como indicado na receita principal, mas substitua metade da farinha por farinha de trigo sarraceno, para crepes escuros e com sabor amendoado. Experimente-os recheados com cogumelos, ricota e um pouco de cebola refogada, ou com misturas à base de tomate, como ratatouille (ver página 122-3).

Massa de crepe com vegetais

Acrescente à mistura 2 colheres de sopa de cebolinha fresca ou alho-poró picados e 2 colheres de sopa de cenoura crua em cubinhos bem pequenos, para obter uma massa com pintinhas e textura um pouco mais firme.

Massa de crepe com espinafre

Misture 3 colheres de sopa de espinafre cozido bastante escorrido à massa para fazer crepes verdes. Experimente-os com um recheio cremoso de cogumelos.

Panquecas de feijão-vermelho picante

Este prato possui sabores quentes mexicanos, que combinam bem com uma salada de abacate e alface e uma tigela de coalhada seca.

4 PORÇÕES

massa básica de crepe (ver páginas 258-60)
manteiga, para fritar
200g de feijão-vermelho seco, demolhado e cozido até ficar macio (ver páginas 149-51), ou 2 latas de 400g
2 col. de sopa de azeite de oliva
2 cebolas, picadas
2 dentes de alho, amassados
1 folha de louro
½ col. de chá de orégano seco
1 lata de 400g de tomates, picados
1 col. de sopa de extrato de tomate
¼-1 col. de chá de pimenta vermelha em pó
sal e pimenta-do-reino preta moída na hora
150ml de caldo de legumes
125g de queijo ralado
Use a massa de crepe para preparar 10-12 panquecas finas (ver páginas 258-60); elas podem ser preparadas com antecedência, se for conveniente.

Preaqueça o forno a 180°C. Escorra os feijões (lave-os se forem enlatados).

Aqueça o azeite em uma panela média e refogue as cebolas por 10 minutos, sem dourar, e então acrescente o alho, a folha de louro, o orégano, os tomates, o extrato de tomate e a pimenta vermelha em pó e cozinhe em fogo baixo, sem tampa, por cerca de 10-15 minutos, ou até engrossar.

Acrescente metade desta mistura de tomate aos feijões cozidos, amassando-os grosseiramente, e tempere com sal, pimenta-do-reino e, se necessário, mais pimenta vermelha a gosto.

Espalhe cerca de 2 colheres de sopa desta mistura de feijão sobre cada panqueca, enrole-as e coloque-as lado a lado em uma travessa refratária bastante untada.

Dilua o restante da mistura de tomate com o caldo e bata para deixar bastante homogêneo, se desejar. Tempere a gosto, despeje sobre os crepes e espalhe o queijo ralado por cima.

Leve ao forno por 30 minutos, ou até que esteja bem quente e dourado na superfície.

Pipérade

Repleta de sabores do sul da França, esta deliciosa mistura de tomates, pimentões, cebolas e ovo mexido cremoso serve bem como um jantar rápido, acompanhado de baguete aquecida ou pãezinhos integrais.

4 PORÇÕES

2 cebolas
2 dentes de alho
1 pimentão verde
1 pimentão vermelho
4 tomates
50g de manteiga
6 ovos
sal e pimenta-do-reino preta moída na hora
salsinha fresca picada, para decorar

Descasque e pique as cebolas; descasque e amasse os dentes de alho; lave, retire as sementes e pique os pimentões, retire a pele dos tomates e pique-os.

Derreta a manteiga em uma panela grande, refogue a cebola por cerca de 5 minutos, sem deixar dourar, acrescente o alho, os pimentões e os tomates e cozinhe por mais 5 minutos, sobre fogo baixo, com a panela tampada.

Enquanto isso, bata os ovos em uma tigela pequena e tempere com um pouco de sal e pimenta.

Quando os vegetais estiverem macios, despeje os ovos na panela e mexa delicadamente sobre fogo baixo, até que estejam ligeiramente mexidos, mas sem ressecar – o ideal é manter o fogo baixo o tempo todo e retirar a panela do fogo enquanto ainda estiver um pouco líquido.

Ajuste o tempero e sirva imediatamente, com a salsinha picada por cima e acompanhado de pão quentinho.

Omelete suflê rápida

Outro receita praticamente instantânea para um jantar. Sirva com uma salada verde ou de tomates.

4 PORÇÕES

6 ovos, clara e gema separadas
25g de farinha de trigo
50g de gruyère ou cheddar, ralado
sal e pimenta-do-reino preta moída na hora
15g de manteiga

Preaqueça o grill do forno em temperatura alta.

Bata as claras em neve até ficarem bem firmes e deixe de lado enquanto você bate os ovos com a farinha até obter uma mistura cremosa e homogênea. Acrescente o queijo ralado.

Incorpore a clara em neve à mistura de gemas e tempere com sal e pimenta a gosto.

Derreta a manteiga em uma frigideira que possa ir ao forno ou em uma travessa refratária rasa que possa ser colocada sob o grill.

Despeje a mistura de ovos sobre a manteiga bem quente e frite rapidamente até que a base esteja cozida; transfira para debaixo do grill quente para cozinhar o topo e finalizar o suflê. Sirva imediatamente.

Suflê de queijo

Acredito que talvez este seja o melhor de todos os suflês, com seu reconfortante sabor salgado e sua adorável coloração dourada. Eu gosto de usar uma mistura de gruyère ou emmental e parmesão nesta receita; mas um cheddar de sabor bem forte também é bom para as receitas do dia a dia, enquanto um queijo vermelho, como o Leicestershire ou o Double Gloucester, proporcionam um belo suflê de dourado bem intenso. O suflê de queijo fica ótimo com uma salada de folhas verdes com molho balsâmico (ver página 63).

4 PORÇÕES

40g de manteiga
25g de farinha de trigo
200ml de leite
175g de gruyère, ralado
50g de parmesão (ou similar), finamente ralado
4 gemas
1-3 col. de sopa de mostarda Dijon
sal e pimenta-do-reino preta moída na hora
6 claras

Unte uma forma de suflê de 1,7 litro com um pouco de manteiga ou óleo.

Derreta a manteiga em uma panela grande e misture a farinha; deixe cozinhar por alguns segundos e acrescente o leite. Mexa bem a mistura sobre fogo alto até ficar primeiro encaroçado, depois homogêneo e bastante grosso.

Misture o gruyère e metade do parmesão ralados, transfira a mistura para uma tigela grande, espere esfriar, e então acrescente as gemas, a mostarda e tempere bem com sal e pimenta. (Neste estágio, você pode cobrir a mistura e deixá-la pronta por algumas horas, se necessário.)

Acenda o forno a 190°C. Coloque uma assadeira na prateleira mais alta – ela vai aquecer e, quando você colocar o seu suflê sobre ela, haverá uma boa onda de calor que irá ajudar o processo a ter um bom início.

Bata as claras em neve. Elas precisam estar firmes o bastante de modo que você possa virar a tigela de cabeça para baixo e elas não escorram, mas não tão firmes que possam quase ser cortadas com uma faca, portanto pare no momento certo.

Misture uma colher de sopa cheia de clara em neve à mistura de queijo para amaciá-la, e então despeje o restante das claras em neve sobre a mistura e, usando uma colher de metal achatada ou uma espátula, incorpore as claras até que elas estejam completamente misturadas e você tenha uma textura bem leve e aerada.

Despeje o suflê delicadamente na tigela untada – o ideal é que a mistura ocupe até quase a borda da tigela; não tem problema se ficar mais baixa, mas não ultrapasse a borda, caso contrário ela vai escorrer por todo lado enquanto cozinha. Espalhe o restante do parmesão por cima.

Asse o suflê por 30-35 minutos, ou até que pareça firme quando sacudido levemente – você pode testar com um palito, se quiser; está pronto quando o palito sair seco.

Suflês de queijo individuais

Inflados, dourados, suflês individuais de queijo possuem uma aparência incrível e servem como uma maravilhosa entrada ou prato principal. Eles também são muito práticos, pois levam apenas 15-20 minutos para assar, de forma que você pode adiantar a preparação inicial, e então acrescentar as claras em neve e botar os suflês no forno cerca de 15 ou 20 minutos antes da hora de servir. Como entrada estes suflês ficam ótimos antes de um prato vegetariano de baixo teor de proteína. Ou para um almoço descontraído com um amigo, sirva-os depois de uma entrada de abacates, acompanhado de salada verde e seguido de uma sobremesa de frutas.

RENDE 3 SUFLÊS INDIVIDUAIS

25g de manteiga
25g de farinha de trigo
150ml de leite
1 pitada de mostarda em pó
1 pitada de pimenta vermelha em pó
125g de queijo ralado
2 ovos, clara e gema separadas

Prepare três potinhos individuais para suflê ou ramekins – unte-os ligeiramente com óleo ou manteiga. Coloque uma assadeira no centro do forno.

Derreta a manteiga em uma panela média e misture a farinha; quando começar a espumar, acrescente o leite, misturando bem sobre fogo baixo por alguns minutos, até que esteja homogêneo e tenha engrossado.

Retire do fogo, espere esfriar um pouco e acrescente a mostarda, a pimenta, o queijo ralado e as gemas. (A mistura pode ser preparada com antecedência até esta etapa.)

Preaqueça o forno a 190°C.

Bata as claras em neve até que estejam bem firmes e mantenham sua forma, mas não fiquem muito secas.

Misture uma colher de sopa cheia de clara em neve à mistura de queijo para amaciá-la, e então acrescente o restante, incorporando cuidadosamente à mistura de queijo com movimentos circulares, usando uma colher de metal, de modo que você não achate as claras em neve.

Distribua a mistura pelos potinhos e leve-os ao forno sobre a assadeira aquecida. Asse por 15-20 minutos, ou até que cresçam e fiquem dourados.

Sirva imediatamente; eles podem ficar no forno por mais alguns minutos se você desligá-lo, mas quanto antes forem servidos, melhores ficam.

Dica

Dobre esta receita para servir seis porções. Para servir quatro, mantenha as quantidades e use um ovo a mais.

Suflê de alho-poró

Os pedaços de alho-poró neste suflê proporcionam um sabor delicado e uma textura interessante. Tente comprar alhos-porós bem finos se encontrá-los, que podem ser cortados em rodelas bem estáveis que se mantêm firmes quando cozidas. Eu acho que este suflê fica melhor servido com apenas um vegetal bem cozido, como minicenouras na manteiga, brotos ou ervilhas.

4 PORÇÕES

3-4 alhos-porós finos (pesando cerca de 350g ao todo antes de serem aparados)
40g de manteiga
40g de farinha de trigo
275ml de leite
4 gemas
sal e pimenta-do-reino preta moída na hora
1 pitada de noz-moscada ralada na hora
6 claras

Unte bem uma forma de suflê de 1,7 litro.

Apare e lave os alhos-porós e corte-os em pedaços de 2,5cm de comprimento. Cozinhe-os em 1cm de água fervendo até que estejam um pouco mais macios (cerca de 7-10 minutos). Escorra e reserve.

Derreta a manteiga em uma panela média e acrescente a farinha; cozinhe por alguns segundos e acrescente o leite. Mexa bem sobre fogo alto até que passe de encaroçado para homogêneo e engrosse bastante.

Transfira o molho para uma tigela grande – isso ajuda a esfriá-lo um pouco para que você possa acrescentar as gemas e será prático mais adiante quando você precisar incorporar as claras em neve. Bata as gemas uma a uma e então acrescente delicadamente os pedaços de alho-poró. Tempere a mistura com sal, pimenta e noz-moscada – seja bastante generoso, pois as claras irão "diluir" o sabor. Você agora pode deixar esta mistura reservada até a hora em que quiser assar o suflê – costumo mantê-la na geladeira por muitas horas e o resultado fica perfeito.

Quando quiser cozinhar os suflês, coloque uma assadeira na prateleira do centro do forno.

Preaqueça o forno a 190°C.

Bata as claras em neve até que formem picos firmes, mas sem deixá-las muito duras e secas.

Misture uma colher de sopa cheia de clara em neve à mistura de alho-poró para amaciá-la e então despeje toda a clara em neve e incopore-a delicadamente usando uma colher de metal. Quando toda a clara em neve tiver sido incorporada, despeje a mistura na forma untada – ela deve encher até quase a borda, mas nunca acima dela; se ficar mais baixo ficará bom, apesar de não ficar tão impressionante crescido e inflado, mas se ultrapassar a borda ele vai transbordar.

Leve o suflê ao forno sobre a assadeira aquecida e asse por 30-35 minutos, ou até que pareça firme quando você sacudir levemente a forma e um palito introduzido no suflê sair limpo. Se ficar pronto um pouco antes do momento de servir, desligue o forno e ele irá se manter por mais 4-5 minutos, mas não estará mais tão fofinho.

Suflê de cogumelos

Este é um delicioso suflê – quando você o corta, os pedaços de cogumelo parecem bastante apetitosos. Fica bom feito com cogumelos paris bem firmes. Sirva com vagem-francesa cozida.

4 PORÇÕES

175g de cogumelo paris
50g de manteiga
1 dente de alho, amassado
40g de farinha de trigo
275ml de leite
4 gemas
sal e pimenta-do-reino preta moída na hora
6 claras

Unte uma forma de suflê de 1,7 litro com um pouco de manteiga.

Lave os cogumelos e corte-os ao meio ou em quatro, de modo que todos os pedaços fiquem aproximadamente do mesmo tamanho. Derreta ¼ da manteiga em uma panela média e acrescente os cogumelos. Cozinhe-os em fogo baixo, com a panela destampada, por 5 minutos, e então acrescente o alho. Se os cogumelos desprenderem muito líquido, escorra (ele pode ser guardado para preparar caldos).

Derreta o restante da manteiga em outra panela média e misture a farinha, cozinhe por alguns segundos e acrescente o leite. Mexa bem sobre fogo alto para que passe de encaroçado, a princípio, para homogêneo e bem grosso.

Retire a panela do fogo e despeje o molho em uma tigela grande. Deixe esfriar um pouco e acrescente os cogumelos (escorra todo o excesso de líquido), as gemas e sal e pimenta a gosto. Reserve (por muitas horas ou mesmo de um dia para o outro na geladeira, se necessário) até a hora em que você quiser assar o suflê.

Coloque uma assadeira na prateleira mais alta do forno e preaqueça-o a 190°C. Bata as claras em neve até que estejam firmes, mas não muito secas, e incorpore-as delicadamente à mistura com os cogumelos. Transfira o suflê para a forma untada – o ideal é que encha quase até a borda, mas sem ultrapassá-la – e leve ao forno por 30-35 minutos, ou até que esteja dourado, tenha crescido e pareça firme quando sacudido levemente. Um palito inserido deve sair limpo. Sirva imediatamente.

Dica

Se você quiser aumentar a receita deste suflê para servir seis pessoas, aqui vão as quantidades. Use uma forma de 2 litros e 60g de manteiga, 225g de cogumelo, 40g de farinha, 300ml de leite, 5 gemas e 7 claras. Você terá que assá-lo por mais alguns minutos, também; confira o cozimento com um palito, como indicado.

Sobremesas e doces

Pudins, doces, sobremesas – chame como quiser – são o encerramento ideal de uma refeição e dão aquele toque final adocicado perfeito. Não precisam fazer parte da rotina, mas, nos fins de semana ou para uma refeição ou ocasião especial, estão definitivamente entre os maiores prazeres da vida.

Neste capítulo você irá encontrar sobremesas quentes e frias. A seção "quentes" inclui deliciosas tortas e outras sobremesas, como a tarte Tatin de pera com cardamomo, a clássica torta Bakewell e pequenos pudins de toffee (ver páginas 277-8, 275 e 280-1). Também incluí crumbles bastante populares, como o de ameixa (ver página 279), que pode ser facilmente adaptado para usar quase todas as frutas que você desejar.

Na seção "frias" deste capítulo você irá encontrar algumas sobremesas deliciosas e fáceis de fazer. Elas são opções mais saudáveis, como a salada de laranjas frescas com mel e água de flor de laranjeira ou o sorbet de abacaxi (ver páginas 288 e 293), bem como cheesecakes de dar água na boca – o cheesecake de limão siciliano (ver página 286) pode ser preparado em minutos. Se você procura por algo especial, experimente o bolo merengue de café ou os suspiros infalíveis, e para uma sobremesa para o dia a dia que dura bastante, nada supera o sorvete caseiro.

Guia para o preparo de frutas

Abacaxi De cor dourada com cheiro bastante doce quando está maduro. Pode ser servido em gomos ou descascado e cortado em rodelas, ou picado para ser misturado a saladas de frutas, compotas, smoothies e sorbets. Experimente um carpaccio de abacaxi: corte-o em rodelas bem finas e regue com mel, calda de açúcar ou coulis de framboesa (ver adiante).

Ameixa Corte e retire o caroço de ameixas doces e misture-as em saladas de frutas; cozinhe as mais azedas em calda como indicado na página 273 e prepare tortas ou crumbles.

Amora Lave, selecione e sirva com açúcar e creme de leite; ou cozinhe como indicado na página 273 e sirva com creme de leite ou iogurte, coberto com crumble (ver página 279), ou bata no processador e prepare sorbets, molhos e fools. Para sorvete de amora, siga a receita da página 292 usando amoras cozidas em vez de morangos e castanhas de caju.

Asimina Da mesma família da fruta-de-conde. Grandes, em formato de pera, ficam perfumadas e macias quando estão maduras; a polpa é rosada com sementinhas pretas. Corte-as ao meio, retire as sementes e coma a polpa com uma colher; ou então descasque, corte em fatias e misture a saladas de frutas (ver página 286).

Banana Corte a banana em fatias e coloque uma colherada de iogurte ou de fromage frais por cima, junto com um pouco de xarope de bordo ou mel claro e castanhas picadas; ou, para fazer algo especial, descasque e corte ao meio no sentido do comprimento, coloque uma bola de sorvete de baunilha entre as duas metades e espalhe chocolate e castanhas picadas por cima. Também ficam boas cozidas em um crumble (ver página 279). Ou então faça apenas um talho de uma ponta a outra e asse-a inteira em forno a 190°C, por cerca de 20 minutos, ou até que esteja macia, e sirva com creme de leite ou iogurte. Para ficar ainda mais gostoso, coloque quadradinhos de chocolate no talho, embrulhe em papel-alumínio e leve ao forno.

Caqui Parece um tomate maduro e está pronto para ser consumido quando bem macio. A polpa é deliciosa, bastante doce, com sabor que lembra tâmaras frescas. Descasque, corte e coma puro ou misturado a saladas de frutas.

Cassis Lave e remova os cabinhos ou, se for bater no processador, apenas lave. Cozinhe como indicado na página 273. Purê de cassis fica delicioso com sorvete ou transformado em sorbet.

Cereja Lave as cerejas doces e sirva-as como estão, ou retire o cabinho e o caroço e misture a saladas de frutas. Também ficam ótimas em compota. Cozinhe as cerejas com um pouco de água até ficarem macias, acrescente açúcar a gosto e, talvez, uma dose de kirsch, se você tiver uma garrafa à mão.

Damasco Quando maduros, os damascos são deliciosos crus; aqueles que não estiverem perfeitos ficam melhores cozidos. Cozinhe em uma calda de açúcar vanilhado ou coloque em uma travessa refratária com 3 colheres de sopa de açúcar e 1-2 colheres de sopa de água para cada 450g de damascos e asse por 30-60 minutos a 180°C. Damascos cozidos podem ser transformados em crumble, servidos sobre uma camada de massa crocante ou processados e transformados em fools, sorvetes e sorbets.

Figo Sirva figos maduros à moda grega, com uma tigela de iogurte grosso e mel claro, ou corte-os e misture em saladas de frutas.

Framboesa Coma crua com creme de leite e açúcar ou prepare sorvetes (ver página 292), sorbets ou um purê fresco para ser servido com sorvete ou outras frutas. O coulis de framboesa pode ser colocado sobre saladas de frutas, sorvetes e outras sobremesas. Para prepará-lo, use framboesas frescas ou congeladas, bata-as no liquidificador e depois peneire a polpa e acrescente açúcar. Você pode usar o coulis cru, ou fervê-lo e deixar esfriar, o que o deixa ainda mais brilhante.

Fruta-de-conde De cor verde ou amarelo-esverdeado. Estão maduras quando suaves ao toque; se comprá-las ainda duras, deixe que amadureçam em temperatura ambiente. Para comê-las, basta cortá-las ao meio e escavar a polpa branca, que tem sabor de creme de ovos. Descarte a casca.

Groselha Lave e deixa-as inteiras se for batê-las no processador, ou então apare as pontas e cozinhe em calda de açúcar como indicado na página 273. Acrescente alguns ramos de flor de sabugueiro para dar sabor. Podem ser processadas para preparar fools, molhos ou tortas.

Kiwi Está no ponto quando suave ao toque. Use-os crus, descascados e cortados em rodelas para saladas de frutas e para decorar cheesecakes, fools e sorvetes.

Laranja Esfregue bem as cascas, se for utilizá-las, para remover qualquer resíduo de produtos químicos, ou procure laranjas orgânicas, se possível. Use a casca ralada ou em tiras bem finas, para dar sabor; o suco é bom para substituir o açúcar em saladas de frutas. Laranjas podem ser descascadas e cortadas em gomos; mas a melhor forma é descascá-las com movimentos circulares, retirando ao mesmo tempo a casca e a pele branca. Depois, insira uma faca e separe cada gomo da membrana interna. Segure a laranja sobre uma tigela, para recolher o suco que escorrer. Fica boa em saladas de frutas ou sozinha.

Lichia Tem casca avermelhada e cheia de pontinhas. Por dentro, há uma perfumada polpa esbranquiçada e translúcida e um grande caroço marrom-brilhante. Sirva crua ou descasque, retire o caroço e acrescente a uma salada de frutas exóticas.

Limão Dá um ótimo sabor a fools e cremes e é uma ótima decoração para bolinhos de frutas e crepes.

Limão siciliano Para usar a casca, compre de preferência limãos sicilianos orgânicos não encerados ou esfregue-os bem com água morna para retirar os resíduos de produtos químicos, e então rale-os finamente ou corte tiras finas. Use tanto o suco quanto a casca para dar sabor a sorvetes, fools e sorbets, bem como a bolos e massas de torta.

Maçã Use maçãs doces com ou sem casca; corte em fatias, retirando o miolo, e acrescente a saladas salgadas, saladas de frutas, ou seque-as no forno para fazer uma verdadeira granola de frutas. Cozinhe maçãs como indicado na página 274, sirva com creme de leite e biscoitos amanteigados, faça molhos para pratos salgados ou prepare um crumble (ver página 279). Para maçãs assadas, ver página 273, e para torta de maçã, ver página 274.

Manga Estas grandes frutas ovais variam em cor do verde ao dourado, normalmente com toques de vermelho. Estão maduras quando macias ao toque e, espera-se, com um cheiro delicioso. Para prepará-las, primeiro corte-as ao meio e retire o caroço: faça dois cortes de cima a baixo, cada um a cerca de 6mm distância do cabo. Conforme você cortar, irá sentir o grande caroço achatado e as duas metades irão se separar. Sirva as metades como estão e retire a polpa dourada e suculenta usando uma colher de chá; ou descasque, corte a polpa em fatias e misture a saladas de frutas. A manga também é um ótimo ingrediente para sorbets e sorvetes.

Maracujá Possui casca lisa ou enrugada de cor amarela, polpa amarelada de cheiro doce e muitas sementes. Corte-os ao meio, retire a polpa com uma colher e misture a saladas de frutas ou espalhe por cima de sorvetes.

Marmelo Descasque, retire o miolo e corte, e então cozinhe ou use para fazer tortas. Os frutos do marmeleiro japonês, *Chaenomeles japonica*, são comestíveis, e, cultivados da mesma forma que o marmelo, podem ser transformados em uma excelente geleia perfumada e saborosa.

Melão e melancia O melão cantaloupe possui casca dura e rugosa, com riscos fundos, como se estivesse pronto para ser cortado em fatias; a polpa é alaranjada, perfumada e suculenta. O melão charéntais é parecido, mas um pouco menor. O melão pele-de-sapo possui casca rugosa e uma polpa aromática verde ou amarela; os pequenos melões Ogen pertencem a este grupo, assim como os melões de inverno, que possuem casca macia de cor verde, amarela ou branca, mas pouco sabor. As melancias possuem casca verde, polpa vermelho-vivo e sementes marrom-brilhantes. Todas estas frutas estão no ponto quando respondem duras e resistentes a um leve aperto próximo ao cabo. Sirva os melões grandes em fatias, e os menores cortados ao meio e regados com xerez doce ou porto, ou recheados com morangos ou uma bola de sorvete. Também podem ser transformados em sorbet.

Mirtilo Ficam deliciosos crus, comidos com a mão, ou misturados com iogurte; ótimos em tortas e em todos os pratos indicados para amoras.

Morango Lave os morangos delicadamente, retire os cabos e sirva com açúcar e creme de leite ou use em diversas receitas, como tarteletes, cheesecakes ou sorvetes (ver páginas 280, 284-5 e 292). Coulis ou purê de morango (ver página 273) são um delicioso acompanhamento para sorvetes, iogurtes ou fromage frais, ou para espalhar sobre pêssegos maduros.

Nectarina Prepare esta fruta saborosa e suculenta da mesma forma que pêssegos.

Pera Lave peras doces de casca fina e sirva-as assim, ou descasque, retire o miolo e corte-as em fatias e sirva com creme de leite, purê de framboesa ou acrescente a saladas de frutas. Compre-as com antecedência e deixe que amadureçam em temperatura ambiente. Se estiverem muito verdes, experimente cozinhá-las.

Pêssego Uma saborosa, perfumada e suculenta fruta de verão; algumas variedades possuem pele dourada, outras, branca – e são uma verdadeira iguaria. Para descascar pêssegos, coloque-os em uma tigela, despeje água fervendo até cobrir e deixe por 2 minutos; escorra e puxe as peles dos pêssegos usando uma faca afiada. Corte-os e regue com vinho branco doce, misture a saladas de frutas ou prepare pêssego brûlée.

Pomelo/Toranja Corte ao meio e solte da casca usando uma faca afiada, descolando cuidadosamente a pele branca e as membranas. Pode ser regada com xerez doce e um pouco de açúcar ou polvilhada com açúcar mascavo e pedaços de manteiga e grelhada, para uma entrada à moda antiga. Ou corte em gomos, como indicado para laranjas.

Romã Corte ao meio, retire a polpa rosada e misture em saladas de frutas (ou de folhas), ou use como cobertura para pudins cremosos ou coleslaw.

Ruibarbo Apare as folhas (não coma, elas são venenosas) e retire as fibras das laterais do ruibarbo. Corte-o em pedaços de mesmo tamanho e cozinhe como indicado na página a seguir; prepare fools ou crumbles. Não é recomendado servir ruibarbo mais de uma vez por semana porque, assim como o espinafre, possui alto teor de ácido oxálico, que inibe a absorção de magnésio e de cálcio.

Tâmara Você pode encontrar tâmaras frescas e deliciosas em grandes supermercados e mercearias. Sirva inteiras ou corte-as ao meio e retire o caroço para misturar a saladas de frutas; ou então retire o caroço e recheie-as com castanhas ou pasta de amêndoas. Se não encontrar tâmaras frescas, experimente as do tipo Medjool; elas são secas, mas ainda assim robustas e suculentas.

Tangerina Descasque e coma pura ou separe em gomos e misture a saladas de frutas.

Uva Simplesmente lave as uvas delicadamente e arrume-as em uma tigela de frutas ou em uma tábua de queijos; ou então corte-as ao meio, retire as sementes e acrescente a saladas de fruta ou espalhe sobre pão de ló e cubra com geleia.

Preparação básica e cozimento

Compre frutas maduras e firmes e prepare-as rapidamente, usando uma faca de aço inoxidável para cortá-las. Consuma sempre o mais rápido possível. Cubra a superfície de frutas que você irá servir cruas com suco de limão ou laranja, para evitar a descoloração.

O método de cozimento usado mais frequentemente para frutas e que se aplica a praticamente todos os tipos é em água fervendo com açúcar.

Para isto, primeiro faça uma calda de açúcar. Para cada 450-700g de fruta você vai precisar de 275ml de água (ou outro líquido, como vinho ou sidra) e 75g de açúcar ou mel suave. Coloque o açúcar ou mel e a água em uma panela de fundo triplo e aqueça sobre fogo baixo para dissolver. Aumente o fogo e deixe ferver rapidamente por 2 minutos. Acrescente a fruta preparada, espere retomar a fervura, reduza o fogo e cozinhe desta forma até que a fruta esteja macia quando perfurada com a ponta de uma faca.

É importante deixar que frutas grandes, como peras inteiras ou cortadas ao meio, por exemplo, cozinhem completamente por dentro, ou elas podem ficar sem cor. Calcule pelo menos 20-30 minutos para peras inteiras e 15-20 minutos quando cortadas ao meio.

A calda pode ser perfumada com tirinhas de casca de limão ou laranja, um pedaço de canela, um talo de capim-limão, uma fava de baunilha ou alguns botões de flor de sabugueiro frescas; acrecente-os quando for preparar a calda e retire antes de servir a fruta. (A fava de baunilha pode ser lavada, seca e usada diversas vezes.)

Espere as frutas esfriarem na calda ou retire-as com uma escumadeira e engrosse a calda fervendo-a vigorosamente até reduzir bastante.

Frutas macias e suculentas ficam melhores se cozidas em pouca ou nenhuma água. Coloque groselhas, cassis, cranberries e amoras em uma panela de fundo triplo com 2 colheres de sopa de água para cada 450-700g de fruta e aqueça sobre fogo baixo até que comecem a soltar seus sucos e fiquem macias. Substitua a água por manteiga para maçãs e geleia de groselha ou outra fruta de sabor suave para ruibarbos. Quando as frutas estiverem macias, acrescente açúcar ou mel a gosto; não o coloque antes ou a parte externa das frutas pode endurecer.

Frutas cozidas e frutas cruas macias, como framboesas e morangos, podem ser transformadas em purê. Basta usar um processador, liquidificador ou mixer manual. Se quiser que a mistura fique bem homogênea, passe por uma peneira depois de bater. Sirva como um molho ou use para preparar sorvetes, fools e sorbets.

Se quiser preparar um creme *vegan* que se assemelhe ao creme de leite original, você pode comprar creme de leite de soja em lojas de produtos naturais e alguns supermercados. Ele pode ser usado assim como a coalhada seca; e você pode adoçá-lo a gosto.

Sobremesas quentes

Maçãs assadas com uvas-passas V

É fácil nos esquecermos desta sobremesa simples, rápida e deliciosa. Maçãs assadas são ótimas servidas puras, ou com uma colherada de creme de leite ou iogurte. Outros recheios podem ser usados no lugar das uvas-passas; tâmaras também ficam boas.

4 PORÇÕES
4 maçãs grandes
50g de uva-passa

Lave as maçãs e retire os miolos usando um utensílio próprio para isso ou cortando cuidadosamente com uma faca de ponta bem afiada.

Faça um talho em torno das maçãs, cortando apenas a casca. Coloque em uma travessa refratária rasa. Recheie as cavidades com as uvas-passas, pressionando-as bem para baixo.

Asse as maçãs, sem cobrir, em forno a 180°C por 45-60 minutos, ou até que elas estejam macias, mas sem se desmanchar.

Torta francesa de maçãs

Esta torta é de dar água na boca com sua cobertura de maçãs glaçadas, recheio molhadinho de purê de maçã e uma base de massa crocante.

4-6 PORÇÕES
1 base de massa de 20cm, assada (ver páginas 226-7) 900g de maçã, descascadas, sem o miolo e cortadas
25g de manteiga
75g de açúcar
2 maçãs Golden Delicious grandes
3 col. de sopa de geleia de damasco, aquecida

Coloque as maçãs cortadas, a manteiga e o açúcar em uma panela de fundo triplo e cozinhe em fogo baixo, sem tampar, por cerca de 15 minutos.

Preaqueça o forno a 200°C.

Espalhe o purê de maçãs sobre a base de massa. Descasque as maçãs e corte-as em fatias finas. Arrume as fatias sobre o purê e espalhe a geleia por cima.

Asse por 20-30 minutos, ou até que as fatias de maçã estejam macias. Sirva morna ou fria.

Bakewell tart

Todo mundo adora esta tradicional torta, com sua casquinha crocante coberta de geleia e um bolo de amêndoas leve, e ela é muito fácil de preparar.

6 PORÇÕES

1 receita de massa de torta, ou de massa fácil de farinha de espelta integral (ver páginas 226-7)
100g de manteiga
3 col. de sopa de geleia de framboesa
125g de manteiga, em temperatura ambiente
125g de açúcar de confeiteiro
2 ovos
25g de farinha de trigo
50g de amêndoas moídas
algumas lascas de amêndoas, para decorar
creme de leite fresco, para servir (opcional)

Preaqueça o forno a 220°C e coloque uma assadeira pesada sobre a prateleira mais alta, para aquecer.

Abra a massa e coloque-a em uma forma de torta de 20cm levemente untada; faça furinhos na base e apare as bordas. Despeje a geleia sobre a massa e espalhe.

Coloque a manteiga, o açúcar, os ovos, a farinha e as amêndoas moídas em uma tigela e bata por 2 minutos, ou até que fique leve e cremoso. Espalhe esta mistura sobre a geleia e decore com algumas lascas de amêndoas.

Coloque a torta sobre a assadeira aquecida e asse por 5 minutos, então reduza a temperatura para 180°C e asse por mais 30-35 minutos, ou até que esteja dourado e firme ao toque.

Sirva quente ou fria, com o creme de leite, se desejar.

Linzertorte

Esta torta austríaca leve e quebradiça possui um sabor delicado graças às especiarias e à casca de limão e derrete na boca.

6 PORÇÕES ❄

175g de farinha de trigo integral ou farinha de espelta integral
1 col. de chá de canela em pó
1 pitada de cravo-da-índia em pó
175g de amêndoas moídas (ou amêndoas inteiras não branqueadas pulverizadas no liquidificador)
raspas da casca de ½ limão
40g de açúcar
175g de manteiga
1 gema
175-225g de geleia de framboesa, de cereja ou de cassis
um pouco de açúcar de confeiteiro, para polvilhar
creme de leite fresco, para servir

Peneire a farinha, a canela e o cravo-da-índia em uma tigela ou em um processador; despeje também os resíduos de farinha que ficaram na peneira. Misture as amêndoas moídas, as raspas da casca de limão e o açúcar. Acrescente a manteiga e bata rapidamente, ou esfregue com os dedos para misturar aos ingredientes secos até formar uma farofa. Misture a gema delicadamente para formar uma massa.

Se possível, embrulhe a massa em um pedaço de papel-alumínio ou filme plástico e leve à geladeira por 30 minutos ou mais. Se você deixar a massa descansar será mais fácil abri-la, mas isso não é essencial caso você esteja com pressa.

Acenda o forno a 200°C e coloque uma assadeira pesada sobre a prateleira mais alta, para aquecer.

Em uma superfície ou tábua levemente polvilhada com farinha, abra ¾ da massa para caber em uma forma de torta de 20-23cm de diâmetro, que deve estar ligeiramente untada. Espalhe a geleia sobre a massa.

Abra o restante da massa e corte em tiras compridas; arrume estas fatias trançadas sobre a geleia, dobre as beiradas da massa para baixo e pressione-as para formar uma espécie de borda ao redor da torta.

Leve a torta ao forno sobre a assadeira e asse por 25-30 minutos, até que esteja ligeiramente crescida e bastante dourada.

Você pode servir a torta quente, fria ou, como eu prefiro, morna. Peneire um pouco de açúcar de confeiteiro por cima antes de levá-la à mesa. Fica ótima com creme de leite.

Crepes Suzette

Ao contrário da fama que levam, crepes Suzette não são difíceis de fazer – você só precisa adiantar bem todo o preparo – e são deliciosos para uma ocasião especial, principalmente depois de uma refeição leve.

RENDE CERCA DE 12 CREPES

massa básica de crepe (ver páginas 258-60)
um pouco de manteiga, para fritar

PARA O MOLHO

125g de manteiga
150g de açúcar de confeiteiro
raspas da casca e o suco de 3 laranjas pequenas-médias
raspas da casa e o suco de 1 limão
2 col. de sopa de licor de laranja, como curaçao (opcional)
4 col. de sopa de conhaque

Prepare cerca de 12 crepes, usando 2 colheres de sopa de massa para cada um e fritando-os em manteiga. Conforme os crepes forem ficando prontos, empilhe-os sobre um prato e mantenha-os em local fresco até a hora de usar.

Quando for a hora de servir os crepes, coloque a manteiga, o açúcar, o suco e as raspas das cascas dos limões e das laranjas e o licor de laranja (se estiver usando) em uma frigideira grande ou travessa refratária rasa grande e aqueça ligeiramente, para derreter a manteiga e o açúcar.

Apague o fogo e mergulhe os crepes na mistura, um a um, cobrindo os dois lados e então dobrando-os ao meio duas vezes, formando um triângulo. Conforme cada crepe ficar pronto, coloque-os no canto da frigideira ou travessa.

Quando todos os crepes tiverem sido cobertos, deixe-os na frigideira ou travessa até que você esteja quase pronto para servi-los, e então acenda o fogo para aquecer o molho e os crepes.

Quando todos os crepes estiverem aquecidos, aumente o fogo por cerca de 1 minuto para deixar o molho bem quente, despeje rapidamente o conhaque e acenda curvando a panela ligeiramente em direção à chama do fogão, para flambar.

Você pode levar à mesa desta forma, em chamas. Ela irá se apagar em alguns segundos, quando todo o álcool tiver sido consumido. Sirva imediatamente.

VARIAÇÕES

Crepes com maple syrup [xarope de bordo]

Prepare os crepes como indicado e sirva-os mornos, com xarope de bordo e uma colherada de creme de leite batido.

Crepes de chocolate com cerejas negras

Você também pode preparar crepes de chocolate ou de alfarroba substituindo 1 colher de sopa de farinha da massa por 1 colher de sopa de cacau em pó ou de farinha de alfarroba. Acrescente 1 colher de chá de açúcar a esta massa e sirva os crepes com cerejas negras (frescas ou congeladas) cozidas em um pouco de água com açúcar até que estejam doces e cobertas por um xarope brilhoso. Sirva com coalhada seca ou creme batido.

Crepes com maçãs e uvas-passas

Crepes também ficam deliciosos recheados com a compota de maçã e uvas-passas da página 281 e servidos com iogurte natural grosso.

Crepes com ricota e frutas secas

Outro recheio delicioso para crepes é uma mistura de ricota, frutas secas glaçadas e picadas e um pouco de raspas da casca de laranja ou limão e açúcar a gosto.

Tarte Tatin fácil de pera e cardamomo

Variação deste clássico que passou pelo teste do tempo, é uma maravilhosa combinação de peras macias e caramelizadas e massa crocante. É fácil de fazer usando uma forma própria de tarte Tatin (uma espécie de frigideira pequena de ferro com aproximadamente 25cm de diâmetro), mas você pode improvisar, usando uma frigideira normal para caramelizar as peras e então colocando-as em uma forma de torta para assar. Cardamomo, uma das minhas especiarias prediletas, acrescenta um belo sabor.

6 PORÇÕES

5 peras maduras e firmes
6 bagas de cardamomo
100g de açúcar de confeiteiro
50g de manteiga
375 de massa folhada pronta

Descasque as peras, corte-as em quatro e retire o miolo e as sementes.

Amasse as bagas de cardamomo e retire as sementes; reserva estas e descarte as bagas.

Coloque o açúcar em uma forma de tarte Tatin ou frigideira normal. Cozinhe sobre fogo alto por alguns minutos ou até que esteja dourado, acrescente as peras e vire-as para que fiquem completamente cobertas de açúcar. Deixe cozinhar em fogo alto por 2-3 minutos, para "torrá-las".

Acrescente a manteiga e as sementes de cardamomo e cozinhe por mais 10-15 minutos, ou até que as peras estejam macias e todo o líquido que elas tenham desprendido tenha cozinhado com o açúcar, formando um caramelo grosso. Esse é o segredo de uma boa tarte Tatin.

Preaqueça o forno a 200°C.

Abra a massa rapidamente sobre uma superfície ou tábua polvilhada com farinha para deixá-la um pouco mais fina e corte um círculo cerca de 1cm mais largo do que o diâmetro da forma ou frigideira que você estiver usando.

Se estiver usando uma forma de torta para o próximo estágio, transfira as peras e o caramelo grudento para esta, despejando um pouco do caramelo primeiro, e depois as peras, com o lado arredondado para baixo; raspe todo o líquido que houver na panela.

Se estiver usando a forma própria para tarte Tatin, arrume as peras conforme necessário, com o lado arredondado para baixo, pois este será o lado que ficará para cima quando você desenformar a tarte Tatin mais tarde. Coloque a massa por cima, virando as sobras para dentro, para formar a base da tarte Tatin quando ela for desvirada. Faça furinhos na massa e então asse por 15-20 minutos, ou até que esteja dourada e crocante.

Retire a tarte do forno e deixe descansar por cerca de 5 minutos, então descole-a com uma espátula. Coloque um prato sobre a forma e, segurando a forma com um pano para proteger suas mãos e braços, vire a tarte no prato. Tome bastante cuidado: o caramelo está quente! As peras lindamente caramelizadas ficarão por cima, com a massa crocante em torno delas.

VARIAÇÕES

Tarte Tatin fácil de pera com baunilha

Exclua o cardamomo. Abra uma fava de baunilha no sentido do comprimento e, usando a ponta de uma faca afiada, retire as sementes sem danificar a fava. Misture a fava e as sementes à forma ou frigideira, junto com as peras. Quando você for arrumar as peras antes de colocar a massa, certifique-se de que a fava fique por baixo das peras, para que, quando a tarte seja desenformada, ela fique no topo. Para um toque sofisticado, sirva com creme batido levemente adoçado e misturado a 1 ou 2 colheres de sopa de eau de vie de poire: costuma ser bem caro, mas fica ótimo com sobremesas de pera e dura por anos.

Tarte Tatin fácil de maçã

Prepare como indicado, excluindo o cardamomo e substituindo as peras por maçãs.

Tarte Tatin fácil de ameixa

Use a quantidade necessária de ameixas doces e maduras para cobrir a base da forma; corte as ameixas ao meio e retire o caroço.

Tarte Tatin *vegan* V

Substitua a manteiga por margarina vegetal pura e certifique-se de que a massa folhada que você está usando é *vegan*.

Crumble integral de ameixas

Um crumble de frutas é a sobremesa perfeita para se divertir. Não só é realmente fácil de fazer, como todo mundo adora! Eu uso farinha integral, mas sinta-se à vontade para usar farinha branca ou uma mistura das duas. Fica boa com um pouco de aveia (ver variações a seguir).

4-6 PORÇÕES

700g de ameixa
75-125g de açúcar refinado
225g de farinha de trigo integral
1 col. de chá de fermento químico
1 col. de chá de pimenta-da-jamaica em pó
125g de açúcar demerara
75g de manteiga

Preaqueça o forno a 180°C.

Corte as ameixas ao meio e retire o caroço.

Coloque as ameixas em uma forma de torta rasa e espalhe o açúcar refinado por cima.

Para fazer a cobertura, peneire a farinha, o fermento químico e a pimenta-da-jamaica em uma tigela, despejando também os resíduos que sobrarem na peneira.

Acrescente o açúcar demerara e esfregue a manteiga com os dedos até formar uma espécie de farofa.

Espalhe esta mistura sobre as ameixas, formando uma camada uniforme, e pressione levemente.

Leve ao forno por 40 minutos ou até que o crumble esteja crocante e as ameixas, macias. Sirva quente ou morno.

VARIAÇÕES

Crumble integral de ruibarbo

Prepare como indicado, usando 700g de ruibarbo aparado, cortado em pedaços de 1cm, em lugar das ameixas.

Crumble integral de maçã e uvas-passas

Para este, primeiro prepare a compota de maçã e uvas-passas (ver página 281). Coloque o crumble por cima e leve ao forno por 25-30 minutos.

Crumble de aveia

Esta é uma adorável variação. Basta substituir a farinha de trigo pela mesma quantidade de aveia em flocos; 50g de aveia e 175g de farinha integral também é uma ótima combinação. Misture-as e então siga as instruções da receita principal, acrescentando o açúcar e esfregando a manteiga.

Crumble de banana com amêndoas

Para esta variação inusitada e mais rápida de fazer, substitua 50g da farinha por amêndoas moídas. Corte 4-6 bananas grandes em rodelas e coloque sobre uma assadeira rasa untada. Coloque o crumble por cima, espalhe 25g de lascas de amêndoas e leve ao forno por 25-30 minutos.

Tarteletes de morango

Deliciosas tarteletes de verão que derretem na boca. Sirva-as sozinhas ou com creme de leite.

4 PORÇÕES

175g de farinha de trigo integral
125g de manteiga
2 col. de chá de açúcar de confeiteiro
1-2 col. de sopa de água
4 col. de sopa cheias de geleia de groselha, aquecida
225g de morangos pequenos, sem os cabinhos e as folhas

Peneire a farinha sobre uma tigela ou um processador, despejando também os resíduos que sobrarem na peneira. Acrescente a manteiga e o açúcar, e bata no processador ou esfregue com as pontas dos dedos até formar uma espécie de farofa.

Acrescente água fria para firmar a mistura até formar uma massa. Se você tiver tempo, leve a massa à geladeira para esfriar, embrulhada em filme plástico, por 30 minutos.

Abra a massa bem fina e use um cortador para obter círculos que caibam nas forminhas de tartelete. Faça alguns furinhos bem de leve, asse por 8 minutos e deixe esfriar.

Pincele um pouco da geleia sobre cada base de tartelete, arrume 3-4 morangos sobre elas e coloque mais uma colherada de geleia por cima, para dar brilho. Espere esfriar antes de servir.

Minipudins de toffee

Todo mundo adora pudim de toffee e estes não poderiam ser mais fáceis de fazer. Você vai precisar de oito forminhas de 175ml ou uma forma de muffin de oito cavidades com a mesma capacidade.

RENDE 8 PUDINS ❄

75g de tâmara sem caroço
150ml de água fervendo
75g de manteiga
150g de açúcar de confeiteiro
2 ovos
1 col. de chá de extrato de baunilha
½ col. de chá de bicarbonato de sódio

PARA A CALDA TOFFEE

50g de manteiga
175g de açúcar mascavo claro
275ml de creme de leite fresco

Preaqueça o forno a 180°C.

Unte as formas com bastante manteiga e um pouco de farinha, batendo o excesso.

Coloque as tâmaras em uma tigela, cubra com a água fervendo e espere até ficar morno e as tâmaras estarem mais macias. Coloque as tâmaras em um processador junto com a manteiga, o açúcar, os ovos, o extrato de baunilha, a farinha e o bicarbonato de sódio e bata até que a mistura esteja homogênea e grossa, e então distribua igualmente pelas forminhas ou cavidades da forma de muffin. Asse por 20 minutos, ou até que os pudins tenham crescido e retomem a forma rapidamente quando tocados de leve no centro.

Enquanto os pudins estiverem assando, prepare a calda: coloque a manteiga, o açúcar e metade do creme de leite em uma panela e mexa sobre o fogo até que tudo esteja dissolvido e bem misturado. Deixe ferver por 1 ou 2 minutos, sem parar de mexer, retire do fogo e acrescente o restante do creme de leite.

Passe uma faca em torno dos pudins para soltá-los, desenforme e sirva com a calda espalhada por cima. Outra opção é desenformar os pudins sobre uma travessa refratária rasa. Despeje a calda toffee em volta deles, cubra e deixe descansar até a hora de servir.

Reaqueça os pudins no forno a 180°C por 15-20 minutos, ou sob o grill quente por 8-10 minutos ou até que a calda comece a borbulhar. Eles podem ser congelados, também.

Sobremesas frias

Compota de maçã e uvas-passas com laranja V

Eu tenho um carinho especial por esta compota porque ela aproveita a doçura natural das maçãs e das uvas-passas, sem adição de açúcar. Para obter o melhor resultado possível, compre as maçãs mais doces que encontrar.

4-6 PORÇÕES

900g de maçã
25g de manteiga
225g de uva-passa
o suco e as raspas da casca de 1 laranja

PARA SERVIR

iogurte natural grosso ou creme batido
biscoitos amanteigados

Descasque, retire o centro, corte as maçãs em fatias e coloque-as em uma panela de fundo triplo com a manteiga, as uvas-passas e o suco e as raspas da casca da laranja.

Cozinhe em fogo baixo, com a panela tampada, por cerca de 10 minutos, mexendo com frequência, até que as maçãs pareçam mais suculentas.

Sirva quente ou frio – com iogurte natural grosso ou creme batido. Alguns biscoitos amanteigados combinam bem.

Fool de damasco

Este creme dourado e suave pode parecer gorduroso e sofisticado demais para ser saudável – mas é! Os melhores damascos secos são aqueles que foram desidratados sem dióxido de enxofre para preservar a cor, portanto eles possuem uma aparência marrom nada atraente, mas o sabor é ótimo. O mesmo vale para pequenos damascos Hunza, que são maravilhosos, mas é preciso retirar o caroço. Pode ser congelado sem problemas por 4-6 semanas.

4 PORÇÕES ❄

175g de damasco seco (225g se estiver usando damascos Hunza com caroço)
350g de cream cheese com médio ou baixo teor de gordura
1 col. de sopa de mel claro (opcional)
algumas lascas de amêndoas ou sementes de gergelim, torradas

Lave bem os damascos em água quente. Coloque-os em uma panela média e acrescente água fria até cobrir. Deixe de molho por pelo menos 1 hora, se possível, e então cozinhe em fogo baixo por 20-30 minutos, ou até que estejam bem macios e a água esteja reduzida a uma leve camada brilhosa. (O melhor é deixá-los de molho antes, mas descobri que é possível apenas cozinhá-los se você estiver sem tempo.) Deixe esfriar. Se estiver usando damascos Hunza, retire e jogue fora os caroços.

Bata os damascos em um processador, liquidificador ou com um mixer de mão até obter um purê grosso. Misture o purê com o cream cheese, batendo bem até ficar homogêneo e cremoso, e então acrescente o mel (se estiver usando).

Distribua a misture por 4 pratos – fica lindo em pratos de vidro – e deixe esfriar. Sirva com as lascas de amêndoa ou sementes de gergelim salpicadas por cima.

VARIAÇÃO

Fool *vegan* de damasco V

Prepare como indicado, usando 1½ pote de cream cheese *vegan*, encontrado em lojas de produtos naturais, e adoce com xarope de agave ou de bordo, para um delicioso e cremoso fool sem derivados de leite.

Mousse de chocolate com laranja

Uma mousse de chocolate rica e de textura aveludada.

6 PORÇÕES

225g de chocolate amargo
2 col. de sopa de suco de laranja fresco
raspas da casca de 1 laranja
1 col. de sopa de licor de laranja, como curaçao, ou conhaque
4 ovos, clara e gema separadas
um pouco de creme batido (opcional)
algumas amêndoas torradas, raspas de chocolate ou tirinhas de casca de laranja (opcional)

Quebre o chocolate em pedaços e coloque em uma tigela. Coloque a tigela sobre uma panela com água fervendo, ou leve ao micro-ondas por 1 ou 2 minutos, até que o chocolate derreta. Não deixe aquecer demais.

Misture o suco e as raspas da casca de laranja ao chocolate derretido, depois o licor ou conhaque e as gemas.

Bata as claras em neve até formar picos suaves e então incorpore-a suavemente à mistura de chocolate usando uma colher de metal, fazendo movimentos circulares.

Distribua a mistura em seis potinhos – ramekins pequenos ou taças de vinho funcionam bem. Deixe esfriar na geladeira, de preferência de um dia para o outro.

Dica

Fica ótima servida simples, ou decorada com um pouco de creme batido e lascas de amêndoa torradas, raspas de chocolate ou tirinhas de casca de laranja. Para fazer as raspas de chocolate basta passar um descascador de batatas pela lateral de uma barra de chocolate; para as tirinhas de casca de laranja, use um zester ou descasque a laranja bem fininho e corte ao comprido.

Mousse de chocolate *vegan* V

O sabor é igual ao da mousse convencional de chocolate feita com ovos, mas mesmo assim é completamente *vegan*! Acredito que ninguém vai adivinhar que o ingrediente principal é abacate, a não ser que você conte. Você pode comprar o óleo de coco, às vezes chamado de manteiga de coco, em lojas de produtos naturais. Ele dura bastante tempo.

6 PORÇÕES

300g de abacate maduro, pesado sem a pele e o caroço (cerca de 2 bem grandes)
125g de cacau em pó de boa qualidade
2 col. de sopa de óleo de coco
200ml de xarope de agave ou de bordo
2 col. de chá de extrato de baunilha
1 pitada de sal

PARA DECORAR

1-2 col. de sopa de sementes de cacau torradas
alguns morangos frescos, com os cabinhos

Esta receita é realmente rápida de fazer com a ajuda de um processador. Simplesmente coloque todos os ingredientes no compartimento e bata até ficar grosso e homogêneo. Pode ser que você precise abrir o processador e raspar a mistura das bordas algumas vezes.

Distribua a mistura em pequenas tigelas e leve à geladeira até a hora de servir: ela dura por muitas horas. Sirva decorado com as sementes de cacau e os morangos, inteiros ou cortados em leque, sem retirar o cabinho.

Bolo de chocolate de geladeira

Doce, achocolatado, fácil de fazer e mais fácil ainda de comer.

6-8 PORÇÕES

225g de manteiga sem sal
1 col. de sopa de açúcar mascavo escuro
2 ovos, clara e gema separadas
225g de chocolate ao leite
2 col. de sopa de xerez ou rum (opcional)
225g de biscoitos meio-doces (de preferência integrais), levemente esmagados

PARA SERVIR

150ml de creme batido
50g de lascas de amêndoas, torradas (ver página 103)

Misture a manteiga e o açúcar até formar um creme; quando estiver leve e aerado, misture as gemas.

Derreta o chocolate como na receita de mousse de chocolate e laranja (ver anteriormente) e acrescente-o à mistura de manteiga e açúcar, juntamente com o xerez ou rum (se estiver usando) e bata bem. Misture os biscoitos esmagados.

Forre uma forma de bolo quadrada com papel-manteiga e espalhe a mistura por cima. Alise o topo e leve à geladeira para esfriar até que esteja firme.

Para servir, desenforme e espalhe o creme batido. Espalhe as lascas de amêndoa por cima.

Cheesecake com base de chocolate

Um cheesecake saboroso e macio com um purê de cassis azedinho sobre uma base crocante de chocolate e castanhas. É fácil de fazer e não vai ao forno.

6 PORÇÕES

125g de biscoitos de leite maltado, esmagados (ver a receita seguinte)
125g de chocolate amargo, derretido
50g de castanhas variadas
225g de cream cheese com médio teor de gordura
275ml de creme de leite fresco
25g de açúcar
3 col. de sopa de purê de cassis grosso (preparado batendo o conteúdo de um pote de 375g, escorrido, ou 225g de cassis frescas ou congeladas, cozidas e adoçadas a gosto, e depois passando por uma peneira)
raspas de chocolate, para decorar

Coloque os biscoitos, o chocolate e as castanhas em uma tigela, misture, e espalhe uniformemente sobre uma forma de torta com fundo removível de 20cm de diâmetro. Deixe em local fresco enquanto você prepara o recheio.

Bata o cream cheese, o creme de leite e o açúcar. Misture delicadamente o purê de cassis, apenas mexendo em vez de bater demais.

Despeje esta mistura sobre a base de biscoito. Leve à geladeira por pelo menos 2 horas, de preferência de um dia para o outro.

Solte as laterais da forma e espalhe as raspas de chocolate para decorar.

Cheesecake de morango

Esta receita rende um cheesecake grande e atraente, com uma brilhosa cobertura de morango. Uma maravilhosa sobremesa para uma festa de verão.

8-10 PORÇÕES

175g de biscoitos de leite maltado
75g de manteiga, derretida
350g de ricota
3 ovos
1 col. de chá de essência de baunilha
125g de açúcar de confeiteiro
150ml de creme de leite fresco com 1 col. de sopa de limão ou vinagre (misturar e esperar 10 minutos).

COBERTURA

150ml de creme de leite fresco com 1 col. de sopa de limão ou vinagre (misturar e esperar 10 minutos).
450g de morangos pequenos e maduros, sem os cabinhos e as folhas
6-8 col. de sopa de geleia de groselha

Preaqueça o forno a 150°C.

Coloque os biscoitos em um saco plástico sobre uma tábua, esmague-os com um rolo de massa, e então misture-os com a manteiga. Coloque esta mistura no fundo de uma forma com fundo removível de 20cm de diâmetro, pressionando bem. Deixe em local fresco enquanto prepara o recheio.

Bata à mão ou no liquidificador a ricota, os ovos, a essência de baunilha, o açúcar de confeiteiro e o creme de leite fresco com suco de limão ou vinagre até ficar homogêneo e cremoso. Despeje sobre a base de biscoitos.

Asse o cheesecake por 1½ hora, ou até que pareça solidificado e esteja firme quando tocado levemente. Deixe esfriar, bata ligeiramente a outra mistura de creme de leite fresco com suco de limão ou vinagre e espalhe sobre o cheesecake. Leve à geladeira por 2-3 horas.

Para finalizar o cheesecake, arrume os morangos harmoniosamente por cima. Derreta a geleia em uma panela pequena de fundo triplo sobre fogo baixo e despeje sobre os morangos, para dar uma leve camada de brilho.

Espere esfriar, retire cuidadosamente o cheesecake da forma e sirva.

Cheesecake rápido de morango

Um cheesecake rápido de fazer, com um toque de limão e coberto por morangos. É o suco de limão que faz este prato funcionar, pois é a acidez que faz o creme ganhar consistência e se manter firme.

6 PORÇÕES

175g de biscoitos de leite maltado
75g de manteiga, derretida
400g de cream cheese com baixo teor de gordura
raspas finas da casca de 2 limões
25g de açúcar de confeiteiro
150ml de creme de leite fresco
4 col. de sopa de suco de limão espremido na hora
225g de morangos
açúcar de confeiteiro, para polvilhar
folhas de hortelã fresca, para decorar

Coloque os biscoitos em um saco plástico, segure levemente e esmague-os com um rolo de massa. Transfira os biscoitos esmagados para uma tigela, acrescente a manteiga derretida e misture bem.

Espalhe a mistura sobre a base de uma forma de fundo removível de 20-23cm de diâmetro e pressione bem; não se preocupe em espalhar a massa pelas laterais da forma. Leve ao freezer ou à geladeira enquanto você prepara a cobertura.

Se houver um pouco de líquido sobre o cream cheese, descarte, e então coloque o cream cheese em uma tigela junto com as raspas da casca de limão e o açúcar. Mexa para formar uma mistura cremosa, acrescente o creme de leite e bata até engrossar.

Acrescente o suco de limão e mexa com uma colher – a acidez do suco de limão irá engrossar a mistura ainda mais.

Despeje a mistura de cream cheese na forma. Espalhe-a até as pontas, mas não tente alisar a superfície. Leve à geladeira até a hora de servir.

Para finalizar, espalhe os morangos sobre o cheesecake, polvilhe com o açúcar de confeiteiro, retire da forma e coloque em uma travessa atraente. Sirva o mais rápido possível, decorado com as folhas de hortelã.

VARIAÇÕES

Cheesecake rápido de limão siciliano

Esta variação também é deliciosa. Prepare como indicado, mas usando as raspas da casca e o suco de limão siciliano. Gosto de servir este cheesecake puro, sem nenhuma fruta por cima, apenas com o sabor dos limões sicilianos, do cream cheese e dos biscoitos. Se quiser deixá-lo um pouco mais especial, você pode derreter um pouco de chocolate, colocar em um saco de polietileno, cortar um bico bem pequeno em uma das pontas e espalhar o chocolate em zigue-zague sobre o cheesecake.

Cheesecake rápido *vegan* V

Você pode fazer uma adorável versão *vegan* deste cheesecake usando margarina vegetal pura para a base, cream cheese *vegan*, comprado em loja de produtos naturais, e excluindo o creme de leite fresco. O suco de limão não será mais necessário para "firmar" a mistura, portanto adicione 1 ou 2 colheres de chá apenas pelo sabor azedinho, e acrescente as raspas da casca do limão conforme indicado. Certifique-se de que os biscoitos utilizados para a base são *vegan*.

Salada fácil de frutas exóticas V

Nesta salada, o suco de laranja é usado em lugar da calda de açúcar, para um resultado mais leve e fresco.

4-6 PORÇÕES

1 abacaxi pequeno maduro
1 manga madura
4 kiwis
1 asimina
150ml de suco de laranja fresco

Retire a coroa e descasque o abacaxi, removendo os "olhinhos" com uma faca de ponta afiada.

Corte o abacaxi em pedaços de mesmo tamanho e coloque em uma tigela.

Corte a manga ao meio, remova o caroço (ver página 271) e descasque. Corte a polpa em cubos e acrescente à tigela.

Descasque e corte o kiwi. Descasque, retire a sementes e corte a asimina. Acrescente-os à tigela, juntamente com o suco de laranja. Leve à geladeira para esfriar antes de servir.

Salada fácil de frutas de verão V

Damascos, pêssegos e morangos regados de suco de laranja, com ou sem uma dose de licor de laranja, e resfriados para formar uma atraente salada de frutas. Perfeita para um dia quente de verão.

4 PORÇÕES

225g de damascos maduros
2-3 pêssegos maduros
225g de morangos
150ml de suco de laranja fresco
a casca finamente aparada de ½ laranja
1-2 col. de sopa de Cointreau ou outro licor de laranja (opcional)

Lave os damascos e os pêssegos, corte-os ao meio e retire os caroços. Corte a polpa em fatias bem finas.

Lave e limpe os morangos; corte-os ao meio, ou em quatro os maiores, de modo que todos os pedaços fiquem aproximadamente do mesmo tamanho.

Coloque todas as frutas em uma tigela bonita e despeje o suco de laranja.

Corte a casca de laranja em tirinhas bem finas e acrescente-a às frutas, juntamente com o licor (se estiver usando). Leve à geladeira para esfriar por pelo menos 1 hora antes de servir, se possível.

Salada fácil de frutas de inverno V

O inverno é, surpreendentemente, uma ótima estação para preparar salada de frutas: é fácil encontrar maçãs de ótima qualidade, e há grande variedade de uvas e frutas cítricas. Esta é uma salada simples e refrescante, feita com suco de laranja em vez de calda de açúcar, muito boa depois que você comeu pratos pesados de inverno.

4-6 PORÇÕES

2 laranjas grandes
4 tangerinas
2 maçãs grandes
225g de uvas roxas ou verdes
150ml de suco de laranja fresco

Retire a casca e a pele branca das laranjas, passando rente à polpa, segurando-as sobre uma tigela para recolher o suco. Separe em gomos, cortando-os da membrana interna. Coloque os gomos na tigela.

Descasque as tangerinas e separe-as em gomos; descasque, retire o miolo e corte as maçãs em fatias; lave, corte ao meio e retire as sementes das uvas. Junte todas estas frutas às laranjas na tigela, juntamente com o suco de laranja, e misture bem. Leve à geladeira para esfriar antes de servir.

Salada de laranjas frescas com mel e água de flor de laranjeira V

Uma das sobremesas mais refrescantes que eu conheço, e fica deliciosa quando servida bem gelada. A água de flor de laranjeira é opcional; pode ser comprada em lojas de produtos do Oriente Médio e dá um sabor perfumado e adocicado a esta salada.

4-6 PORÇÕES

1 col. de sopa de mel, de preferência de flor de laranjeira, ou xarope de agave, para uma versão *vegan*
2 col. de sopa de água fervendo
6 laranjas grandes
150ml de suco de laranja fresco
2 col. de sopa de água de flor de laranjeira (opcional)

Coloque o mel em uma tigela grande e misture com a água fervendo até dissolver.

Esfregue uma das laranjas em água quente e retire a casca usando um descascador de batatas. Corte a casca em tirinhas bem finas e acrescente à mistura de mel e água.

Corte a casca e a pele branca das laranjas, segurando-as sobre a tigela, para recolher qualquer suco que escorra. Separe os gomos da membrana interna e coloque-os na tigela. Esprema o que restou das laranjas sobre a tigela para extrair todo o suco possível.

Acrescente os 150ml de suco de laranja à tigela, juntamente com a água de flor de laranjeira (se estiver usando). Misture bem e leve à geladeira para esfriar antes de servir.

Peras em vinho tinto V

Estas peras, cozidas inteiras e profundamente tingidas pelo vinho tinto, são uma sobremesa maravilhosa. Sirva-as quentes ou frias, com creme batido levemente perfumado com canela e biscoitos de amêndoas.

6 PORÇÕES

125g de açúcar
275ml de água
275ml de vinho tinto
algumas gotas de corante vegetal alimentício vermelho (opcional)
6 peras maduras
creme batido perfumado com um pouco de açúcar e canela em pó (opcional)

Coloque o açúcar, a água e o vinho em uma panela de fundo triplo e aqueça levemente, até que o açúcar esteja dissolvido. Depois, deixe ferver vigorosamente por 2 minutos. Acrescente uma ou duas gotas de corante vegetal alimentício vermelho: é opcional, mas o resultado é muito bonito.

Descasque as peras, deixando-as inteiras e com os cabinhos. Mergulhe-as no xarope e deixe que cozinhem, com panela tampada, por 30 minutos (ou mais, se necessário) – elas precisam ficar realmente macias, por igual. Você pode intensificar a cor das peras acrescentando mais uma ou duas gotas do corante alimentício, conforme necessário.

Transfira as peras para uma travessa de servir rasa. Engrosse o líquido da cocção, se necessário, fervendo-o vigorosamente com a panela destampada até ser reduzido a 3-4 colheres de sopa; espalhe-o sobre as peras.

VARIAÇÃO

Peras cozidas com baunilha V

Prepare como indicado, usando o dobro da quantidade de água e excluindo o vinho e o corante. Acrescente uma fava de baunilha à água da panela para obter peras deliciosas, se desmanchando de tão macias, com um delicado sabor de baunilha.

Compota de abacaxi e uvas V

1 abacaxi grande maduro
125g de uvas verdes
125g de uvas roxas
2 col. de sopa de mel claro ou xarope de agave
2 col. de sopa de suco de laranja ou licor de laranja Grand Marnier

Retire a coroa e descasque o abacaxi. Corte a polpa em cubos, descartando o miolo.

Corte as uvas ao meio e retire as sementes.

Arrume as frutas em um pote grande de vidro, despeje o mel ou o xarope de agave, o suco de laranja ou o Grand Marnier, e vire uma ou duas vezes para misturar.

Deixe na geladeira por pelo menos 2 horas. Sirva pura, com creme de leite ou com iogurte grosso.

Bolo merengue de café

Esta receita fazia parte do meu primeiro livro, *Simply Delicious*, e até hoje as pessoas me pedem! É ótima para uma festa e o melhor de tudo é que, ao contrário da maioria dos bolos merengue, você pode prepará-lo com bastante antecedência; na verdade, ele fica melhor se for preparado de véspera.

4 PORÇÕES
2 claras
125g de açúcar de confeiteiro
2 col. de chá de café solúvel

PARA O RECHEIO
75g de chocolate ao leite
125g de manteiga, em temperatura ambiente
2 gemas
125g de açúcar cristal
150ml de água
25g de raspas de chocolate

Preaqueça o forno a 110°C.

Corte três círculos de papel-manteiga de 15cm de diâmetro e coloque sobre uma ou mais assadeiras.

Para fazer o merengue, bata as claras em neve até formar picos firmes, e então misture o açúcar e o café solúvel.

Espalhe a mistura sobre os círculos de papel-manteiga e leve ao forno por 3 horas, ou até que o merengue esteja bem seco. Deixe esfriar e então retire o merengue do papel-manteiga com cuidado.

Enquanto isso, prepare o recheio cremoso de chocolate. Quebre os 75g de chocolate em pedaços e coloque em uma tigela sobre uma panela de água fervendo para derreter, ou derreta no micro-ondas, se você preferir.

Bata a manteiga até que fique bem leve, então acrescente as gemas e o chocolate derretido.

Coloque o açúcar cristal e a água em uma panela e aqueça até o ponto de fio; isso significa que uma gota da mistura colocada entre o indicador e o polegar forma um fio quando você separa os dedos.

Deixe a calda esfriar um pouco e então despeje bem devagar, gota a gota, sobre a mistura de manteiga, batendo sem parar.

Coloque um disco de merengue em uma travessa de servir e cubra com metade do creme de chocolate. Coloque o segundo disco por cima e cubra com o restante do creme. Por fim, coloque o último disco de merengue e espalhe as raspas de chocolate por cima.

Este bolo fica melhor quando feito na véspera e guardado na geladeira.

Bolo merengue de framboesa

Esta é uma sobremesa bem substanciosa e saborosa, ideal para uma ocasião especial. Também fica deliciosa quando preparada com amoras maduras, sejam frescas ou congeladas.

6 PORÇÕES

3 claras
175g de açúcar de confeiteiro
275ml de creme de leite fresco
350g de framboesas, frescas ou congeladas (e descongeladas)
açúcar de confeiteiro, para polvilhar

Preaqueça o forno a 120°C. Primeiro, prepare o merengue. Bata as claras em neve até formar picos firmes, e então misture metade do açúcar, para formar uma mistura homogênea e brilhosa. Incorpore o restante do açúcar usando uma colher de metal.

Corte dois círculos de papel-manteiga de 20cm de diâmetro (use um prato como molde) e coloque sobre duas assadeiras.

Espalhe o merengue sobre os círculos, formando uma camada uniforme, e leve ao forno por 2-3 horas, ou até que esteja seco e crocante, mas sem dourar.

Espere os discos de merengue esfriarem completamente e coloque um deles sobre um prato de servir. Bata o creme de leite até formar picos suaves.

Espalhe metade do creme de leite batido sobre o merengue e cubra com metade das framboesas.

Coloque o outro disco de merengue por cima, depois o restante do creme batido e das framboesas, e espalhe um pouco de açúcar de confeiteiro por cima, usando uma peneira.

Sirva o mais rápido possível.

VARIAÇÃO

Pavlova de framboesa

Para uma adorável variação com uma casquinha por fora e marshmallow por dentro, preaqueça o forno a 180°C. Bata 4 claras em neve até formar picos firmes. Misture 225g de açúcar de confeiteiro com 2 colheres de chá de amido de milho, acrescente às claras em 2-3 levas e bata, para obter um merengue bonito e brilhoso. Por fim, misture 1 colher de chá de vinagre de vinho branco ou tinto e 1 colher de chá de essência de baunilha. Espalhe toda a mistura sobre um círculo de papel-manteiga de 20-23cm. Leve-o ao forno preaquecido, reduza a temperatura para 150°C, e asse por 1¼ hora, ou até que esteja crocante. Deixe a pavlova esfriar dentro do forno, se possível. Cubra com o creme batido e as framboesas e decore com o açúcar de confeiteiro.

Morangos com coeurs à la crème

Corações de cream cheese rodeados de morangos reluzentes é uma linda e clássica sobremesa de verão na França. Você precisa começar a preparar os corações na noite do dia anterior ao que você pretende servir. As quantidades indicadas aqui são ideais para seis forminhas de porcelana em formato de coração, com furinhos na base. Como alternativa, você pode fazer alguns furos na base das embalagens do creme de leite ou do queijo e usá-las; também já usei um escorredor e deu certo. Se você não encontrar musselina para forrar as formas, papel-toalha ou pedaços de gaze comprada na farmácia são bons substitutos.

6 PORÇÕES

750g de ricota
175ml de creme de leite fresco
3 col. de sopa de açúcar de confeiteiro, mais um pouco para polvilhar
500g de morangos

Coloque o queijo em uma tigela grande, misture-o com o creme de leite e o açúcar e bata com uma colher de pau até que a mistura engrosse e fique bem firme.

Forre as forminhas de porcelana, ou embalagem de creme de leite ou queijo, ou escorredor com a musselina e espalhe a mistura.

Coloque o recipiente usado sobre um prato para recolher o líquido que irá escorrer e leve à geladeira de um dia para o outro.

No dia seguinte lave e limpe os morangos e corte-os ao meio, ou em quatro os maiores, conforme necessário. Polvilhe-os com um pouco de açúcar e reserve.

Para servir, desenforme o queijo cremoso em uma travessa e retire a musselina com cuidado. Arrume os morangos ao redor do queijo (ou dos queijos).

Não monte este prato até que seja a hora de servir, caso contrário o suco que escorre dos morangos pode estragar a aparência. É uma ótima maneira de fazer com que uma porção de morangos fique mais atraente.

O sorvete mais fácil de todos os tempos

Este sorvete é incrivelmente fácil de fazer, muito suave e cremoso, adorado por todos e congela perfeitamente sem precisar ficar mexendo. Como não gostar?

4 PORÇÕES

575ml de creme de leite fresco
400g de leite condensado

Bata o creme de leite em uma batedeira para ficar mais rápido e fácil, ou então à mão, até formar picos suaves.

Acrescente o leite condensado e bata novamente até ficar bem misturado.

Despeje em um recipiente apropriado – um pote de plástico rígido é o ideal – e leve ao freezer até endurecer.

Retire o sorvete do freezer cerca de 15 minutos antes de servir.

VARIAÇÃO

O sorvete de chocolate mais fácil de todos os tempos

Este é um sorvete de chocolate bonito e substancioso. Prepare como indicado, acrescentando 300g de chocolate amargo, derretido à mistura quando você acrescentar o leite condensado. Costumo usar este sorvete como base da minha sobremesa gelada de Natal, acrescentando algumas uvas-passas brancas e frutas secas picadas hidratadas em xerez fino, assim como lascas de amêndoas, e levando ao freezer em uma forma de pudim.

Sorvete de morango e castanha de caju V

Este sorvete tem sabor rico e cremoso, e não leva nenhum derivado de leite.

4-6 PORÇÕES

225g de castanhas de caju
300ml de água
225g de morangos, sem os cabinhos e as folhas
1 col. de sopa de xarope de agave, ou a gosto

Coloque as castanhas de caju e a água em um processador ou liquidificador e bata até formar um creme.

Acrescente os morangos e o xarope de agave e bata novamente.

Transfira para uma sorveteira e siga as instruções do fabricante. Outra alternativa é colocar em um recipiente de plástico e levar ao freezer até endurecer.

Transfira do freezer para a geladeira pelo menos 30 minutos antes de servir.

Sorbet de abacaxi V

Aqui, o abacaxi é cortado ao meio e sua polpa transformada em sorbet, servido sobre a casca e decorado com morangos frescos.

1 abacaxi grande maduro
125g de açúcar
575ml de água
1 clara (opcional)
225g de morangos pequenos maduros, sem os cabinhos e as folhas

Corte o abacaxi ao meio no sentido do comprimento, separando também a coroa. Retire a polpa, descartando o miolo.

Aqueça o açúcar e a água levemente em uma panela até que o açúcar tenha se dissolvido, e então deixe ferver por 2 minutos.

Bata a polpa do abacaxi junto com a calda de açúcar no liquidificador. Deixe esfriar.

Congele a mistura em uma sorveteira, de acordo com as instruções do fabricante.

Ou então, coloque em um recipiente raso e leve ao freezer até que as bordas comecem a endurecer. Bata a clara, acrescente-a à mistura e bata bem até ficar homogêneo. Leve o sorbet de volta ao freezer até endurecer completamente.

Cerca de 30 minutos antes de servir, retire-o do freezer para amolecer. Eu costumo batê-lo um pouco à mão neste momento, às vezes até mesmo no processador, para deixá-lo realmente leve e suave.

Coloque o sorbet sobre as cascas do abacaxi, decore com os morangos e sirva imediatamente.

Bolos, recheios, coberturas e biscoitos

Existe algo mais gratificante do que passar o tempo preparando bolos? Adoro ficar na minha cozinha quentinha com o rádio ligado, uma caneca de chá ao meu lado e o ambiente repleto do cheiro de açúcar, especiarias e baunilha. É reconfortante para a alma, alimenta o espírito, e ao final de tudo você tem algo delicioso para compartilhar com as pessoas.

As receitas de que eu mais gosto são aquelas fáceis e que não dão trabalho, mas ainda assim rendem excelentes resultados sempre que preparadas. Esta seção inclui bolos leves tipo pão de ló e bolinhos. E também diversos clássicos, como biscoitos de aveia, cookies com gotas de chocolate e brownies rápidos e maravilhosos (ver páginas 306, 304 e 295).

Sempre que posso, uso farinha integral; gosto especialmente de farinha de espelta integral. Para resultados mais leves, uso farinha integral fina (encontrada em alguns supermercados) ou uma mistura de farinha integral e farinha comum orgânica não branqueada. Meus açúcares favoritos são açúcar mascavo não refinado, e açúcar de confeiteiro quando é necessário algo mais leve; e para as gorduras, manteiga (com sal é boa para fazer bolos, sem sal para coberturas) ou azeite de oliva de sabor suave.

Pasta de amêndoas tradicional

É muito fácil fazer sua própria pasta de amêndoas e o sabor é muito melhor que o de qualquer uma que você possa comprar.

SUFICIENTE PARA COBRIR UM BOLO DE 20-23cm DE DIÂMETRO ❄

450g de amêndoas moídas
450g de açúcar de confeiteiro
1 col. de chá de suco de limão espremido na hora
alguma gotas de essência de amêndoas
2 ovos, batidos

Coloque as amêndoas moídas em uma tigela, peneire o açúcar e misture.

Acrecente o suco de limão, a essência de amêndoas e ovo suficiente (pode ser que você não precise dele todo) para formar uma pasta firme e homogênea. Sove um pouco; use imediatamente.

Cobertura de cream cheese

Você pode substituir o açúcar de confeiteiro por mel; isso vai deixar a cobertura mais cremosa, ao passo que usando o açúcar ela fica um pouco mais firme. Às vezes preparo sem a manteiga e isso, também, rende uma cobertura mais suave.

SUFICIENTE PARA RECHEAR E COBRIR UM BOLO DE 18cm DE DIÂMETRO

125g de cream chesse com médio teor de gordura
25g de açúcar de confeiteiro
alguma gotas de essência de baunilha
25g de manteiga sem sal, em temperatura ambiente

Bata todos os ingredientes até formar uma mistura cremosa e homogênea.

Cobertura fudge

Uma deliciosa cobertura com a consistência característica do fudge, e é muito fácil de preparar.

SUFICIENTE PARA RECHEAR E COBRIR UM BOLO DE 18cm DE DIÂMETRO

40g de manteiga, em temperatura ambiente
2 col. de sopa de água
175g de açúcar de confeiteiro
alguma gotas de essência de baunilha

Aqueça levemente a manteiga e a água até que a manteiga derreta completamente. Retire do fogo e acrescente o açúcar, peneirado. Adicione a essência de baunilha e bata bem. A cobertura vai engrossar conforme esfriar.

Cobertura glacê

SUFICIENTE PARA COBRIR UM BOLO DE 18cm DE DIÂMETRO

125g de açúcar de confeiteiro
1-2 col. de sopa de água morna

Peneire o açúcar em uma tigela, acrescente a água e vá batendo até dissolver por completo e ganhar brilho. Use imediatamente.

Glacê real

O glacê real tradicional é muito fácil de fazer. Normalmente adiciona-se um pouco de glicerina para evitar que endureça demais. Se você quiser utilizá-la, precisará encontrar uma marca que seja vegetariana. O glacê fica completamente perfeito sem glicerina, desde que seja utilizado e consumido o mais rápido possível, para que não haja tempo de endurecer demais. Outra opção é espalhar cobertura fondant industrializada sobre o seu bolo.

SUFICIENTE PARA COBRIR O TOPO E AS LATERAIS DE UM BOLO DE 20-23cm DE DIÂMETRO

900g de açúcar de confeiteiro
4 claras
1 col. de sopa de suco de limão espremido na hora
2 col. de chá de glicerina (opcional)

Peneire o açúcar de confeiteiro. Coloque as claras em uma tigela e bata até virar espuma, e então vá acrescentando o açúcar, pouco a pouco, batendo bem após cada adição. Depois que cerca de metade do açúcar tiver sido acrescentado, despeje o suco de limão. Quando todo o açúcar tiver sido acrescentado, coloque a glicerina (se estiver usando) e bata mais um pouco.

Brownies de chocolate rápidos e maravilhosos

Medir, derreter e misturar é tudo o que você precisa fazer para preparar estes brownies. Coloque-os para assar antes de começar a refeição e eles estarão prontos para a sobremesa, quentinhos e pegajosos. Sirva com creme de leite, sorvete ou iogurte natural grosso.

RENDE CERCA DE 15 BROWNIES

100g de manteiga, em pedaços
100g de chocolate, quebrado em pedaços
225g de açúcar mascavo claro
2 ovos, batidos
50g de farinha de trigo com fermento
1 col. de chá de essência de baunilha
100 de nozes ou nozes-pecãs picadas
100 de gotas de chocolate ou pedaços de chocolate cortados em pedacinhos

Preaqueça o forno a 180°C. Forre o fundo e as laterais de uma forma quadrada com papel-manteiga.

Derreta a manteiga e o chocolate em uma panela sobre fogo baixo. Retire do fogo e misture o açúcar, os ovos, a farinha e a essência de baunilha. Bata bem até fica homogêneo e então acrescente as nozes e as gotas ou pedaços de chocolate.

Coloque a mistura na forma forrada e asse por 30 minutos – o brownie estará firme nas bordas, mas ainda mole no centro. Se quiser que fiquem um pouco mais firmes, asse por mais 5 minutos.

Deixe esfriar por alguns minutos e corte. Retire da forma usando uma espátula.

Bolo de frutas *vegan* V

Uma receita para *vegans* e vegetarianos que não comem ovo, como minha filha Meg. O bolo fica leve e saboroso.

RENDE 1 BOLO DE 18cm DE DIÂMETRO ❄

225g de farinha de trigo branca, integral, ou uma mistura das duas, meio a meio
2 col. de chá de fermento químico
1 col. de chá de mistura de especiarias
175g de açúcar mascavo claro
6 col. de sopa de azeite de oliva
450g de frutas secas variadas
50g de cerejas cristalizadas, cortadas em quatro (opcional)
25g de farinha de soja
25g de amêndoas moídas
225ml de água
25g de lascas de amêndoas

Preaqueça o forno a 160°C. Forre uma forma de bolo de 18cm de diâmetro com papel-manteiga.

Peneire a farinha, o fermento e as especiarias em uma tigela grande, incluindo também o que restar na peneira.

Acrescente todos os demais ingredientes, exceto as lascas de amêndoas. Misture bem com uma colher de pau (ou em um processador) por 2 minutos e então despeje a mistura na forma e espalhe as lascas de amêndoas por cima.

Asse por cerca de 2¼ horas, ou até que um palito inserido no centro do bolo saia limpo.

Espere o bolo esfriar um pouco por 15 minutos na forma, vire-o sobre uma grade, retire o papel-manteiga e deixe esfriar completamente. Mantenha-o em um recipiente hermético. Este bolo pode ser guardado por até 3 meses no freezer.

Bolo de frutas "sem tudo" V

Este é meu incrível bolo sem ovos, sem açúcar e sem gordura. Ele com certeza não é nada convencional, mas todos os meus amigos adoram (e já me pediram a receita!) e sempre faz sucesso entre meus leitores. O resultado é molhadinho e rico, idêntico a um bolo de frutas tradicional. Você também pode fazê-lo sem glúten, substituindo a farinha de trigo integral por farinha de trigo sem glúten.

RENDE UM BOLO DE 900g ❄

225g de tâmaras (sem adição de açúcar)
275ml de água
450g de frutas secas variadas
175g de farinha de trigo integral ou sem glúten, peneirada
1 col. de sopa de farinha de alfarroba (opcional)
3 col. de chá de fermento químico
1 col. de chá de mistura de especiarias
raspas da casca de 1 laranja ou limão
40g de amêndoas moídas
4 col. de sopa de suco de laranja espremido na hora
algumas lascas de amêndoas

Preaqueça o forno a 160°C. Forre uma forma de bolo inglês de 900g com papel-manteiga.

Coloque as tâmaras e a água em uma panela e aqueça levemente até que as tâmaras estejam macias, retire a panela do fogo e amasse as tâmaras, para despedaçá-las.

Acrescente as frutas secas, a farinha de trigo, a farinha de alfarroba (se estiver usando), as especiarias, as raspas da casca de limão ou laranja, as amêndoas moídas e o suco de laranja.

Despeje a mistura na forma, alisando a superfície. Espalhe as lascas de amêndoas por cima e leve ao forno por cerca de 1½ hora, ou até que um palito inserido no centro saia limpo. Espere esfriar um pouco ainda na forma, desenforme e deixe esfriar completamente sobre uma grade.

Bolo de limão

Leve, molhadinho e com um toque de acidez do limão, este bolo é muito fácil de fazer e sempre um sucesso.

RENDE 1 BOLO DE 900g

225g de manteiga, em temperatura ambiente
225g de açúcar de confeiteiro
raspas finas da casca de 2 limões
225g de farinha de trigo com fermento, peneirada
2 col. de chá de fermento químico
4 ovos

PARA A COBERTURA

o suco de 2 limões
100g de açúcar de confeiteiro

Preaqueça o forno a 180°C. Forre uma forma de bolo inglês de 900g com uma tira de papel-manteiga para cobrir a base e os lados menores. Coloque a manteiga, o açúcar, as raspas da casca de limão e a farinha em uma tigela ou no processador e espalhe o fermento químico por cima. Acrescente os ovos e bata por 2-3 minutos, ou até que esteja incorporado e a mistura esteja grossa, homogênea e cremosa.

Despeje a mistura na forma e alise a superfície delicadamente. Asse por 45 minutos, ou até que o bolo tenha crescido, descolado das laterais da forma, esteja firme ao toque e um palito inserido no centro saia limpo.

Enquanto o bolo estiver assando, misture o suco de limão e o açúcar em uma tigela pequena e reserve.

Assim que o bolo sair do forno, faça furinhos por toda a superfície e despeje a mistura de suco de limão e açúcar por cima. Espere esfriar, desenforme e retire o papel-manteiga.

Bolo Madeira

Este tradicional bolo dourado – um dos preferidos da minha filha Kate e base para a maioria dos bolos de aniversário da infância dela – possui uma deliciosa textura suave e um sabor amanteigado.

RENDE 1 BOLO DE 18cm DE DIÂMETRO ❄

125g de farinha de trigo integral
125g de farinha de trigo com fermento
175g de manteiga, em temperatura ambiente
175g de açúcar de confeiteiro
4 ovos, batidos
2 fatias finas de casca de limão

Preaqueça o forno a 180°C. Forre uma forma funda de bolo de 18cm de diâmetro com papel-manteiga.

Peneire as farinhas juntas e acrescente o resíduo que sobrar na peneira.

Misture a manteiga e o açúcar até formar um creme leve e fofo, e então acrescente os ovos batidos aos poucos, uma colher de sobremesa por vez, batendo bem depois de cada adição; vale a pena ter paciência durante esta etapa.

Incorpore as farinhas peneiradas usando uma espátula firme ou colher de metal. Despeje a mistura na forma, alisando a superfície. Asse por 30 minutos, então abra o forno e coloque a casca de limão sobre o bolo, sem retirá-lo do forno. Asse por mais 1-1½ hora, ou até que um palito inserido no centro do bolo saia limpo.

Deixe o bolo descansar na forma por 15 minutos, desenforme e coloque-o sobre uma grade para esfriar completamente.

Suspiros infalíveis

Suspiros são muito fáceis de preparar. A única coisa que pode causar algum problema é decidir a hora de parar de bater as claras em neve, mas assim que descobrir o ponto você poderá fazê-las perfeitas sempre. Os suspiros podem ser preparados com antecedência e mantidos em um recipiente hermético por pelo menos uma semana.

RENDE CERCA DE 16 SUSPIROS

2 claras
125g de açúcar de confeiteiro
creme batido para rechear os suspiros.

Preaqueça o forno a 120°C. Forre uma assadeira com papel-manteiga.

Certifique-se de que a sua tigela e o batedor estejam completamente limpos, livres de qualquer vestígio de gordura. Coloque as claras na tigela e bata até formar picos firmes, de modo que você possa virar a tigela de cabeça para baixo e elas não caiam. Acrescente o açúcar, 1 colher de sopa de cada vez, batendo até que a mistura esteja grossa e brilhosa.

Coloque colheres de sobremesa cheias da mistura sobre a assadeira forrada, deixando um pouco de espaço entre cada colherada, apesar de eles não esparramarem muito.

Asse por 2 horas, ou até que estejam levemente dourados e completamente secos: pegue um e dê uma batidinha no fundo para conferir. O tempo exato vai depender do tamanho dos suspiros.

Espere esfriar e guarde-os em um recipiente hermético, ou forme sanduíches recheando dois suspiros com creme batido e sirva.

Pão de banana [Banana bread]

Um grande clássico.

RENDE 1 PÃO DE 450g, CORTADO EM 10 FATIAS ❄

225g de farinha de trigo integral
2 col. de chá rasas de fermento químico
1 pitada de sal
50g de manteiga, mais um pouco para untar
50g de açúcar mascavo escuro
75g de mel claro
1 ovo, batido
2 bananas, descascadas e amassadas
50g de nozes sem casca, picadas

Preaqueça o forno a 180°C. Unte uma forma de bolo inglês de 450g com manteiga e forre com uma tira comprida de papel-manteiga.

Peneire a farinha com o fermento e o sal, acrescentando também qualquer resíduo que tenha ficado na peneira.

Coloque a manteiga, o açúcar e o xarope ou mel em uma panela e aqueça levemente, para derreter.

Faça um buraco no centro da farinha e despeje esta mistura; misture rapidamente e então acrescente o ovo batido, as bananas amassadas e as nozes picadas.

Misture bem; despeje na forma e asse por 1 hora, até que esteja firme ao toque. Coloque sobre uma grade para esfriar.

VARIAÇÃO

Pão de tâmaras e nozes

Prepare da mesma forma, usando 125g de tâmaras picadas no lugar das bananas, e acrescentando também um pouco de leite, para obter uma textura suave, que escorra.

Pão de ló *vegan* de laranja V

Este é um belo pão de ló levemente alaranjado, que não contém ovos nem derivados de leite.

RENDE 1 PÃO DE LÓ RETANGULAR DE 20×30cm, CORTADO EM 14-16 PEDAÇOS

175g de farinha de trigo integral ou uma mistura de farinha de trigo integral e farinha de trigo branca, meio a meio
1 col. de chá de fermento químico
125g de margarina vegetal pura
125g de açúcar mascavo claro
a casca e o suco de ½ laranja
150ml de leite de soja

PARA COBERTURA

250g de açúcar de confeiteiro, peneirado
raspas da casca e o suco de ½ laranja
1-2 col. de sopa de água morna (opcional)

Preaqueça o forno a 180°C. Forre uma assadeira de 20×30cm com papel-manteiga.

Peneire a(s) farinha(s) e o fermento, acrescentando qualquer resíduo que tenha ficado na peneira também.

Misture a margarina e o açúcar para formar um creme, e então incorpore delicadamente os ingredientes peneirados e a casca de laranja, alternando com o leite de soja e o suco de laranja. Se a mistura formar alguns grumos, bata bem e ficará homogênea novamente.

Espalhe a mistura na assadeira forrada e asse por 20 minutos, ou até que retome a forma rapidamente quando tocado. Deixe esfriar na assadeira. Coloque o açúcar de confeiteiro em uma tigela, junto com as raspas da casca de laranja, o suco e um pouco de água, se necessário, até obter uma consistência grossa, mas que escorra. Despeje sobre o pão de ló, espalhando cuidadosamente para as laterais. Corte em fatias finas depois que a cobertura tiver endurecido.

Pão de ló numa tigela só

Uma versão moderna da receita tradicional. Funciona bem tanto com manteiga quanto com margarina, desde que a manteiga esteja em temperatura ambiente.

RENDE 1 PÃO DE LÓ DE 18cm ❄

125g de margarina ou manteiga, em temperatura ambiente, mais um pouco para untar

125g de farinha de trigo integral ou branca, com ou sem fermento, ou uma mistura das duas, meio a meio
1 col. de chá de fermento químico
125g de açúcar de confeiteiro ou açúcar mascavo escuro
2 ovos
1-2 col. de sopa de água (opcional)
3 col. de sopa de geleia
açúcar de confeiteiro, para polvilhar

Preaqueça o forno a 180°C. Unte duas assadeiras redondas de 18cm de diâmetro e forre o fundo de ambas com papel-manteiga.

Peneire a farinha e o fermento químico, acrescentando qualquer resíduo que tenha sobrado na peneira. Acrescente a margarina ou manteiga, o açúcar e os ovos. Bata por 2-3 minutos, ou até que a mistura esteja leve e brilhosa.

Acrescente a água, se necessário, aos poucos, para obter uma consistência suave, gotejante. Distribua a mistura pelas duas assadeiras e alise a superfície.

Asse por 35 minutos ou até que o centro de cada pão de ló retome a forma rapidamente quando tocado. Espere esfriar por 30 segundos, desenforme ambos sobre uma grade, retire o papel-manteiga e deixe esfriar completamente.

Forme um "sanduíche" com os dois pedaços de pão de ló e a geleia e espalhe um pouco de açúcar de confeiteiro por cima, usando uma peneira.

VARIAÇÕES

Pão de ló de chocolate

Peneire 1 colher de sopa de cacau em pó junto com a farinha. Você pode precisar acrescentar um pouco mais de água para obter a consistência necessária. Quando o pão de ló estiver frio, você pode montar o sanduíche e finalizar com um dos recheios/coberturas das páginas 294-5.

Pão de ló com rosas

Para um pão de ló com cor e sabor de rosas, prepare como indicado, usando água de rosas tridestilada ou algumas gotas de essência de rosas. Forme o sanduíche usando uma geleia vermelha e/ou um pouco de creme batido. Cubra com glacê (ver página 294) feito com água de rosas tridestilada em vez de água. Decore com algumas pétalas de rosa cristalizadas.

Pão de ló *vegan* V

É impressionante como é possível fazer um bolo leve e delicioso sem usar ovos. Eu preparo este pão de ló frequentemente; na verdade, acho que é o pão de ló preferido da minha família, e às vezes eu gosto de preparar um bem grande, em duas formas de 23cm de diâmetro, portanto eu apresento as quantidades para esta versão maior a seguir, e há também uma alternativa com chocolate (ver variações), que faz bastante sucesso.

RENDE 1 PÃO DE LÓ DE 18CM DE DIÂMETRO

6 col. de sopa de azeite de oliva de sabor suave ou óleo de semente de uva, mais um pouco para untar
225g de farinha de trigo com fermento (integral e branca, meio a meio)
2 col. de chá de fermento químico

175g de açúcar de confeiteiro ou açúcar mascavo claro
225ml de água
1 col. de chá de essência de baunilha
2 col. de sopa cheias de geleia e açúcar de confeiteiro para polvilhar ou 1 receita de cobertura fudge (ver página 294).

Preaqueça o forno a 180°C.

Unte e forre o fundo de duas formas de bolo redondas de 18cm de diâmetro.

Peneire as farinhas e o fermento químico em uma tigela. Acrescente o açúcar, o azeite ou óleo, a água e a essência de baunilha. Misture até obter uma textura semelhante à massa de crepe e despeje nas formas.

Asse por 25-30 minutos, ou até que o centro retome a forma rapidamente quando tocado.

Desenforme os pedaços de pão de ló em uma grade, espere esfriar e retire o papel-manteiga.

Forme um sanduíche com as duas metades, recheando com geleia e polvilhando açúcar de confeiteiro por cima, ou recheie e cubra com fudge.

VARIAÇÕES

Pão de ló *vegan* grande V

Para ter massa suficiente para assar duas formas de 23cm de diâmetro, aumente a quantidade dos ingredientes nas proporções a seguir: 275g de farinha de trigo com fermento, 2½ colheres de chá de fermento químico, 200g de açúcar de confeiteiro ou açúcar mascavo claro, 9 colheres de sopa de azeite ou óleo de semente de uva, 300ml de água e 1½ colher de chá de essência de baunilha. Prepare como indicado, asse por 35-40 minutos, ou até que o centro retome a forma rapidamente quando tocado.

Pão de ló *vegan* de chocolate V

Prepare exatamente como indicado, mas substitua 75g da farinha por cacau em pó.

Rocambole

Clássico, simples, divertido de fazer e de comer, mas você vai precisar de um processador ou de uma batedeira elétrica, a menos que esteja se sentindo paciente e com energia de sobra.

RENDE UM ROCAMBOLE, CORTADO EM 8 FATIAS ❄

60g de farinha de trigo, mais um pouco para polvilhar
3 ovos
125g de açúcar de confeiteiro
125g de geleia de framboesa, aquecida
açúcar de confeiteiro, para decorar

Preaqueça o forno a 200°C. Forre uma assadeira de 33×23cm com papel-manteiga.

Peneire a farinha.

Quebre os ovos em uma tigela grande ou em um processador e bata levemente. Acrescente o açúcar.

Bata os ovos e o açúcar até que a mistura esteja bem grossa e fofa, e fique presa no arame do batedor por pelo menos 3 segundos; isso deve levar 5 minutos.

Se você pretende bater à mão, encha metade de uma panela com água e deixe ferver. Coloque a sua tigela sobre a panela de água fervendo e bata por 10-15 minutos, até que a mistura fique no ponto indicado previamente.

Incorpore delicadamente ¼ da farinha; repita com o restante.

Despeje a mistura na assadeira, leve ao forno por 8-10 minutos ou até que esteja firme e o centro retome a forma rapidamente quando tocado.

Desenforme sobre um pedaço de papel-manteiga polvilhado com farinha. Espere esfriar completamente, apare as bordas e espalhe a geleia. Vire a massa de modo que o lado maior esteja de frente para você e enrole delicadamente. Polvilhe com açúcar de confeiteiro.

Pão de ló tradicional recheado

O método "numa tigela só" para preparar pão de ló é ótimo (ver páginas 299-300), mas os verdadeiros conhecedores afirmam que o método tradicional é imbatível. É reconfortante e gratificante de fazer, devo admitir, e o resultado leve e amanteigado justifica o tempo gasto.

RENDE 1 PÃO DE LÓ DE 18CM DE DIÂMETRO ❄

175g de manteiga, em temperatura ambiente, mais um pouco para untar
175g de farinha de trigo com fermento (integral e branca, meio a meio)
175g de açúcar de confeiteiro
3 ovos, batidos
1-2 col. de sopa de água

PARA O RECHEIO E A COBERTURA

alguns morangos ou framboesas e 150ml de creme de leite fresco, ou 3 colheres de sopa de geleia de framboesa
açúcar de confeiteiro, para polvilhar

Preaqueça o forno a 180°C. Unte duas formas redondas de 18cm de diâmetro e forre o fundo de ambas com círculos de papel-manteiga.

Peneire as farinhas em uma travessa, acrescentando qualquer resíduo que tiver sobrado na peneira.

Misture a manteiga com o açúcar até formar um creme bem leve e fofo – você pode fazer isso à mão ou com uma batedeira elétrica.

Bata os ovos e acrescente-os aos poucos à mistura, uma colher de chá por vez, batendo bem depois de cada adição para ter certeza de que a mistura não irá talhar, misturando 1 colher de sopa de farinha caso isso aconteça.

Incorpore delicadamente a farinha e distribua a mistura pelas duas formas, alisando as superfícies.

Asse por 25-30 minutos, ou até que o pão de ló retome a forma rapidamente quando tocado.

Deixe esfriar sobre uma grade, e recheie com creme batido e morangos cortados no verão. Você também pode usar geleia ou qualquer dos recheios das páginas 294-5, ou as variações sugeridas para o pão de ló numa tigela só, nas páginas 299-300. Polvilhe açúcar de confeiteiro por cima para decorar.

Biscoitos amanteigados V

Deliciosos biscoitos amanteigados que você pode servir puros ou decorados com açúcar de confeiteiro, pastilhas coloridas de açúcar ou o que você desejar.

RENDE CERCA DE 28 BISCOITOS

150g de manteiga ou margarina vegetal pura, em temperatura ambiente
75g de açúcar de confeiteiro
225g de farinha de trigo, peneirada

PARA DECORAR

cobertura glacê (ver página 294)
confeitos coloridos, pastilhas de açúcar ou o que você desejar

Preaqueça o forno a 180°C. Forre duas assadeiras com papel-manteiga.

Coloque todos os ingredientes em um processador e bata até formar uma massa. Outra opção é misturar a manteiga ou margarina e o açúcar até formar um creme e então adicionar a farinha aos poucos, trabalhando gradualmente com as pontas dos dedos até formar uma massa.

Abra a massa sobre uma superfície ou tábua levemente polvilhada com farinha, até ficar com cerca de 2mm de espessura, corte nos formatos desejados e coloque nas assadeiras.

Asse por 10-15 minutos, ou até que os biscoitos estejam firmes e bastante dourados. Deixe esfriar nas assadeiras e depois transfira para uma grade. Quando estiverem frios, cubra com o glacê – a maneira mais prática de fazer isso é colocar a cobertura em um saco de polietileno e cortar uma das pontas o suficiente para sair um filete – e decore como desejado.

Biscoitos de queijo

Estes biscoitos caseiros de queijo sempre desaparecem rapidamente. É divertido experimentar diferentes sabores – ficam ótimos preparados com uma mistura de metade farinha de trigo integral, metade farinha de cevada, centeio ou trigo sarraceno, e às vezes acrescento um pouco de ervas secas, castanhas picadas, gergelim, cominho ou alcaravia, também.

RENDE CERCA DE 32 BISCOITOS ❄

225g de farinha de trigo integral ou uma mistura de farinha integral e farinha branca, meio a meio
175g de manteiga, em temperatura ambiente
175g de cheddar, ralado
1 pitada grande de mostarda em pó
1 pitada grande de pimenta vermelha em pó

Preaqueça o forno a 230°C.

Peneire a farinha em uma tigela, acrescentando o resíduo que sobrar na peneira, e misture a manteiga com a ajuda de um garfo. Acrescente o queijo, a pimenta e a mostarda.

Forme uma bola de massa e abra-a até ficar com 6mm de espessura, corte em discos de 5cm de diâmetro, faça diversos furinhos sobre eles e asse por 15-20 minutos, ou até que estejam bem dourados.

Os biscoitos ficam mais crocantes à medida que esfriam. Guarde em um recipiente hermético.

Dica

Estes biscoitos podem ser congelados. Espere esfriar, depois coloque-os em um pote rígido e leve ao freezer. Na hora de servi-los, espalhe-os sobre uma grade para descongelá-los em temperatura ambiente – isso deve levar apenas cerca de 40 minutos.

Cookies com gotas de chocolate V

Estes cookies fazem bastante sucesso entre as crianças, tanto na hora de preparar quanto de comer. Eles podem ser completamente *vegan* se você usar margarina vegetal pura e chocolate *vegan*.

RENDE 18 COOKIES

125g de manteiga ou margarina vegetal pura, em temperatura ambiente
125g de açúcar de confeiteiro
1 col. de chá de essência de baunilha
200g de farinha de trigo com fermento, peneirada
1 col. de chá de fermento químico
200g de gotas de chocolate ou chocolate ao leite cortado em pedacinhos
1 col. de sopa de água

Preaqueça o forno a 180°C.

Em uma tigela, misture a manteiga e o açúcar até formar um creme leve e fofo. Misture a essência de baunilha, a farinha, o fermento e as gotas de chocolate e acrescente água suficiente para formar uma massa. Coloque colheres de sobremesa cheias da massa sobre duas assadeiras untadas e forradas com papel-manteiga, deixando bastante espaço entre cada colherada. Achate ligeiramente cada uma com os dedos.

Asse por 12 minutos, ou até que esteja bem dourado. Deixe sobre as assadeiras por mais 5 minutos e então transfira para uma grade, para esfriar. Guarde em um recipiente hermético por até uma semana.

Shortbread

Crocante, amanteigado e muito fácil de fazer, pode ser preparado em pouquíssimo tempo. Eu gosto de usar farinha integral ou uma mistura de farinha integral e farinha branca, meio a meio. Também fica maravilhoso feito com farinha de espelta integral.

RENDE 20 PEDAÇOS

125g de manteiga, em temperatura ambiente
50g de açúcar de confeiteiro
125g de farinha de trigo
50g de amido de milho
um pouco de açúcar de confeiteiro, para polvilhar

Preaqueça o forno a 150°C. Unte levemente uma assadeira rasa de 18×28cm.

Coloque a manteiga e o açúcar em uma tigela e misture-os com uma colher de pau até ficar leve e cremoso. Peneire a farinha e o amido de milho e misture para formar uma bola de massa. Outra opção é colocar todos os ingredientes no processador e bater por 1 ou 2 minutos até formar uma massa. Espalhe a massa sobre a assadeira até cobri-la completamente – vai ficar bem fina – e então faça furinhos com um garfo.

Asse por 20-25 minutos, ou até que esteja firme e dourado. Deixe esfriar um pouco e então corte em fatias com uma faca afiada. Polvilhe um pouco de açúcar de confeiteiro por cima. Retire os pedaços da assadeira somente quando estiver completamente frio.

Shortbreads de chocolate

Estes shortbreads cobertos de chocolate são muito fáceis de fazer e sempre um sucesso. Podem ser congelados – veja a dica da receita de biscoitos de queijo.

RENDE 15 PEDAÇOS ❄

125g de manteiga, em temperatura ambiente, mais um pouco para untar
50g de açúcar mascavo escuro
100g de farinha de trigo integral, peneirada
60g de coco ralado, sem adição de açúcar
2 col. de sopa de cacau em pó
50g de chocolate, para a cobertura

Preaqueça o forno a 180°C.

Misture a manteiga e o açúcar até formar um creme bem homogêneo, depois acrescente a farinha, o coco e o cacau e misture bem.

Espalhe a massa sobre uma assadeira grande e rasa e pressione bem (uma espátula de confeitar ajuda bastante nessa hora) e asse por 30 minutos.

Enquanto o shortbread estiver assando, quebre o chocolate em pedacinhos ou rale-o grosseiramente.

Quando o shortbread estiver pronto, espalhe o chocolate por cima e leve de volta ao forno por 1 ou 2 minutos, até que o chocolate esteja derretido. Retire do forno e espalhe o chocolate uniformemente pela superfície. Espere esfriar na assadeira e corte em fatias.

Shortbread de avelã

Este shortbread possui um rico sabor caramelado, de castanhas.

RENDE 15 PEDAÇOS ❄

75g de avelãs
125g de manteiga, em temperatura ambiente, mais um pouco para untar
50g de açúcar mascavo
175g de farinha de trigo integral (ver página 311)

Preaqueça o forno a 180°C.

Se as avelãs ainda estiverem com casca, espalhe-as sobre uma assadeira seca e leve ao forno por cerca de 20 minutos, ou até que fiquem douradas por baixo da casca. Esfregue as avelãs para retirar a casca ou deixe-as como estão.

Se as avelãs já estiverem sem casca, você pode apenas torrá-las por alguns minutos, no forno, para intensificar o sabor, ou então usá-las como estão.

Em ambos os casos, moa-as bem finas em um moedor de castanhas, liquidificador ou processador de alimentos.

Reduza a temperatura do forno para 160°C.

Misture a manteiga e o açúcar até formar um creme leve e fofo, acrescente a farinha e as avelãs e bata bem até formar uma massa.

Espalhe a massa sobre uma assadeira rasa de 18×28cm levemente untada. Faça furinhos sobre a massa usando um garfo.

Asse por 1 hora. Corte em fatias enquanto ainda estiver quente, mas espere esfriar na assadeira antes de retirá-las. Pode ser congelado.

Tarteletes de geleia V

São muito fáceis de fazer e as crianças adoram. Use a geleia que elas mais gostam, ou então creme de limão. Se quiser cortar um pouco o açúcar, procure uma geleia com teor de açúcar reduzido ou uma sem adição de açúcar.

RENDE 12 TARTELETES ❄

1 receita de massa fácil de farinha de espelta integral (ver páginas 226-7), preparada com margarina vegetal pura
125g de geleia

Preaqueça o forno a 200°C.

Abra a massa sobre uma superfície ou tábua levemente polvilhada com farinha e corte círculos que caibam em uma forma de brioche de 12 cavidades: para isso, eu costumo usar um cortador de 7cm de diâmetro.

Coloque os círculos de massa delicadamente dentro das cavidades e depois uma colher de chá cheia de geleia sobre cada uma. Não coloque colheradas muito cheias ou a geleia irá escorrer para fora das tarteletes enquanto assam.

Leve ao forno por cerca de 10 minutos, ou até que a massa esteja firme e levemente dourada. Deixe esfriar na forma e depois retire-as cuidadosamente com uma espátula.

Macarons

Fáceis de fazer e ótimos com sobremesas cremosas, para uma ocasião especial.

RENDE 12 MACARONS

1 clara
125g de amêndoas moídas
125g de açúcar de confeiteiro
papel de arroz
12 amêndoas inteiras branqueadas

Coloque a clara em uma tigela grande e bata levemente, apenas para "quebrá-la".

Acrescente as amêndoas moídas e o açúcar e misture até formar uma pasta.

Forre uma assadeira com papel de arroz e coloque colheradas da mistura sobre o papel, deixando um pouco de espaço entre cada colherada para que elas se esparramem um pouco.

Alise os macarons com as costas de uma colher molhada em água gelada e coloque uma amêndoa no centro de cada um. Asse por 15-25 minutos.

Transfira para uma grade, rasgando o papel de arroz para separar os macarons; apare o restante do papel depois que eles estiverem frios.

Biscoitos de aveia V

Crocantes e amendoados, biscoitos de aveia são fáceis de fazer e fáceis de comer. Experimente-os no café da manhã ou no chá da tarde, com manteiga e mel, ou sirva-os com uma pasta cremosa ou cream cheese.

RENDE 24-28 BISCOITOS ❄

225g de farinha de aveia, mais um pouco para polvilhar e finalizar
½ col. de chá de fermento químico
½ col. de chá de sal
25g de manteiga ou margarina vegetal pura, derretida
6 col. de chá de água quente

Preaqueça o forno a 200°C.

Coloque a farinha de aveia em uma tigela com o fermento, o sal e a manteiga ou margarina. Misture levemente, então acrescente água quente o suficiente para formar uma massa.

Polvilhe uma superfície ou tábua com um pouco de farinha de aveia e coloque a massa sobre ela, sove levemente e abra até uma espessura de cerca de 2mm, polvilhando mais farinha sobre a superfície, se necessário, para evitar que grude. Você pode abrir a massa formando um círculo e cortar em fatias (como uma pizza), ou cortar em círculos usando um cortador redondo.

Transfira os biscoitos para uma assadeira forrada com papel-manteiga e asse por cerca de 15 minutos, ou até que estejam firmes e tenham ganhado alguma cor. Deixe que esfriem na assadeira por alguns minutos e então coloque-os sobre uma grade. Ou então sirva-os diretamente do forno, quentinhos e quebradiços.

Pães

"Fazer pão é fácil", dizemos nós, autores de livros de receitas. Entretanto, o que poderíamos acrescentar é "se você os prepara com frequência". Se você prepara pão apenas de vez em quando ou está tentando pela primeira vez, é mais intimidador. Isso acontece principalmente porque você não sabe ao certo como o fermento biológico irá reagir; mas na verdade só existem três coisas que podem acontecer de errado: usar fermento estéril, que não vai fazer a massa crescer; deixar a mistura aquecer demais, o que mata o fermento (apesar de ele não ser afetado pelo frio); ou acrescentar sal ou açúcar em excesso, o que também mata o fermento.

Você pode evitar facilmente estas armadilhas, obter sempre ótimos resultados e preencher sua casa com o cheiro de pão recém-assado seguindo estas receitas e instruções bastante fáceis. Assim que ganhar um pouco de confiança, experimente outras coisas adoráveis que você pode preparar com fermento biológico, como pães de frutas, pizzas e brioches (ver páginas 322, 326-7 e 316-7). Se você possui uma máquina de pães, pode adaptar algumas das receitas deste capítulo seguindo as instruções do fabricante.

Como fazer pão integral perfeito

Se você está preparando pão para a família inteira ou possui um freezer, vale a pena preparar uma grande quantidade de massa por vez, usando 1,5kg de farinha, ou até o dobro disso. Você pode usar farinha de trigo integral, ou então, caso sua família não esteja habituada a ela, usar uma mistura de metade de farinha integral e metade de farinha de trigo branca – meio a meio é uma boa proporção para começar.

Eu recomendo usar fermento biológico seco em sua primeira tentativa, porque é mais previsível e mais fácil de trabalhar quando se está aprendendo, eu acho. Mas é importante que o fermento esteja novo, portanto compre em um supermercado que tenha um giro rápido e, a menos que você tenha certeza de que vai preparar bastante pão, é melhor comprar uma quantidade pequena, para começar. Você também pode comprar fermento biológico seco instantâneo, que é excelente e ainda mais fácil de usar.

Se quiser usar fermento fresco, ou para usá-lo em algumas das receitas neste capítulo, você pode encontrá-lo normalmente em embalagens de 30g em padarias e supermercados. Ele precisa ter cor bege-creme, ser úmido, esfarelar na mão e ter um cheiro adocicado. Uma cor escura, textura pegajosa ou ressecada e ausência de cheiro significam que o fermento está estéril e não vai funcionar. Fermento fresco dura uma semana na geladeira, em um pote com tampa de rosca. Para usá-lo, basta despedaçá-lo sobre o líquido que será usado na receita e mexer para dissolver. Não é necessário acrescentar açúcar a este líquido.

Um local aquecido, como uma prateleira aberta, é ideal para estimular a massa a crescer. O pão irá crescer de qualquer forma, esteja na bancada da cozinha ou dentro da geladeira, o que muda é o tempo necessário, maior – veja o guia nas páginas 312-3. Não deixe a massa em local muito quente.

RENDE 5 PÃES DE 450g

275ml de água morna, na temperatura do corpo
½ col. de chá de açúcar (não é necessário se você estiver usando fermento seco instantâneo)
2 col. de sopa de fermento biológico seco ou 14g de fermento biológico seco instantâneo
1,5kg de farinha de trigo integral, ou uma mistura dela com farinha de trigo branca
2 col. de sopa de açúcar mascavo
4 col. de chá de sal refinado
50g de manteiga
575-700ml de água morna, na temperatura do corpo (se você estiver usando fermento seco instantâneo, pode acrescentar essa quantidade de água à quantidade menor até chegar a 850ml-1l)

Se você estiver usando fermento seco instantâneo, pule este parágrafo. Se estiver usando fermento seco ou fresco, coloque os 275ml de água morna em uma caneca ou tigela pequena e acrescente ½ colher de chá de açúcar e o fermento. Deixe descansar por 5-10 minutos até começar a espumar.

Unte suas formas de pão uniformemente com manteiga ou óleo e deixa-as de lado por enquanto, em um lugar aquecido, se houver algum por perto, mas não é essencial. Se você for comprar formas, escolha as tradicionais, com as laterais levemente inclinadas. Mas se você estiver fazendo pão pela primeira vez, ou não possui nenhuma forma específica, use qualquer forma funda – até mesmo uma forma redonda de bolo; apenas se lembre de que a massa não deve ultrapassar a metade.

Coloque a farinha em uma tigela grande – a tigela de sua batedeira elétrica, caso ela possua um gancho para bater massa, ou talvez um processador de alimentos, mas neste caso siga as instruções do fabricante.

Acrescente as 2 colheres de sopa de açúcar mascavo, o sal e o fermento seco instantâneo (se for esse que você estiver usando). Incorpore a manteiga esfregando entre os dedos.

Se você estiver usando fermento seco ou fresco, a esta altura ele já deve estar espumando bastante, assemelhando-se a uma adorável lava vulcânica, e você pode acrescentar os 575ml restantes de água morna.

Se estiver utilizando fermento seco instantâneo, aumente a quantidade para 850ml de água.

Misture tudo até formar uma massa – acrescente um pouco mais de água morna caso ela esteja rígida demais. A massa deve ficar firme, mas macia o suficiente para ser manuseada com facilidade.

Se você possui uma batedeira com gancho para bater massa (um investimento que vale a pena), você pode usá-la neste momento para sovar a massa por 5 minutos. Ou, se estiver usando um processador, o tempo é muito mais curto do que esse; siga as instruções do fabricante.

Ou, então, retire a massa da tigela e sove com as mãos, empurrando, socando com punhos e dobrando repetidas vezes por 5-10 minutos. Conforme você sova a massa é possível perceber a transformação de áspera, grudenta e com alguns grumos para uma textura perfeitamente homogênea, maleável e mais sedosa.

Ponha a massa de volta na tigela, cubra com um pano de prato limpo umedecido, coloque a tigela dentro de uma bolsa térmica de plástico e espere dobrar de tamanho. Isso leva 1 hora em um local morno, um pouco mais se a massa estiver apenas sobre a superfície de trabalho e 2 horas ou mais caso a cozinha esteja fria (veja o guia a seguir).

Soque a massa crescida com seu punho e sove mais um pouco – apenas 1-2 minutos desta vez, para reativar o fermento.

Corte a massa em cinco pedaços iguais e modele-os para caber nas formas. Eu acredito que a melhor forma de fazer isso é achatar cada pedaço com a palma da mão, enrolá-lo delicadamente e colocá-lo na forma com a dobra voltada para baixo. Depois eu pressiono as laterais e os cantos, deixando o centro mais alto e criando um belo formato de domo.

Coloque os pães em um local morno novamemente cobertos com o pano de prato úmido e preaqueça o forno a 240°C.

Eles levarão cerca de 30 minutos para crescer: assim que a massa tiver ultrapassado o nível da borda das formas, coloque-as no forno. Não deixe que cresçam demais ou irão desmanchar no forno, mas se houver ainda algum potencial de crescimento o calor do forno vai proporcionar o estímulo final e eles ficarão com uma adorável casquinha arredondada.

Assim que tiverem crescido, os pães podem ser assados da forma como estão ou podem ser finalizados sendo pincelados ou cobertos com diversos ingredientes. Para uma casquinha mais crocante, pincele com água salgada (uma parte de sal para três partes de água); se você quiser um acabamento dourado e brilhante, use leite integral, leite de soja ou ovo batido; ou manteiga ou margarina derretidas, para uma casquinha mais seca e crocante. Depois de pincelados, você pode salpicar os pães com farelo de trigo, sementes de papoula, gergelim ou outras sementes, como cominho ou alcaravia.

Depois que os pães estiverem no forno por 10 minutos, reduza a temperatura para 200°C e asse por mais 25 minutos.

Retire os pães das formas assim que saírem do forno – se estiverem prontos, farão um som de oco quando você bater na base deles com as dobras dos dedos – e deixe esfriarem sobre uma grade. Se não fizerem som de oco, coloque-os de volta no forno, fora das formas, por mais alguns minutos.

Dica

Você pode preparar dois pães grandes e um pequeno, se preferir; os pães maiores levam cerca de 10 minutos a mais para ficarem prontos.

Pão de fermento químico

Muito rápido de fazer e delicioso servido quente com manteiga e mel. Fica melhor no dia em que foi feito, mas rende uma boa torrada se houver qualquer sobra.

RENDE 1 PÃO REDONDO ❄

250g de farinha de trigo integral, mais um pouco para polvilhar
1 col. de chá de fermento químico
1 col. de chá de sal
2 col. de chá de açúcar
225ml de leitelho ou iogurte natural

Preaqueça o forno a 230°C.

Peneire a farinha com o fermento e o sal em uma tigela grande, acrescentando também qualquer resíduo que tenha ficado na peneira, e misture o açúcar.

Despeje o leitelho ou iogurte e misture rapidamente para formar uma massa suave.

Sove levemente a massa dentro da tigela até que esteja homogênea, macia e firme, mas sem grudar.

Modele a massa em uma bola alta com suas mãos – procure fazê-la o mais alto possível porque ela vai esparramar enquanto assa – e coloque em uma assadeira polvilhada com farinha.

Faça um talho profundo na superfície para ajudar o pão a abrir e se expandir enquanto assa.

Asse por 10 minutos, e então reduza a temperatura do forno para 200°C e asse por mais 15-20 minutos, ou até que a base do pão faça um barulho oco, como de um tambor, quando batida com as dobras dos seus dedos. Deixe esfriar um pouco e sirva ainda quente.

VARIAÇÃO

Pão de fermento químico *vegan* V
Substitua o iogurte de leite de vaca por iogurte natural de soja.

Trança de amêndoas

Esta é uma bela trança, folhada, com recheio molhadinho de pasta de amêndoas, uma cobertura brilhante de geleia de damasco, coberta por lascas crocantes de amêndoa. É divertida de fazer e vale a pena o esforço.

RENDE 1 TRANÇA GRANDE ❄

½ receita de massa de croissant (ver página 319)
225g de pasta de amêndoas (ver página 294)
2 col. de sopa de geleia de damasco, peneirada e aquecida
2 col. de sopa de lascas de amêndoas
um pouco de açúcar de confeiteiro, para polvilhar

Abra a massa em um retângulo de cerca de 35×25cm.

Abra a pasta de amêndoas em uma tira de 33×7,5cm e coloque sobre a massa, centralizada, de forma que haja uma sobra de 9cm de cada lado.

Faça cortes em diagonal de ambos os lados da massa que não estão cobertos pela pasta de amêndoas, começando a cerca de 1cm de distância desta, e então dobre as tiras alternadamente sobre a pasta para fazer um trançado perfeito, fechando bem as duas pontas.

Coloque a trança em uma assadeira, cubra e deixe crescer por cerca de 30 minutos, ou até que esteja mais inchado.

Preaqueça o forno a 220°C. Asse a trança por 25-30 minutos, até que esteja sequinha e dourada.

Assim que retirar do forno, pincele com a geleia de damasco e espalhe as lascas de amêndoas por cima. Deixe esfriar sobre uma grade e polvilhe com açúcar de confeiteiro.

Pão de farelo de trigo V

Este pão com alto teor de fibras é saboroso e possui uma textura leve e agradável.

RENDE 2 PÃES DE 450g ❄

15g de fermento biológico fresco ou 2 colheres de chá de fermento biológico seco mais ½ colher de chá de açúcar ou 7g de fermento biológico seco instantâneo
475ml de água morna
700g de farinha de trigo integral
50g de farelo de trigo
1 col. de sopa de açúcar
2 col. de chá de sal
1 col. de sopa de óleo

Dissolva o fermento em uma xícara de água; se estiver usando fermento seco ou fresco, acrescente ½ colher de chá de açúcar também. Deixe descansar por 10-15 minutos até espumar.

Misture a farinha, o farelo, o açúcar, o sal, o óleo e também o fermento seco instantâneo (se estiver usando este) em uma tigela grande. Se estiver usando outro tipo de fermento, acrescente-o agora.

Acrescente o restante da água e misture até formar uma massa. Sove por 5-10 minutos, cubra e deixe dobrar de tamanho: leva cerca de 1 hora em local morno.

Soque a massa, sove-a levemente, modele e coloque em formas de bolo inglês untadas. Cubra e deixe a massa dobrar de tamanho novamente, por cerca de 30 minutos.

Preaqueça o forno a 230°C.

Asse os pães por 10 minutos, reduza a temperatura para 200°C, asse por mais 25 minutos e desenforme os pães sobre uma grade, para esfriar.

Pão de hambúrguer fácil V

Rápidos e fáceis de fazer, ficam deliciosos quentinhos no café da manhã, ou com algum recheio salgado.

RENDE 8 PÃES ❄

150ml de leite ou leite de soja
150ml de água
50g de manteiga ou margarina vegetal pura
225g de farinha de trigo integral
225g de farinha de trigo branca, mais um pouco para untar
1 col. de chá de sal
1 col. de chá de açúcar
7g de fermento biológico seco instantâneo

Misture o leite, a água e a manteiga ou margarina e aqueça levemente até derreter; deixe esfriar um pouco, até ficar morno.

Misture as farinhas, o sal, o açúcar e o fermento em uma tigela, despeje a mistura de leite e misture até formar uma massa.

Sove por 5 minutos, coloque em uma tigela, cubra e deixe descansar em local morno por cerca de 1 hora, ou até dobrar de tamanho.

Preaqueça o forno a 220°C.

Soque a massa e sove-a levemente. Divida em oito pedaços e modele uma bola com cada um, polvilhe com farinha e coloque em uma assadeira também polvilhada, dando bastante distância entre cada bola.

Cubra e deixe descansar em local morno por mais 15-20 minutos, ou até que tenha crescido bastante. Asse por 15-20 minutos. Ponha sobre uma grade para esfriar.

Pãezinhos integrais

Pãezinhos caseiros quentinhos, para acompanhar uma infinidade de pratos, e que na verdade não são nem um pouco difíceis de fazer. Se você não quiser usar ovo, pode utilizar um pouco mais de leite em lugar dele.

RENDE 24 PÃEZINHOS ❄

200ml de água morna, na temperatura do corpo
1 col. de sopa de fermento biológico seco mais ½ col. de chá de açúcar ou 7g de fermento biológico seco instantâneo
750g de farinha de trigo integral, mais um pouco para polvilhar
2 col. de chá de sal
1 col. de sopa de açúcar
50g de manteiga, mais um pouco para untar
200ml de leite
1 ovo, batido

Se estiver usando fermento seco comum, coloque a água em uma tigela pequena e misture o fermento e ½ colher de chá de açúcar. Deixe descansar por 10 minutos, até espumar.

Enquanto isso, coloque a farinha (e o fermento biológico seco instantâneo, se foi esse que você optou por usar), o sal e 1 colher de sopa de açúcar em uma tigela e incorpore a manteiga esfregando os dedos.

Despeje a mistura de água e fermento (ou apenas a água se estiver usando o instantâneo) no meio do montinho de farinha e acrescente o leite e o ovo; misture bem para formar uma massa firme, mas maleável.

Vire a massa e sove-a por 10 minutos, coloque-a de volta na tigela, cubra com um pano de prato limpo e umedecido, coloque a tigela dentro de uma sacola térmica e deixe descansar até dobrar de tamanho.

Isso leva cerca de 1 hora em um local morno ou 1-2 horas sobre a bancada da cozinha, dependendo da temperatura do ambiente.

Quando a massa tiver crescido, preaqueça o forno a 220°C.

Soque a massa, sove-a levemente mais uma vez e divida-a em 24 pedaços.

Modele os pedaços no formato de pãezinhos, achate-os com a palma da mão e coloque-os em uma assadeira untada, com 2,5cm de distância entre cada um, dando espaço para que cresçam. Cubra novamente com um pano de prato limpo e úmido e deixe em local morno por 20-30 minutos, até dobrar de tamanho.

Espalhe um pouco de farinha sobre os pãezinhos e asse-os por 15 minutos. Deixe esfriar sobre uma grade.

É fácil variar estes pãezinhos: passe-os em farinha e coloque-os mais perto uns dos outros, a apenas 1cm de distância, para que fiquem mais macios, ou pincele com manteiga derretida ou ovo batido para uma casquinha mais crocante.

VARIAÇÃO

Pãezinhos para congelar

É muito prático preparar uma leva de pãezinhos pré-assados, tirá-los do freezer, finalizá-los no forno e servi-los quentes e fresquinhos. Você pode fazer isso primeiro assando-os em baixa temperatura e congelando-os, e, conforme necessário, descongelar e terminar de assar a uma temperatura mais alta. Siga as instruções da receita, mas asse os pãezinhos a 150°C por 20 minutos, apenas para "firmá-los". Espere esfriar completamente, embale-os em sacos de polietileno e congele. Na hora de usar, deixe descongelar em temperatura ambiente por 45-60 minutos, e então asse a 230°C por 10 minutos. Eles podem ser levados ao forno direto do freezer, mas levam um pouco mais de tempo para assar – cerca de 15 minutos.

Brioches

Estes clássicos pãezinhos franceses ficam ótimos no café da manhã.

RENDE 12 BRIOCHES ❄

15g de fermento biológico fresco ou 2 col. de chá de fermento biológico seco mais ½ col. de chá de açúcar ou 7g de fermento biológico seco instantâneo

2 col. de sopa de água morna
225g de farinha de trigo
½ col. de chá de sal
1 col. de sopa de açúcar
50g de manteiga, em temperatura ambiente, mais um pouco para untar
3 ovos, batidos

Dissolva o fermento seco ou fresco na água morna; se estiver usando o seco, acrescente ½ colher de chá de açúcar também. Deixe descansar por 10-15 minutos, até espumar.

Misture a farinha, o fermento seco instantâneo (se foi este que optou por usar), o sal e o açúcar; se estiver usando fermento seco ou fresco, despeje a água em que ele foi dissolvido juntamente com a manteiga e os ovos e misture até formar uma massa grudenta.

Sove a massa por 5 minutos, acrescentando um pouco mais de farinha, se necessário.

Coloque a massa em uma tigela, cubra e deixe descansar por 1-1½ hora, ou até que dobre de tamanho.

Soque a massa e divida em 12 pedaços. Retire ¼ de cada pedaço, então forme uma bola com o que sobrou de cada um e distribua por uma forma de brioches de 12 cavidades, untada. Faça um buraquinho no centro de cada um usando o dedo. Enrole cada ¼ de massa em uma bolinha e coloque sobre cada brioche.

Cubra e deixe crescer por 1 hora, até ficar bem inchado. Preaqueça o forno a 230°C. Asse os brioches por 10 minutos e sirva ainda quentes.

Pão de cheddar e nozes

Sirva este pão crocante, de sabor rico, assim que sair do forno, com sopa, patê ou queijo e uma salada.

RENDE 1 PÃO REDONDO ❄

15g de fermento biológico fresco ou 2 col. de chá de fermento biológico seco mais ½ col. de chá de açúcar ou 7g de fermento biológico seco instantâneo
200ml de água morna, na temperatura do corpo
275g de farinha de trigo integral
1 col. de chá de sal
15g de manteiga, mais um pouco para untar
75g de cheddar, ralado
50g de nozes sem casca, picadas

Dissolva o fermento fresco ou seco na água; para o seco, acrescente o açúcar também. Deixe descansar por 10-15 minutos, ou até começar a espumar.

Misture a farinha e o sal em uma tigela, mais o fermento seco instantâneo (se foi este que optou por usar); incorpore a manteiga esfregando os dedos.

Despeje a água com o fermento dissolvido, se você está usando fermento seco ou fresco, ou apenas a água, se estiver usando fermento seco instantâneo, e misture até formar uma massa bem macia.

Sove por 5-10 minutos, coloque a massa em uma tigela, cubra com um pano de prato limpo umedecido e deixe descansar até dobrar de tamanho – por cerca de 1 hora, em local morno.

Soque a massa e sove, adicionando o queijo e as nozes. Modele em formato arredondado e coloque sobre uma assadeira untada. Cubra e deixe descansar até que cresça bem (cerca de 20-30 minutos).

Asse o pão a 230°C por 10 minutos, reduza a temperatura para 200°C e asse por mais 15-20 minutos. Deixe esfriar sobre uma grade.

Bolo de frutas natalino

As frutas cristalizadas fazem deste pão uma bela joia. É ótimo para o Natal porque é festivo sem ser muito pesado. A melhor maneira de obter o cardamomo esmagado é comprar algumas bagas em lojas de produtos naturais ou de produtos indianos e amassá-los usando um pilão, ou com as costas de uma colher – então use as sementes e descarte a baga. Você não precisa usá-lo, mas o cardamomo dá um belo sabor e é uma especiaria utilizada também em curries e pratos condimentados de arroz.

RENDE 1 BOLO GRANDE ❄

- 125g de manteiga, em temperatura ambiente, mais um pouco para untar
- 100ml de leite morno
- ½ col. de chá de açúcar de confeiteiro
- 2 col. de chá de fermento biológico seco ou 7g de fermento biológico seco instantâneo
- 450g de farinha de trigo integral
- 1 pitada de sal
- 50g de açúcar mascavo escuro
- ½ col. de chá de sementes de cardamomo esmagadas
- 2 col. de chá de essência de baunilha
- a casca ralada de ½ limão
- 225g de frutas cristalizadas variadas, picadas
- 2 ovos, batidos

Primeiro, unte uma forma de bolo inglês de 900g com manteiga.

Se estiver usando fermento seco, coloque-o em uma tigela juntamente com o leite e o açúcar de confeiteiro e deixe descansar até começar a espumar.

Misture a farinha, o fermento seco instantâneo (se estiver usando este), o sal e o açúcar mascavo e incorpore a manteiga esfregando os dedos; acrescente o cardamomo, a essência de baunilha, a casca de limão, as frutas cristalizadas e os ovos.

Faça um buraco no centro e despeje a mistura de leite e fermento, ou apenas o leite, se estiver usando fermento seco instantâneo. Misture até obter uma massa suave, acrescentando um pouco mais de farinha se necessário, e então sove por 10 minutos.

Coloque a massa em uma tigela untada com óleo, cubra com um pano de prato limpo e umedecido, coloque dentro de uma bolsa térmica e deixe em local morno até dobrar de tamanho – cerca de 1 hora.

Soque a massa, sove-a levemente mais um pouco, modele e coloque dentro da forma.

Cubra a forma com o pano de prato, coloque novamente dentro da sacola térmica e deixe descansar em local morno por cerca de 30 minutos, para crescer.

Preaqueça o forno a 180°C.

Quando o bolo tiver crescido até o topo da forma, asse-o até ficar dourado e sequinho. Se estiver pronto, fará um som oco quando desenformado e batido na base; se não estiver pronto, coloque-o de volta no forno por mais alguns minutos.

Deixe esfriar em uma grade. Fica ótimo cortado em fatias, servido com manteiga em um brunch ou chá da tarde.

Croissants

São muito bons e divertidos de fazer.

RENDE 12 CROISSANTS ❄

450g de farinha de trigo
7g de fermento biológico seco instantâneo
1 col. de chá de açúcar
200g de manteiga
275ml de água morna
ovo batido, para pincelar

Coloque a farinha em uma tigela ou em uma batedeira elétrica juntamente com o fermento, o açúcar e 25g da manteiga. Incorpore a manteiga esfregando os dedos, despeje a água e misture até formar uma massa. Sove por 5 minutos e abra em um grande retângulo de cerca de 1cm de espessura.

Espalhe 1/3 da manteiga restante sobre 2/3 da extensão da massa, deixando uma borda de 1cm. Primeiro dobre o terço de massa sem manteiga sobre o centro, e depois o outro terço por cima deste.

Vire a massa 90° de forma que a dobra esteja do seu lado direito; pressione bem as bordas com o rolo de massa para selar.

Repita mais duas vezes o processo de abrir, espalhar a manteiga e dobrar a massa, utilizando o restante da manteiga.

Coloque a massa em um saco de polietileno e leve à geladeira por 1 hora, depois abra-a em um retângulo de 54×35cm e corte-a ao meio no sentido do comprimento.

Corte cada tira em seis triângulos com bases de 15cm cada. Enrole os triângulos partindo da base até a ponta, pincele com o ovo batido, dê o formato de meia-lua e vá colocando em duas assadeiras untadas. Deixe descansar por mais 30 minutos.

Preaqueça o forno a 220°C.

Asse os croissants por 15-20 minutos, ou até que estejam inflados, folhados e bastante dourados.

Focaccia fácil de alecrim V

Esta é uma receita rápida e fácil para um pão incrivelmente leve e cheiroso.

4-6 PORÇÕES

150g de farinha de trigo integral
150g de farinha de trigo
5 col. de chá de sal
7g de fermento biológico seco instantâneo
2 col. de sopa de azeite de oliva, mais um pouco para untar
cerca de 200ml de água morna

PARA A COBERTURA

as folhas de 2-3 galhos de alecrim fresco
1 col. de chá de flor de sal de boa qualidade
2 col. de sopa de azeite de oliva

Coloque as duas farinhas em um processador juntamente com o sal, o fermento e o azeite e bata por 30 segundos. Acrescente a água pelo tubo do recipiente até obter uma massa suave. Deixe a massa descansar dentro do processador, ainda fechado, por cerca de 45 minutos, até que tenha dobrado de tamanho.

Preaqueça o forno a 220°C.

Coloque a massa em uma assadeira quadrada de 20cm untada com bastante azeite, espalhando bem para cobrir até os cantos.

Faça vários buracos pela massa usando os dedos, espalhe o alecrim e a flor de sal por cima, regue com o azeite e leve ao forno por 25 minutos, ou até que a massa tenha crescido e esteja completamente assada. Sirva ainda quente.

Baguete v

É divertido fazer sua própria baguete; elas são deliciosas, têm uma casquinha crocante e o cheiro que fica pela casa enquanto estão assando é de dar água na boca.

RENDE 2 BAGUETES ❄

25g de fermento biológico fresco ou 15g de fermento biológico seco mais ½ col. de chá de açúcar ou 7g de fermento biológico seco instantâneo
275ml de água morna, na temperatura do corpo
700g de farinha de trigo
2 col. de chá de sal
2 col. de chá de açúcar
25g de margarina vegetal pura, em temperatura ambiente, mais um pouco para untar
farinha de milho ou mais farinha de trigo, para polvilhar

Se estiver usando fermento seco ou fresco, dissolva-o na água; se estiver usando o seco, acrescente também ½ colher de chá de açúcar. Deixe descansar por 10-15 minutos, até começar a espumar.

Misture a farinha, o sal e o restante do açúcar em uma tigela grande, juntamente com o fermento seco instantâneo (caso seja esse que esteja usando). Incorpore a manteiga esfregando os dedos.

Acrescente a mistura de fermento e água (ou apenas a água, se estiver usando fermento instantâneo) e misture até obter uma massa, acrescentando um pouco de água se necessário.

Sove por 10 minutos e então coloque a massa em uma tigela limpa, cubra com um pano de prato limpo umedecido e deixe descansar até dobrar de tamanho – cerca de 1 hora em local morno.

Soque a massa, sove mais um pouco, coloque-a de volta na tigela, cubra e deixe crescer novamente: 40-45 minutos.

Soque novamente a massa, divida-a em duas, polvilhe a superfície de trabalho com a farinha de milho ou de trigo e modele as duas baguetes.

Coloque as baguetes em uma assadeira untada, cubra e deixe descansar por mais 30 minutos.

Pincele-as com água gelada e asse a 200°C por 1 hora, pincelando a superfície com água gelada a cada 10-15 minutos.

Pão de ervas v

Servido quente direto do forno, este cheiroso pão de ervas é ótimo com uma sopa. Leva apenas 2 horas para ficar pronto do início ao fim.

RENDE UM PÃO DE 450g

6 col. de sopa de leite ou leite de soja
6 col. de sopa de água quente
15g de fermento biológico fresco ou 2 col. de chá de fermento biológico seco mais ½ col. de chá de açúcar ou 7g de fermento biológico seco instantâneo
275g de farinha de trigo integral

4 col. de chá de açúcar
1 col. de chá de sal
25g de manteiga ou margarina, em temperatura ambiente, mais um pouco para untar
1 cebola pequena, ralada
½ col. de chá de orégano seco
½ col. de chá de alecrim seco

Misture o leite e a água; se estiver usando fermento fresco ou seco, dissolva-o nesta mistura. Se estiver usando o seco, acrescente também ½ colher de chá de açúcar; em ambos os casos, deixe descansar por 10-15 minutos até espumar.

Misture a farinha, o fermento seco instantâneo (se estiver usando), o açúcar e o sal em uma tigela grande. Incorpore a manteiga ou a margarina esfregando os dedos e acrescente a cebola e as ervas. Despeje o líquido com o fermento dissolvido (ou apenas o líquido, se estiver usando fermento instantâneo) e misture até formar uma massa.

Sove por 5-10 minutos. Coloque a massa de volta na tigela, cubra com um pano de prato limpo umedecido e deixe descansar até dobrar de tamanho – 45 minutos em um local morno.

Preaqueça o forno a 230°C. Soque a massa novamente, modele e coloque em uma forma de bolo inglês de 450g untada. Cubra e deixe descansar por mais 20-30 minutos, para crescer.

Asse por 10 minutos, então reduza a temperatura do forno para 200°C e asse por mais 25 minutos. Sirva quente.

Pão de grãos V

Este pão tem ótimo sabor e ótima textura, e era sem dúvida o preferido da minha filha mais nova, Claire, quando ela era criança.

RENDE 1 PÃO DE 450g ❄

15g de fermento biológico fresco ou 2 col. de chá de fermento biológico seco mais ½ col. de chá de açúcar ou 7g de fermento biológico seco instantâneo
200ml de água morna, na temperatura do corpo
175g de farinha de trigo integral
75g de farinha de centeio
25g de farelo de trigo
75g de farinha de aveia
1 col. de chá de sal
1 col. de sopa de óleo, mais um pouco para untar

Se estiver usando fermento fresco ou seco, dissolva-o na água; se estiver usando fermento seco, acrescente também ½ colher de chá de açúcar. Deixe em local morno por 10-15 minutos ou até começar a espumar.

Misture as farinhas, o fermento seco instantâneo (se estiver usando), o farelo de trigo, o sal e o óleo em uma tigela grande.

Despeje a mistura de fermento e água (ou apenas a água, se estiver usando fermento instantâneo) e misture até formar uma massa.

Sove a masse por 10 minutos, coloque em uma tigela, cubra com um pano de prato limpo umedecido e deixe descansar até dobrar de tamanho – cerca de 1 hora, em local morno.

Soque a massa novamente, sove-a mais um pouco, modele e coloque em uma forma de bolo inglês de 450g. Cubra com um pano de prato limpo umedecido e deixe em local morno até dobrar de tamanho.

Asse a 220°C por 10 minutos, então reduza a temperatura do forno para 200°C e asse por mais 20 minutos. Deixe esfriar sobre uma grade.

Pão de nozes, uvas-passas e mel

Um delicioso pão levemente adocicado, que fica delicioso cortado em fatias e servido com manteiga.

RENDE 1 PÃO DE 450g ❄

15g de fermento biológico fresco ou 2 col. de chá de fermento biológico seco mais ½ col. de chá de açúcar ou 7g de fermento biológico seco instantâneo
150ml de água morna
225g de farinha de trigo integral
1 col. de chá de sal
15g de manteiga, mais um pouco para untar
50g de lascas de amêndoas
50g de uva-passa
50g de mel

Se estiver usando fermento fresco ou seco, dissolva-o na água; se estiver usando fermento seco, acrescente também ½ colher de chá de açúcar. Deixe em local morno por 10-15 minutos ou até começar a espumar.

Em uma tigela, misture a farinha, o fermento seco instantâneo (se estiver usando) e o sal. Incorpore a manteiga esfregando os dedos.

Despeje a água com o fermento dissolvido (ou apenas a água, se estiver usando fermento instantâneo), misture até formar uma massa e sove por 5-10 minutos.

Coloque a massa de volta na tigela, cubra com um pano de prato limpo umedecido e deixe descansar até dobrar de tamanho – cerca de 1 hora em local morno.

Soque novamente a massa e sove incorporando as lascas de amêndoa, as uvas-passas e o mel.

Modele a massa e coloque em uma forma de bolo inglês de 450g untada. Cubra e deixe crescer até que o centro da massa esteja 2,5cm mais alto que a borda da forma.

Asse a 230°C por 10 minutos, então reduza a temperatura para 200°C e asse por mais 20-25 minutos. Desenforme sobre uma grade e deixe esfriar.

Rocambole de pera

Sirva fatias deste rocambole de pera mornas para acompanhar um café, ou quentes, com creme de leite fresco, para uma deliciosa sobremesa. Você não precisa usar o kirsch nem o vinho, mas eles dão um belo sabor para uma ocasião especial. Você encontra peras desidratadas em lojas de produtos naturais.

RENDE UM ROCAMBOLE GRANDE ❄

50g de manteiga, mais um pouco para untar
5 col. de sopa de leite morno
1 col. de chá de fermento biológico seco ou 7g de fermento biológico seco instantâneo
¼ col. de chá de açúcar de confeiteiro

150g de farinha de trigo integral
150g de farinha de trigo branca
1 pitada de sal
125g de açúcar mascavo claro
1 ovo, batido
275ml de água
125g de ameixa seca sem caroço
225g de pera desidratada
50g de uva-passa sem caroço
a casca e o suco de ½ limão
¼ de col. de chá de canela em pó
¼ de col. de chá de noz-moscada ralada na hora
1 col. de sopa de vinho (opcional)
1 col. de sopa de kirsch (opcional)
leite ou ovo batido, para pincelar

Unte uma assadeira grande com manteiga; reserve.

Se estiver usando fermento seco, coloque-o em uma tigela pequena com o leite e misture o açúcar de confeiteiro. Deixe descansar em local morno até espumar.

Coloque as farinhas e o sal em uma tigela grande, misture o fermento seco instantâneo (se estiver usando), incorpore a manteiga esfregando os dedos e acrescente metade do açúcar mascavo.

Faça um buraco no centro da mistura, despeje o fermento dissolvido no leite (ou somente o leite, se estiver usando fermento instantâneo) e o ovo. Misture tudo para formar uma massa suave e homogênea, acrescentando um pouco mais de farinha, se necessário.

Vire a massa sobre uma superfície ou tábua polvilhada com farinha e sove por 10 minutos, e então coloque-a em uma tigela limpa untada com óleo, cubra com um pano de prato limpo umedecido, coloque dentro de uma bolsa térmica e deixe descansar em local morno por cerca de 1 hora, ou até que tenha dobrado de tamanho.

Enquanto isso, coloque a água, as ameixas, as peras e as uvas-passas em uma panela pequena e aqueça ligeiramente, até que as frutas estejam inchadas e macias. Escorra, pique-as bem fino ou bata no liquidificador, acrescente a casca e o suco do limão, o restante do açúcar, a canela e a noz-moscada, mais o vinho e o kirsch (se estiver usando). Não deixe a mistura ficar líquida demais – ela precisa ficar firme, sem escorrer.

Para montar o rocambole, sove a massa por 1 ou 2 minutos, coloque-a sobre uma superfície ou tábua levemente polvilhada com farinha e abra em um quadrado de aproximadamente 38×38cm, com no máximo 6mm de espessura.

Espalhe a mistura de frutas pela massa deixando uma distância de 2,5cm para as bordas. Dobre-as para fechar o recheio, e então enrole bem firme, formando um rocambole, e coloque sobre a assadeira untada. Faça furinhos por todo o rocambole usando um garfo, cubra com um pano de prato limpo umedecido e deixe em local morno por 20 minutos, para crescer.

Cerca de 15 minutos antes de acabar o descanso, preaqueça o forno a 180°C. Pincele o rocambole com leite ou ovo batido e asse no centro do forno por 35 minutos, ou até que esteja dourado e sequinho. Sirva quente.

Pão rápido e fácil V

Se você nunca fez pão antes, este é o ideal para começar. Não precisa de sova e é tão rápido de fazer quanto um bolo simples. A textura é um pouco diferente da do pão tradicional, um pouco mais úmida, o que significa que o pão fica bom por mais tempo e o sabor é muito gostoso. Você pode fazer um pão de 900g, mas eu acho que fica melhor dividido em duas formas menores. Você precisa usar farinha de trigo 100% integral para que esta receita funcione.

RENDE 2 PÃES DE 450g ❄

425ml de água morna, na temperatura do corpo
1 col. de sopa de fermento biológico seco mais ½ col. de chá de açúcar ou 7g de fermento biológico seco instantâneo
manteiga, para untar
500g de farinha de trigo integral
1½ col. de chá de açúcar
1½ col. de chá de sal
farelo de trigo, para decorar

Se você estiver usando fermento seco, coloque-o em uma caneca ou tigela junto com a água e ½ colher de chá de açúcar. Deixe descansar por 10 minutos – ele vai começar a espumar como uma caneca de cerveja.

Unte duas formas de bolo inglês de 450g ou uma de 900g.

Coloque a farinha, o açúcar, o sal e o fermento seco instantâneo (se estiver usando) em uma tigela grande ou na tigela da sua batedeira elétrica.

Despeje a água com o fermento dissolvido ou apenas a água (se estiver usando fermento instantâneo) e misture bem até obter uma massa homogênea mas ainda um pouco grudenta – ela não seria firme o suficiente para sovar.

Coloque a mistura na(s) forma(s) – deve preencher até a metade. Espalhe um pouco de farelo de trigo por cima, pressionando-o de leve com as costas de uma colher.

Cubra com filme plástico e deixe crescer. Ele atinge até 1cm abaixo da borda da forma, e isso leva aproximadamente 30 minutos em temperatura ambiente. (O pão irá crescer ainda um pouco mais quando levado ao forno.)

Preaqueça o forno a 200°C depois que o pão já estiver descansando por 15 minutos. Asse por 30 minutos para dois pães pequenos ou por 40 minutos para um pão grande.

Desenforme o pão e deixe esfriar sobre uma grade.

Dica

Se você gostar desse pão, pode ser que você queira preparar uma leva maior. Use 1,5kg de farinha de trigo e triplique os demais ingredientes, exceto o fermento: 1,3 litro de água, 2 col. de sopa rasas de açúcar, 1 col. de sopa um pouco cheia de sal e 2 col. de sopa de fermento biológico seco ou 14g de fermento biológico seco instantâneo. Estas quantidades rendem seis pães pequenos ou três grandes.

Savarin

Um savarin leve e esponjoso, feito em uma forma de rosca, com uma calda para dar o acabamento brilhante, recheado com frutas frescas ou cozidas – talvez peras cozidas em vinho tinto (ver página 288), ou figos frescos – e decorado com frutas cristalizadas, flores de açúcar e folhas de hortelã, é uma sobremesa colorida e impressionante para uma ocasião especial.

8-10 PORÇÕES ❄

1 col. de sopa rasa de fermento biológico seco ou 7g de fermento biológico seco instantâneo
6 col. de sopa de leite morno
25g de açúcar de confeiteiro
225g de farinha de trigo
1 col. de chá de sal
4 ovos, batidos
125g de manteiga, em temperatura ambiente, mais um pouco para untar

PARA A CALDA

125g de açúcar de confeiteiro
4 col. de sopa de água
4 col. de sopa de rum
4 col. de sopa de geleia de damasco, peneirada e aquecida

PARA DECORAR

frutas frescas, cozidas ou glaçadas
flores ou folhas de hortelã cristalizadas
creme batido

Coloque o fermento, o leite, o açúcar e 50g da farinha em uma tigela e misture. Cubra e deixe em local morno até começar a espumar – cerca de 1 hora.

Acrescente o restante da farinha, o sal, os ovos e a manteiga. Bata vigorosamente por 4-5 minutos e despeje a mistura em uma forma de rosca untada de 20-23cm de diâmetro para preenchê-la até a metade.

Cubra com um pano de prato limpo umedecido e deixe descansar em local morno por 30-40 minutos, ou até que tenha crescido cerca de 1cm mais alto que a forma.

Asse a 190°C por cerca de 20 minutos, ou até que um palito inserido no centro saia limpo.

Desenforme em uma grade, deixe esfriar e faça furinhos com um palito.

Aqueça os 125g de açúcar de confeiteiro com a água até dissolver; acrecente o rum, despeje sobre o savarin e pincele a geleia de damasco.

Coloque o savarin sobre uma travessa e recheie o centro com frutas frescas ou cozidas, e decore como desejar com folhas de hortelã cristalizadas e flores, para que fique o mais bonito possível. Sirva com creme batido.

Bisnaga integral V

RENDE 1 BISNAGA

15g de fermento biológico fresco ou 2 col. de chá de fermento biológico seco mais ½ col. de chá de açúcar ou 7g de fermento biológico seco instantâneo
275ml de água morna
450g de farinha de trigo integral
1 col. de chá de sal
15g de manteiga ou margarina vegetal pura, mais um pouco para untar
farelo de trigo, para decorar

Dissolva o fermento seco ou fresco na água; se estiver usando fermento seco, misture também ½ colher de chá de açúcar. Deixe descansar por 10-15 minutos até começar a espumar.

Misture a farinha, o fermento seco instantâneo (se estiver usando) e o sal em uma tigela grande. Incorpore a manteiga ou margarina esfregando os dedos. Acrescente a água com o fermento dissolvido (ou apenas a água, se estiver usando fermento instantâneo) e misture para formar uma massa.

Sove por 5-10 minutos, ou até ficar homogêneo, e então coloque a massa em uma tigela, cubra e espere dobrar de tamanho; leva 1 hora em local morno.

Soque a massa novamente. Sove-a mais um pouco, enrole-a em forma de bisnaga, espalhe o farelo de trigo por cima e coloque sobre uma assadeira untada.

Faça diversos talhos na superfície usando uma faca, cubra com filme plástico e deixe descansar em local morno por 30-45 minutos, ou até que aumente de tamanho.

Preaqueça o forno a 220°C. Asse por 25-30 minutos, ou até que faça um som oco quando batida. Deixe esfriar sobre uma grade.

Pizza caseira fácil

Esta receita caseira de pizza não poderia ser mais fácil.

4 PORÇÕES ❄

150g de farinha de trigo integral
150g de farinha de trigo branca
½ col. de chá de sal
7g de fermento biológico seco instantâneo
2 col. de sopa de azeite de oliva
cerca de 200ml de água morna

PARA O MOLHO E A COBERTURA

1 cebola, picada
1 col. de sopa de azeite de oliva
2 dentes de alho, amassados
1 lata de 400g de tomates picados
1 col. de chá de ervas secas variadas
sal e pimenta-do-reino preta moída na hora
125-175g de mussarela ralada
8-12 azeitonas pretas, sem caroço

Para a massa rápida, coloque as farinhas, o sal, o fermento e o azeite no recipiente do processador e bata por 30 segundos.

Acrescente a água pelo tubo, até formar uma massa suave. Deixe descansar no próprio recipiente, ainda fechado, por 45 minutos, ou até dobrar de tamanho.

Enquanto isso, prepare o molho. Refogue a cebola no azeite, com a panela tampada, por 10 minutos, ou até que esteja macia. Acrescente o alho, os tomates e as ervas e cozinhe em fogo baixo por 10 minutos, ou até engrossar. Retire do fogo e tempere com sal e pimenta.

Acenda o forno a 220°C. Coloque uma forma grande dentro do forno para aquecer.

Abra a massa o mais fino possível e coloque-a sobre outra forma. Cubra com o molho de tomate, espalhe a mussarela por cima e distribua as azeitonas.

Leve ao forno sobre a assadeira maior aquecida – isso vai gerar maior calor na parte inferior, o que vai ajudar a pizza a ficar mais crocante.

Asse por 15 minutos ou até que a massa esteja crocante e o queijo tenha derretido e esteja dourado.

Dica

Se você ficar com mais massa do que cobertura, você pode transformar a sobra em pão de alho. Abra o mais fino possível e faça alguns cortes rasos por cima. Cubra com uma mistura de azeite e alho amassado. Asse junto com a pizza.

VARIAÇÕES

Pizza de cogumelo

Prepare como indicado, mas substitua as azeitonas por 125g de cogumelos paris lavados e cortados em fatias finas, pincelados levemente com azeite.

Pizza de ervas

Espalhe bastante orégano ou manjerona secos sobre o molho de tomate; regue com um pouco de azeite, para deixar as ervas mais molhadinhas.

Pizza de pimentão

Lave e tire as sementes de um pimentão grande verde ou vermelho. Corte em tiras e arrume sobre a pizza, mantendo ou não as azeitonas.

Pizza de alcachofra

Corte 3-4 corações de alcachofra marinados e grelhados em rodelas bem finas. Arrume as fatias sobre o molho de tomate, juntamente com as azeitonas.

Anexo

Conversões de volume

	MILILITROS	COLHERES DE CHÁ	COLHERES DE SOPA	XÍCARAS	LITROS
1 colher de chá	5	1			
1 colher de sopa	15	3	1		
¼ xícara	60	12	4		
½ xícara	120	24	8		
¾ xícara	180	36	12		
1 xícara	240	48	16	1	
1 litro	1000	200	67	4,2	1

Conversões entre volume e peso para ingredientes selecionados

Os valores para os ingredientes secos são dados por estimativas, pois dependem da forma como os ingredientes estão compactados em uma colher ou xícara. A imprecisão torna-se mais evidente conforme o volume aumenta.

INGREDIENTE	1 COLHER DE CHÁ	1 COLHER DE SOPA	¼ XÍCARA	½ XÍCARA	1 XÍCARA
FLUIDOS					
Água	5 gramas	15 gramas	60 gramas	120 gramas	240 gramas
Leite	5	15	60	120	240
Creme de leite fresco	5	15	58	115	230
Suco de limão	5	15	60	120	240
Óleo	4,5	14	55	110	220
Manteiga	4,5	14	56	112	225
Xarope de milho	7	20	84	165	330
Mel	7	20	84	165	330
Essência de baunilha	4	12			

INGREDIENTE	1 COLHER DE CHÁ	1 COLHER DE SOPA	¼ XÍCARA	½ XÍCARA	1 XÍCARA
SÓLIDOS					
Sal refinado	6,5	20	80	160	320
Sal grosso	3,5-5	10-15	40-60	80-120	160-240
Açúcar cristal branco	4,5	13	50	100	200
Açúcar mascavo	4,5	12-15	48-60	96-120	195-240
Açúcar refinado	2,5	8	30	60	120
Farinha de trigo branca	2,5-3	8-9	30-35	60-70	120-140
Farinha para pão	2,5-3	8-10	32-39	65-78	130-155
Farinha para bolos	2,5	7-8	29-32	58-65	115-130
Farinha integral	2,5	8	30-32	62-65	125-130
Amido de milho	2,5-3	8-9	30-35	60-70	120-140
Arroz (medida padrão para a panela de arroz = 140 gramas)					190
Feijões médios					190
Lentilhas pequenas					200
Cacau em pó	2	6	22-24	45-48	90-96
Bicarbonato de sódio	5	15			
Fermento em pó	5	15			
Fermento biológico seco (1 envelope = 7 gramas)	3	9			

Agradecimentos

Sou extremamente grata à HarperCollins – e especialmente à minha editora Lizzy Gray – por ter me convidado para escrever este lindo *A cozinha vegetariana para todos: mais de 550 receitas de dar água na boca* por comandar o projeto e reunir uma equipe brilhante: Kate Whitaker, que trabalhou com Joss Herd e com Penny Markham para produzir as belas fotos; Kathy Steer e Kate Parker, que editaram o livro com muito cuidado e atenção aos detalhes; Andrew Barron, que fez o projeto gráfico original e deixou tudo tão bonito; e James Annal, que desenhou a linda capa original. Meus calorosos agradecimentos vão para todos estes, e também para minha própria equipe: minha agente Barbara Levy e minha querida família, em especial meu marido Robert.

Sobre a autora

Rose Elliot é a principal autora de livros de receitas vegetarianas e *vegan* do Reino Unido. Escreveu mais de sessenta obras que ultrapassaram 3 milhões de exemplares vendidos e lhe deram fama ao redor de todo o mundo.

Foi precursora do vegetarianismo na Inglaterra e responsável por ajudar a popularizá-lo em seu país – desde que começou a escrever, o número de vegetarianos cresceu de centenas de milhares para mais de 4 milhões de pessoas, e muitos afirmam que foram seus livros que inspiraram esta mudança.

Colaboradora de diversas publicações, Rose tem uma coluna mensal na revista *Cook Vegetarian!* e, desde 2005, escreve a popular coluna "The Vegetarian Kitchen" na *Guardian Week*. Integra a Vegetarian Society do Reino Unido, a Viva! (Vegetarian International Voice for Animals) e a Vegetarian and Vegan Foundation. Em 1999, recebeu o título de Membro da Ordem do Império Britânico das mãos da rainha, "pelos serviços prestados à culinária vegetariana". Vive entre Londres e Hampshire.

Para mais informações sobre Rose, seus livros, cozinha e estilo de vida vegetarianos, visite www.roseelliot.com.

Índice

FSC
www.fsc.org
MISTO
Papel produzido a partir de fontes responsáveis
FSC® C019498

A marca FSC é a garantia de que a madeira utilizada na fabricação do papel deste livro provém de florestas de origem controlada e que foram gerenciadas de maneira ambientalmente correta, socialmente justa e economicamente viável.

Este livro foi composto por Mari Taboada em Quadraat 9,5/13 e impresso em papel pólen soft $80g/m^2$ e couché matte $150g/m^2$ por Geográfica Editora em agosto de 2012.